韓劇의 原形을 찾아서

—

샤먼 문화

韓劇의 原形을 찾아서

샤먼 문화

굿으로 본 우리 공연예술의 뿌리

한국공연예술원 엮음

양혜숙 김명자 서영대 이용범 윤시향 장장식
곽기완 이병옥 홍태한 조성진 김형기

열화당

우리 공연예술의 뿌리를 찾아서

한국, 그리고 아시아의 '샤먼 리추얼'

사단법인 한국공연예술원에서 1997년부터 시작한 「샤마니카 프로젝트 1」 시리즈(1997–2005)는, 한국의 샤먼 문화를 '최초의 인류문화(the first human culture)'로 간주하고 인류문화의 원류를 찾아 그 형식과 내용을 한국인의 최초의 문화세계 속에서 견주어 살펴보고자 하는 데 목적을 두고 있었다. 하지만 우리의 작업은 더 좁은 의미에서 출발하고자 했다. 다름 아닌 한국 최초의 공연문화의 원류를 담고 있는 '샤먼 리추얼(shaman ritual)'에서 한 국공연예술의 종합적 뿌리를 찾고자 하는 데 그 목적을 두고 시작한 것이 다. 사업을 진행하면서 우리는 우리의 시작이 너무나 단순한 의지에서 비 롯되었음을 간파했다. 진행 과정 속에서 '샤먼 문화'가 너무나도 복합적이 고 다원적인 뿌리의 가닥으로 엉켜 있음을 체험했기 때문이다. 하지만 「샤 마니카 프로젝트 1」 시리즈에서는 매회 '인류문화의 뿌리를 찾아서' 또는 '공연예술의 뿌리를 찾아서'라는 표제를 걸고 사업의 초점을 정리해 보려고 노력했다. 또한 공연예술의 뿌리를 찾겠다는 의지는 이 사업을 학술적 논의의 장인 심포지움, 공연, 질의와 토론(특히 공연 후 관객과의 소통의 장), 출판으로 이어 나감으로써 이 사업의 입체적 결실을 기대했다.

처음에는 한국 내의 샤먼 리추얼에 초점을 맞추어, 샤먼 리추얼의 다양성과 그 뿌리가 어떻게 현재 우리가 수행하고 있는 공연예술과 결부되어 그 '바탕의 역할과 모습'을 갖추게 되었는가를 찾아보려 했지만, 전통 무속이 무형문화재로 지정되면서, 원형의 모습을 찾고자 하는 무속인들의 노력과 열정이 국제적 관계 속에서 견주어 볼 때 보다 한국적 특징과 비교문화적 실체를 드러내리라 믿어져, 한국 샤먼의 이모저모를 국제 규모의 페스티벌로 틀을 바꾸어 시행에 옮겼다.

시기적으로 이러한 결정은 매우 적절했으며 아울러 큰 반향을 불러일으켰다. 양분되었던 세계의 벽이 무너지면서, 우리 문화의 뿌리라고 여겨졌던 알타이 문화권, 몽골 문화권, 중국 티베트 등의 사회와 문화를 처음으로 접할 수 있게 된 관객들은 대단한 호기심과 열의로, 그동안 가려져 왔던 세계에 대한 크나큰 관심으로 우리의 행사를 빛내 주었다. 뿐만 아니라 무형문화재로 지정되기 전의 무(巫) 의례는 약식이거나 아니면 부분적으로 행해져 그 전체를 만나 보기 어려웠는데, 국제 규모의 비교문화마당에 임하게 되는 입장에서 한국 무속인들은 최선을 다해 한국 '무의식(巫儀式)'의 형태를 완성해 보여 주었다. 국제적 규모의 한판 마당에 그들이 초대되었다는 자부심과 긍지가 가득 찬 행사 속에서, 비로소 한국인들은 지금까지 서양 중심으로 세계를 바라보던 외눈박이 시각에서 벗어나 가려졌던 세계와 열려 있던 세계를 양 눈으로 온전하게 견주어 바라볼 수 있는 기회를 누리게 된 것이다.

이는 매우 고무적이고 흥분되는 사건이었다. 뿐만 아니라 우리의 감추어지고 외면당하고 무시당했던 무(巫)의 세계가 국제 규모의 문화마당에서 비로소 대접을 받으며 온전하게 한국사회에 드러나게 된 것이다.

이 사업을 처음 시작할 때 나의 바람은 단 한 가지였다. 나를 비롯하여 너무나 서양문화로 편중된 사회에서 자라나 서양식으로 사고하며 서양적으로 삶을 영위해 온 우리가 앞으로 21세기의 '우리적'인 것을 찾지 못하고 우리적인 것의 패러다임을 무시한 창작행위를 계속해 나간다면 결국 길게 살아남지 못하리라는 예감과, 우리 문화의 뿌리를 찾아 그 원형(原型)을 찾아 세우고 사회에 알려 깊이 심어야겠다는 사명감에서 나온 실천의 의지였다. 우리적인 것의 뿌리가 온통 사라지기 전에 그것을 찾아 체계화하고 교육함으로써 뿌리가 있는 민족으로 세계에 우뚝 서고자 한 목표가 바로 「샤마니카 프로젝트 1」 시리즈의 간절한 소망이었다.

생각의 범위를 좀 더 좁혀 보면 한국 연극학의 입장에서 얘기할 수 있다. 20세기에도 여전히 서양연극에서 옮겨 온 사실주의 일변도의 연극문화가 치닫고 있는 한국 연극계에, 어떻게 하면 작가나 연출가 등 예술가와 관객이 더불어 우리 정서에 걸맞은 희곡을 개발하고 연극의 양식을 보다 우리적으로 표현하게 할 수 있을까 하는 고민이 제1단계에서 과제로 부상했다. 그러나 참담하게도 연극계에서는 아무 반응이 없었다. 그 뒤에, 이십 년이나 지난 오늘날에도 아직 온전한 각성 없이 전통을 차용하고만 있을 뿐이다.

하지만 다행스럽게도 이 사업을 통해 한국공연예술원은 전통학, 민속학, 사회학, 심리학, 종교학의 관점에서 각기 연구되어 온 샤먼 문화 연구의 총체성을 모아 보았다. 그 결과 아직까지는 공연학적 관점에서의 연구는 접근도 해 보지 못한 '샤먼 문화' 연구에 통합과 통섭의 연구 태도를 열어 주었고, 더 나아가 '샤먼 문화'가 갖고 있는 총체적 체험이 왜 21세기인 우리의 시대에 필요한가를 각성하는 데 큰 몫을 했다고 본다.

굿에 담긴 우리 공연예술의 뿌리

「샤마니카 프로젝트 2」 시리즈(2011–2012. 7)에서는, 1991년 한국공연예술연구회를 조직하고 한극(韓劇) 세우기 단초를 거쳐 1996년 사단법인 한국공연예술원으로 터를 잡고 한극의 원형을 찾고자 한, 한국공연예술원이 최초에 계획했던 사업으로 돌아가려 했다. 다시 말해 '시원적 가치'를 가지고 있으면서 아직도 우리 문화의 뿌리로 작용하고 있는 세계관, 우주관, 시공간관, 색채관, 그로부터 출현한 복식, 의례 등을 살펴봄으로써 21세기, 지구촌화되어 가는 와중에 스스로의 특징과 자존감이 없는 모든 문화가 흔적 없이 사라지기 쉬운 이 시대에 우리 문화의 독자성을 살리기 위한 패러다임 찾기를 시작하자는 것이었다.

뒤늦은 감은 있었지만, 그래도 "시작이 반이다"라는 속담에 의지해 본다. 이 책에 수록된 열네 편의 논문 속에는 실제로 우리 샤먼 문화 속에 담긴 '우리적인 것'의 가장 근본이 되는 요소를 명시하고, 그 속에 명시된 요소들이 공연의 실제와 실행에서 구현되어, 가장 자연스럽고 아름답게 우리의 공연을 세계화해 나가는 데 '바탕'이 되기를 기대해 본다. 즉, 무의식(無意識)과 잠재의식 속에 '우리적인 것'이 드러남으로써 세계와 소통하는 데 한몫을 하기 바라는 마음이다. 바꾸어 말하면 '한국의 원형드라마(Korean Urdrama)'를 찾는 길을 열고자 하는 뜻이다. 예술 창조는 생각에서 그치는 것이 아니라 실천을 통한 표현과 구현에서만 그 생명이 발휘되기 때문이다. 한국문화의 패러다임 속에서 미래 세계사와 소통하는 공연예술의 가·나·다의 틀을 마련하여 줌으로써 좀 더 세계적이면서도 '우리적'인 작업의 바탕을 마련하고자 하는 길을 떠나 보자는 것이다.

불교의례, 일상과 신앙과 공연의 결합

「샤마니카 프로젝트 3」 시리즈(2012. 9-2013. 10)는 '샤먼 문화와 공연예술' 심포지엄을 '불교의례'로 이어 갔다. 샤먼 문화의 의례 '굿'에 의존하면서도 이천여 년의 전통을 지켜 오며 행해지고 있는 불교의례 속에 깃들어 있는 한국 공연예술의 뿌리 찾기를 심포지엄의 형태로 진행한 것이다.

열네 명 연사의 발표를 통해 한국 불교의례 속에 깃들어 있는 한국인의 철학과 사상, 시·공간관, 세계관, 색채관, 생·사관, 복식, 음식 등이 어떻게 자리잡고 있는지, 굿의 형태를 얼마나 받아들이고 변형시켰는지, 아니면 독자성있는 종교의례로서만 존재하는지, 혹 한국 공연예술에 변형을 가져온다면 어떤 요소들이 있는지 불교의례 속에 깃들어 있는 한국인의 정서와 정신, 그 표현 방식과 변천사, 아울러 한·중·일의 불교의례는 어떻게 다른지도 살펴볼 수 있었다.

궁중문화에 나타난 한국적 공연 요소

「샤마니카 프로젝트 4」 시리즈(2014. 2-2015. 5)에서는 한국 공연예술의 뿌리 속에 그 기능을 발휘하고 있는 '궁중의례'를 살펴볼 것이다. '궁중의례와 공연예술'을 위와 같은 맥락에서 열네 명의 연사의 발표를 통해 조명해 볼 것이다. 굿과 불교의례가 한국 민속예술의 뿌리를 내리는 데 깊고 크게 작용했다면, 한국의 궁중의례는 언뜻 보기에 한국 공연예술에 큰 영향을 준 것 같지 않아 보인다. 하지만 이는 잘못된 시각이다. 한국의 공연예술은 오랫동안 한국역사 발전의 영향 속에서 자리잡아 온 양반문화와 민중문화의 큰 축으로 양분된 속성을 지니며 독자적 발전을 해 온 것으로 보인다.

한국의 예술이 '신명과 한'으로 대변된다고 많은 사람들이 주장하고 있다. 하지만 세계 각 민족의 예술을 들여다보면 우리 한민족보다 더 신명나고, 더 한스러움을 표현하는 타민족들의 예술, 특히 공연예술이 많다. 그 좋은 예를 우리는 인도의 전통공연예술에서 볼 수 있다.

「샤마니카 프로젝트 4」 시리즈에서는 한국 궁중의례 속에 깃들어 있는 심오하고 고고한 '절제와 중용'의 미가 어떻게 한국인의 정신과 정서에 작용하고 있는지, 그 영향은 무엇이고 악영향을 끼친 점은 없는지, 그러한 요소들이 한국 공연예술 속에서는 어떻게 기능하고 작용하는지 살펴볼 것이다.

무한한 자유를 누리며 신명나게 마음속 깊은 곳에서 솟아나는 예술혼을 뿜어내는 즉흥성과 자유분방함, 그래서 때로는 천박함을 불러내는 민속공연의 한 축과, 궁중의례에서 보여 주는 고고함과 우아함, 심지어는 신성함까지 자아내는 절제와 균형의 유려한 아름다움을 한 축으로 삼고 있는 이 정신이 앞으로 생산될 '한국'의 미래를 어떻게 조화롭고 아름답게 만들어 갈 것인지에 대한 주춧돌로 이 심포지엄이 기능하기 바란다.

우리의 전통 악(樂) · 가(歌) · 무(舞)와 오늘의 무대

위에서 살펴본, 네 차례에 걸쳐 샤먼 문화, 불교의례, 궁중의례에 관해 진행한 프로젝트와 연관하여,「샤마니카 프로젝트 5」시리즈(2015. 5–2016. 9)에서는 그동안 전통을 차용했거나, 아니면 그 형식을 빌려 새로운 창작을 한 공연예술의 경우, 연극이나 춤극 또는 새로운 형태의 장르를 만들어 낸 현대의 작품들을 성공적인 예와 실패한 경우를 들어 살펴보고, 앞으로 새로운 작업을 하는 데 참고할 사항들을 함께 발표와 질의 토론 형식으로 엮어 '응용과 창작'의 경우를 모아 볼 것이다.

이렇게 하면 2010년 5월에 시작하여 2016년에 끝나는 대장정의 샤마니카 프로젝트 심포지엄은 우선 막을 내릴 것이다.

이러한 긴 여정을 펼쳐 나가며 뿌듯한 자부심을 느끼는 것은, 지금까지 어느 누구도 시도해 보지 못한 우리 문화의 뿌리 찾기를 통해 '한극의 원형 찾기' 작업을 시도했다는 점이다. 아쉬운 점은, 융합과 통섭, 그리고 창조의 이 시대에 많은 학자들과 예술가들의 시야가 너무나 자신의 전문 분야에만 국한되어 있어 제대로 된 공연문화의 관점에서 굿, 불교의례, 궁중의례를 꿰뚫어 보지 못했다는 것으로, 이를 이 자리에서 고백한다. 이는 다음 세대 예술가와 학자들이 풀어 나가 줄 것으로 기대하면서, 이 책이 그들의 작업과 연구에 초석이 되기를 기대해 본다.

하지만 샤마니카 프로젝트의 또 다른 한 줄기인 '한극(韓劇) 만들기' 프로젝트는 이어 갈 것이다. 2010년 '짓거리―사이에서 놀다', 2012년 우주목 시리즈 1 '바리', 2013년 우주목 시리즈 2 '레이디 원앙'으로 이어지는 공연 만들기, 한극 만들기 프로젝트는, 샤마니카 프로젝트 심포지엄 시리즈에서 배운 지식과 안목을 가지고 우리 시대에 맞는 한극 만들기 시리즈를 펼쳐 가며 글로벌 시대에 부응하는 새로운 공연예술 만들기 장정으로 이어 갈 것이다.

많은 관심과 격려가 있기를 바라며 긴 여정의 쉽지 않은 일을 책임지고 맡아 해 준 한국공연예술원의 김형기 전 위원장과 김명자 현 위원장, 그 외에 귀한 논문을 발표하고 옥고를 실어 주신 발표자 분들, 이 긴 장정의 심포지엄에 참석하여 좋은 의견을 주신 회원분들께 깊이 감사드린다. 특히 원고 수집, 수정 등 모든 일을 맡아 차질 없이 진행해 준 한국공연예술원 사무총장 조국제 님에게도 감사함을 표한다. 하지만 무엇보다도 빠듯한 재정에 이렇게 많은 필자의 논문을 한 권의 책으로 엮어 출판해 주신 이기웅(李起雄) 열화당 사장님, 그리고 제작과 편집을 맡아 준 최훈, 조윤형 님에게도 심심한 존경과 고마운 마음을 전한다.

아무쪼록 좋은 결실을 맺어 한국 공연예술 발전에 조금이나마 보탬이 되는 일이었기를 바라며, 심포지엄에 참석한 모든 분들과 함께 이 책 출판의 기쁨을 나누고자 한다.

2013년 12월
양혜숙 사단법인 한국공연예술원 이사장

An Introduction

Searching for the Roots of Korean Performing Arts

The "Shaman Ritual" of Korea and Asia

The "Shamanika Project I" series (1997–2005) begun in Korea Performing Arts Center in 1997 had a purpose to find the origin of human culture and examine and compare the forms and contents in the first culture world of Korean after considering the Korean shaman culture as "the first human culture." However, we have intended to start the work in a narrower sense. It was started to find the comprehensive root of Korean performing arts in none other than "shaman ritual" where the origin of Korea's first performing arts belonged to. Carrying out the project, we learned out that it was started from so simple will. It was because we experienced that too complex and pluralistic roots of "shaman culture" were tangled in the course of progress. However, we made an effort to summarize the focus of the project under a title of "searching for the roots of human culture" or "searching for the roots of performing arts" each time in the "Shamanika Project I" series. The will of searching for the roots of performing arts also led this project to academic place of discussions such as symposium, performance events, questions and answers, and publications so that stereoscopic outcomes were expected.

At the beginning, we tried to find how the diversity and the root of shaman ritual were linked to the performing art we are currently carrying out, and shaped into "a role and form of its basis," however, it was appointed as an intangible cultural heritage at the time, and the efforts and passions of shamans compared in the international relations were believed to disclose the brilliant Korean characteristics and the truth of comparative culture, so that every aspects of Korean shamans were implemented by changing its frameworks to an international festival.

This decision was very timely appropriate and provoked a great response as well. As the bisected walls of the world collapsed, the audiences who encountered the society and culture of Altay, Mongolia, China and Tibet for the first time graced our event with a great curiosity, enthusiasm and interest on the world that had been veiled by then. Moreover, the shaman (巫) ritual before the designation as intangible cultural heritage was performed simply and partially so that an entire one was hardly seen, however, Korean shaman showed a completed Korean "shaman ritual" with the best efforts in the situation of their engagement with the cross-cultural event in an international scale. During the event full of their self-esteem and pride of being invited to the *hanpan madang* (big open stage) in international scale, Koreans escaped from an one-eyed view of the western centered and enjoyed the opportunity to compare and wholly watch the veiled and opened world with both eyes.

This is a very inspiring and exciting event. Furthermore, our hidden and neglected shaman world was finally recognized in an international scale event and revealed in Korean society.

When I first started this project, my hope was only one. If we, who have been grown up in a society too much weighed in western way, and thought and lived westernized, including me, could not find "ours" of 21st century and kept carrying out creative activities neglecting our paradigm, a foreboding that it will not last longer eventually, and a sense of duty that we had to find the root of our culture and establish its origin and plant deeply by announcing it to the society were the will of practice. The purpose of standing up in the world as people with a root by finding, organizing and educating our root before it disappears was a desperate wish of the "Shamanika Project I" series.

By further narrowing down the range of thought, we can talk in a dramatics' perspective. At the first stage, worrying about how writers, producers, artists and audiences could develop plays suitable to our sentiments and express our way in Korean theatrical field where the totally realistic play culture transferred from western play was still at its extreme was emerged as an assignment. However, there was no reaction in the theater, terrible enough. Even today, slowly past 20 years since then, the tradition is still being borrowed without full awareness.

However, fortunately, the Korea Performing Arts Center collected the totality of shaman culture researches studied respectively in traditional science, folklore, sociology, psychology and religious studies points of view through this project. As a result, the research attitude of consolidation and convergence in "shaman culture," which had never been approached by then in the performance study point of view, was opened, and, further, it was seen to play a large portion of the role in waking up why the collective experiences in "shaman culture" were needed in our era of 21st century.

The Root of Korean Performance Art in the Shaman Ritual

The "Shamanika Project II" series (2011–Jul. 2012) tried to derive to the originally planned project of the Korea Performing Arts Center, where the Korea Performing Art Study Group was organized in 1991, and the origin of Korean play was tried to seek on the ground of the incorporated, Korea Performing Arts Center in 1996 via beginning of establishing Korean play. In other words, by carefully observing the world view, cosmology, space-time view and color view and costume and ceremony emerged from them which still functions as our root despite their "primitive values," it is suggested to search for a paradigm to save our culture's uniqueness in this era of easily disappearing cultures which are lack of self-esteem and characteristics in the middle of 21st century globalization.

Albeit late, why not depending on the old saying, "begun is half done." In the 14 papers presented in this book, the most fundamental elements of "ours" contained in our shaman culture were specified in reality, there specified elements were practically realized, and it was expected to become the "foundation" globalizing our performance the most natural and beautiful way. That is, it is hoped that disclosed "ours" in unconsciousness and potential consciousness plays a greater role I communication with the world. In other words, that means to open "Korean Urdrama." It is because the creation of art is not just finished by thinking, but its life is exhibited only through expression and realization by practice. By preparing a framework of ABC's for performing arts which communicate with a future world history in Korean cultural paradigm, it is to set off a way of preparing a foundation for further global but still "ours" work.

Buddhist Rituals, the Combination of Daily Life, Belief and Performance

The "Shamanika Project III" series (Sep. 2012–Oct. 2013) led "shaman culture performing art" symposium to "Buddhist ritual." The searching for a root of Korean performing arts contained in a Buddhist ritual which has proceeded with 2000 year tradition of Korean performing arts but still depending on the *gut* (exorcisms) ritual of shaman culture was processed in a form of symposium.

Through 14 speakers' presentations, how Korean philosophy and idea, space-time view, world view, color view, life and death view, costume and food contained in the Korean Buddhist ritual were established, how many form of *gut* (exorcisms) were accepted and modified, or whether only existed as a religious ritual with an identity, or which elements are there if it brings a modification of Korean performing arts, the Korean spirits and sentiments contained in a Buddhist ritual, its expression method and history of change, and, in addition, how the Buddhist ritual of Korea, China and Japan are intended to examined, and the process is being kept.

Korean Performing Elements Contained in Royal Culture

In "Shamanika Project IV" series (Feb. 2014–May 2015, expected), the "royal ritual" which exhibits its function in the root of Korean performing arts will be examined. The "royal ritual and performing arts" will be illuminated in the above said context through 14 speakers' presentation. If the Shaman ritual and Buddhist ritual acted deep and largely in putting down the root of Korean folk arts, the royal ritual of Korea, by a brief glimpse, does not look significantly influencing Korean performing arts. But this is an incorrect view. Korean performing arts looks having splitted properties of two big axes of aristocrat's and public culture, and developing itself.

Many people claim that the Korean arts are represented to "fun and sorrow." But if we carefully look at the arts of each ethnic group all over the world, I think that more fun and more sorrow are exposed in the arts of other ethnic group, specially the performing arts. We can find good examples in Indian traditional performing arts.

In "Shamanika Project IV" series, how the beauty of profound and aloof "temperance and moderation" nestled in the Korean royal rituals acts in the spirit and sentiment of Korean, what the influence is, whether or not badly influenced, and how those elements function and act in Korean performing arts will be examined.

I want this symposium funtion as a foundation as to how the improvisation and freedom which spurts the spirits of art that are sprung excitedly from deep in a heart enjoying unlimited freedom, an axis of folk performance which raise immodesty time to time, elegance and proudly loneliness shown in the royal ritual, and this spirit using moderation which even arouses divineness and the elegant beauty of balance as a axis will make the future of "Korea" beautifully and harmonically.

Korean Traditional Music (樂), Song (歌) and Dance (舞), and Today's Stage

Relating to shaman cultures, Buddhist rituals and royal rituals of long journey examined four times, in the case of borrowing the tradition in the "Shamanika Project V" series (May 2015–Sep. 2016) or newly created performing arts borrowing the tradition format, the case of successes or failures of contemporary works which made a genre of a new form will be examined, and the "application and creation" cases will be collected by compiling items needed for reference in new works now on along with presentation, question and discussion format.

This way, the long journey of Shamanika Project Symposium from May of 2010 to 2016 will bring down the final curtain.

The real pride of this long journey is that "searching for the origin of Korean play" was tried through searching for the root of our culture, which had never been tried by anyone. The point I felt unfortunate in working through this long journey was that many scholars and artists of this creative era had visions too confined in their own professional area, and did not penetrate into shaman ritual, Buddhist rituals and royal rituals in an real performance cultural point of view. Expecting scholars and artists of the next generation to resolve this point, I also expect this book to become a foundation of their works and studies.

However, the "Korean play making" project, an another branch of the Shamanika Project, will be kept. A play making and Korean Play Making Project, with the knowledge and vision learned in the Shamanika Symposium Series, led to *Jitgori-played in between* of 2010, *Ujumok* (cosmic tree) Series 1, *Bari* of 2012, *Ujumok* series II, *Lady Wonang* of 2013, should roll out a project suitable for our time and lead to a long journey of new performing art making responding to the global era.

I look forward to much interests and encouragement, and send my deep gratitude to Hyunggi Kim, former chairman who is in charge of long not-easy journey work, Myungja Kim, the current chairman, and those speakers who present priceless paper and publish them, and members who participated in the long symposium and shared good opinions. Especially, my gratitude also goes to Gukje Cho, the secretary general who carried out overall works such as collecting and correcting manuscripts without a hitch. However, but most of all, I also have to send my deep respect and gratitude to Ki-ung Yi, president of Youlhwadang Publishers, who published my paper under one cover despite a tight budget, Hoon Choi and Yunhyung Cho, who took a responsibility of editing and production.

I hope this became helpful even in a small extent in development of Korean performing arts by a good fruition, and would like to share the pleasure of publication with the symposium participants.

December 2013

Hyesook Yang Chairman of Korea Performing Arts Center

차례

제2부 퍼포먼스로서의 샤먼 문화

제1부 인문학으로서의 샤먼 문화

샤먼 문화와 현대

양혜숙(梁惠淑)

1. 21세기 현대를 정의하며

1) 파충류 시대에서 곤충의 시대로

20세기 말부터 시작한 모든 경계의 무너짐, 예를 들어 그동안 굳게 지켜 내려오던 국경의 붕괴, 민족 개념의 붕괴, 심지어는 젠더(gender)의 붕괴, 그리고 남녀노소 차별의 붕괴 등 오늘날에는 모든 위계질서의 개념이 여지없이 무너지고 있다.

'뉴에이지' 음악의 대가 야니(Yanni)는 비행을 하며 하늘에서 내려다본 땅 위에는 오직 하나, 지도에서 볼 수 있는 아무런 경계선이 없는 '아름다운 하나의 지구'가 있다는 말을 했다. 그의 음악 또한 국경과 종족을 아우르는 하나의 음악을 추구하고 있다.

이렇게 21세기에 접어들면서 지금까지 인간을 지배하던 기존의 가치체계는 사라지고 새로운 질서와 가치체계가 들어서려 하고 있다.

두번째로 무너지고 있는 요소는 속도의 개념이다. 특히 세상이 변하는 속도는 가히 빛의 속도에 견줄 만큼 빠르다. 이는 물론 아날로그에서 디지털화하는 세계 속에서의 속도 개념뿐 아니라 삼차원에서 사차원의 세계를 넘나드는 공간의 범주와 개념에도 예상치 못한 변화를 불러오고 있다. 이러한 변화는 인간의 뇌와 사고(思考)의 한계를 확장하는 동시에 그것을 받아들이는 사고의 체계에도 무한한 변화를 가져오고 있다.

　기존의 시·공간 개념이 새로운 세계로 옮겨 가면서 무엇보다도 인간의 생산체계에도 대단한 변화를 가져오고 있다. 다름 아닌, 기존의 세계에서는 상상할 수 없는 스케일의 확장, 그와 더불어 다가오는 스펙터클한 현상으로, 이러한 변화는 비록 가시적 세계에서만 볼 수 있는 일이 아니다. 오히려 보이지 않는 세계, 경제의 규모와 구조(금융기구의 확장과 융합), 정보의 교류와 융합에서 우리는 상상할 수 없는 세계의 변화를 읽어낸다.

　지식의 공유와 평준화를 불러온 전자매체의 변화는 학문의 경계와 전문성의 독보적 아성을 무너뜨리고 있다. 뿐만 아니라 그 융합과 통섭에서 새로운 학문의 방법과 길을 열기 위해 지금까지와는 다른 많은 역발상을 찬양하고 있다. 전문성을 통섭, 융화할 수 있는 그 위에 '새로운 존재'를 기대하고 있는 것이다. 특히 이러한 변화는 인간을 과학적 실증적 해부를 통해 재조명하고 인간의 본능과 잠재력을 새로운 각도에서 조명하고자 한 20세기의 업적으로, 오늘날의 학문 속에서 새로운 시사점을 던져 주고 있다.

　『인간, 이 미지(未知)의 존재』,[1] 1912년 노벨 생리학·의학상을 수상한 알렉시스 카렐의 이 책은 인간의 본성과 미래를 고찰한 책으로, 십팔 개국어로 번역되어 새로운 시각으로 이 시대에 더욱 관심을 불러일으키고 있다.

　아직도 초기 단계에 있는 '인간과학'의 연구는 너무나 많은 미래를 기대하고 있다. 대학에서 일어나고 있는 여러 변화, 즉 통합과 융합현상은 이미 학문의 차원에서뿐만 아니라 행정을 통한 실천의 장으로 옮겨지고 있으며, 이러한 현상은 유럽과 일본에서는 이미 20세기 말부터 활발히 진행되어 왔다.

지식이 편중되고 전문성이 사회 어느 한 부분에 아성으로 군림하던 시대, 특히 산업혁명 이후 서양의 힘이 세계를 점령하던 17세기부터 20세기에 이르는 시대를 우리는 가히 '파충류의 시대'로 보아도 틀림이 없다. 먼저 점령한 지식과 과학의 힘으로 온 세계를 지배하던 유럽인들은 붉은 피를 가지고 있는 인간으로서가 아니라, 오히려 피 대신 녹색의 육즙을 지니고 힘과 완력으로 세계를 정복하고 덮친 파충류에 비교해도 무리가 없을 만큼 과학과 지식의 힘으로 아프리카와 아시아를 비롯하여 온 세계를 식민지 형태로 점령하였다. 그 후유증을 앓고 있는 지구는, 21세기를 맞이하여 '힘'의 논리로는 더 이상 제어할 수 없는 현실이 되었다.

그러나 정보화, 통섭과 융화, 지식의 공유와 체험의 공동체로 변신하며 대중화로 치닫는 21세기에는 오히려 인간이 곤충의 생태로 바뀌지 않으면 살아남기 어려운 시대가 되었다. '한 우물을 파야 성공한다' '열두 가지 재주를 가진 놈은 굶어죽기 십상이다' 하는 속담이 무색해졌다. 넘쳐나는 정보화 세계 속에서 인간의 본능은 '잠자리의 복합 눈'의 촉각과 직감으로 순간의 판단과 결단을 놓치면 살아남기 어렵기 때문이다. 또한 모든 경계가 무너진 시대에 그 이동 속도와 한계는 기존의 척도를 가지고는 잴 수 없는 것으로, 다원화, 속도화, 스케일화된 세상에 적응하기 위해서는 이제 본능과 직감에 의지해야만 하므로, 지금까지 인간이 의지했던 '논리와 사고의 힘'을 빌려 의지한다면 가히 그 생존이 불투명하게 된 세상이다.

2) '아는 것이 힘이다'(실증주의)를 극복하며

서양문화가 인류에게 준 가장 큰 선물은 과학이다. 기독교가 서양사회의 근본이 되면서, 다행히도 기독교의 탄생과 더불어 발전해 온 과학은 다른 지역(예를 들어 중국이나 또 다른 사회)의 경우와는 달리 과학 그 자체로 온전하게 발전해 왔다. 바꾸어 말하면, 과학이 어떤 개인이나 단체의 소유물로 전락하여 오용되며 그릇된 방향으로 발전하지 않은 것이다. 서양사회의 큰 축복이며 인류 전체의 행운이다. 이러한 과학은 수세기 동안 독자적인 노선을 밟으며 눈부시게 발전하여 인류사회에 '과학문명'을 선물하였다.

인류는 과학으로 말미암아 발전한 여러 기술 덕분에 편리함과 손쉬움에 익숙해졌고, 심지어는 나태해지는 줄 모르는 가운데 자동화된 환경 속에서 그들의 능력과 잠재력을 잠재우는 기술 환경에 안주하게 되는 우를 범한다.

과학에 대한 그릇된 인식에서 출발한 서양사회의 실증주의는 '아는 것이 힘이다' '보이는 것이 진리다'라는 편협한 세계관을 근간으로 삼은 것이다. 르네상스 이후 꾸준히 발전한 과학기술 문명은 서양사회를 진실의 반쪽만을 보고 믿는 실증주의적 사고로 발전시켰고, 이는 서양사회뿐만 아니라 온 세계를 정복하여 서양적 사고의 대변적인 실증주의적 사고와 이원론(二元論)을 바탕에 깐 '보이는 세계'만의 가치를 온 세계 속에 주장하게 하였다. 서구를 위시해 온 세계를 뒤덮은 이러한 사고는 삼사 세기를 걸치는 동안 아시아로, 남미로, 그 정치적 과학적 기술문명의 힘을 업고 인류를 지배하며 인간의 내재된 통찰력, '감추어진 세계' '안 보이는 세계' '가려진 세계'와 소통할 수 있는 인간의 잠재력을 잠식하며 인간의 능력을 어

느 면에서는 무기력하게까지 만들고 있다.[2]

특히 산업화로 인하여 자본주의가 발달하고 시장경제와 민주주의 체제로 정착되면서, 인간은 '개인'을 무시한 채 사람 하나하나가 한 부호나 숫자로 표시될 만큼 합당한 대접을 받지 못하며 점점 더 치닫는 대형 사회, 도시화된 환경에서 개인 자신의 '특성'을 잊은 채, 또는 잃은 채 삶을 영위하고 있다. 이러한 삶의 패턴 속에서 실증주의적 사고의 극복은 필수조건이며, 21세기를 맞이하여 빠른 속도로 변화하는 환경 속에서 인류는 '안 보이는 세계'와의 소통과 융합이 얼마나 중요한가를 깨닫기 시작했다.

3) 르네상스 시대가 놓친 것들의 회복

갈릴레오 갈릴레이가 지동설을 발표할 당시 서양사회는 충격과 혼란을 겪는다. 그러나 기독교적 교리와 사고로 수직화된 서양세계는 드디어 '과학의 진리'를 그 자체로 인정하며 받아들인다. 하지만 동시에 큰 '우'를 범하여 인류사회를 너무나 오랜 동안 한쪽만의 사회, 즉 '보이는 세계'로만 가두게 된다. 그리하여 과학의 힘을 인류 중심의 활용적 가치로만 유도하며 과학이 지니는 그 순수한 힘을 온전하게 활용하지는 못하였던 것이다. 다시 말해 '안 보이는 세계'로 향한 인간의 열린 힘과 상상력은 기독교 정신과 실증주의적 사고로 인해 완전히 논외의 세계에 머무르게 된다.

그 결과 인류는 여러 가지 가치와 능력, 즉 직관과 잠재력, 우주를 향한 열린 마음, 상상력을 통한 무한한 체험 등 많은 것을 놓친 채, 오랜 동안 한쪽만의 세계 속에 머물렀던 것이다. 그러나 다행히도 프로이트(1856-1939)를 통해 그동안 무시되고 하찮은 것으로 치부되었던 인간의 무의식의 세계가 그 가치를 부여받는다. 또는 니체와 같은 직관력을 발판으로 철학하는 사람들의 태도는 그동안 서양사회가 놓치고 살았던 것들을 일깨워주는 좋은 계기를 제공받는다. 어찌되었든 21세기는, 르네상스 이후 서양사회가 놓치고 산 것들을 다시 회복하여 인류사회의 온전한 의미의 세계, 한쪽만을 보고 그 가치만을 주장하던 태도의 교정과 회복이 일어나야 할 시대로 간주된다.

4) 서양 중심에서 아시아 중심으로

21세기에 또 하나 괄목할 만한 현상은 오랫동안 세계를 지배해 오던 무게중심이 아시아로 이동하고 있다는 점이다.

세계 총인구의 반을 차지하는 아시아인의 경제력과 다양한 문화의 조합, 실증주의적 사고를 하는 서구인처럼 경직된 사고에 깊이 물들지 않은 유연한 사고와 자연 친화적 생활양식은 21세기로 접어들면서 그 저력을 과시할 때가 되었다. 특히 '잠자던 사자'에서 깨어나 세계 지투(G2)로 우뚝 선 중국, 문화 다양성의 보고(寶庫)이며 십이억이 넘는 인구로 온 세계에 굴지의 석학을 배출하고 있는 인도, 서양 중심 국가들에 의해 식민지 생활을 경험하다 드디어 독자적 정치·경제를 재건하고 있는 크고 작은 또 다른 아시아의 나라들은, 그동안 겪은 식민지 생활의 부산물로 서양인의 사고방식과 생활방식에 익숙해졌으나, 여전히 아시아인의 자연 친화적 사고력과 '보이는 세계'와 '안 보이는 세계'와의 융합과 통찰을 유연하게 생활 속에 담고 있음으로써 21세기 변화하는 세계에 어느 대륙보다 적응 능력이 클 것으로 여겨진다.

또한 기독교 일색으로 동화되지 않은 아시아인들의 다양한 종교와 문화는 21세기의 특징이 된 다원화 세계에 그 적응력이 뛰어날 것임을 예상하게 된다. 특히 부상하고 있는 아시아인의 경제력과 창의력은 바야흐로 '아시아 르네상스'를 예고하고 있다.

미래학자이며 저술가인 존 나이스비트3는 1982년 세계 시장에 구백만 권 이상이 팔린 책『메가트렌드』를 출간하였고, 이 책은 연이어 이 년간 베스트셀러에 오른다. 그는 이 책에서 현대사회의 거대한 시대 조류를 정의했다. '탈산업화, 글로벌화, 분권화, 네트워크형 조직'이 그 특징이다. 1995년 그는 다시『아시아 메가트렌드』를 발표하였으며 "서양인들은 얕보지만… 아시아 르네상스가 다가오고 있다"고 단언하였다.4

2. 보이는 세계와 안 보이는 세계

1) 로직(Logik)과 패러독스 로직(Paradox Logik)

1980년대까지만 해도 세계는 온통 서양의 시각으로 본 세계관과 문화관이 팽배했다. 그 중에서도 서양인의 사고체계의 근간을 이루고 있는 로직(Logik), 로고스(Logos)를 신봉하는 태도는 온통 세계의 유식함과 무지함을 재는 잣대가 되기도 한다. 논리와 지식을 신봉하며 과학과 기술로 무장한 서양은 여지없이 아시아인을 무시했다. 아시아인의 비논리적이고 일관성 없는 사고체계에서 비롯한 모든 행동방식과 문화를 평가 절하하면서 아시아에는 진정한 문화가 존재하지 않는다고까지 보는 세계의 이목이 팽배했다.

서양식의 논리와 사고의 체계가 없는, 다시 말해 로직, 로고스가 없는 문화를 여지없이 멸시한 것이다. 서양식 교육을 받은 아시아인들 스스로도 이를 수긍하며 비논리적이고 체계가 없는 아시아인들의 사고방식과 생활방식에 열등감을 느끼며, 탄탄한 바탕을 가지고 있는 서구의 논리, 철학하는 태도, 일관성 있는 체계화된 문화를 모범으로 삼으며 그를 모방하고자 했다. 특히 20세기는 동양이 서양을 닮고자 노력한 최고의 시기로 보아 마땅하다. 이렇게 온통 서양적 사고와 철학의 태도로 물든 세계는(특히 아시아는) '논리'와 '사고력'을 우위에 둔 서양문화에 질식할 정도까지 잠식되었다. 그러나 동양을 몇 번 방문하고, 특히 일본·중국·한국의 문화를 체험한 서양 철학자들, 특히 실존주의 철학자들은 아시아를 새롭게 발견하여 아시아 문화에 담긴 뿌리 깊은 세계를 경험하며, 로고스의 세계에 여지없이 깊게 빠져 있던 자신들을 되돌아보게 된다. 그리하여 노자와 장자, 율곡과 퇴계, 선불교 등에 숨어 있는 깊은 뿌리를 보며 서양인들은 스스로의 생각을 교정해 가기 시작했다.

실존주의 철학의 대가 볼로노(F. Bollnow, 1903-1991, 독일 실존주의 철학자)는 아시아에도 나름대로의 로직이 존재한다고 인정했다. 그는 아시아 문화권에 존재하는 비서양적 논리체계를 패러독스 로직(Paradox Logik, 역설의 논리)으로 명명하고 아시아 문화권의 독자성과 뿌리 깊은 사상의 위대함을 발견하고 높이 평가했다.

2) 듀얼리즘(Dualism, 二元論)의 극복과 '인간과학'

기독교 사상과 논리, 과학으로 대변되는 서구사회의 또 하나의 특징은 이원론의 철학이다. 아폴론(Apollon)적인 것과 디오니소스(Dyonysos)적인 두 세계의 대비, 이성과 감성의 대비, 의식의 세계와 무의식의 세계의 대비 등 서양문화 체계의 또 하나의 특징은 이분화된 시각으로 세계 현상을 바라보는 태도다.

양분화된 시각으로 세계를 바라보는 서구문화의 오랜 전통은 세계를 온전한 '하나'로 보는 데 익숙하지 않았다. 그러나 21세기에 접어들면서 세상은 온통 '보이는 세계와 안 보이는 세계', 지금까지 중심에 있지 않던 많은 주변의 것들, 잡다한 것들의 가치가 눈에 띄게 되며 다원화의 세계로 치닫는 모습에 충격을 받게 된다. 모더니즘에서 포스트모더니즘으로 치닫고 있는 세계 현실의 결론은 '중심과 주변'이라는 이분법을 버리고, 누구나, 무엇이든지 똑같은 가치와 인정을 받는 세계로 그 무게 중심이 이동하고 있다.

이제 사회는 사라지는 소수 민족의 언어를 찾아 기록하고 하나의 국가로 뭉쳤던 대형 국가는 그 구성원을 이루고 있는 소수 민족의 문화를 재인식하며 '다원화' '다양화' '뿌리 찾기' 등의 형태로 새롭게 변화되고 있는 중이다.

3) 직관과 본능의 재발견

다른 한편 인간을 바라보는 시선에도 큰 변화를 겪는다. '탈산업화, 글로벌화, 분권화, 네트워크형 조직'의 형태로 변화하는 사회 속의 개인의 위치와 평가도 달라지지 않으면 안 된다. 산업화 속에서 하나의 숫자나 도구에 불과했던, 그래서 개인의 능력과 본능이 제도 속에 묻혀 그 힘을 발휘하지 못하던, 또는 발휘되지 않고도 살아갈 수 있었던 지난 세기까지의 인간의 가치와 삶의 태도는 달라지지 않을 수 없게 되었다. 첨단화되어 가는 정보사회 속에서 개인은 한 조직의 일원으로서보다는 생각하는 한 주체로서, 행동과 실천하는 주체로서 기능하지 않고는 새로운 사회의 일원으로 자리매김할 수 없는 위기에 놓이게 된 것이다.

　이러한 사회 속에서 살려면 '개인'은 지금과는 너무나 다른 속도로 주체적 판단과 실천을 요구받으며 매순간에 임하게 된다. 그리하여 인간은 개인으로서의 본능과 직관에 의지하여 21세기형 인간으로 변모하지 않으면 안 된다. 따라서 촌음을 다투는 상황 속에서 직관과 본능에 의존하여 판단하고 실천하지 않고는 삶을 따라갈 수 없는 상황에 처한 것이다. 지난 세기까지 존중되었던, 사고력, 논리, 종합의 과정을 거쳐 사물과 상황을 판단하기에는 너무나 시간이 부족한 삶의 환경과 상황 때문이다.

4) 잠재력의 발견과 그 확충

지금까지 인간은 교육을 통하여 길들여지고 사회의 일원으로서 기능하도록 훈련을 받아 왔다. 가정이라는 틀, 학교라는 기구, 인간이 받아 온 교육 속에는 도덕의 기준, 책임과 성실함, 순응과 리더십 등 사회 속의 일원으로서 적응하며 살아가도록 그 능력과 자존감의 척도가 자리에 맞춰져 있었다. 그러나 21세기로 접어들면서 빛의 속도로 변화하는 사회 속에서 인간은 첨단의 속도와 창의력으로 자존감을 획득하지 않으면 안 되는 세계로 나아가고 있다. 이러한 능력을 획득하기 위하여 인간은 스스로의 잠재력을 투시하고 확충하여 새로운 사회 속에 적응하며 안착할 때가 되었다. 조셉 머피의 『잠재의식의 힘』은 인간 잠재력을 일깨우면서 지금까지 보이는 세계에만 집중했던 인간의 시선에서 벗어나 보이지 않는 세계, 세상의 숨겨진 부분과도 소통하고 우주와의 대화도 시도해 보아야 하는 시대에 도달했음을 말해 준다.

　'직관의 힘'에 호소하는 스티브 잡스의 실천력과 예지력은, 일본의 승려가 되고자 했던 그의 아시아 문화권의 체험과 수행에서 터득한 힘으로 보아 마땅하다. 사차원의 세계로 진입하는 이 시대에 인간은 자신 속에 숨겨져 있거나 잊혀져 있던 직관력과 잠재력을 계발, 개발하여 그동안 감추어져 있던 보이지 않는 세계를 읽어내고 그 어느 때보다도 폭넓은 우주와의 소통을 이끌어내야만 미래에 적응하리라 믿는다.

엘프리다 뮐러-카인츠와 크리스티네 죄닝이 쓰고 강화진이 옮긴 책『직관의 힘』(2003)은 21세기를 여는 또 하나의 안내서로 보아 마땅하다.

3. 샤먼 문화에 내재하는 힘과 에너지

1) 직관과 본능의 분출

이미 언급한 바와 같이 샤먼 문화에 대한 개인적 관심은 1991년 몽골 여행 당시로 거슬러 올라간다. 몽골이 공산권 치하를 청산하고 세계화를 향해 독자 노선을 걷기 시작하면서 몽골 국립극장의 환갑잔치를 개최하는 마당에 초대된 적이 있다. 세계는 아직 양분된 정치적 사회체제가 정리되지 않아 한국과 몽골은 서로 아주 먼 나라로, 참으로 '가려진 세계'를 발견하는 거의 최초의 단계였다. 다행히 한·몽 양국이 대사관을 설치하고 미지 탐험을 하듯 서로를 알아가고자 하는 초기 단계의 시기였다. 십이 일의 여정이 끝나갈 무렵, 통역과 안내를 해 주던 몽골의 외교부 외교국장은 내게 아주 값진 제의를 두 가지 했다.

하나는 몽골의 수도 울란바토르에서 꽤나 멀리 떨어진 홉스굴이라는 지역에 아직도 '나는 무당'이 있으니(아홉 명의 나는 무당 중에서 이미 세

명은 죽고 여섯 명만 생존해 있다는 것이다) 그곳에 갈 용의가 있다면 안내하겠다는 제안이었고, 다른 한 가지는 티베트의 달라이라마에게 소개할 위치에 있으니 '나'를 달라이라마에게 데려가 소개하고 싶다는 제안이었다.

참으로 귀한 제안이었는데, 당시 학교에 몸담고 있던 상황이라 시간의 제약 때문에 이 두 가지 제안을 모두 뒤로하고 귀국할 수밖에 없었다. 그러나 그 두 가지 제안은 나에게 깊은 여운을 남겼다.

그 중에서도 '나는 무당'에 대한 이야기는 많은 호기심을 불러일으켜, 오늘날의 사회 속에서 '인간의 능력'에 대한 의구심이 커지고 있었다. 아무리 생각해도 '날 수 있는' 잠재력과 신통력이 인간에게 있다면, 그런 능력의 소지자가 있다면, 이는 아마도 산업화, 기술화된 문명 속에서 인간이 너무나 퇴화된 것이 아닌가 하는 의구심이 불현듯 일어나 꺼지지 않고 있었다. 이러한 의구심은 나로 하여금 '인간'의 잠재력과 '인간과학'에까지 관심을 확장하게 했다. 또한 샤먼에 대한 큰 관심과 그 내재된 힘, 신통력과 접신술, 수수께끼 같은 신비함 속에 가려진 샤먼의 능력에 대한 관심으로 확장된다. 그동안 많은 연구서를 대하면서 내린 결론은 샤먼 문화 자체가 가지고 있는 규명되지 않는 힘과 에너지의 실체다.

미르치아 엘리아데의 역작 『샤머니즘』을 읽으면서 나는 더욱더 큰 의구심에 봉착했다. 수천 년을 거듭하면서도 그 해명되지 않는 샤먼 문화의 '힘과 에너지'는 그 자체로 해명되고 분류될 수 없는, 온전한 '핵' 그 자체로서, 인류사회의 수많은 변천과 변화에도 달라지거나 변화되지 않은 채, 사회 속에 항존하는 에너지를 발산하고 있다는 점이다.

샤먼이 의식을 진행하며 뿜어내는 '힘과 에너지'는 가히 인간의 직관과 본능이 발산하는 힘의 파장으로, 그 주변을 모두 몰입하게 만든다. 이때 연주와 가무는 의식을 행하는 샤먼에게 큰 에너지를 불어넣는 역할을 하기도 한다. 그 파장도 만만치 않아 온 동네가 함께 출렁이는 듯한 전염성도 내포하며 인간에게 카타르시스를 경험하게 한다.

2) 통섭과 융합의 구조

샤먼이 제의를 진행하는 과정을 보면, 샤먼은 악(樂)에 맞추어 춤과 소리를 동반하며, 그 자리에 둘러앉은 손님들에게 대화의 형식으로 진행을 풀어 가면서 의식을 진행한다. 이러한 진행 속에는 신의 세계와 사람의 세계, 영혼의 세계와 현실의 세계, 성(聖)과 속(俗)의 세계를 넘나들며 죽은 자와 산 자를 통섭하고 망자와 산 자의 오해를 풀고 융화와 화해의 장으로 이끄는 특징이 있다. 물론 여러 다른 목적의 굿이 있겠지만 대부분의 굿은 샤먼이 '트랜스(trance)'를 체험하며 하늘과 땅을 통섭하고, 그 체험은 공동체적 체험으로 한껏 사람의 기(氣)를 상승시킴으로써 화해와 융합의 장으로, 그 힘과 에너지가 온통 하나가 되며 마무리된다. 또한 굿이 끝나고 샤먼(무당)이 상에 차려져 있던 떡과 과일로 복을 나누는 장면에서, 화해와 행복을 나누며 분위기를 이완하고 평안한 일상으로 돌아가게 하는 또 다른 형태의 에너지를 읽어낼 수 있다.

이렇게 통섭과 융화는 상승과 이완을 반복하며 서로(무당과 관객)의 기(氣)를 나누는 자리가 되는 것이다.

3) 원형적 인류 내재의 힘

샤먼 문화를 정의하고 그 범주를 정하는 데 또 하나의 걸림돌은 바로 샤먼 문화가 가지고 있는 '원시성(原始性)'과 '성(聖)'의 세계를 체험하는 방식이 매우 원형적(原形的)이라는 점을 들 수 있다. 하늘과 통하고, 우주와 내통하는 무력(巫力)을 획득하는 '이니시에이션(initiation)'의 모습이 어느 다른 원시종교에서와는 매우 다른 모습이다. 그들과 구별되는 가장 큰 요소는 타 종교에서 볼 수 없는 샤먼의 확고한 사회적 위치와 그 속에 군림하는 자세다. 샤먼의 위치는 어느 다른 고대 종교에서보다 전권적인 위력을 가지고 굿을 관장하며, 병을 낫게 하며, 혼령을 인도하며, 주술을 통한 구원의 의식을 행하는 데 있다. 이러한 의례의 과정 속에서 일어나는 기도하는 모습과 접신하는 모습에서 우리는 어떤 종교의례에서도 볼 수 없는 집중과 내재된 힘을 체험한다. 이러한 모습은 바로 인간이 미지의 세계, 신의 세계, 경외된 세계에 경배하는 모습에서 인류 전체가 가지고 있는 '원형적 내재된 힘'을 감지하는 것이다.

그러나 그 밀도 있는 힘이 샤먼 리추얼에서는 더욱 확실하게 찾아진다. 무의식(巫儀式)에서는 그 어느 다른 종교의례에서보다 강렬하고 집중된 접신과 '트랜스'에 이르는 과정에서 느껴지는 '내재된 힘', 인류 전체가 함께 느낄 수 있는 정도의 집약성과, 더 나아가 축적된 힘의 폭발적 상태로의 전환마저 경험하게 된다. 아마도 이러한 '인류의 내재된 힘'의 근원을 체험하고 그 힘을 빌려 다른 차원의 삶을 경험할 수 있게 하는 힘의 근원이 샤먼 문화를 고대에서부터 오늘에 이르기까지 있게 한 근원적인 힘이 아닌가 유추해 본다.

4. 샤먼 리추얼과 공연학

1) 샤먼 리추얼의 구조와 시간

샤먼 리추얼의 구조는 매우 헐거워 보인다. 나름대로는 모두 짜여 있는 구성임에도 불구하고 신에게 빌어 신의 마음을 통하게 하고, 신을 맞이하며, 신을 놀게 하고, 신을 놀린 다음에 신을 융숭하게 대접한다. 신을 보내는 송신의 과정이 끝나면 모든 의식은 끝나며, 복을 나누며 서로를 위로하는 뒷풀이만이 남는다.

그러나 이러한 과정 속에, 의례를 하기 전에 모든 악령과 잡신에게 음식과 술을 나누어 대접하며 자리를 정화하는 과정과 송신한 후에도 잊지 않고 잡신들을 대접하는 과정이 삽입된다. 이러한 구조는 매우 유연성 있게 진행되며 그 사이사이 들어가는 여러 가지 사건들이나 이야기들은 그때그때마다 샤먼이 분위기를 보아 가며 길게도 짧게도 조정하며 긴장과 이완의 속성을 살리며 굿을 진행하게 된다.

이러한 자유로운 구조는 오늘날 현대 연극에서 보이는 옴니버스 스타일에서 찾을 수 있으며, 그 조상은 샤먼 리추얼의 구조에 뿌리를 두고 있지 않을까 생각된다. 굿의 내재적 시간과 굿 속에서 진행되는 천상과 지옥의 시간, 또 사자(死者)와 생자(生者)의 시간을 넘나드는 자유로움은, 굿을 보는 사람들의 마음에 자유로움과 무한한 가능성의 체험을 제공함으로써, 공연학적 관점에서 볼 때 공연예술에 '원용'할 수 있는 여지가 많음을 알게 된다.

2) 샤먼의 '트랜스'와 관객의 공동 체험

샤먼 리추얼은 공연학적 관점에서 볼 때 샤먼의 '트랜스' 체험으로 그 막을 내리게 되어 있다. 황해도굿에서는 대부분 작두타기로 그 절정을 이루는데, 작두 위에 올라선 무당의 체험을 우리는 '트랜스' 체험이라 부를 수 있다. 물론 '트랜스' 체험은 때에 따라 다르게 나타나기도 하지만, 대부분은 굿의 마지막 부분에서 장식되며, 무당의 무아(無我) 상태, 또는 몰아 상태로 모든 의례의 끝을 맺게 된다. 숨을 늦췄다 조였다 하며 진행해 온 굿의 호흡은 '트랜스'의 무아 경지를 체험하며 관객에게 공동 체험장을 열어 줌으로써 굿의 절정을 체험하게 한다.

이는 공연학적 관점에서 볼 때 가장 효과적인 '클라이맥스'로서, 어떤 연극이나 공연예술 작품에서 맛볼 수 없는 '해방감'과 '하나됨'을 느끼는 최상의 인터랙션(Interaction) 체험을 선사한다. 이러한 공동체적 체험이야말로 공연에서 기대하는 가장 성공적인 최적의 성과인 것이다.

3) 소통과 체험 나누기: 인터랙션(Interaction)

공연학적 관점에서 볼 때 샤먼 리추얼로서의 한국의 굿은 그 공간 설정에서 자유로움과 친밀함이 가장 돋보이는 요소이다. 때로는 사람이 주거하는 집에서, 또는 집 마당에서 행하는 굿의 진행은 공간의 자유로움에서도, 더불어 일어나는 시간의 융통에서도 무척 편안한 진행을 가능하게 하고 있다. 이러한 융통성은 관극(觀劇)하는 참여자나 손님에게 한없는 관대함을 선사함으로써 '무당이 진행하는 굿의 범위 안에서 원활한 소통과 체험 나누기가 자연스럽게 일어나는 것이다.

이는 20세기 후반부터 무대와 객석의 거리를 좁히고, 높낮이도 같은 높이로 조절하여 무대와 객석이 하나됨을 시도하여 '인터랙션(Interaction)' 소통의 가능성을 극대화하고, 무대와 가까운 거리에서 체험할 수 있도록 함으로써 공연의 성과를 최대화하는 극장 구조의 변화에서도 찾아볼 수 있다.

굿이 진행되는 동안 수시로 움직일 수 있는 열린 공간에서의 자유로움은 산만함을 극소화한다면 아마도 '인터랙션(소통과 공감)'의 최대 성과를 거두어들이는 효과적 공간이 될 것이다. 체험의 공유와 소통, 그리고 나눔이야말로 공연의 최대 목표이기 때문이다.

한국의 샤머니즘에 관하여

김명자(金明子)

1. 한국무속과 샤머니즘

한국무속을 샤머니즘이라고 한다. 좀 더 구체적으로 표현한다면 코리언 샤머니즘이라 할 수 있다. 샤머니즘을 주도하는 존재는 샤먼, 곧 무당이다.[1]

샤머니즘이라는 용어는 17세기 후반 러시아인, 주로 코사크인 탐험가들과 시베리아 정복자들이 동부 시베리아 퉁구스 부족들에게 '샤먼'이라는 이름의 주술사에 관하여 듣고 그 명칭을 기록으로 보고하면서 발생했다.

그러나 샤먼을 제대로 묘사하여 유럽에 알리고 국제적 관심의 대상으로 만든 이는 네덜란드 출신의 상인 이데스(Everet. Y. Ides)이다. 이데스는 1692년에서 1695년까지 삼 년간 러시아 표트르 대제의 사신 자격으로 모스크바를 출발, 시베리아를 지나 북경까지 다녀온다. 그 도중에 바이칼 호수의 서북부에서 퉁구스의 남자 무당을 만나 그의 굿을 보게 된다. 그 여행기는 1704년 그의 모국어 네덜란드어로 출판, 이내 독일어로 번역, 간행되었다. 당시 유럽인들에게 한낱 원시종교의 주술사 정도로 비치던 이들 샤먼에 대한 관심이 점차 늘면서 이 현상을 샤머니즘이라 하고 많은 조사와 연구를 시작했다.[2]

시베리아에서 샤먼은 부족장이면서 그 부족의 종교적 사제, 전통예술의 계승자, 재판관, 역사가이자 의사였다.[3]

우리 무당 역시 이와 공통된 요소를 지니고 있다. 신라 제2대 왕인 남해 차차웅(南解次次雄), 제3대 왕 유리이사금(儒理尼師今)은 무(巫)와 같은 존재였다. 차차웅이나 이사금이란 용어는 무(巫)를 일컫는다고 한다. 이는 고대국가에서 무당은 정치적 수장(首長)이었음을 말해 주는데, 사회 분화에 따라 정치 지도자와 종교 직능자가 분리되면서 점차 예언자나 의무(醫巫)로서의 기능을 지닌 존재가 된다. 물론 오늘날의 무당과 고대국가의 무당의 양태가 같은 것은 아니다. 시대의 변화에 따라 무당의 양태도 달라진다.

오늘날 무당은 무속이라는 종교의 사제자, 전통예술의 계승자로서의 역할을 하고 있다. 그래서 무당은 예능인으로 인정받아, 무당굿이 공연물로 무대에 오르기도 한다. 또한 무속의례인 굿을 바탕으로 연극, 영화, 무용 등 다양한 공연물이 만들어지기도 한다. 이는 무속, 곧 샤머니즘이 퍼포먼스로서의 성격을 충분히 담고 있다는 점을 말해 준다. 따라서 무속이 본래 지니고 있는 종교, 그리고 음악, 연극, 문학, 무용 등의 예술과 사상 등의 정신사적인 문제는 실로 큰 것이다.[4]

그런데 샤머니즘의 개념을 지극히 제한적으로 보아 한국무속과 샤머니즘은 별개라고 보는 견해가 있는가 하면, 한반도의 중부와 북부지방에 보이는 무당, 곧 강신무의 종교현상만을 샤머니즘으로 할 수 있다는 견해가 있다. 곧 남부지방의 당골인 세습무는 샤먼이 아니고 사제자이기에 북방의 샤머니즘이 남부로 유입되었다는 것이다. 이는 이미 오래된 진부한 견해에 불과하다.

여기서 우선 사제자의 개념 역시 지극히 제한적으로 본다는 점을 지적할수 있다. 사제는 종교의례를 집행하는 사람으로 제도 종교(기성 종교)는물론 샤먼과 같은 민속종교를 담당하는 샤먼도 포함된다.

흔히 샤먼의 특성으로서의 기준이라 논의되어 온 엑스터시(ecstasy), 트랜스(trance), 포제션(possession) 등의 현상은 샤머니즘에만 나타나는 것이 아니다. 신종교(신흥종교) 교주들의 영통술(靈通術)이나 그 밖에 기독교 일부 안에서 일어나는 이른바 성령현상(聖靈現象)인 입신, 방언 등과도유사한 형태로 발견된다.[5] 그러기에 샤머니즘의 범주와 샤먼의 개념을 이러한 현상을 기준으로 말하기에는 설명이 부족하다. 따라서 샤머니즘이나샤먼의 범주를 넓게 볼 필요가 있다.

사실상 무속이 샤머니즘 바로 그것이라든지, 또는 샤머니즘과는 별개의종교체계라는 식의 논리 전개는 때론 무의미할 수 있다는 이필영의 논의는 설득력이 있다. 그는 한국의 무속은 샤머니즘의 한 계통으로서, 한국이라는 자연과 역사, 문화환경 안에서 특수하게 발달된 종교현상으로 이해하는 것이 올바른 인식임을 밝히고 있다.[6]

샤머니즘은 세계적인 현상이다. 다만 지역마다 각기 차이가 있을 따름이다. 세계 많은 지역에서 샤머니즘은 지역, 종류, 시대마다 다소 특성 있는형태로 존속하여 왔다. 한국의 무속 역시 샤머니즘의 원형을 비교적 많이지니고 있는 북아시아 샤머니즘[7]과 차이점이 나타나는데, 이러한 차이점은 한국의 자연과 역사, 문화환경에서 비롯된 것이다. 그러므로 북아시아샤머니즘과 한국무속은 샤머니즘이란 종교현상의 각각의 한 지방 형식을

일컫는 용어로 사용할 수 있는 것이다.8

강신무와 세습무 사이에는 차이가 있기 때문에 양자는 기원부터 다르며 별개라는 인식에 대해, 김태곤은 양자가 같은 계통이라는 점을 이미 여러 차례 밝힌 바 있다.9 근래 서영대는 양자의 신관념이나 의례 절차, 그리고 무구(巫具) 등에는 공통점이 많다는 점을 지적했다. 따라서 강신무와 세습무는 같은 계통이며 하나에서 다른 하나가 분화되었다고 보는 것이 옳을 것 같다고 했다.10

사실상 오래전부터 무속은 한국의 샤머니즘을 일컫는 용어가 되었다. 국제샤머니즘 학술대회가 국내에서 최초로 개최되었던11 것은 무속이 곧 한국의 샤머니즘이라는 사실이 세계적으로 보편화되었다는 점을 말해 주는 것이기도 하다. 이 학술대회의 주제는 '샤머니즘의 지역적 실상'이었다. 사단법인 한국공연예술원에서는 유네스코 한국위원회와 공동 주최로 '샤먼 유산의 발견'이라는 주제의 학술대회를 개최한 바 있다.12 조흥윤 역시 한국무속은 샤머니즘임을 밝힌 바 있는데, 특히 그는 한국의 천신굿, 새남굿을 구체적으로 소개한 단행본을 『한국의 샤머니즘』이라는 이름으로 발간했다.13

이러한 성과물이 두드러지기 전부터 한국의 무속이 한국의 샤머니즘이라는 사실은 일반화되었다. 따라서 샤머니즘과 우리 무속은 별개의 것이라는 주장은 의미가 없다. 한국무속은 '샤머니즘'의 범주에 속하는 한국의 샤머니즘인 것이다.

2. 한국 샤먼의 유형

무속은 무당을 주축으로 전승되는 종교이며 무당은 신을 섬기며 굿을 전문으로 하는 사제자다.

『설문해자(說文解字)』[14]에는 남자는 격(覡), 여자는 무(巫)라고 한다는 기록이 있으며, 우리나라에서도 무격(巫覡)이라 하여 여무를 무, 남무를 격이란 뜻으로 사용했다. 『주자어류(朱子語類)』[15]에 의하면, '무'는 신명을 다하여 춤추는 사람으로 춤을 통해 신을 접하기 때문에 하늘과 땅을 이어주는 '공(工)'자의 양측에 두 사람이 춤을 추는 형상을 취한 '무(巫)'자를 쓰게 되었다고 했다.

여기서 하늘은 신(神)을 뜻하고 땅은 인간을 뜻한다. 또한 공(工)이라는 글자는 재주를 뜻하는데, 무당은 신을 부르는 재주, 굿을 하는 재주를 지닌 사람이라고 해석할 수 있다.

옛날의 무당과 오늘날의 무당의 양상이 같지는 않지만, 무는 고대 부족 국가 때부터 군(君)인 동시에 신과의 교섭자로서의 자리에 있었고 그 활동은 초인적인 것으로 인식되었다. 무당은 보통 인간이 미칠 수 없는 탁월한 능력을 지닌 영매자로서 점을 쳐서 인간의 앞일을 예언하는가 하면 굿을 해서 병을 고치는 등 신과 인간 사이의 중재자 구실을 한다. 그래서 사람들은 무당이 신과 이야기하고, 신과 만나며, 신의 세계를 여행한다고 믿기도 한다. 무당은 스스로 신의 소명을 받은 존재라고도 말하는데, 무당 자신이 직접 신을 구체적으로 체험하고 확인하기 때문이다.[16]

오늘날에는 여무(女巫)를 무당, 무녀(巫女)라고 하고 남무(男巫)를 박수라고도 하지만, 통칭해서 무 또는 무당이라고 한다. 여무를 보살이라고도

하는데 이는 불교와의 친연성을 말해 준다. 충청도 지역과 강원도 지역에서 앉은굿을 하는 남무는 법사라고 한다. 그런데 남자 무당을 법사라고 지칭하는 것은 점차 전국화되어 가고 있다. 이 밖에도 지역에 따라 명칭을 달리해 호남 지역에서는 단골 또는 당골, 영남에서는 남무를 화랭이, 제주도에서는 심방이라고 한다.17 그런데 화랭이는 경기도 지역에서도 남무를 일컫는 용어로 사용하기도 한다.

무당은 신을 부르고 춤으로써 무아의 경지에 들어가 신탁(神託)을 통해 반신반인(半神半人)의 기능을 발휘한다. 이때 인간이 소망하는 내용을 신에게 고하고 신의 의사를 탐지하여 이를 인간에게 계시해 주는 영매자(靈媒者)로서의 구실을 한다.

지금까지 한국의 무당은 입무(入巫) 과정과 신관, 그리고 무의식(巫儀式, 굿)의 형식 등에 따라 크게 강신무와 세습무로 대별되어 왔다. 강신무는 신병(神病)을 앓고 신내림을 받아 사제로서의 역할을 수행하며, 세습무는 혈통 세습으로 무업을 계승해 가는 무당을 말한다. 강신무가 주로 한강 이북에 분포되어 있다면, 세습무는 주로 한강 이남에 분포되어 있어서 강신무와 세습무의 구분이 지역적 특성으로 논해지기도 한다.

강신무는 강신 체험을 통해 된 무당으로서 신이 내린 상태에서 가무(歌舞)로 굿을 주관하면서 신의 영력(靈力)으로 신점을 치게 된다. 이들은 몸주신을 모시기 때문에 구체적인 신관(神觀)이 있고, 신당에 무신도(巫神圖)를 걸어 놓고 자신이 신봉(信奉)하는 신령을 모시는 것이 일반적이다. 특별한 경우도 있지만, 이들이 행하는 굿은 대체로 타악기 중심의 요란한 악기 반주에 맞추어 도무(跳舞, 蹈舞)와 같은 동적인 춤을 위주로 하는 춤을 추며 굿을 한다. 그리고 각각의 거리에 따라 무복(巫服)을 갈아입는다.

무복은 곧 신복(神服)으로서, 각 거리마다 다른 것은 각 신을 상징하는 복식이기 때문이다. 또한 강신무들은 작두타기, 사실세우기 등으로 자신들의 영력을 유감없이 보여 주며, 신도들은 무당에게 삶의 문제를 해결해 줄 것을 간구한다. 그래서 무속신앙은 기복신앙이라고도 하는데 이러한 신앙심은 가장 원초적이라 할 수 있다. 강신무의 호칭은 무당, 무녀, 만신, 기자[18], 박수(남자 무당에 한함) 등으로 불린다.

이에 비해 세습무는 혈통에 의해 사제권을 세습해 간다. 일정한 구역이 있어서 정해진 구역에는 타인이 간섭할 수 없는 것이 불문율로 되어 있으며, 호남 지역에서는 이를 당골판이라고 한다. 강신 체험이 없이 굿을 진행하므로 구체적인 신관(神觀)이 정립되어 있지 않으며, 굿을 진행하는 동안 신복을 갈아입지 않는 것이 일반적이다. 굿 음악은 다양하여 타악기뿐만 아니라 관·현악기가 동원됨으로써 예술적으로 상당히 발달되어 있다. 강신무의 굿에 비해 세습무의 굿이 훨씬 예술적인 느낌을 주는데, 그 중에서도 중요무형문화재로 지정되어 있는 진도 씻김굿, 동해안 별신굿, 남해안 별신굿 등이 대표적인 본보기라 할 수 있다.

이 세습무들을 호남 지역에서는 당골로, 경기도 수원·오산 지역이나 동해안 지역에서는 남무를 화랭이로 지칭하며, 제주 지역에서는 심방이라고 부른다. 이 중 심방은 영력을 중시하며 신에 대한 인식이 확고하여 구체적인 신관이 정립되어 있긴 하지만, 그들의 오래된 전통에 의해 사제권이 혈통에 의해 세습되기 때문에 강신무와 세습무 구분 구도에서는 세습무에 포함시키는 것이 일반적이다.

이처럼 지금까지 우리나라 무당을 그들의 입무 과정, 신관, 무의식(巫儀式)을 비롯하여 지역적 전통 등에 의해 강신무와 세습무로 구분하여 설명해 왔다. 하지만 이러한 분류가 타당한 것인가 하는 논의가 제기되어 세미나가 열리기도 했고 단행본이 출간되기도 했다.[19]

그야 어쨌든, 앞에서 거론한 무당의 유형 중 갈수록 한국무속의 대종을 이루는 것이 강신무이다. 세습무는 점점 사라져 이제는 거의 그 실상을 가늠하기 어려운 실정이어서 호남 지역이나 경기 지역 또는 남해안 지역의 세습무는 앞으로의 전승에 큰 문제가 있다는 것이 사실이다. 그나마도 동해안 지역에서만 비교적 활발한 전승이 되고 있다. 그리고 세습무가 사라진 자리에는 곧장 강신무가 들어가 그 자리를 대신하고 있는 것이 오늘날의 실정이다.

중요무형문화재 제82-3호인 위도 띠뱃놀이에서 행해지는 띠뱃굿은 애초 세습무가 모든 의례를 맡아서 진행하는 것이 관례였다. 하지만 세습무계의 단절로 인해 지금은 마을 사람들이 강신무를 데려와 교육을 시켜 가며 계승에 힘쓰고 있는데, 이것은 오늘날 한국무속의 변화상을 잘 나타내는 하나의 예라고 하겠다.[20]

무당은 무속이라는 종교를 주관하는 존재로서 종교가 구성될 수 있는 주요 요소는 신령과 의례, 그리고 신도를 꼽을 수 있다.

무당을 신봉하는 사람을 흔히 단골이라 한다. 또한 신도의 관점에서는 무당을 단골이라 하여 서로 신뢰하면서 소통하는 관계가 된다. 무당이 여자가 많듯이 단골 역시 여성이 중심이 된다고 하지만, 실제로는 전 가족이 포함된다고 할 수 있다. 무당이 일정 영역에 있는 신도를 유지할 경우 그곳은 단골판이 된다. 단골 가족은 어머니에서 딸 또는 며느리의 계보로 계승되기도 한다. 사실상 이는 가정사를 비롯하여 서로 잘 알고 있기 때문에 종교적으로뿐 아니라 인간적으로도 결속력이 생기기 때문이다. 단골 관계가 성립되는 계기는 다양하다. 자식의 수명장수를 위해 명(命)다리를 바치고 그 밖에 굿에서 효험을 보는 등 신뢰가 생기면 자연히 단골 관계가 성립된다.

3. 샤먼의 입무(入巫) 과정

무당이 되기까지의 입무 과정은 앞에서 강신무와 세습무로 유형을 나누어 설명한 바 있다. 그런데 근래 이렇게 강신무와 세습무를 확연하게 구별하는데 대하여 이의를 제기하기도 한다. 사실상 강신무의 경우에도 집안의 신부리[21]가 있어서 신부리라는 내력으로 인하여 무당이 되므로 이 역시 세습무와 같이 세습으로 보는 것이다. 그러나 강신무의 세습은 '영적(靈的) 세습'으로 전통적인 의미의 세습과는 구별해야 할 것 같다. 그동안 전통적으로 말해지는 세습무는 '혈통과 관련되면서 제도적으로 세습'하는 것이기에 신부리에 의해 세습되는 강신무와는 구별된다.

　　근래 연구자들에 의해 이러한 논의를 주제로 세미나도 있었고, 그 결과물이 단행본으로 나오기도 했지만, 아직까지 무당의 유형을 강신무와 세습무로 구분하는 것이 보편적이다.

1) 강신무의 입무 과정

영력을 지닌 강신무는 입무 초기에 반드시 신병(神病)을 체험한다. 신병 체험은 무당이 영력을 획득할 수 있는 계기가 되는 것이다.

　　신이 내리면 정신이상 증세가 오고 신체상에도 질환 증세가 나타나 장기간 극심한 고통을 겪게 된다. 신병은 꿈이나 외적 충격에 의해 생기는 경우도 있지만 대개는 까닭없이 시름시름 앓기 시작하며 그 증세는 실로 다양하다. 신체상의 고통에서부터 정신상태의 불안에 이르기까지 복합적인 질환 증세가 나타난다. 식욕 부진, 소화불량, 편두통을 비롯한 편증, 혈변, 하혈 등 온갖 증세가 장기간 계속되고 정신이 혼미하여 안정이 되지 않는다. 꿈이 많아지고 꿈속에서 신과 접촉하는가 하면, 꿈과 생시의 구분이 흐려지며 이 상태에서 생시에도 신의 허상, 환각, 환청을 체험한다. 이런 증세가 심해지면 미쳐서 집을 뛰쳐나가 산이나 들이나 거리를 헤매며 중얼거린다. 이른바 미친 행동을 하는 것이다. 처음부터 정신이상의 질환으로 돌입하는 예도 있으나 대부분 신체의 질환으로부터 정신 질환으로 옮겨간다.

신병은 '병적 증상'으로 나타나지만 의약 치료가 불가능하다고 믿으며, 몸에 실린 신을 받아 내림굿을 해서 무당이 되어야 낫는다고 믿고 있다. 무당이 되어야 낫는다는 것은, 신병이 신의 부름에 의한 병이기 때문이다. 무당이 됨으로써 치유가 가능하기 때문에 내림굿을 하여 입무하는 것이다.

신병 체험은 극적인 요소마저 보인다. 반면 신병 증세는 워낙 다양하여 자신도 모르게 지나는 수도 있지만, 그 후에 자신이 겪은 것이 신병 증상, 또는 신을 모셔야 함을 알려 주는 '신가물'이었다는 것을 파악하기도 한다.

그러나 내림굿을 해서 이런 증세가 나았다고 하여 무당을 그만두면 이 증세가 재발하므로 무당을 계속해야 한다. 그래서 이는 신이 시키는 소명이라고 생각하는 것이다. 이처럼 신병은 일반 정신병과 달리 종교성을 지닌다. 신병을 체험하면서 무당이 될 수 있는 영력(靈力)을 획득하여 신권자(神權者)가 되기 때문이다.

정식 무당이 되려면 큰 무당에게 신을 받는 굿을 하거나 그에 상응하는 무제의(巫祭儀)를 치르게 된다. 이를 내림굿이라 하는데, 이 굿을 하여 신을 정식으로 받은 강신자는 내림굿을 해 준 무당을 선생으로 맞아 그를 따라 다니며 굿 기능을 익히고 점차 무당으로 독립한다. 선생 무당이 여자면 신어머니, 남자면 신아버지로 모시며 신계조직(神系組織)이 성립된다. 무당이 되면 무복(巫服)과 무신도(巫神圖)를 비롯하여 각종 무구(巫具)를 장만하는데, 큰무당일수록 이런 것들이 다양하다. 무구는 마음대로 장만하는 것이 아니라 신의 계시대로 차근차근 장만하는 것이 원칙이다.

신의 계시를 받아서 무당이 쓰는 방울, 제금, 신칼, 무신도, 무복 등의 성물(聖物)을 땅속에서 발견하는 예가 종종 있다. 성물을 발견하기 전에는 대개 현몽이 있는데 신이 지시한 곳에 가서 땅을 파 보니 무구가 나왔다는 사례는 흔하다. 또는 강신자가 산을 헤매다 우연히 발견하는 수도 있고, 무작정 발이 닿는 곳으로 달려가 무구가 묻혀 있는 곳을 찾는 경우도 있다. 이렇게 무구류를 찾는 것을 '구애비'라고 하는데, 이러한 과정을 겪은 무당이어야 '크게 불린다'고도 한다.

원래 무당이 쓰던 물건은 대를 물리거나, 물려줄 사람이 없으면 불에 태우든지 땅에 묻는 것이 관례이므로 이렇게 발견될 수 있는 것이다. 성물의 습득은 미궁의 험한 길을 통과하거나 감추어진 신기(神器)를 찾는 시험, 말하자면 한 차원에서 또 다른 차원으로 새롭게 탄생하는 종교적 통과의례(通過儀禮)의 의미가 있다. 신병을 앓고 신비한 체험을 하며 성물을 습득하는 것과 같은 과정을 통해 범속한 세속의 인간이 신권자(神權者)로 새롭게 재생한다는 종교적 의미를 지니는 존재가 바로 무당이다. 강신무는 강신에 의해 신사(神事)를 하므로 춤은 도무(跳舞)가 위주가 되며 굿의 각 거리마다 신을 상징하는 무복(巫服, 神服)이 다양하다.

2) 세습무의 입무 과정

신이 내리는 신병을 체험하여 영통력을 얻는 강신무와는 달리 세습무는 조상 대대로 혈통에 따라서 사제권이 세습된다. 세습무는 사제권의 소유자와 무계혼(巫系婚)으로 결합한 뒤 학습을 통해 무당이 된다. 강신무의 경우 입무 동기는 강신인 데 비해, 세습무의 입무 동기는 사제권의 혈연적 세습인 것이다. 사제권은 부계를 따라 계승되지만 굿은 여자가 중심이 되므로 여자가 사제권을 소유한 남자와 혼인하는 것이 단골(무당)이 되는 계기가 된다. 이렇게 혼인을 하게 되면 남자의 어머니인 시어머니 단골이 며느리를 굿판에 데리고 다니면서 굿 기능을 가르쳐 완전한 무당을 만든다. 호남의 당골(단골)에게는 각각 당골판(단골판)이라는 일정한 관할구역이 있다. 당골판 안에서의 제의나 사제권은 당골판의 소유권과 함께 혈통을 따라 대대로 세습되고 이 사제권의 계승에 따라 당골이 된다.

당골판 안에는 다른 단골이 들어가 굿을 할 수 없으며 남의 단골 구역을 침범해서 굿을 하다가 들키게 되면 그 관할 구역의 단골에게 무구를 빼앗기고 심한 매를 맞는 등 무당 상호간의 규제가 엄하다. 단골무가 다른 곳으로 이사할 때에는 단골판을 팔고, 새로 이사한 곳에서 단골판을 사야 굿을 할 수 있다. 또 사정이 있어서 단골무당이 굿을 하지 못할 경우에는 다른 단골에게 단골판을 전세로 놓는다.

오늘날 세습무는 드물다. 중요무형문화재의 예능보유자로 인정되어 있는 세습무가 있고 그 밖에 산발적으로 존재한다. 특히 전통사회에서 강력하게 존재하던 신분계층이 해체되면서 세습무는 급격하게 단절되었다. 과거에 무당은 무당끼리 혼인하여 가계를 계승하였으나, 신분제도가 해체되고 직업을 자유롭게 선택할 수 있게 되면서 무당의 자녀가 반드시 무당이 될 필요는 없어졌다.

강신무라면 신의 소명이어서 어쩔 수 없이 무당을 해야겠으나 세습무의 경우 무당을 하지 않고 다른 생업을 택할 수 있다. 전혀 색다른 것을 할 수도 있겠으나 소리나 춤과 같은 예능 계통은 자연스럽게 할 수 있다. 현재 중요무형문화재로 지정된 굿을 하는 세습무들은 전문 사제자로 활동하면서 아울러 민속예술의 전승자로서의 구실을 하고 있다. 물론 이러한 현상은 강신무도 마찬가지이다. 그런데 세습무는 애초 음악과 춤이 다양하고 예술적이지만 복식은 간단했으나, 요즘은 '공연화' 되면서 복식도 다양해졌다.[22]

4. 샤머니즘을 표상화하는 의례, 굿의 종류

요즘도 전국적으로 많은 굿이 행해지고 있다. 굿의 종류는 그 목적에 따라 나누기도 하고 규모에 따라 나누기도 한다.

굿의 형태에 따라 개인굿과 마을굿으로 나누며, 기능상 크게 경사굿과 우환굿, 그리고 신굿으로 나누기도 한다.

개인굿은 개인적으로 치르는 굿인 반면 마을굿은 무당이 굿을 주관하되 마을 주민들이 공동으로 참여하는 굿을 말한다. 개인굿으로 행해지는 경사굿류는 사람의 명과 복을 비는 재수굿, 병을 치료할 목적으로 행하는 치병굿, 죽은 이를 저승으로 천도하는 저승천도굿 등을 들 수 있다. 특히 저승천도굿은 한국의 대표적인 굿으로서 지역에 따라서는 진오귀굿, 오구굿, 새남굿, 다리굿, 시왕굿, 수왕굿, 수망굿, 망묵이굿, 씻김굿, 질닦음, 시왕맞이 등 다양한 이름으로 불린다.

신굿은 신병을 앓다가 신을 받아 입무하는 굿으로 내림굿이라고도 하는데, 이는 강신무에 해당되는 굿이며 세습무에게는 없는 굿이다. 한편, 마을 사람들의 평안을 기원하는 마을굿은 지역에 따라 다양한 이름으로 불린다. 별신굿, 당굿, 도당굿, 대동굿, 만동굿, 선황굿(서낭굿), 배연신굿 등으로 불려진다. 마을굿은 마을 사람들에게 닥칠 액을 사전에 예방하여 마을의 평안을 유지하고 대동단결을 모색하기 위해 행해진다.

이 밖에도 굿의 종류를 신에게 굿을 바치는 존재를 기준으로 나누어 볼 수 있다. 굿을 주관하는 사람은 무당이지만, 그 굿을 바치고자 하는 존재는 무당이 아닌 일반인일 수 있다. 이를테면 일반인이 비록 무당에게 의뢰하여 굿을 하게 되지만 이때 굿을 신에게 바치는 존재는 일반인이라는 의미이다. 따라서 굿을 바치는 존재에 따라 '무당 자신인 경우'와 '무당이 아닌 일반인인 경우'로 나누어 볼 수 있다.

무당 자신이 굿을 바치는 경우는 신에게 굿을 바치는 존재가 굿을 행하는 무당 자신과 일치한다. 무당이 필요에 의해서 굿을 하여 신에게 자기의 소망을 알리는 것으로 내림굿이 대표적이다. 무당이 되기 위해 입사식(入社式)으로 행하는 내림굿은 무당 자신이 권능 있는 무당이 됨을 신에게 고하는 굿이다. 또한 무당 자신이 신령을 위하여 정기적으로 행하는 신굿인 꽃맞이굿 또는 단풍맞이굿(일명 햇곡맞이굿)도 성격이 같다.

이외의 굿은 모두 무당이 아닌 일반인들이 굿을 바치는 경우로서 그 목적에 따라 세 가지로 분류할 수 있다. 굿을 하는 가장 큰 목적은 현실의 결핍을 해소하여 미래에 대한 평안을 획득하는 것이다. 이러한 굿의 목적에 따라 '살아 있는 사람을 위한 굿' '죽은 사람을 위한 굿' '마을의 평안과 풍요를 위한 굿'으로 구분할 수 있다.

살아 있는 사람을 위한 굿은 살아 있는 사람이 가지고 있는 모순을 해결하여 평안을 얻으려는 목적에서 행해지는 굿으로서 재수굿과 병굿이 대표적이다. 미래가 긍정적으로 진행될 수 있도록 미리 예방하는 재수굿과 병자를 치료하려는 목적에서 행해지는 병굿은 모두 굿을 바치는 존재와 굿을 행하는 목적이 일치하는 경우이다. 죽은 사람을 위한 굿에는 망자천도굿이 대표적이다. 이 망자천도굿은 살아 있는 사람들이 죽은 사람을 천도(薦度)시키기 위하여 행하는 굿이다.

마을을 위한 굿은 부군당, 서낭당 등지에서 집단으로 제례를 행한 후 마을 사람 모두가 참여한 가운데 벌어지는 굿이다.

이러한 분류를 통해 한국의 굿이 어떤 양상을 가지는가를 확인할 수 있다.

현재 한국에서 가장 왕성하게 행해지는 굿은 죽은 이를 위한 굿과 신(神)굿이다. 죽음이라는 것이 사람의 일생에서 그만큼 중요하다는 뜻이고, 살아생전에 가지고 있던 한을 풀어야 한다는 의식 때문에 망자천도굿이 빈번하게 벌어지고 있다. 또한 망자를 위한 굿이지만 아울러 살아 있는 사람도 망자 천도를 잘 해 주어 혹여나 맺혀 있던 한을 풀어 내고 편안하게 살기를 희망하는 의미도 있어서 망자천도굿이 활성화되는 면도 있다.

이와 함께 오늘날 과학이 발달한 사회지만 신병을 앓는 사람들이 늘어나고 있어서 신굿 또한 빈번하게 벌어진다.[23] 특히 신굿을 받는 사람들의 상당수가 기독교나 불교와 같은 제도 종교(기성 종교)를 믿던 신자들이었다는 것은 신병이 종교적인 체험만은 아니라는 의미로, 보다 다각적인 규명을 필요로 한다고 보는 견해가 있다.[24] 하지만 이를 우선 민속종교와 제도 종교의 혼합, 곧 종교 혼합주의(syncretism)로 볼 수 있다. 또한 제도 종교의 신도가 왜 신굿을 하는가를 심도 있게 규명해 볼 필요가 있다. 만약 견딜 수 없을 만큼 불가피한 상황이 있었다면 그 역시 넓은 의미의 신병으로 보아도 무방하리라 본다.

5. 굿에서 구송(口誦)되는 신화, 무가(巫歌)

무가는 제의(굿)에서, 무당이 가무로 굿을 할 때 신을 향해 구송하는 신가(神歌)로서 무속신화(巫俗神話)이다. 이 무속신화에는 무당의 신관을 비롯하여 우주관, 영혼관, 내세관, 그리고 존재 근원에 대한 모든 사고가 종합적으로 체계화하여 직접 언어로 표현되는 것이므로 무속의 구비경전이라 할 수 있다.

무가의 유형은 서사무가(敍事巫歌)와 서정무가(抒情巫歌), 전술무가(傳述巫歌, 논자에 따라서는 교술무가라고 함), 그리고 희곡무가로 나뉜다. 그러나 희곡무가의 경우, 독립된 것은 없지만 무당굿 자체가 드라마틱하여 무극(巫劇)이라는 말이 만들어질 정도이다.

이들 무가는 유형마다 특성이 있지만 주된 내용은 천지개벽으로부터 하늘과 땅, 천체의 근원, 신과 지상만물의 근원과 인간만사의 근원을 밝히고 제액초복을 신에게 비는 것이다. 즉 조상의 근원을 이어 세상에 태어나서, 오래 살면서 재물을 많이 가지고 편히 살려고 액운을 물리치며, 병이 들면 고쳐서 건강하게 살다가, 죽어서도 영혼이 내세의 좋은 곳으로 가서 영생하게 해 달라고 빈다. 그래서 인간 존재의 근원, 인간 존재의 획득, 그 인간 존재의 지속, 그 인간 존재의 지속을 위한 재물 존재의 지속, 인간 존재와 이것을 위한 재물 존재의 지속을 위한 재물 존재의 유지 지속, 인간 존재의 영구 지속으로, 궁극적으로는 인간 존재의 영구 지속을 위해 언어로 직접 제의에서 구송한다.[25]

이처럼 무가 속에는 이 세상, 우주가 어떻게 생성되었으며 인간은 어떻게 태어나서 어떻게 살아야 하는가 등 우리 삶의 모든 문제를 해결해 주려는 내용이 담겨 있다. 그래서 무당은 굿에서 무가를 통해 한국인에게 근원적 문제에 대해 일정한 설명을 해 줄 수 있었던 것이다. 그리고 무당은 굿을 통해 인간 존재가 영구 지속될 수 있는 길을 모색해 준다.

6. 샤머니즘의 사회문화적 기능과 의미

고대 부족국가에서 무는 제의를 주관하고 정치를 하는 군(君)의 기능을 발휘했다. 그러나 점차 사회가 분화되어 종교와 정치가 분리되면서 무는 사제의 구실만을 담당하게 되었다. 무의 기능으로는 사제(司祭), 치병(治病), 예언(豫言), 그리고 유희적 기능을 들 수 있다.

사제 기능은 무의 원래 기능으로서, 무는 각종 거국적인 치제(致祭)에 공적 주술사로서 관여하는 동시에 개개인의 무사(巫事)에 사적 주술사로서도 관여하였다. 치병의 기능은 이미 고대로부터 오늘에 이르기까지 영향을 미치고 있다.

삼국시대에는 고구려 유리왕 19년 9월 왕이 병에 걸렸을 때 무당의 말을 듣고 그대로 하여 병이 나았다는 내용이 『삼국사기』에 기록되어 있으며, 이

밖에도 무당이 병을 고친 사례는 곳곳에 나타난다.

그런데 무당의 치병 기능은 삼국시대뿐 아니라 불교국이었던 고려, 그리고 유교국이었던 조선시대까지 이어진다. 무당이란 용어는 근대국가에 와서 시작되었는데, 그 이전 고려시대나 조선시대에는 음사(陰祀)라 하며 배척의 대상이었다. 그러면서도 한편으로는 치병을 위해 활용을 했으니 고려시대와 조선시대에는 무속에 대해 이중정책을 썼음을 알 수 있다. 고려시대와 조선시대에 있었던 동서활인원(東西活人院)은 바로 무당이 소속되어 구병활동을 하던 곳이었다. 그리고 병굿은 오늘날에도 행해진다.

무당이 미래사를 예견한 예언의 기능 역시 고대국가 때부터 있어 왔으며, 유희적 기능 역시 이미 상고시대부터 발휘되었다. 굿이라는 의례(儀禮)를 하는 무당은 춤을 추고 노래를 부르며 신어(神語)인 공수를 한다. 이는 기본적으로 종교행위지만, 한편으로는 가무로 흥을 돋우기도 하여 제삼자에게는 유희로 반영되기도 한다.

특히 굿이 벌어지는 굿장에서는 무당만이 춤추고 노래하는 것이 아니라 때로는 굿에 참여한 사람들도 '무감선다' 하여 신바람나게 춤을 추며 어울린다. 무감을 서면 신덕(神德)을 입어 건강해지고 행운이 온다고 하는데, 그래선지 무감을 서는 굿거리는 그야말로 신명의 장(場)이 된다. 평소 입한 번 벙긋하지 못하던 며느리도 굿장에 오면 춤을 추며 그동안 억눌렸던 감정을 풀어낸다.

오죽하면 "굿하고 싶어도 맏며느리 춤추는 꼴 보기 싫어 하지 않는다"는 속담이 있겠는가. 이 속담은 못된 시어머니를 빗댄 말인 반면, 시집살이가 고된 맏며느리도 굿장에 와서는 무감을 통해 억눌렸던 감정을 풀어낸다는 의미도 담겨 있다. 여기서 유희적 기능은 극명하게 드러난다. 그런데 후대로 내려올수록 제의에 참여하는 사람들의 유희적 본능은 점차 노골화하여 마침내 오늘날의 무제(巫祭)는 굿, 놀이, 풀이로 해석되기도 한다.

이러한 요소는 무당굿이 끈질기게 전승력을 발휘할 수 있는 바탕이 되기도 했다. 그렇다면 실질적으로 샤머니즘은 어떠한 기능을 하며 의미를 지니는가. 이에 대해서도 여러 연구자들이 논의한 바 있지만 그 중에서도 이필영의 논의[26]는 대단히 설득력이 있다.

우선 샤머니즘은 한국의 긴 역사를 통하여 한국인의 생활의 기반을 이루어 왔다는 점을 들 수 있다. 심지어 다른 종교를 신봉하는 사람들도 삶의 위기에 직면해서는 샤머니즘에 의존하였다. 무당은 한국인에게 인간의 근원적 문제에 대하여 일정한 설명을 해 왔기 때문에, 세계관을 비롯하여 신령관, 우주관, 인간관 등 한국인의 삶에서 하나의 준거(準據)가 될 수 있다.

세계는 어떻게 형성되고 어떤 모습을 지녔는가, 신령들은 자연과 우주를 어떻게 지배하며 관리하는가, 인간 관계는 어떠한가, 인간은 어떻게 태어났으며 인간사의 불행과 그에 따른 고뇌의 근원은 무엇인가, 인간 존재는 무엇이며 그것은 어떻게 구성되어 있는가, 인간은 죽은 후 어떻게 되며 어디로 가는가, 저승에서의 삶은 어떻게 전개되는가, 인간은 어떻게 살아야 하는가 등에 대한 문제와 그 설명을 무당은 신도들에게 제공하는 것이다. 어느 일면 한국의 샤머니즘은 한국인을 둘러싸고 있는 우주와 자연을 해석하는 하나의 상징체계인 것이다.

따라서 무당은 한국인에게 삶의 일정한 기준과 이해 태도를 제공해 준 셈이다. 무속의 이해로 그 민족의 전통적인 정신세계와 문화 이해의 도구가 된다.

그런데 한국 샤머니즘의 종교사상, 곧 우주관, 신령관, 인간관 등은 무당이 독창적으로 이룩한 것이 아니다. 그 이전부터 있어 온 여러 종교사상이나 외부로부터 들어온 종교사상을 체험하고 이용하여 체계적으로 발전시킨 것에 지나지 않는다. 이 점에서 무당은 각 민족의 전통문화의 보고(寶庫)나 전달자로 인정되는 것이다. 그래서 여타 민족의 샤머니즘을 아는 일은 그들의 전통적인 정신세계와 문화를 이해하는 일과 무관하지 않다는 것이다.

앞에서 밝혔듯이, 무당굿은 종교의례이지만 한국 전통문화의 복합적 수용으로 연희적인 측면에서 본다면 가히 종합예술이며, 또한 높은 기술의 표출이라고 할 수 있다. "영검(영감)은 신령이 주고 재주는 배우라"는 속담이 있듯이 실제로 무당은 다양한 기예를 습득해야 한다.

무당굿은 기본적으로 종교의례면서 종합예술의 성격을 지닌다. 가령 춤, 악기, 노래, 의상, 제상차림, 지화(紙花)와 전지(剪紙) 만들기, 부적, 점복 등에 두루 걸쳐 있다. 결국 하나의 굿판 속에는 한국 전통문화의 모든 것이 포함되어 있는 것이다. 따라서 한국의 종교와 사상, 그리고 문학, 음악, 무용, 연극, 공예 등 예술을 비롯하여 복식과 음식 등의 연구에 기본적이며 중요한 자료를 제공한다. 무당은 곧 전통문화를 익히고 발휘하는 예능인이라 할 수 있다.

샤머니즘은 민중의 살아 있는 종교로서의 기능을 하는가 하면, 특히 오늘날에는 공연예술로서의 기능 역시 충분히 발휘한다. 또한 샤머니즘이 사라지지 않고 오랜 세월 끈질기게 살아 있는 종교로서 제 몫을 하는 것은 그것이 일반 민중의 현실적이며 절실한 삶의 문제를 풀어주는 데 효과적이기 때문이다. 억눌린 사람, 가난한 사람은 물론, 사회의 지배계층이나 상류층에서도 무속을 받아들여 두루 신봉되었다.

전통사회에서, 상층에서는 유교, 불교 등 다른 종교에도 의지했지만, 이는 표층적이며 내면적으로 영향을 미친 것은 무속이라 할 수 있다. 그러기에 곧 민중들의 종교적 삶에 무당이 차지하는 비중은 상대적으로 컸던 것이다. 이는 무당과 관련된 속담이 많다는 점에서도 알 수 있다.

"무당이 제 굿 못하고 소경이 제 죽을 날 모른다" "선무당이 사람 잡는다" "굿해 먹고 난 집 같다" "떡 본 김에 굿한다" "양반 집에서 무당난다" 등 무당과 관련된 속담은 샤머니즘이 우리 생활 속에 그만큼 깊숙하게 스며 있다는 점을 말해 준다.

서양 선교사였던 헐버트의 지적은 우리의 종교 심성, 그리고 여러 종교가 한국문화 안에서 어떤 관계를 가지고 있는지를 잘 보여 준다.

"조선인은 개인적으로 공자로부터 교육을 받고, 부인을 불타에 보내어 자식을 간구하게 하며, 삶의 문제에 대해서는 샤머니스트인 무당에게 기꺼이 복채를 지불한다. 조선인은 사회적으로는 유교도이며, 철학적으로는 불교도이며, 고난을 당할 때에는 영혼 숭배자라는 것이다. 따라서 동양인들에게는 어디까지가 종교이고 어디서부터 미신인가를 설명하기 어렵다는 것이다."[27]

한국인은 여러 종교를 함께 지니고 있지만 삶의 위기에 이르러서는 결국 샤머니즘에 의존하며, 이 때문에 샤머니즘은 온갖 탄압과 멸시 속에서도 존속되어 왔던 것이다.

이 밖에도 샤머니즘은 외래종교의 수용 기반이 된다. 유교, 불교, 도교, 기독교 등의 외래종교가 들어올 때에는 샤머니즘과의 혼합현상(syncretism)이 불가피했으며 외래종교는 많은 부분 샤머니즘화되는 현상을 보였지만[28] 샤머니즘을 풍부히 발전시키는 데 많은 기여를 했다. 아울러 한국의 유교, 불교, 도교, 기독교 등이 한국적인 특수한 모습으로 변모, 발전하는 데에 큰 몫을 한 것도 사실이다.

샤머니즘은 종교를 기본으로 연극, 음악, 문학, 무용 등의 예술과 사상 등의 문화유산을 간직한 종합예술로서의 면모를 갖추고 있어서, 한국공연예술에도 영향력을 손색없이 발휘했다. 이를테면 샤머니즘이 공연예술 속에 한국의 혼을 담는 구실을 했던 것은 자명한 사실이다.

샤먼 문화의 원형성과 그 역사

서영대(徐永大)

1. 들어가는 말

한국의 무속을 이해하는 데에는 두 가지 입장이 있을 수 있다. 하나는 공시적 이해이고, 다른 하나는 통시적 이해이다. 전자가 현재라는 시점에서 전개되는 무속의 다양한 모습들을 이해하려는 것(현재진행형으로서의 무속이해)이라면, 후자는 무속의 역사적 전개 과정을 그려내는 것(과거형으로서의 무속 이해)[1]이라 할 수 있다.

한국무속의 연구사를 되돌아보면, 연구의 초기 단계에서는 통시적 이해가 우세했지만, 현재는 공시적 이해가 무속학계의 분위기를 주도하고 있다. 다른 전통문화 현상들과 마찬가지로 현대로 오면서 무속도 변화·변질되고 있음을 생각할 때, 현존 무속의 자료화에 주력하는 것은 당연한 일이라 할 수 있다. 그렇지만 한국무속의 온전한 이해를 위해서는 양자의 종합이 필요하다. 이런 의미에서 한국무속에 대한 역사적 연구가 도외시되는 것은 바람직하지 않다.

무속사라는 말은, 무속도 시대에 따라 변화한다는 전제를 담고 있다. 과거와 현재의 무속이 다르고, 같은 과거 중에서도 먼 과거와 가까운 과거의 무속이 다르다는 것이다. 따라서 무속사 연구란 곧 무속에 대한 동태적 이해라 할 수 있다.

역사는 중단되는 것이 아니며, 연속적인 것이다. 그렇지만 성격이 비슷한 시기가 있기 때문에 이를 하나의 단계로 묶을 수 있다. 역사의 구획화가 가능하다는 이야기이다. 그래서 구획화된 단계마다의 특성을 파악하고 다음 단계로의 변화 과정을 이해하는 것, 이것을 역사학에서는 시대구분론(periodization)이라 한다. 그러니까 시대구분론은 역사의 동태적 이해는 물론, 잡다한 역사적 사실들의 체계적 이해를 위해서도 반드시 필요한 작업이라 할 수 있다. 이 점에서는 무속사도 예외는 아니다. 한국무속사의 큰 틀을 이해하기 위해서는 먼저 그것의 시대구분에 대한 논의가 있어야 한다는 것이다. 물론 시대구분은 사실 인식의 수단인 동시에 사실 인식의 결과이기도 하다.[2] 따라서 시대구분이 처음부터 완벽할 수는 없으며, 연구의 진전과 더불어 끊임없이 수정되어야 한다.

한국무속의 역사에 대해서는 기왕에도 상당한 연구가 있었고, 이를 통해 한국무속사의 많은 부분이 밝혀졌다.[3] 그러나 지금까지의 연구에서는 이 점에 소홀했던 감이 있다. 무속적 사실들의 나열을 곧 무속사 연구로 착각했다는 것이다. 그 결과 무속사 전반의 체계적 이해에는 아직 도달하지 못한 감이 있다. 따라서 한국무속사의 체계화를 위한 첫 걸음으로, 우선은 불완전하더라도 시대구분에 대한 논의가 시급한 실정이다.

한국무속사를 시대구분하려면, 구분을 위한 기준이 필요하다. 기준이 명확해야 시대구분이 일관성을 가질 수 있기 때문이다. 무속사를 위한 시대구분의 기준으로는 신념체계(belief system)나 의례 같은 무속의 내용이 바람직할 것 같다. 그러나 한국무속사의 경우, 관련 자료도 부족한 데다가 부족한 자료마저 무속의 내용에 대해서는 전하는 바가 별로 없다. 따라서 한국무속사의 시대구분을 위해서는 자료의 뒷받침이 가능한 다른 기준을 찾을 수밖에 없다. 전통시대의 무속 자료를 보면 무속의 기능(주로 부정적인 것이지만)에 대한 것이 많다. 그렇다고 할 때 무속의 기능을 중심으로 시대구분이 가능할 수 있다.

무속의 기능이란 '무엇에 대한 무속의 기능'이다. 이때 '무엇'으로는 정치, 사회, 개인을 들 수 있다. 즉 무속의 기능을 정치적 기능, 사회적 기능, 개인적 기능으로 나누어 볼 수 있다는 것이다. 이 중 정치적 기능이란 국가나 사회 전반에 대한 기능이며, 사회적 기능이란 지역사회를 비롯한 사회 단위에 대한 기능이고, 개인적 기능이란 개인의 길흉화복에 대한 기능이라 할 수 있다.

여기서 주목하고자 하는 사실은 이러한 기능들이 시대에 따라 차이가 있다는 점이다. 즉 세 가지 기능 모두가 다 발휘되는 시기가 있는가 하면, 두 가지 기능만 존재하던 시기도 있고, 한 가지 기능만 유지되는 시기도 있다는 것이다. 결론부터 말한다면, 기능을 중심으로 한 한국무속사의 시대구분은 다음과 같이 정리될 수 있다.

시대	고대	중세	근대 이후
범위	신석기–삼국	통일신라–조선 중기	조선 중기 이후
기능	정치, 사회, 개인	사회, 개인	개인

그럼 이하에서 이 표에 대한 부연 설명을 해 보자.

2. 고대의 무속

한국무속사에서 고대란 무속의 출현(出現)에서부터 삼국시대 말인 7세기까지이다. 그렇다면 무속의 출현이 언제부터인지가 우선 문제가 되겠다. 무속을 샤머니즘(shamanism)과 같다고 한다면, 샤머니즘의 출현은 비록 원시씨족사회 만기(晚期),[4] 석기시대 후기, 청동기시대[5] 등으로 표현은 조금씩 다르지만 인류사의 초기에 이미 등장했다는 설이 유력하다.[6] 그런데 한국의 신석기시대에서 청동기시대 사이의 유물 중에도 무속의 존재를 짐작하게 하는 것들이 있다.

첫째, 토제(土製) 또는 골제(骨製)의 인형들이다. 한국의 신석기시대에서 초기철기시대 사이의 유적(遺蹟)에서는 패각(貝殼), 수골(獸骨), 토제인형(土製人形) 들이 발견되고 있는데 이것들은 신상(神像)으로 추측되고 있다. 그런데 이들 신상은 퉁구스(Tungus, Evenki)족 샤먼(shaman)의 텐트(tent)에 걸어 두는, 수호령(守護靈) 내지 조상(祖上)으로 여겨지는 코모켄(Khomoken)이란 목제(木製) 신상과 흡사하다.[7]

둘째, 각종 청동의기(靑銅儀器)이다. 한국의 청동기시대에서 철기시대 사이의 유물 중에는 의례에 사용되었던 것으로 짐작되는 각종 의기가 있다. 방패형(防牌形) 청동기, 검파형(劍把形) 청동기, 나팔형 청동기, 견갑형(肩甲形) 청동기, 원반(개)형 청동기, 청동방울[팔주령(八珠鈴), 쌍두령(雙頭鈴), 간두령(竿頭鈴)], 청동거울 등이 그것이다. 그리고 비파형 동검을 비롯한 청동검도 의기일 가능성이 크다. 그런데 이 중에는 샤머니즘 내지 무속과의 관련성을 짐작케 하는 것들이 있다. 예컨대 전 대전 출토 방패형 청동기(농경문 청동기로도 알려져 있음)에 그려진 나무 위의 새 그림은 시베리아 샤먼의 세계수(world tree)를 연상시키며,[8] 사슴과 사람의 손 문양이 있는 검파형 청동기도 샤머니즘과 밀접한 관련이 있다고 한다. 사슴은 샤머니즘과 관련이 깊은 동물이며, 손의 표현 역시 샤머니즘 관련 유물에서 자주 볼 수 있는 것이기 때문이다.[9] 뿐만 아니라 원반형 청동기는 무구의 하나인 명도를 연상시키며, 비록 형태는 다르지만 방울은 현재의 무속의례에서 빼놓을 수 없는 무구이기 때문이다.

셋째, 암각화(rock art) 유적이다. 한국에서는 암각화가 한반도 남부 지역에서 주로 발견되며, 제작 시기는 신석기시대에서 청동기시대 사이로 추정되고 있다. 그리고 이들 암각화는 화제(畵題)에 따라 추상형 암각화와 구상형 암각화(사물을 구체적으로 표현한 것)로 대별할 수 있는데, 여기서 주목되는 것은 구상형 암각화이다. 구상형 암각화의 대표적 유적은 울산의 반구대 암각화(대곡리 암각화라고도 함)인데, 여기에는 수렵·어로인들의 세계관이 반영되어 있다. 수렵·어로인들의 세계관에 의하면, 동물이 죽으면 그 영혼이 타계로 갔다가 다시 육신을 가지고 현세로 되돌아 온다고 믿는다. 그래서 수렵·어로인들은 수렵이나 어로 후에 잡은 동물의 영혼이 무사히 타계로 귀환할 수 있도록 성대한 의례를 거행한다. 반구대 암각화는 바로 이러한 의례의 장면을 묘사하고 있다. 다시 말해서 여기에는 직립한 고래[鯨]와 거북[龜]의 행렬이 있고, 행렬의 선두와 후미에는 특이한 모습의 인물이 새겨져 있는데, 이들은 각각 타계로 귀환하는 고래, 거북과 귀환 행렬을 인도하는 무사(巫師)의 영(靈)이라는 것이다. 따라서 암각화 자료 역시 신석기시대에서 청동기시대 사이의 무속의 일면을 엿볼 수 있게 하는 자료라 할 수 있겠다.

그렇다고 할 때 한국에서 무속은 신석기시대에서 청동기시대 사이에는 이미 출현했다고 할 수 있다. 나아가 이 시기에는 직업적인 무격(巫覡)이 존재했던 것 같다. 이를 뒷받침하는 자료가 점뼈[卜骨]인데, 점뼈란 골복(骨卜, scapulimancy)에 사용되는 짐승의 뼈로, 한국에서는 사슴과 멧돼지의 견갑골(肩胛骨)이 많다.[10] 그리고 한국에서는 주로 점상유작법(點狀有灼法)에 의한 점복이 행해졌다. 즉 짐승의 뼈에 미리 작점(灼點)을 만들고 여기를 불로 지져 생기는 균열(龜裂)을 보고 점을 친 것이다. 그런데 무산 호곡(虎谷, 범의 구석)이나 김해 부원동 같은 청동기시대 마을유적을 보면, 복골은 특정 주거지에서만 출토된다. 이것은 이 주거지의 거주자가 직업적 종교전문가(religious specialist)였음을 암시한다.[11] 그리고 이 시기의 종교전문가라면 무격을 두고, 달리 생각하기 어렵지 않을까 한다.

신석기시대에서 청동기시대, 청동기시대에서 7세기까지가 하나의 시대로 묶일 수 있는 근거는, 이 시기에는 무속이 정치, 사회, 개인이란 세 영역에서 모두 기능을 발휘했다는 점이다. 즉 다른 시대와는 달리 정치적 기능까지 발휘했다는 점이다.

이 점을 뒷받침하는 사실로는 우선 국왕의 무격적 성격을 들 수 있다. 물론 국왕의 무격적 성격은 같은 고대라도 시기나 국가에 따라 차이가 있다. 초기 단계는 왕 자신이 무격이었으며, 무왕(巫王, shaman-king)적 존재였다. 고조선의 건국신화인 단군신화는 이러한 사실을 잘 반영하고 있다.

단군신화에는 단군에 앞서 인간세상을 통치한 이가 환웅(桓雄)이다. 그런데 환웅은 천신인 환인(桓因)의 아들로, 풍백(風伯), 우사(雨師), 운사(雲

師)를 거느리고 인간세상을 통치했는데, 그의 중요 임무 중에는 주곡(主
穀), 주명(主命), 주병(主病)이 포함되어 있다. 즉 기후 신을 통솔하면서 풍
요와 인간의 생명, 나아가 질병의 치료까지 담당하고 있다. 뿐만 아니라 곰
을 인간으로 변신시키는 능력을 가지고 있다. 이것은 환웅이 세속적 군주
그 이상의 기능을 담당했음을 의미한다. 그리고 환웅의 아들인 단군의 완
전한 이름이 단군왕검(檀君王儉)인데, 단군은 종교적 지도자, 왕검은 정치
적 지배자를 뜻한다.[12] 따라서 고조선의 지배자는 단순한 정치권력자가 아
니라, 초자연적 능력을 가지고 초월적 세계와 교류할 수 있는 종교적 지도
자이기도 했다 할 수 있다.

부여에서도 한때 홍수나 가뭄이 발생하면 모든 잘못을 왕의 탓으로 돌려
왕을 바꾸거나 죽였다고 하는데, 이것 역시 왕에 대한 기대치가 정치권력
자 이상이었음을 보여 준다. 즉 부여 왕은 초자연적 세계와의 교류를 통해
풍요를 책임지는 존재로 여겨졌다는 것이다.[13]

고조선은 청동기문화를 기반으로 성립한 국가이다. 그런데 청동기문화
단계의 지배자의 무덤인 돌널무덤[石棺墓]에서는 칼[細形銅劍], 거울[精文
鏡], 옥[曲玉이나 管玉]이 세트로 출토되는 경우가 많으며,[14] 이 중 거울이
나 옥은 종교적 의기(儀器)일 가능성이 크다. 이것은 청동기 단계의 지배
자가 종교적 기능까지 담당했음을 짐작하게 한다. 따라서 고조선 내지 청
동기 단계의 정치권력자가 무왕적 존재라는 사실은 문헌뿐만 아니라 고고
학적 자료에 의해서도 뒷받침된다고 할 수 있겠다.

그러나 이와 같은 정치권력자의 성격은 철기시대를 거치면서 변질되기
시작한다. 철기시대로 접어들면서 사회는 복잡해지고, 영토 확장을 위한
전쟁 또한 빈번해진다. 이에 따라 국왕에 대한 기대치도 풍요와 다산(多

産)을 가져오는 것이 아니라, 사회를 조직하고 군대를 통솔할 수 있는 능력의 소유자 쪽으로 기울어지게 된다. 그 결과 국왕의 종교적 기능은 줄어들면서 서서히 무왕적(巫王的) 성격을 벗어나게 된다. 철기시대 이후 지배층의 무덤에서 의기의 비중이 줄어드는 대신, 무기의 비중이 늘어나는 것도 이러한 사실을 반영한다.

그렇지만 철기시대로 접어든 삼국시대에도 국왕이 무왕적 성격에서 완전히 탈피한 것은 아니었다. 국왕이 천신의 후예임을 강조하는 건국신화가 왕권 정당화의 논리로 여전히 유효했으며, 이를 재연(再演)하는 절차인 국가제사를 국왕이 직접 주제했다. 나아가 신라의 경우, 무당을 뜻하는 차차웅(次次雄=慈充)이 한때 왕의 호칭으로 사용되었으며, 왕의 예언 능력이 왕권을 정당화하는 논리로 동원되고 있다. 예컨대 신라 제9대 벌휴왕(伐休王, 184-195)은 "풍운(風雲)을 점쳐 수한(水旱)과 풍검(豊儉)을 미리 알았으며, 사람의 사정(邪正)을 알았다"고 한다.[15] 또 제27대 선덕여왕(善德女王, 632-647)은 지기삼사(知幾三事) 설화[16]를 통해 짐작할 수 있는 바와 같이 예언 능력의 뛰어남이 부각되었다. 선덕여왕 당시는 삼국의 항쟁이 막바지를 치닫고 있었던 만큼, 국왕에 대한 기대치는 무엇보다도 군사적 리더십이었을 터임에도 불구하고 예언 능력이 부각되고 있다는 사실은 신라 왕권의 성격을 이해하는 데 시사하는 바가 크다. 뿐만 아니라 신라의 왕관이 시베리아 샤먼의 관모와 비슷하다는 점도 신라의 왕이 무왕적 성격을 완전히 벗어나지 못했음을 말하는 것이 아닌가 한다.[17] 따라서 정치와 종교가 분리된 삼국시대에도 국왕의 종교적 권위는 왕권 정당화의 논리로서 여전히 유효성을 가지고 있었다고 할 수 있겠다.

한편 정치와 종교의 분리가 본격화되면서[18] 국왕이 가지고 있던 최고 종교 지도자로서의 지위와 기능은 다른 종교전문가에게 양도된다. 마한의 천군(天君)이 국읍(國邑)의 제천의례를 주관했다는 것이나, 신라의 왕매(王妹) 아로(阿老)가 시조묘(始祖廟) 제사를 주관했다는 것은 이러한 사실의 일단을 보여 준다. 특히 아로의 경우가 흥미로운데, 정치와 종교의 분리 후에도 최고 종교지도자로서의 지위와 기능은 왕실 밖으로 넘어간 것이 아니라 왕실 내의 여성에 의해 계승되고 있음을 보여 주기 때문이다.[19]

둘째, 무격적 존재들이 국가 조직의 일원으로 참여했다든지, 국왕의 측근에서 국정을 보좌했다는 것도 이 시기 무속의 정치적 기능을 보여 주는 사실이다. 한국 고대사회에서 활약한 종교전문가로는 무격, 일자(日者), 또는 일관(日官)[20], 점자(占者), 복사(卜師) 등이 보인다. 명칭이 다른 만큼, 이들 사이에는 약간의 차이는 있었을 것이다. 예컨대 일자나 일관은 주로 천상이나 기상의 이변을 파악하고 그에 대한 대처 방안을 제시하는 기능을 담당했다고 짐작된다. 그러나 이들 모두 넓은 의미에서 무격적 존재라 해도 큰 잘못은 없을 것 같다.

그런데 고대의 국가 조직에는 이들이 포함되어 있었다. 일관의 경우, 명칭부터가 그러하며 나아가 백제에는 일관부(日官部)라는 관청까지 있었다.[21] 또 신라에는 봉공복사(奉供卜師)라는 점복 담당의 관직이 있었다.[22]

이들은 국가의 관리로서 신령의 세계와 통할 수 있는 종교적 능력을 바탕으로 국정에 이바지했다. 국가의 중대사를 결정하는 데 자문 작용을 했으며, 천재지변이나 질병의 원인을 파악하고 대처방식을 제시했다. 때문에 왕이 출행(出行)할 때도 이들을 대동했으니, 고구려 차대왕이 평유원(平儒原)에 사냥 갈 때 사무(師巫)를 대동했다거나,[23] 신라 진흥왕이 마운령 방면으로 순수할 때 대사(大舍) 관등의 점인(占人) 여난(與難)을 대동한

사실은 이러한 점을 확인시켜 주고 있다.[24]

그러나 불교의 수용과 확산으로 말미암아 마침내 무속은 정치적 기능을 상실하고 만다. 한국에 불교가 처음 수용된 것은 4세기였다. 그런데 무속이 현세에서 잘 먹고 잘사는 것을 추구하는 현세 긍정적 종교라면, 불교는 현세를 덧없는 것으로 보는 현세 부정적 종교이다. 또 무속이 신령의 뜻에 무조건 순응하는 것을 이상으로 여긴다면, 불교는 인간 스스로의 주체적 노력을 중시한다. 뿐만 아니라 무속은 기존 질서를 수호하려는 입장이었는 데 반해, 불교는 새로운 질서를 표방했다. 이처럼 이질적인 종교였기에 양자의 갈등은 불가피했다.

삼국시대를 통하여 불교는 서서히 무속에 대한 우위를 확보해 나간다. 무속에 비해 불교는 사상의 체계성, 문화적 선진성에서 앞섰고, 그래서 국왕을 비롯한 지배층의 관심이 불교로 기울어졌기 때문이다. 그러다가 신라의 반도 통일을 전후하여 불교 교학의 수준이 높아지면서, 마침내 불교의 우위는 확고해진다. 그 결과 무속은 기층사회로의 침전을 시작한다.

3. 중세의 무속

한국무속사에서 중세는 7세기부터 16세기로, 왕조사로는 통일신라시대부터 조선중기까지이다.[25] 이 시대는 무속이 정치적 기능을 상실하고, 사회적, 개인적 기능만 발휘하던 시기이다.

무속이 정치적 기능을 상실했다는 근거로는 첫째, 국왕의 무왕적(巫王的) 성격이 거의 사라졌다는 점을 들 수 있다. 물론 국왕은 신성한 존재라는 관념이 완전히 사라진 것이라고 할 수는 없다. 예컨대 고려의 건국설화는 고려 국왕이 서해 용왕을 비롯한 신들의 후예라는 관념을 담고 있으며,[26] 그래서 이를 뒷받침하는 유적으로서 개성대정[開城大井, 태조 왕건의 할머니인 용녀(龍女)가 친정인 서해를 드나들던 우물]을 국가적 차원에서 제사했다. 이러한 관념은 고려후기까지 지속되었으니, 삼별초의 난 때 '용손십이진(龍孫十二盡, 용의 후손인 고려 왕실은 십이대 만에 망한다)'이란 구호가 나온 것은[27] 이러한 사실을 반영한다. 또 고려시대에는 이자겸(李資謙)이나 무인정권 시기의 집정 무인처럼 왕을 능가하는 권력자가 있었음에도 불구하고, 역성혁명(易姓革命)이 쉽게 일어나지 않은 이유도 왕이란 신성한 존재여서 아무나 할 수 없다는 관념의 잔존을 시사한다.

그러나 이상적 왕자상(王者像)이 유교적 성군이나 불교의 전륜성왕(轉輪聖王)으로 바뀌면서, 무왕적 성격은 퇴색되고 만다.

둘째, 무격이 국가 조직에서 배제되며, 국정을 보좌하는 기능을 상실한다. 고려시대에도 국가의 관리로서 일관이 있었지만, 오히려 이들은 무격을 배척하는 입장이었다.[28] 이를 통해 고려시대에는 일관과 무격이 별개의 존재이며, 다른 길을 걸었음을 알 수 있다. 따라서 고려시대 일관의 존재를 가지고, 무격이 국가 조직의 일원으로 참여했다고 할 수는 없다.

셋째, 무격이 국가의례에서도 배제된다. 그런데 『고려사』에서 국가적 차원의 기우제에 많은 무격들이 동원되었으며, 많을 때는 삼백 명까지 동원되었음을 확인할 수 있다.[29] 따라서 무격이 국가의례에서 배제되었다는 것은 잘못인 것처럼 보인다. 그러나 이것은 무격의 종교적 능력에 의존한 의례가 아니라, 그들을 장시간 땡볕에 세워 두는 것이었다. 즉 신령의 세계와 통하는 무격을 이런 식으로 학대하면 하늘이 이들을 가엽게 여겨 비를 내려줄 것이라는 논리에 기초한, 이른바 폭무기우(曝巫祈雨)였다. 때문에 1329년(충숙왕 16년)에는 기우제에 지친 무격들이 도망을 갔고, 이를 잡으려는 수포자(收捕者)가 거리에 가득했던 사건이 발생하는 것이다.[30] 그러므로 폭무기우를 근거로, 무격이 국가적 의례의 사제자였다고 보기는 어렵다.[31]

이러한 경향은 조선시대로 오면서 더욱 강화된다. 주지하는 바와 같이 조선왕조는 성리학을 지도이념으로 한 국가였고, 따라서 성리학 이외의 사상은 모두 이단이었다. 따라서 조선왕조에서는 음사 배척에 노력을 경주했지만, 무조건 배척만 한 것은 아니었다. 즉 유교적 질서에 포함시킬 수 있는 것은 가능한 한 포섭하려 했다. 이러한 것으로는 이사제(里社制)를 들 수 있다. 이사제란 이(里) 단위에 두어진 사직신(社稷神)의 제단을 말한다. 여기서 사(社)는 토지의 신, 직(稷)은 곡물의 신으로, 이를 국가 제사의 중요한 대상으로 제사하는 제도는 중국에서 유래되었다. 사직신은 실내가 아니라 옥외에 제단을 마련하여 모셨는데, 그것은 하늘의 기운과 통하게 하기 위해서이다. 그리고 사직단은 중앙뿐만 아니라, 지방 행정 단위에도 모셔졌다. 중앙의 사직단에서는 국토 전체의 토지와 곡물신, 지방의 사직단에서는 해당 지역의 토지와 곡물신을 제사했다. 이러한 지방 사직단 중의 하나가 이사(里社)인데, 이사는 100가 또는 25가 단위로 하나씩 건립되었다.

한국에서 사직은 삼국시대 고구려부터 확인되며, 신라를 거쳐 고려시대로 이어졌다. 그러나 고려시대까지만 해도 지방 사직단의 존재는 확인되지 않는다. 이에 비해 조선시대에는 중앙은 물론, 지방에까지 사직단의 설치가 확산된다. 지방 사직단의 설치는 명나라『홍무예제(洪武禮制)』의 영향이었다.『홍무예제』는 명나라 1381년(홍무 14)에 반포된 국가 예제 규정집으로, 여기에는 부주현(府州縣)의 사직과 이사에 대한 내용도 포함되어 있었다. 이에 따라 조선왕조에서도 1406년(태종 6) 주현 사직단을 두고 사직제를 실시했는데,『동국여지승람』에서 모든 주현의 읍치의 서쪽에 사직단이 있다고 한 것은 이러한 조치의 결과이다. 이어서 1414년(태종 14)에는 충청도 관찰사 허지(許遲)가 40-50호 단위로 이사를 하나씩 설치하자고 건의했는데, 이를 계기로 이사도 설치되기 시작했다. 1416년 기우제를 이사에서 지내자고 하여 이사의 존재를 기정사실화한 점이나, 세종 때는 이사에서 기우제를 거행했다는 기록이 몇 차례 확인되는 점은 이러한 사실을 반영한다.

이사의 설치를 추진한 목적은 중국에서 시행하고 있는 최신의 유교 예제의 수용이란 의미도 있었지만, 조선왕조 자체의 필요성에서 말미암은 바 크다. 즉 이사제를 통해 지역민들을 교화하고 단결시킴으로써 향촌사회의 안정과 국가의 향촌 지배를 관철시키고자 하는 것이었다. 뿐만 아니라 향촌사회의 비유교적 민속신앙들을 이사로 흡수, 대체한다는 의미도 있었다. 조선왕조에서 사직제는 2월[仲春]과 8월[仲秋]의 첫번째 무일(戊日)에 거행되었다. 그러므로 이사에서도 사직제도 같은 날 제사되었을 것이다.

명나라의 이사제는 110호를 단위로 1리를 편성하는 이갑제(里甲制)를 보완하는 장치이다. 즉 이(里)가 행정 단위의 존재를 전제로 한 제도이다. 그럼에도 불구하고 16세기에는 유명무실화되고 말았다. 이에 비해 조선 초기에는 면리제가 확립되지 않았다. 즉 이사제의 기초가 되는 이(里)가 행정 단위로서 작동되지 않았다. 뿐만 아니라 향촌사회의 민속신앙적 전통은 이사로 대체하기에는 너무 강했다. 그러므로 조선왕조에서 이사는 주현 사직과는 달리, 전국적으로 설치된 것 같지는 않다.

그러나 이후에도 향촌사회의 유교적 교화를 명분으로 이사의 설립은 추진되었다. 예컨대 1665년(현종 6)에는 허목(許穆)이, 1670년(현종 11)에는 윤휴(尹鑴)가 이사를 설치하고 이사제를 지냈다고 한다. 그러나 이러한 이사들이 얼마나 존속되었으며, 어느 정도 소기의 목적을 달성했는지는 의문이다. 이렇듯 이사제는 조선시대를 통하여 제대로 시행되지는 못했지만, 이사라는 용어는 조선후기에는 어의(語義)의 확장을 통해 널리 사용되었다. 그 중 하나는 향리(鄕里)와 동의어로 사용된 것이고, 다른 하나는 지역에서 배출한 유학자를 모시는 향현사(鄕賢祠)라는 의미로도 사용되었다.

그러나 이 시대에도 무속의 사회적 기능은 유지되고 있었다. 즉 지역 세력의 권위를 뒷받침하고 지역민의 결속을 강화하는 기능을 가지고 있었다.

무속의 사회적 기능과 관련하여 우선 지적할 수 있는 사실은 지역의 수호신이 중시되었다는 점이다. 지역 수호신으로 가장 보편적인 것은 해당 지역의 산신(山神)이다. 산신은 산이 생활의 근거였던 수렵·채집문화 단계부터 신앙되었던 것이지만, 생활의 근거지가 산 아래의 평지로 옮겨진 농경문화 단계에 와서도 계속 신앙의 대상이 되었다. 이에 따라 산신은 수렵신에서 농경신으로 직능이 바뀐다. 그리고 산신 의례는 농경의 시작과 수확을 전후한 시기에 산신을 산으로부터 모셔와 촌락에서 제사하고, 다시 산으로 돌려보내는 형태로 바뀌게 된다. 그러나 산신이 수렵채집 단계 이래로 지역의 수호신이란 점에서는 변함이 없다.

지역신의 대표는 산신이지만, 지역에 따라서는 특수한 신령이 신앙되기도 했다. 경주의 두두리(豆豆里) 신앙,[32] 영해의 팔령신(八鈴神) 신앙,[33] 울산의 계변신(戒邊神) 신앙,[34] 삼척의 오금잠(烏金簪) 신앙[35] 등과 같은 것이 그것이다. 신령의 다양성으로 말미암아 신체(神體)도 다양했는데, 경주의 두두리신은 나무 몽둥이[木棒], 영해의 팔령신은 방울[鈴], 삼척의 오금잠신은 비녀[簪]가 신체였다. 그리고 고려시대부터 성황신이 지역신에 가세하는데, 이 점에 대해서는 후술하기로 한다.

지역신에 대한 의례는 지역민들에 의해 거행되었다. 지역민들은 지역신 의례를 위한 조직을 구성했으며, 이러한 조직을 사신향도(祀神香徒)라 부르기도 했다.[36] 그리고 사신(祀神)을 위한 결사는 제사뿐만 아니라 지역의 토목 사업에 투입되기도 했으니, 경주의 두두리 결사가 귀교(鬼橋)나 영묘사(靈妙寺)의 삼층 불전(佛殿)을 건설했다는 전승은[37] 이러한 사실을 반영한다.[38]

지역신에 대한 신앙과 의례들은 지역민들의 정체성 확인과 사회적 통합의 정신적 기초가 되었다. 그래서 지역민들은 타향에 이주해서도 고향의 지역신을 계속 모시고 신앙했다. 예컨대 경주(慶州) 출신의 이의민(李義旼, ?-1196)은 출세를 해서 수도인 개경에 거주하면서도 계속 두두리신을 모셨으며, 나주(羅州) 출신의 정가신(鄭可信, ?-1298) 역시 개경에서 관리 생활을 하면서도 여전히 나주 금성산신을 신앙했다.

이렇듯 지역신은 향토의식의 중요한 근거였기 때문에, 지역 간의 경쟁이 지역신 신앙에 투영되기도 했다. 이러한 사실을 반영하는 것이 지역신 봉작(封爵)을 둘러싼 지역 간의 경쟁이다. 고려에서는 국가나 지역에 공로가 있는 신들에게 봉작을 수여하는 제도가 있었다. 여기에는 국가의 경사나 신의 음조(陰助)가 필요할 때 사전(祀典)에 등재된 모든 신을 봉작하는 경우[39]와 특정 신만 봉작하는 경우[40]가 있었다. 후자의 경우는 주로 지역민의 요청에 의해 이루어졌는데, 지역민들은 자기 지역신의 봉작을 높이기 위해 상당한 노력을 하였다. 그것은 지역신의 봉작이 자기 지역의 국가적 위상과 관련된다고 여겼기 때문이다.

지역신 봉작을 둘러싼 경쟁은 이러한 이유 때문인데, 13세기 나주 지역인의 금성산신(錦城山神) 봉작을 위한 노력에서 그 일단을 살펴볼 수 있다. 당시 나주는 전라도 지역에서 광주와 경쟁 관계에 있었다. 그런데 광주 무등산신(無等山神)의 경우, 신라 때부터 국가 제사의 대상이었을 뿐만 아니라, 1273년[원종(元宗) 14]에는 삼별초난 진압을 음조했다고 하여 국가로부터 봉작 수여가 있었다.[41] 이러한 조치에 대해 나주 측에서는 금성산신(錦城山神)을 모시는 무녀(巫女)를 통해 여론을 조성하고, 나주 출신의 관리가 적극 주선하여 결국 1277년(충렬왕 3)에 금성산신을 정령공(丁寧公)으로 봉했다.[42] 이후 1281년(충렬왕 7)에는 제이차 일본 침공 때 공이 있다고 하여 무등산신을 가봉했는데,[43] 이를 적극 주선한 인물은 광주(光山) 출신으로 동정원수(東征元帥)였던 김주정(金周鼎, ?-1290)이었다. 따라서 1281년의 가봉 역시 나주 금성산신 봉작에 대한 광주인의 경쟁의식의 발로가 아니었던가 한다.

국가의 입장에서 볼 때 신들에 대한 봉작은 지역의 민심을 수렴하는 수단인 동시에, 국가의 권위를 높일 수 있는 유효한 방법이었다. 특히 지역 간의 경쟁의식이 국가의 신기(神祇) 봉작으로 나타날 경우, 봉작 수여의 주체인 국가의 권위가 그만큼 더 높아질 수 있다는 것이다.

무속의 사회적 기능과 관련하여 특히 주목되는 사실은 지역사회의 신앙과 의례의 중심에 지방 세력인 향리(鄕吏)들이 있었다는 점이다. 예컨대 전주에서는 매월 초하루 아리(衙吏)들이 사슴, 꿩, 토끼를 제육(祭肉)으로 삼아 성황에게 제사했으며,[44] 순창(淳昌)의 성황제(城隍祭)는 매년 5월 1일에서 5일까지 향리 다섯 명이 교대로 자신의 집에 당을 설치하여 성황신 부부를 모셨다고 한다.[45] 또 삼척 오금잠제 역시 5월 5일부터 여러 가지 금기를 지키며 삼 일 동안 계속되었는데, 이 일을 주관하는 자는 향리의 대표인 호장(戶長)이었다고 한다.[46] 물론 이러한 의례에서 사제자(司祭者)는 무격이었지만, 의례 전반을 주관하고 관장하는 것은 향리계층이었다. 지역의례는 지역민의 귀속의식의 근거이며 결속의 구심점이었다. 그렇다고 할 때 이러한 지역 의례를 향리들이 주도했다는 것은 무속이 지역세력의 권위를 유지하고 강화하는 데 중요한 수단이었음을 짐작할 수 있게 한다.

또 무속이 위로는 왕실에서부터 아래로는 서민에 이르기까지, 개인의 길흉화복과 관련하여 나름대로 기능을 발휘했음도 사료를 통해 확인할 수 있다.

우선 왕실에서는 양재초복(禳災招福)을 무속에 의존한 바 많았으니, 우선 초복을 위해서는 봄과 가을에 정기적으로 별기은(別祈恩)을 거행했다.[47] 별기은이란 지방의 명산대천에 무격을 파견하여 왕실이 사사로이 복을 비는 의례이다. 또 양재의 예로는 고려 17대 인종(1122-1146)이 병에 걸렸을 때, 병의 원인이 척준경(拓俊京)의 원혼 때문이란 무격의 말에 따라 척준경의 자손에게 벼슬을 내렸다든지, 역시 무격의 말에 따라 김제 벽골제를 허문 것 등을 들 수 있다.[48] 또 고려시대에는 왕실 내부에서 정적을 몰아내기 위한 무고(巫蠱, 저주) 사건이 여러 차례 일어났다. 이것은 유감주술(類感呪術, homeopathic)적 방법으로 상대에게 위해를 가하는 것인데,

발각이 될 경우 도리어 처벌을 받았고, 이로 말미암아 정치세력의 변화가 초래되기도 했다.[49]

또 지배층의 무속신앙으로는 경주 출신의 이의민(李義旼)이 자신의 집안에 경주 지역의 신인 두두리를 모신 신당을 차려 두었다든지,[50] 김준(金俊)이 요방(鷂房)을 신뢰하여 국가의 중대사에 대해 모두 길흉을 점쳤다든지,[51] 정가신(鄭可臣)이 무격의 말에 따라 나주 금성산신(錦城山神)을 정령공으로 봉하자고 주장한 것[52] 등을 들 수 있다.

또 고려 말에서 조선 초 사이에는 위호(衛護)라는 풍습이 있었다. 이것은 조상의 혼령을 무격의 집안에서 모시게 하고, 그 대가로 무격에게 신노비(神奴婢) 등을 바치는 것인데,[53] 이것도 일정 이상의 경제력을 갖춘 지배층의 무속신앙을 보여 주는 것이라고 생각된다.

한편 이 시기에는 공창무(空唱巫)가 있었는데, "공중에서 사람이 부르는 소리를 지어내었고 그 소리가 은은하게 울려오는 것이 길을 비켜나라고 호령하는 것 같았다"[54]라든지, "귀신을 부려 공중에서 소리를 내는데 사람의 말과 비슷하다"[55]고 한다. 이로 미루어 공창무란 자신은 입을 다물고 있지만 공중에서 소리가 나게 하여 마치 귀신이 말하는 것처럼 하는, 일종의 복화무(腹話巫)로 추측된다.[56] 그런데 복화술이 신기한 탓에 공창무에 대한 신앙은 열광적인 것이었으며, 지방의 수령들까지 다투어 공창무를 받들 정도였다고 한다.[57]

이렇듯 왕실에서부터 지배층에 이르기까지 개인의 양재초복을 위해 무격을 숭상했던 까닭에, 서민들 사이에서도 무풍(巫風)은 대단히 성행했다. 이규보(李奎報, 1168-1241)의 「노무편(老巫篇)」『동국이상국집(東國李相國集)』권2]은 이웃에 살면서 소란을 피우던 노무(老巫)가 국가의 무격 축출령으로 쫓겨나게 되자 이를 기뻐하여 지은 시인데, 이에 의하면 평소 노무의 집에는 "남녀가 구름같이 모여들어 문 앞엔 신발이 가득하고 어깨를 부딪치며 문을 나오고 머리를 나란히 해서 들어간다"고 할 정도였던 것이다.[58]

그러나 고려후기부터는 사회적, 개인적 기능만을 유지하던 무속에 대해서도 배척의 움직임이 일어난다. 고려시대 무속 배척에 대한 최초의 기록은 12세기 고려 인종 9년(1131)에 처음 등장한다.[59] 그리고 배척의 초기 단계에는 지방관의 취향 등 개인 차원에서 이루어진 것이었으나 고려후기로 가면서 점차 국가적 차원의 배척으로 수위가 높아진다.

무속의 배척과 탄압은 고려 말 유교로 무장한 신흥 사대부 계층의 집권, 그리고 이들을 중심으로 한 유교 국가 조선왕조의 건국으로 강도를 더해 간다.

이 시기 배척의 이유로는 무속의 비합리성과 비윤리성이 지적되고 있으며, 경제적 이유도 한몫을 한다. 비합리성은, 무속의 효능을 믿을 수 없을 뿐만 아니라, 무속의례는 올바르지 못한 제사, 즉 음사(淫祀)라는 점이다. 비윤리성은, 위호(衛護)처의 풍습처럼 조상의 영혼을 무격의 집에서 모시기 때문에 불효를 조장한다든지, 남무가 여무로 변복(變服)해서 다님으로써 풍기를 문란케 한다든지 하는 점이다. 그리고 신앙과 의례에 많은 비용을 낭비하기 때문에 경제적 궁핍을 면하기 어렵다는 점도 배척의 이유였다.

무격을 배척하고 탄압하는 방법에는 직접적인 방법과 간접적인 방법이 동원되었다. 직접적 방법이란 무격에게 직접 제재를 가하는 것으로, 문제를 야기한 요무(妖巫)를 처벌하는 것도 있었고, 무격의 거주지를 도성 밖으로 제한한 것도 있었다. 직접적 방법은 여러 차례 논의를 거친 후, 마침내 『경국대전(經國大典)』을 통해 법제화되기에 이른다. 『경국대전』 형전(刑典) 금제(禁制)의 다음 조항이 그것이다.

— 도성 안에서 야제(野祭)를 행한 자, 사족(士族)의 부녀로서 야제, 산천 · 성황의 사묘제(祠廟祭)를 직접 지낸 자는 장(杖) 일백에 처한다.
— 사노비나 전지(田地)를 무격에게 바친 자는 논죄(論罪) 후 그 노비와 전지를 국가에 소속시킨다.
— 경성 안에 거주하는 무격은 논죄(論罪)한다.

또 간접적 방법이란 무격의 활동을 직접적으로 제한한 것은 아니지만, 무격에게 상당한 부담을 줌으로써 무속 배척에 일익을 담당한 것이다. 이러한 것으로는 무녀들을 국립 의료기관인 동서활인서(東西活人署)에 배속시키는 방법이 있다. 이것은 무격의 치병 기능을 인정해서가 아니라, 빈민 환자의 간호를 담당하게 함으로써 부담을 주려는 것이다.

그리고 다음과 같은 각종 무세(巫稅)를 징수하는 방법도 동원되었다.[60]

무업세(巫業稅): 잡세(雜稅)의 일종으로, 무격의 영업세이다.
신포세(神布稅): 함경도와 강원도에만 있는 무세로, 굿에서 신에게 바친 포(布)의 일부를 징세하는 것이다.
신당퇴미세(神堂退米稅): 신당에 올린 쌀의 일부를 징세하는 것이다.

이 밖에 고려 말 사전개혁을 단행할 때에도 무격은 국가의 급전(給田) 대상에서 제외했는데,[61] 이것도 일종의 간접적 배척방법이라 하겠다.

이러한 과정을 통해 무격은 점차 천시되기 시작했고,[62] 마침내 무속 자체가 사회적 기능마저 상실할 운명에 처하게 된다.

4. 근세의 무속

한국무속사에서 근세는 16세기 사림파의 집권에서 시작되며, 이 시기의 특징은 무속이 사회적 기능마저 상실한다는 점이다.[63]

조선왕조는 유교를 지도이념으로 건국되었던 만큼 국초부터 무속에 대한 탄압과 배척정책을 실시했다. 그러나 뿌리 깊은 무속을 일거에 말살한다는 것은 쉬운 일이 아니었다. 중앙 관서마다 부근당(付根堂)이 있었다는 사실은 이를 말해 준다. 부근당이란 조선시대 궁궐과 관아 내에 설치된 신당으로 부군당(府君堂, 附君堂, 符君堂)이라고도 하며, 단순히 신당이라고도 한다. 조선시대에는 중앙과 지방을 막론하고 대부분의 관아 내에 부근당이 있었으며, 심지어 창덕궁과 같은 궁궐에서도 그 존재가 확인된다.(표 참조)

관아명	신당명	부근신	위치와 규모	전거
창덕궁 (昌德宮)	부군당 (府君堂)		후원 능허정(凌虛亭) 아래	『동궐도(東闕圖)』
병조(兵曹)	부군당	문천상 (文天祥)		『조선종교사 (朝鮮宗敎史)』
형조(刑曹)	부군당	송씨부인 (宋氏夫人)		『조선무속고 (朝鮮巫俗考)』

		제갈공명 (諸葛孔明)		『조선종교사』
호조(戶曹)	신당(神堂)			『공사기고 (公事記攷)』
공조(工曹)	신당		서리청 바로 오른쪽	『숙천제아도 (宿踐諸衙圖)』
사헌부 (司憲府)	부군당			『패관잡기 (稗官雜記)』
의금부 (義禁府)	부군당	여성신		『성소부부고 (惺所覆瓿藁)』, 『승정원일기 (承政院日記)』 현종 8년 11월 13일 (계축)
포도청(捕盜廳)	부군당	송씨부인		『조선종교사』
전옥서 (典獄署)	부군당	동명왕 (東明王)		『조선무속고』
사역원 (司譯院)	부군당 (符君堂)	송씨부인	구내 누각(樓閣)의 정북, 2간	『통문관지 (通文館志)』 『조선종교사』
교서관 (校書館)＝ 운관(芸館)	부군당	임경업 (林慶業)		『동국여지비고 (東國輿地備考)』
양현고 (養賢庫)	부근당 (付根堂)			『중종실록』 6년 3월 기묘(29일)
의영고 (義盈庫)	부군당	송씨처녀 (宋氏處女)	구내 뒤편	『이재난고 (頤齋亂稿)』
귀후서(歸厚署)	신당			『동국여지비고』 2

종친부 (宗親府)	신당		구내 규장각 좌측 (2칸 담으로 구획)	『숙천제아도』
선혜청 (宣惠廳)	신당		사고(私庫)와 북벽 사이의 독립된 공간 (2칸)	『숙천제아도』
도총부 (都摠府)	신당		서리청 북서쪽 담 밑(2칸)	『숙천제아도』
사복사(司僕寺)	신당		구내 서북 구석(1칸)	『숙천제아도』
제용감(濟用監)	신당		구내 동북 구석	『숙천제아도』
한성부 (漢城府)	부군당	공민왕 (恭愍王)	4칸	『경조부지 (京兆府誌)』 『조선종교사』
경기감영 (京畿監營)	신당			경기감영도 (京畿監營圖)
양근분원 (楊根分院)	부군당	6장군		『하재일기 (荷齋日記)』
평안도 영유현 (永柔縣)	신당		관아 구내 동북 구석	『숙천제아도』
황해도 신천군 (信川郡)	신당		관아 북쪽 구석	『숙천제아도』
전라도 영암군 (靈岩郡)	부군당		관아 남문 앞	『조선후기지방지도 (朝鮮後期地方地圖)』
경기도 교동현 (喬桐縣)	부근당 (扶芹堂)		읍성 북쪽 성벽 내 강화군 교동면 읍내리 251	
일반 지방 관아		최영(崔瑩)	이청(吏廳) 옆	『연암집(燕巖集)』

부근당은 독립 건물이지만, 대체로 관아 구내의 북쪽 구석진 곳에 위치했으며, 내부에는 부근신의 신상을 두고 지전(紙錢, 길게 찢은 종이로 다발을 만들어 엽전이 달린 것처럼 만든 무속의 도구)이나 나무로 만든 남자 성기 모형을 주렁주렁 걸어 두었다. 그러나 관청에 따라 모시는 부근신은 달랐는데, 송씨부인이나 송씨처녀(처녀귀신) 같은 여성도 있고, 왕이나 장군 같은 남성신도 있었다. 그리고 남성신에는 동명왕이나 공민왕 같은 왕신, 최영이나 임경업 같은 장군신, 심지어 제갈량이나 문천상(文天祥, 1236-1283) 같은 중국인도 있었다.

이들 부근신에 대해서는 각 관청에서 정기적으로 의례를 거행했는데, 현재 확인되는 바로는 10월이 많고, 관아에 따라서는 정월 또는 3-4월도 있다. 그리고 특별한 일이 있을 때는 수시로 의례를 거행했을 것임은 추측하기 어렵지 않다. 부근신에 대한 의례는 해당 관청의 이서(吏胥)들이 무당을 동원하여 지내는 축제형식이었으며, 의례의 목적은 관아의 안녕과 평안을 비는 것으로 짐작된다. 그 중에는 송씨부인이나 송씨처녀가 부근신인 점이나 남자 성기 모형을 바친 점으로 미루어, 또 부임 첫날 신관 사또가 비명횡사했다는 아랑형 원귀설화로 미루어, 관아의 신을 달래는 의례도 포함되었을 가능성이 크다. 그러나 이서들뿐만 아니라, 사족 출신의 관리도 새로 부임하면 부근당에 가서 일종의 신고식을 했다고 하는데, 그것은 재임 기간 동안 부근신의 가호를 빌기 위한 것이었을 것이다. 또 의금부의 경우는 죄수들이 나무를 깎아 남자 성기 모형을 만들어 부근신에게 복을 빌었다고 한다.

부근당은, 어효첨(魚孝瞻, 1405-1475)이 거쳐 간 관청의 부근당을 모두 없앴다는 사실로 미루어, 조선전기에 이미 존재했다. 그런데 부근당에 대해서는 상고시대 광명숭배(붉숭배)에서 기원했다는 설, 성기숭배에서 기원했다는 설 등이 있다. 그렇다면 부근당은 정치와 종교가 미분화되었던 시기의 유제로서, 조선시대 이전부터 관아에 설치되어 있다고 할 수 있다. 따라서 부근당은 유교이념과는 배치되는 신앙이며, 때문에 어효첨과 같은 유학으로 무장된 관리들이 나서서 부근당을 철폐하거나, 사헌부 같은 특정 부서가 부근당 철폐를 발의하기도 했다. 그러나 조선왕조를 통하여 부근당을 공식적으로 철폐한 적은 없었다. 폐지는커녕 낡았을 경우에는 중건을 했으며, 사역원의 부근당처럼 1707년(숙종 33) 중건하면서 원래보다 규모를 더 늘린 예도 있다. 부근당은 조선왕조 말기까지 명맥을 유지했으나, 1898년(광무 2) 무렵 모두 철폐되었다고 한다. 그렇지만 소속 관원들이 신벌을 두려워하여 감히 철폐하는 데 나서지 못했다는 이야기로 미루어, 조선시대를 통하여 부근신앙이 얼마나 뿌리 깊었는지를 짐작할 수 있다. 그렇지만 부근당 신앙은 민간에 큰 영향을 미쳤다. 관아 부근당의 일부는 관아가 없어진 이후에도 민간신앙의 신당으로 명맥을 유지하거나, 마을제당의 명칭으로 부근당을 사용한 경우도 있다. 현재 서울, 그 중에서도 특히 한강변에 위치한 마을제당의 명칭에 부근당이 많은 것은 이러한 사실을 반영한다.

또 사대부 출신인 이문건(李文楗, 1494-1567)의 『묵재일기(默齋日記)』를 보면, 그의 집안은 치병(治病)이나 망자 천도를 무녀에 의존하여 해결하려 했던 사실이 확인된다.[64] 이러한 사실들은 무속이 얼마나 생활 속에 깊이 뿌리박고 있었는지를 보여 준다고 하겠다.

그런데 16세기부터 향촌사회에 기반을 둔 사림파(士林派) 세력이 집권하면서 무속의 말살을 주장한다. 사림파란 고려 말 신흥 사대부 계층의 한

갈래로 고려왕조의 존속을 주장하면서 절의를 중시했던 세력이다. 때문에 이들은 조선왕조의 건국과 더불어 향촌사회로 낙향했으나, 향촌사회를 기반으로 세력을 성장시켜, 마침내 16세기에는 조선왕조의 새로운 집권세력으로 부상했다.

그런 만큼 사림파는 자신들이 기반을 둔 향촌사회를 성리학적 질서로 재편성하고자 했는데, 이때 특히 무속이 문제가 된다. 왜냐하면 무속은 자신들의 지도이념인 성리학과 배치될 뿐만 아니라, 자신들과 경쟁 관계에 있는 향리세력의 권위를 뒷받침하는 것이었기 때문이다. 그래서 그들은 집권과 더불어 무속의 근절을 위한 여러 가지 방법을 동원한다.

첫째, 귀신에 대한 논의가 본격화된다.[65] 조선시대 유학자의 귀신에 대한 논의는 남효온(南孝溫, 1454-1492), 김시습(金時習, 1435-1493)에 의해 시작되는데, 이들의 논의는 귀신을 음양이기(陰陽二氣)의 운동 내지 보이지 않는 천지의 조화 작용으로 보는 성리학적 귀신관에서 출발한다.[66] 이를 바탕으로 남효온의 경우,[67] 사후 영원히 소멸되지 않는 귀신의 존재를 부정했고, 나아가 귀신이 인간의 길흉화복에 영향을 미칠 수 없다고 했다.

귀신을 논하면서 남효온은 무속에 대해서도 언급했는데, 이를 보면 남효온은 무속 자체를 근본적으로 부정하지는 않았다. 『주례(周禮)』와 같은 유교 경전에도 무격이 국가 조직의 일원으로 일정한 기능을 하는 것으로 규정되어 있기 때문이다. 그러나 그는 현재 무속의 신은 사특한 기운일 따름이며, 지금의 무격들도 잘못된 가르침으로 백성들을 어리석게 할 뿐이라고 했다. 김시습 역시 지금의 무당은 귀신과의 조화를 이루지 못하고 "요사스런 말로 사람을 놀라게 하고 망령되이 화복을 칭탁하여 돈과 곡식을 허비하고, 산귀(山鬼)나 요물은 이를 조장하여 가산을 탕진하게 한다"고

하여 무속을 비판했다.[68]

이러한 논의는 이들의 귀신 논의의 목적이 어디에 있었는지를 짐작하게 한다. 즉 성리학적 귀신론을 통하여 무속의 존립 근거를 없앤다는 것이다. 그러니까 물리적인 힘에만 의지하는 것이 아니라, 논리적으로 무속을 부정하는 데 목적이 있다는 것이다.

둘째, 중앙에서는 무속 말살정책을 건의하고 추진했다. 이들은 무격의 동서활인서 배속 중지를 건의하고 무세 징수의 중단을 요청했다. 얼핏 생각하면 이것은 무속을 옹호하는 것처럼 보이기도 한다. 동서활인서 배속을 중지하고 무세를 징수하지 않음으로써 무격들의 부담을 덜어 주자는 주장처럼 보인다. 그러나 이들의 논리는 그것이 아니었다. 즉 국가에서 무격에게 의무를 지워 주는 것은 이들을 하나의 직업으로 인정한다는 의미이므로, 무격을 불법화하기 위해서는 동서활인서 배속이나 무세 징수를 중단해야 한다는 논리이다.

셋째, 관리로 부임하면, 관권이 미치는 범위 안에서 무속의 금지와 탄압을 추진했다. 중앙 관서의 관리로 부임해서는 해당 관청의 부근당을 없앴으며, 지방관으로 나가는 지방의 무속적 전통을 근절시키는 데 힘을 쏟았다.

그 결과 사림파의 집권을 계기로 무속의 사회적 기능은 사라졌다. 무속적 동제(洞祭)가 무격이 배제된 유교식 동제로 변모한 것도 그 결과의 하나라고 생각된다.[69]

그러나 무속의 개인적 기능은 사림파의 집권에도 불구하고 그대로 유지된다. 여기에는 다음과 같은 이유가 있다.

첫째, 무속의 성격 때문이다. 무속은 현세 긍정의 종교로서 현재를 살아가면서 부딪치는 문제 해결을 목표로 한다. 즉 무속은 생존의 종교이다. 이

점 때문에 무속은 기복적(起伏的)이며, 차원이 낮은 종교로 치부되기 쉽다. 그러나 대다수의 사람들에게 있어서 필요한 것은 내세의 구원이나 고매한 이상의 실현이 아니라, 현세에서 부딪치는 어려움의 해결이다. 따라서 유한한 인간으로서는 현세에서 부딪치는 어려움을 극복하는 데 도움이 될 수 있는 무언가를 필요로 한다. 이러한 측면에서는 무속을 능가하는 종교가 없다. 때문에 무속은 고매한 이상을 추구하는 어떤 종교가 들어오더라도 생존의 종교로서 자신의 영역을 유지하는 것이다.

둘째, 조선왕조의 지도이념인 성리학의 한계 때문이다. 성리학은 우주의 원리를 설명하는 고도의 철학이지만, 인간으로서 최대의 관심사인 길흉화복의 조절이나 사후 세계에 대해서는 해답을 가지고 있지 못하다. 인간은 기(氣)가 모여서 된 것이며, 죽으면 귀신이 되지 않고 그 기는 흩어져 천지 자연의 기로 돌아간다고 했다. 즉 자아라는 실체가 없어지는 것이다. 죽음을 마지막으로 생각하고 싶지 않은 인간들에게 성리학의 논리는 무언가 부족한 감이 있다. 더구나 기가 흩어져 자아라는 실체가 없어진다면, 제사를 지낼 이유가 없어진다. 제사를 흠향할 대상이 없기 때문이다. 그럼에도 불구하고 성리학은 제사를 강조하는데, 이는 자기모순이 아닐 수 없다. 이와 같은 성리학의 한계는 무속이 존속할 수 있는 토대가 된다. 그래서 조선후기와 같은 유교사회에서조차 무속을 긍정하고 옹호하는 입장까지 나타나게 된다. 『천예록(天倪錄)』에 수록된 「용산강신사감자(龍山江神祀感子)」라는 설화가 그것으로, 유교식 제사보다 무속의 조상굿이 더 바람직하다는 것이 설화의 골자이다.[70]

셋째, 조선왕조 무속정책의 모순 때문이다. 조선왕조는 무속 금압의 일환으로 무격들의 도성 내 거주를 제한하고, 도성 밖으로 축출하였다. 물론 거주 제한의 범위는 시대에 따라 달랐다. 조선초기에는 사대문 안이었으나, 조선후기에는 한강 안이었다. 1785년(정조 9)에 편찬된『대전통편(大典通編)』호전 잡세조(戶典 雜稅條)에서 "경성 내의 무녀는 강외(江外)로 쫓아낸다"라고 규정되어 있는데, 여기서 강이란 한강이다. 이것은 서울의 범위가 시대에 따라 확대되어 가고 있음을 보여 준다. 그러나 사대문 안이든 한강 안이든 간에, 이러한 규정은 도성 밖에서의 무업(巫業)을 인정하는 의미가 된다.

또 각종 중앙 관청 및 지방 관청의 재정의 상당 부분을 무세로 충당한 점도 문제이다. 예컨대 무세를 가지고 동서활인서(東西活人署)나 귀후서[歸厚署, 관곽(棺槨)을 제조·판매하며, 기타 장례의 일을 맡아보는 관청]의 경비로 충당했으며,[71] 일부는 국방비로 전용했다.[72] 따라서 무세를 징수하지 않을 경우, 이들 관청의 운영이 어려워진다. 나아가 무세에 대해 지방관의 재량이 상당히 주어졌고 사복을 채우기에 편리했으므로, 표면상으로는 무속 근절을 외치지만, 실제로는 무속을 없애기 어려웠다.

그래서 조선왕조에서도 위로는 왕실에서부터 아래로는 서민에 이르기까지 개인의 피흉추길(避凶追吉)을 무속에 의존하는 경향은 여전했다.

먼저 왕실의 경우, 왕실이 사사로이 복을 비는 별기은(別祈恩)은 조선말기까지 지속되고 있었다. 이러한 사실을 대표하는 것이 고종(재위 1864-1907)의 왕후인 명성왕후의 별기은이다. 명성왕후는 조선왕조 역대 왕비 중 가장 무속에 심취했다고 하는데, 그는 세자(후일 순종)의 전정(前程)을 위해 빈번하게 명산대천 등에 빌었고, 그때마다 재물을 아끼지 않았다. 이러한 사실은 이때 사용된 물품의 목록을 적은 위축건기(爲祝件記, 발기)가 남아 있어 상세한 내용이 확인된다.[73] 뿐만 아니라 명성왕후는 중국 삼국시대의 명장 관우(關羽)를 몸주신으로 모신 무녀를 총애하여, 그에게 진령 군(眞靈君)이란 작위를 내리는가 하면, 관우의 사당인 북묘(北廟)를 지어 주기도 했다.[74]

또 궁중의 비빈(妃嬪)들 사이에서는 무고(巫蠱) 사건이 끊이지 않았다. 중종 때 경빈박씨(敬嬪朴氏) 사건, 광해군 때 인목대비(仁穆大妃) 사건, 인조 때 정명공주(貞明公主), 효종 때 조귀인(趙貴人) 사건,[75] 숙종 때의 장희 빈(張嬉嬪) 저주사건[76] 등이 그것이다.[77]

1530년(중종 25) 중종의 후궁 경빈박씨의 세자 저주 사건, 1613년(광해 군 5) 인목대비의 광해군 저주 사건, 1639년(인조 17) 인목대비의 딸 정명 공주의 인조 저주 사건, 1645년(인조 23) 소현세자비 강빈의 인조 저주 사 건, 1651년(효종 2) 인조의 후궁 조귀인(趙貴人)의 효종 저주 사건, 1701년 (숙종 27) 장희빈의 인현왕후 저주 사건. 이러한 사실들은 왕실에서부터가 개인의 이익 추구 차원에서 무속은 여전히 신앙되고 있었음을 말해 준다.

그리고 관청마다 두었던 부근당은, 일부 관리들의 파괴에도 불구하고 대 부분 한말까지 계속 존재했다. 이 중 사역원(司譯院)의 경우, 광무연간(光 武年間, 1897-1906) 부근당을 없애라는 명령에도 불구하고 사람들은 신벌 (神罰)을 두려워 감히 손대지 못했는데, 서양인이 이를 부수고 모셔 둔 양 경물(陽莖物) 십여 개를 가져갔다고 한다.[78] 이를 통해 부근당에 대한 신앙 이 한말까지 지배적이었음을 알 수 있다.

이처럼 무속의 개인적 기능만은 그대로 유지되는 가운데 무격의 숫자도 증가 추세를 보인다. 19세기 초 순조 때 오천 명 정도로 추산되던 무격의 총수가 1935년에는 만이천삼백팔십 명으로 증가한다.[79] 백 년 남짓한 사이 에 두 배로 증가한 것이다. 이와 같은 무격의 증가는 지역의 사례 연구에서도 확인된다. 경상도 단성현(丹城縣)의 경우, 18세기 중엽 이전에는 전체 인구의 0.05퍼센트에 불과했던 무격이 중엽 이후가 되면서 0.2-0.4퍼센트의 비율로 증가한다.[80] 사회적 수요가 없다면 이와 같은 증가는 생각하기 어려운 것이 아닌가 한다.

한편 조선후기 이후 한국무속에는 새로운 양상들이 나타나기 시작한다. 이러한 것으로는 우선 관우신앙(關羽信仰)의 보급을 들 수 있다. 관우신앙이란 중국 삼국시대 촉(蜀)나라의 무장이었던 관우에 대한 신앙이다. 역사적 실존 인물로서 관우에 대해서는 『삼국지(三國志)』 권36, 촉서(蜀書) 관장마황조전(關張馬黃趙傳)이 비교적 자세한 언급이 보인다. 이에 의하면 관우는 자가 운장(雲長)이며, 지금의 산서성(山西省) 운성시(運城市)에 해당하는 하동군(河東郡) 해현(解縣) 출신이다. 그는 후한 말 유비(劉備)를 따라 군사를 일으켜 촉나라 건국에 일익을 담당했고, 유비의 명령에 따라 형주(荊州)를 진수하면서 조조(曹操)를 위협했다. 이에 위협을 느낀 조조는 그 예봉을 피하기 위해 천도를 고려할 정도였다고 한다. 그러나 219년 부하들의 배신으로 손권(孫權)에게 잡혀 아들 관평(關平)과 함께 처형당하고 말았다.

『삼국지』를 보면 관우에게도 인간적인 결점이 없었던 것은 아니지만, 생전에 이미 비범한 인물로 인식되고 있었다. 그를 조조가 의로운 인물로 평가했다든지, 제갈량이 '절륜일군(絶倫逸群)'이라 한 것은 이러한 사실을 반영한다.[81] 물론 남북조시대의 장수들 중에는 그를 본받고자 하는 사람들도 있었다. 그러나 당나라 때 역사상 대표적인 무인들을 제사하는 무묘(武廟)에서 관우가 제외된 적도 있었다. 이것은 당나라 때까지 관우에 대한 평가가 절대적인 것이 아니었음을 반영한다고 하겠다.

그러나 당나라 때부터 관우를 신으로 여긴 기록이 확인된다. 802년[정원(貞元) 18년] 동정(董侹)이 지은 「형남절도사강릉윤배공중수옥천관묘기(荊南節度使江陵尹裴公重修玉泉關廟記)」가 그것인데,[82] 이것은 옥천사[玉泉寺, 호북성(湖北省) 당양현(當陽縣)에 있는 절] 경내에 관우의 사당인 관묘(關廟)를 다시 세우면서 지은 것이다. 이에 의하면 관우의 신령은 진(陳)나라 광대(光大) 연간(567-568)에 지자대사(智者大師, 538-597)의 옥천사 창건을 도왔으며, 후경(侯景, 503-552)의 난 진압에도 공을 세웠다고 한다. 따라서 당나라 때에는 이미 관우가 신격화되었고, 관우를 모신 사당도 존재했다고 할 수 있다.

당나라 때 기록에 처음 확인된다고 해서, 관우의 신격화가 이때 비로소 시작된 것이라고 할 수는 없다. 그런데 남북조시대의 도교 문헌 가운데 『진령위업도(眞靈位業圖)』라는 것이 있다. 이것은 도홍경(陶弘景, 456-536)의 저술로, 도교 신령들의 위계를 서술한 것이다. 여기에는 역사상의 인물들이 명계(冥界)의 관리로 언급되어 있는데, 조조와 유비는 지옥의 판관(判官)으로 나온다. 그럼에도 불구하고 관우는 등장하지 않는다.[83] 이것은 남북조시대까지도 관우가 신격화되지 않았을 가능성을 시사한다. 그러므로 지금으로서는 관우신앙의 발생을 당 이전 시기 정도로 해 두는 것이 안전하겠다.

앞서 언급한 「형남절도사강릉윤배공중수옥천관묘기」에는 관우가 형주(荊州)의 수호신으로 나온다. 형주는 관우의 거점이었다. 이러한 점들로 미루어 당나라 때의 관우신앙의 분포는 형주지방을 크게 벗어나지 않았다고 추측된다.[84] 그러나 송대(宋代)로 오면서 관우신앙은 전국으로 확산된다.

관우신앙의 확산은 당시 송나라가 처한 시대적 상황과 밀접한 관련이 있다. 송대는 장기간에 걸친 북방민족과의 대치로 말미암아 한족(漢族) 왕조의 정통성 유지가 시대적 과제였고, 이를 위해 왕조에 대한 충의가 무엇보다 강조되던 시기였다. 그런데 관우는 한왕조의 정통성을 지키기 위해 충의를 다한 인물이다. 그러므로 송나라에서는 충의를 강조하기 위한 방편으로 관우의 존재를 부각시키고 받들었다.

관우 선양의 구체적 형태는 관우 사당에 대한 사액(賜額)과 수리, 그리고 봉작(封爵)이다. 사액이란 황제가 관우 사당의 이름을 쓴 편액을 내리는 것이며, 관비(官費)로 수리한다는 것과 함께, 관우신앙을 국가에서 장려한다는 의미이다. 봉작은 작위를 내리는 것인데, 숭녕(崇寧) 원년(1102) 충혜공(忠惠公)으로 봉해진 것이 처음이다. 그러나 공에서 다시 왕으로 봉해지는데, 대관(大觀) 2년(1108) 무안왕(武安王)으로 봉해진 것이 그것이다. 이후 가봉(加封)이 거듭되어 송대 관우의 작위는 '의용장무무안영제왕(義勇壯繆武安英濟王)' 아홉 글자에 달하게 되었다.

이후 원대(元代)는 비록 이민족의 왕조이지만, 관우를 통한 충의의 강조가 통치에 필요하다고 판단하여 관우신앙을 장려했다. 그 결과 관왕묘가 도회지까지 파고들어, 전국적 분포를 보이게 된다. 또 이 시기에는 관우를 높이고 관우신앙을 선양하는 관공전서(關公專書)의 효시라 할 수 있는 호기(胡琦)의『관왕사적(關王事蹟)』이 지대(至大) 원년(1308)에 간행된다.

중국에서 관우신앙이 절정에 달하는 것은 명(明)·청대(淸代)이다. 이 시기에는 관우의 지위는 더욱 격상되어 제(帝)로 봉해진다. 1578년[만력(萬曆) 6년]에는 '협천호국충의대제(協天護國忠義大帝)'로, 1614년[만력 42년)에는 '삼계복마대제신위원진천존관성제군(三界伏魔大帝神威遠震

天尊關聖帝君)'으로 봉해진다.[85] 공자의 봉작이 '문선왕(文宣王)'에 그친 것에 비한다면, 파격적인 예우라 하겠다. 뿐만 아니라 관우에 대한 가봉(加封)은 명·청시대를 통하여 꾸준히 계속되어 청나라 때 관우의 정식 칭호는 '충성신무영우인용위현호국보민정성수정익찬선덕관성대제(忠誠神武靈祐仁勇威顯護國保民精誠綏靖翊贊宣德關聖大帝)' 스물여섯 자에 달하게 된다. 또 관우에 대한 제사가 정식으로 사전(祀典), 즉 국가 제사에 포함된 점도 특기할 만한 사실이다.

이렇듯 관우신앙이 절정에 도달한 데에는 여러 가지 요인이 있겠다. 우선 국가에서 정책적으로 관우신앙을 장려한 점을 들 수 있다. 또 관우의 고향인 산서(山西)의 상인들이 전국에 걸친 상업망을 가지고 있었고, 이를 통해 관우신앙을 보급한 점도 들 수 있다. 그리고 원말·명초에 나관중(羅貫中, 1328?-1398)의 「삼국지연의」가 출현한 사실도 빼놓을 수가 없다. 관우를 극도로 미화한 「삼국지연의」가 대중에게 파고들면서, 이와 비례하여 관우의 위상은 강화되었다는 것이다.[86]

명·청대의 관우신앙을 언급하면서 빼놓을 수 없는 사실은 관우의 신격 변화이다. 관우는 군신·수호신일 뿐만 아니라 기후 조절, 과거 급제 여부, 사업의 성패, 질병과 고통의 구원, 요괴 퇴치 등에 이르기까지 관계하는 만능신으로 숭배되었다. 그런데 비교적 근래에 와서는 재신(財神)으로서의 성격이 크게 부각되고 있다.[87] 이것은 중국의 상업의 발달과 관련이 있다고 하겠다.

그 결과 관우는 현재 중국에서 가장 인기 있는 신으로 여겨지고 있다. 계층을 초월하여 위로는 황실에서부터 아래로는 서민에 이르기까지, 또 종교의 경계를 초월하여 유교, 불교, 도교 모두가 받드는 신이다. 과거 북경의 사묘(祠廟) 중에 관제묘가 가장 많은 것도[88] 이러한 이유 때문이다. 뿐만 아니라 지금도 중국을 가면, 호텔이나 상점 등에서 관우상을 모신 것을 흔히 볼 수 있다. 이를 통해 관우신앙은 과거는 물론, 현재도 살아 있는 신앙으로 기능하고 있음을 알 수 있다.

이렇듯 관우신앙이 널리 보급됨에 따라 관우는 종교를 초월하여 신앙의 대상이 되었다. 우선 불교에서는 사찰의 수호신으로 숭배되었다. 앞서 언급한 바와 같이 관우를 처음 신앙 대상으로 삼은 것은 불교이며, 그래서 불교에서는 관우를 사찰의 수호신으로 모신다. 즉 관우를 가람(성중)보살[伽藍(聖衆)菩薩]이라 하며 가람전(伽藍殿)에 모시고 있다. 또 송대에는 도교에서도 관우를 받든다. 그런데 충의는 유교의 덕목이다. 게다가 관우는 존왕양이(尊王攘夷) 정신을 기저로 한 유교경전『춘추(春秋)』를 즐겨 읽었다고 전하며,[89] 그래서 관우상의 한 손에는『춘추』가 들리어 있다. 이런 이유에서 송대에는 유학자들도 관우신앙에 동참하게 된다.

송·원대부터 관우신앙이 확산된 점이나 한국과 중국의 밀접한 관련을 생각할 때, 관우신앙은 고려시대에 이미 알려졌을 가능성이 있다. 더구나『노걸대(老乞大)』를 통해 짐작할 수 있는 바와 같이, 고려 말에는『삼국지평화(三國志評話)』가 수입되었고,『삼국지평화』는 관우를 이미 신적 존재로 받드는 입장이므로,[90] 고려 말 관우신앙의 전래를 부정할 수만은 없을 것 같다.

이후 조선 성종 19년(1488) 중국에 표착하여 육 개월간 전전한 사실을 기록한 최보(崔溥, 1454-1504)의『표해록(漂海錄)』곳곳에 중국 관왕묘에 대한 언급이 있다.[91] 따라서 15세기 이전부터 한국에서도 관우신앙을 알고 있었다고 할 수 있다. 그렇지만 이것을 계기로 한국에 관우신앙이 전래되고 수용된 흔적은 없다.

우리나라에 관우신앙이 본격적으로 전래된 것은 정유재란(丁酉再亂)에 참전한 명나라 장수들에 의해서였다. 그들은 주둔지 여러 곳에 관우의 사당인 관왕묘를 건설했다. 선조 31년(1598) 유격(遊擊) 진린(陳璘)이 서울의 숭례문 밖에 남묘를 건설한 것을 필두로, 같은 해에 안동, 성주, 강진 고금도(古今島), 이듬해인 선조 32년(1599)에는 남원에 관왕묘가 명나라 장수들에 의해 건립되었다. 뿐만 아니라 그들은 평양과 한산도 등지의 전투 때, 관우의 신이 나타나 도움을 주었기 때문에 승리할 수 있었다는 소문을 퍼트리기까지 했다.[92] 이러한 사실은 명나라 장수들의 관왕묘 건립의 의도가 어디에 있었던가를 짐작케 한다. 즉 관우숭배가 절정으로 치닫고 있는 명나라에서 온 장수들인 만큼, 관우의 신조(神助)를 기원함으로써 심리적 안정을 찾고 군사들의 사기를 높이려는 목적이었다는 것이다.

나아가 명은 조선왕조에 대해 자신들의 신앙인 관우숭배를 종용한다. 그래서 명나라 황제는 4천금을 보내면서 왕경에 관왕묘를 건립토록 한다. 그 결과 선조 34년(1601)에 완성된 것이 바로 홍인문 밖의 동묘(東廟)이다.

그러나 조선왕조에서는 관우신앙의 수용에 소극적이었고, 나아가 부정적이기까지 했다. 관우숭배가 강요된 신앙이란 점에서도 그렇지만, 당시 조선왕조에서는 관우를 그렇게 높이 평가하지 않았다. 선조 7년(1574) 성절사(聖節使)의 일행으로 명나라를 다녀왔던 허봉(許篈, 1551-1588)이 관우에 대해 "죽은 후에 자기 나라가 망하는 것도 붙들지 못했는데 어찌 남을 도울 수 있겠는가"[93]라고 한 것은 이러한 사실을 반영한다. 뿐만 아니라 합리성을 추구하는 유교국가인 조선왕조의 입장에서 볼 때, 관우신앙은 불합리하기 짝이 없는 것이었다. 이것은 『선조실록』의 편찬자들이 관우신앙을 언급하면서 "대시허탄(大是虛誕)"[94]이라든지, "황탄류망여시부(荒誕謬妄如是夫)"[95]라고 했던 것을 통해 짐작할 수 있다.

때문에 중앙의 관왕묘의 관리는 소홀했고, 일본으로 사행(使行) 가는 사신들의 전별연(餞別宴) 장소로 이용되는 정도였다.[96] 또 지방에서는 창건 팔 년 만에 명나라 장수들이 세운 원래의 관왕묘를 다른 곳으로 옮기는 사태까지 발생한다. 안동의 경우가 그러한데, 그 이유는 공자의 문묘(文廟)와 대치되는 위치에 있는 것을 꺼려서라고 한다. 나아가 이건(移建)된 관왕묘도 안동의 풍수지리적 약점을 보완한다는 명분으로 유지될 수 있었다고 한다.[97]

그러나 관우신앙은 점차 한국의 문화전통과 융합되기 시작한다. 특히 숙종 때가 되면 국왕부터가 관우신앙에 적극성을 보인다. 우선 숙종은 남묘와 동묘에 직접 참배한다. 물론 남묘와 동묘에 대한 국왕의 친알(親謁)은 선조 때도 있었다. 그러나 선조의 친알이 마지못해 한 것이었다면, 숙종의 그것은 무인들을 격려하기 위해 자발적으로 행해진 것이었다.[98] 또 숙종은 관우의 절의와 정충(精忠)을 기리는 시문들을 짓기도 했다.[99]

숙종대를 계기로 본격화된 국왕의 관왕묘 친알은 이후에도 계속될 뿐만 아니라, 영조와 정조는 관우숭배에 더욱 적극성을 보인다. 즉 영조는 남묘와 동묘에 친필로 '현령소덕왕묘(顯靈昭德王廟)'이라고 쓴 편액을 내리는가 하면,[100] '만고충절(萬古忠節) 천추의렬(千秋義烈)'이란 글씨를 보내어 게시토록 한다.[101] 또 정조는 숙종, 영조, 사도세도, 정조가 관우의 충절을 찬양한 글을 새긴 비석을 남묘와 동묘에 세웠다.[102] 이러한 과정에서 관우에 대한 제사는 정식으로 사전(祀典)에 편입되어, 그 결과 영조 20년(1744)에 완성된 『국조속오례의(國朝續五禮儀)』에 소사(小祀)로 등재된다.[103]

숙종을 비롯한 역대 국왕들의 관우 현창(顯彰)은 신에 대한 그것이라기보다 관우가 가진 충의의 이미지를 최대한 부각시키는 방향으로 추진되었다. 이러한 행동은 정치적 계산에 의한 것으로 해석된다. 즉 붕당정치로 말미암아 왕권이 흔들리고 중앙군마저 붕당의 기반이 되는 상황에서, 중앙군을 비롯한 신료들의 충성심을 국왕에게 돌리기 위한 조처였다는 것이다. 이를 요약한다면 왕권 강화를 위해 관우숭배를 이용한 측면이 있다는 것이다.[104]

그런데 관우를 찬양하는 국왕들의 글을 보면『삼국지연의』의 영향이 상당하다. 주지하다시피『삼국지연의』에는 사실을 과장하거나 왜곡한 부분이 상당히 많다. 예컨대 조조에게 일시 몸을 의탁하고 있던 관우가 조조를 떠날 때, 이를 저지하려는 다섯 관문의 수문장들을 참한 것[오관참장(五關斬將)]은 사실이 아니며,『삼국지연의』에만 보이는 내용이다. 그럼에도 불구하고 숙종의 글에는 오관참장이 언급되어 있다.[105]

『삼국지연의』가 한국에 전래된 것은 임진왜란 이전이지만, 임진왜란을 계기로 크게 환영받게 되었다고 한다. 임진왜란이란 미증유의 전란을 겪으면서 국가와 민중을 구해 줄 전쟁 영웅을 갈망했던 분위기에『삼국지연의』가 부응했기 때문이란 것이다.[106] 그러므로 숙종을 비롯한 국왕들의 관우에 대한 인식 전환에는 관우를 신용(神勇)의 무장, 충절의 화신으로 그린『삼국지연의』의 영향을 간과할 수 없다는 것이다.

이렇듯 위에서부터 수용되기 시작한 관우숭배는 19세기를 전후하여 비약적인 발전을 보인다.

첫째, 위로는 왕실에서부터 아래로는 서민에 이르기까지 관우신앙에 열심이었다. 왕실의 경우, 명성황후 민씨는 관성제군을 몸주로 모신 진령군

(眞靈君)을 총애하여 온갖 특혜를 주었을 뿐만 아니라, 북묘(北廟)란 관왕묘를 지어 주기까지 했다.[107] 나아가 갑신정변 때 왕은 이곳으로 피난할 정도 관우에 대한 믿음이 강했다.[108] 또 고종의 후궁 엄비(嚴妃)가 역시 관성제군을 몸주로 모신 현령군(賢靈君)을 총애한 것도 명성황후에 못지않았으며, 그래서 현령군을 위해 서묘(西廟)를 지어 주기도 했다. 다음 사례들은 기층사회에도 관우신앙이 널리 확산되어 있었음을 보여 준다.

고종 22년(1886) 8월 26일, 공조참판 이응진(李應辰)이 상서(上書)에서 소민(小民)들이 문미(門楣)에 복마성제(伏魔聖帝, 관우)이란 글자를 걸어 둔 것이 많은데, 전에는 없었던 일이라고 했다.(『고종실록』권22)

광무 3년(1899) 남묘가 불탔을 때, 사람들이 자원해서 다투어 부역을 했고 기부금을 내었다.[『독립신문(獨立新聞)』1899년 2월 20일자 및 3월 15일자]

둘째, 중국에서 나온 관우신앙 관련 경전이나 관공전서(關公專書), 또는 그 언해본들이 간행된다. 『관제성적도지전집(關帝聖蹟圖誌全集)』[단국현성전(檀國顯聖殿), 1876], 『삼성훈경(三聖訓經)』(1880), 『과화존신(過化存神)』(1880), 『관성제군명성경언해(關聖帝君明聖經諺解)』[무본당(務本堂), 1883], 『관성제군오륜경(關聖帝君五倫經)』(1884)[109]이 그것이다. 뿐만 아니라 한국의 관공전서(關公全書)라고 할 수 있는 『해동성적지(海東聖蹟誌)』(단국현성전, 1876)도 간행된다. 이처럼 언해본까지 나온다는 것은 관우신앙이 서민 내지 부녀자에게까지 침투되어 있었음을 의미하는 것이 아

닌가 한다.110

셋째, 관우를 모시는 관왕묘가 각지에 건설된다. 앞서 언급한 바와 같이 처음 설립될 때 관왕묘는 전국에 여섯 곳이 있었다. 서울의 남묘와 동묘, 안동, 성주, 남원, 강진 고금도의 관왕묘가 그것이다. 그런데 19세기 전반에 이규경(李圭景)은 『오주연문장전산고(五洲衍文長箋散稿)』에서 우리나라에는 관왕묘가 네 군데 있다고 하면서, 안동, 성주, 남원, 강진의 관왕묘를 들고 있다.111 여기서 네 군데라고 한 것은 서울의 남묘와 동묘를 제외한 숫자인 만큼, 이를 믿는다면 19세기 전반까지도 관왕묘의 수는 거의 변동이 없었다고 할 수 있다.

그러나 현재 건립 연대가 확인되는 관왕묘 중에는 19세기의 것이 많다. 고종 17년(1880)의 평양 관제묘(關帝廟),112 고종 20년(1883)의 서울 북묘(北廟), 광무 6년(1902)의 서울 서묘(西廟), 고종 21년(1884)의 강화 남관왕묘, 고종 22년(1885)의 강화 남관왕묘, 고종 29년(1892)의 강화 북관왕묘,113 고종 31년(1894)의 전주 관성묘, 한말 홍천군 붓꼬지의 관성사(關聖祠)114 등이 그것이다.115 서울의 장충동 관성묘도 고종의 엄비가 건립한 것이란 설이 있는 것으로 미루어116 이 시기일 가능성이 있다. 따라서 19세기를 전후하여 관우신앙의 중심인 관왕묘가 크게 증가했다고 하겠다.

그런데 관왕묘라 하더라도 모두가 같다고는 할 수 없을 것 같다. 우선 관왕묘를 주도하는 사람이 누구냐에 따라 다를 것이다. 관왕묘 건립을 추진하거나 운영을 주관한 사람으로는 양반, 무임(武任), 상인, 무당 등이 확인된다. 또 관왕묘에 따라 관우의 생일을 달리 기념한다. 금나라 이전부터 지켜져 왔던 5월 13일을 고수하는 곳이 있는가 하면, 원대 이후 출현한 6월 24일을 지키는 곳도 있다. 이러한 차이가 관왕묘의 성격 차이를 가져왔을 가능성은 충분히 예상된다.

이처럼 19세기를 전후하여 관우신앙이 비약적 발전을 보인 데 대해서는 여러 가지 요인을 생각해 볼 수 있겠다.

첫째, 시대 상황이다. 19세기는 사회적 모순과 민족적 위기가 겹친 시기였다. 즉 안으로는 정치가 부패하고 민생이 도탄에 빠졌으며, 밖에서는 제국주의 열강이 호시탐탐하는 상황이었다. 이런 상황에서 강력한 의지처(依支處)를 찾는 것은 당연한 일이라 하겠다. 이에 따라 관우숭배의 내용에도 변화가 생기는 것 같다. 충의의 화신으로 인간의 전범(典範)이란 측면보다, 인간의 운명에 절대적인 영향을 미치는 신격으로의 측면에 더욱 비중이 두어지는 것 같다.

둘째, 관우의 무신적(武臣的) 성격이다. 각 지역의 관왕묘를 건립하거나 유지하는 데에는 전직 장교인 무임집단(武任集團)의 역할이 컸다. 전주 관성묘나 강화의 북관왕묘는 무임에 의해 건립된 것이 확인된다. 또 관왕묘의 유지, 운영에 관계한 관왕묘계(關王廟契)의 구성원에 무임이 많다는 것도 이미 알려진 사실이다. 이렇듯 무임들이 관우신앙에 동참하고, 그것의 확산에 일익을 담당한 이유로는 관우의 무신적 성격 이외에 다른 것을 생각하기 어렵다.[117]

셋째, 관우의 재신적(財神的) 성격이다. 이것은 관우신앙이 상인층으로 확산되는 데 일조를 했다고 여겨진다. 매년 10월 서울의 시전상인(市廛商人)들이 남묘에 고사를 지내 재운(財運)을 빌었다든지,[118] 일제강점기 때 조선총독부의 남묘(南廟) 매각 책동을 한국의 상인들이 화교 상인들과 합세하여 저지했던 사실은[119] 관우신앙의 기반의 하나가 상인들임을 보여 준다. 실제 동묘에는 지금도 종로의 백목상(白木商)들이 기증한 석조물이 남아 있다.

넷째, 무속과의 결합을 생각해 볼 수 있다. 관우신앙과 무속의 결합은 앞서 언급한 진령군과 현령군의 예를 통해서도 짐작할 수 있다만, 이 밖에도 이를 뒷받침하는 자료들이 좀 있다. 1896년 5월 26일 자『독립신문』의「관왕묘중건」에서 관공의 아들·딸이라 칭하면서 혹세무민하는 사람이 많다고 한 것도 하나의 예이다. 즉 이것은 당시 관우를 몸주신으로 모신 무당들이 상당수 있었다는 것을 의미한다. 이렇듯 관우가 무속의 신격으로 자리 잡게 됨으로써 대중에게 보다 가까이 다가갈 수 있었다고 생각된다.

현재도 무속에서는 관우를 전내신(殿內神)이라 하며, 신들 가운데 등급이 높은 신으로 모시고 있다. 그래서 관우를 모실 때 입는 옷을 성제(聖帝)의대(衣帶)라 하며 색깔도 황금색으로 소중히 여기고 있다.

다섯째, 조선후기 권선서(勸善書)의 유행이다. 권선서는 선서(善書)라고 하는데, 선을 권장하는 서적으로 중국에서 남송대(南宋代) 이후 성행했다. 이것이 조선후기에는 한국에도 수용되어 민중들 사이에서 성행했는데, 이 중에는 관우신앙과 관련된 것들이 상당수 있다.[120] 따라서 선서의 유행과 19세기 관우신앙의 확산은 밀접한 관련을 가지고 있다 하겠다.

한국에서 관우는 신격으로서의 성격이 시대에 따라 변해 왔다. 즉 무신(武神)→재신(財神)→무신(巫神)으로 변천했다. 중국의 경우, 무신(武神)·재신(財神)이란 관념은 있으나, 무신(巫神)이란 관념은 불확실하다. 따라서 무신으로서의 관우신앙은 한국의 독특한 현상이라 할 수 있다. 여기에는 나름대로 이유가 있다. 관우는 원통하게 죽은 장군이란 점에서 한국무속의 장군신과 통하는 점이 있다는 것이 그것이다.

둘째, 조선후기 무속의 새로운 양상으로는 무격들이 요언을 살포하고,

변란 기도에 동참한다는 점이다. 현세에서 이상사회 건설을 추진하는 종교운동을 천년왕국운동이라 한다면, 무격들이 천년왕국운동에 동참한다는 점이다. 이러한 사례로는 다음과 같은 것들이 있다.

-1687년(숙종 13) 해주 무격이 처형당한 승려 처경[處瓊, 소현세자(昭顯世子) 유복자(遺腹子)로 자처(自處)]과 허견(許堅)을 배향하면서 사람들을 규합.(숙종 13년 4월 정축)

-1688년(숙종 14) 이용석(李龍錫)이 신령스런 무격이라 하며 사람들을 규합하다 처형.(숙종 14년 11월 기묘)

-1688년(숙종 14) 요승(妖僧) 여환(呂還)이 미륵이라 자처하고 무녀 정계화(鄭戒化)를 정성인(鄭聖人)으로 받들고 거사하려던 사건.121

-1691년(숙종 17) 장단(長湍) 무격 김영하(金永河)가 거사를 도모하다가 발각되어 처형.

-1691년(숙종 17)의 수양산(首陽山) 생불출현사건(生佛出現事件): 황해도 무격 차충걸(車忠傑)과 조이달(曺以達), 처(妻) 애진(愛珍)이 한양(漢陽)은 망하고 전읍(奠邑)이 흥한다고 하면서 수양산의 생불(生佛) 정필석(鄭弼錫, 가공 인물)을 영입해서 한양을 침공하려던 사건.(숙종 17년 11월 을해)

-1718년(숙종 44) 무격이 성인과 공자를 자처하며 주문 부적으로 치병.(숙종 44년 윤8월 병진)122

이러한 사실들은 조선후기의 사회 불안을 반영하는 것이라 할 수 있다.123

5. 맺는 말

지금까지 한국무속의 전개 과정을 세 단계로 나누어 살펴보았다. 그것은 한국무속사의 시대구분론에 기초한 것이다. 즉 시대구분의 기준으로 정치적 기능, 사회적 기능, 개인적 기능을 제시했고, 어떤 기능들이 발휘되느냐를 가지고 시대구분을 시도했다. 그 결과 세 가지 기능이 모두 발휘되던 원시시대에서 삼국시대까지를 고대로 묶었고, 사회적 기능을 상실하고 두 가지 기능만 발휘되던 통일신라시대에서 조선전기까지를 중세로 설정했고, 두 가지를 상실하고 개인적 기능만 남은 조선후기 이후를 근세로 설정했다.

그렇지만 아직 해결되어야 할 문제들이 남아 있다.

첫째, 예외적 현상의 처리 문제이다. 위와 같은 시대구분론에 대해, 삼국시대 이후에는 무속의 정치적 기능이 완전히 없어졌는가, 조선후기부터 무속은 사회적 기능을 완전히 상실했는가 등의 의문이 제기될 수 있다. 더 구체적으로는 통일신라 이후에는 무격이 국가의례에서 완전히 배제되었는가, 조선후기 이후에는 무격의 사회에 대한 기능이 사라졌는가라는 물음이 있을 수 있다는 것이다. 그런데 사실은 그러지 않은 경우들이 확인된다. 조선시대 국가 차원의 기우제에 무격이 동원되며, 이때는 무격을 괴롭히는 폭무(曝巫)를 통해서가 아니라 무격의 종교적 능력의 발휘가 요구된다.[124]

시대구분론은 많은 사실들을 끌어 모아 역사의 체계적 이해를 도모하는 것이다. 따라서 예외가 너무 많다면, 역사의 체계적 이해는 실패한 것이며, 시대구분론은 타당성을 잃게 된다. 그런데 역사현상은 다양하기 때문에 모든 사실을 다 만족시킬 수 있는 설명이나 이론의 정립은 불가능하다. 그러므로 시대구분론에서 중요시하는 것은 커다란 흐름이며, 주류이다. 약간의 예외적 사실은 그대로 둘 수밖에 없다. 조선시대의 국가적 무격 기우만 하더라도, 기우제의 주류가 아니다. 또 기우제는 정기적인 의례가 아닌 다급한 상황에서 행해지는 것인 만큼, 온갖 방법을 동원하는 것은 유교에서도 인정한다. 『시경(詩經)』[대아(大雅) 운한(雲漢)]의 '미신불거(靡神不擧)', 즉 위급한 상황에서는 섬기지 못할 신이 없다는 것이다. 따라서 이것만을 가지고 조선시대에는 무격이 정치적 기능을 발휘했다고 보기는 어렵다. 거듭 강조하거니와, 시대구분론은 모든 사실을 만족시키는 설명체계가 아니라 큰 흐름을 파악하기 위한 것이다.

둘째, 16세기부터 지금까지를 하나의 시대로 묶을 수 있느냐는 문제이다. 조선후기의 무속을 보면, 새로운 움직임이나 방향 모색이 있었다. 무격을 중심으로 새로운 이상세계를 건설하자는 운동도 있었다. 숙종 연간에 한 무격이 생불(生佛)을 자처하면서 새로운 이상세계의 건설을 추진한 것이 그러한 사례에 속한다. 이러한 것들은 무속이 한국문화 속에서 시민권을 주장하는 움직임이라 할 수 있다. 또 어떤 의미에서는 무속의 정치적 사회적 기능을 회복시켜 보자는 운동이라고도 할 수 있다. 이러한 움직임은 그 자체로는 실패로 끝났으며, 미완에 그쳤다. 따라서 16세기에서 현대까지라는 하나의 시대로 묶여도 큰 문제가 없을지 모르겠다.

그러나 현재는 과거 조선시대와는 비교가 되지 않을 정도로 모든 것이 빨리 변하고 있다. 무속도 다소 완급의 차이는 있을지 몰라도, 예외는 아니다. 그럼에도 불구하고 16세기부터 지금까지를 하나의 시대로 설정한다면, 무리가 따를 수 있다. 따라서 한국무속사에서 현대의 기점을 어디로 설정할 것이며, 그 시대적 특성을 어떻게 부여할 것인지는 앞으로 남은 문제가 아닐 수 없다.

강신무와 세습무

이용범(李龍範)

1. 들어가는 말

이 글은 통칭해서 '무당'으로 불리는 한국무속의 종교전문가의 유형을 나누는 문제를 고찰해 보고자 한다. 여기서 무당이란 기본적으로 한국무속의 대표 제의인 굿을 주관할 수 있는 능력을 가진 종교전문가를 의미한다. 따라서 비록 무업(巫業)에 종사하고 있더라도 단순히 점을 치거나 비손과 같은 약식 제의만을 행할 줄 알고 큰굿을 주관하지 못하는 사람은 이 글의 논의에서 제외된다.

현재 한국무속의 종교전문가인 '무당'의 유형을 나누고 그 지역적 분포를 설명할 때 사용되는 대표적인 개념은 '강신무(降神巫)'와 '세습무(世襲巫)'이다. 즉 한국무속의 종교전문가는 크게 신이 내려서 된 강신무와 가계(家系)를 통해서 무업을 이어받아 된 세습무로 나눠지며, 양자는 한강을 기준으로 이북에는 강신무가, 이남에는 세습무가 존재하는 것으로 설명된다.

이러한 강신무와 세습무의 두 개념은 한국무속의 연구에서 중심적인 위치를 차지하고 있다. 한국 무당의 유형뿐만 아니라, 한국무속의 지역적 분포와 차이, 한국무속과 시베리아 샤머니즘과의 관계 등을 설명할 때 이 두 개념은 항상 논의의 초점이 되어 왔다.

그런데 이 두 개념은 무당들이나 일반 민중들 사이에서 통용되었던 민간분류법(folk taxonomy)은 아니다. 추정컨대, 이 개념은 무라야마 지준(村山智順)의『조선의 무격(朝鮮の巫覡)』, 그리고 아키바 다카시(秋葉隆)와 아카마쓰 지조(赤松智城)의『조선무속의 연구(朝鮮巫俗の研究)』에서 처음 나타났으며, 그 이후 한국 무당의 유형을 설명하는 중심적인 개념으로 자리 잡게 되었던 것으로 보인다.[1]

강신무와 세습무의 개념은 '강신=비세습(非世襲)' '비강신(非降神)=세습' 이라는, 즉 강신 아니면 세습이라는 도식을 전제하고 있다. 그러나 약간의 현장조사를 통해서도 이 두 개념이 한국무당들의 유형을 설명하는 데 적합하지 않다는 것을 어렵지 않게 발견할 수 있다. 강신무 지역이라는 한강 이북의 이른바 강신 무당들의 경우 대부분 '만신부리'라고 말하는 일정한 집안의 내력을 배경으로 무당의 길에 들어선다. 또한 예컨대, 수원, 화성, 시흥과 같은 이른바 세습무 집안 출신의 세습 무당들 역시 나름의 강신 체험을 하고 개인 신당을 갖고 있으며, 굿에서도 강신무들과 마찬가지로 공수를 주고 있는 것이다.

이 글에서는 한국의 무당들이 강신무와 세습무로 단순 구분되지 않음을 보여 주는 여러 지역의 무속 사례를 소개하고, 아울러 한국무속을 설명하는 데 과연 두 개념이 얼마나 타당한가의 문제를 제기하려고 한다. 그럼으로써 한국의 무속을 보다 새로운 각도에서 바라보고, 그에 대한 적합한 범주와 개념의 발굴의 필요성에 대한 관심을 불러일으키는 데 조그마한 도움이라도 되고자 한다.

2. 각 지역 무속의 관련 사례

1) 강신무 지역

흔히 강신무는 그 사람의 가계와는 무관하게 당대에 자기 자신에게 신이
내려서 되는 무당으로 알려져 있다. 일정한 가계를 통해 이어지는 세습무
와는 달리, 강신무는 남녀노소, 빈부귀천의 차이 없이 어느 계층, 어느 연
령의 사람도 신이 내려서 될 수 있다고 여겨지고 있다. 그러나 다음의 사례
들은 강신무 역시 가계와 밀접한 관련성을 갖고 있음을 보여 준다.

　평양의 무녀인 임웅룡의 경우 모친이 유명한 무녀였다. 그녀는 모친이
임종 시에 자신의 집에서 무녀가 나올 것이라는 예언대로 삼십칠 세 때 신
이 내려 무당이 되었다.[2] 평안북도 정주군 곽산면 염호동에 사는 김병순 무
녀 역시 모계를 통해서 사 대째 무업을 이어받은 무당이다. 항상 어머니에
게서 딸에게로 무업이 전승되었고, 혼인은 데릴사위 즉 초서혼(招婿婚)의
방법을 취했다고 한다.[3]

　황해도 대동굿과 배연신굿의 무형문화재로 유명한 김금화 만신의 경우
도 외할머니가 황해도 옹진군에서 유명한 무당인 천일이 할머니였다. 김
금화의 신딸 중의 하나인 채희아도 외할머니가 무당이었다고 한다.[4]

　다음 가계도에서 실명을 밝힌 사람은 모두 서울굿판에서 무당이나 악사
로 활동한 사람들이다. 김유감의 어머니인 반승업은 삼신방이라는 별호로
유명한 나라무당으로, 명성황후에게 새남굿을 해 주었다고 한다.[5] 반승업

은 결혼 후 십육 세에 첫 아이를 낳고 신이 내려 무당의 길에 들어섰으며, 나중에 신이 내린 김유감에게 무당수업을 시켰다. 반승업은 사후에 김유감의 대신할머니로 좌정하였다. 김길용은 김유감의 큰오빠인데 악사로서 활동하였다. 피리와 해금, 젓대를 모두 잘해 유명하였다. 김갑진은 김유감의 작은언니로, 김유감이 십팔 세일 때 신이 내려 무당으로 활동하였다.

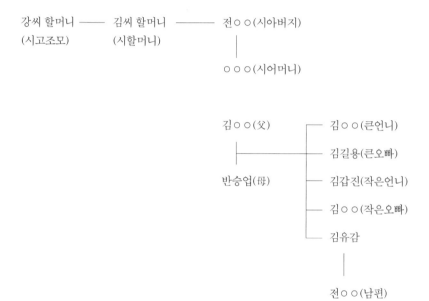

시할머니인 김씨 할머니는 아홉 살 때 신이 내린 무당으로, 반승업과 마찬가지로 김유감의 대신할머니로 좌정하였다. 시할머니의 시할머니인 강씨 할머니 역시 신이 내린 무당으로, 과천 관악산의 서낭당에서 명도를 캤다. 그래서 '명도대신 강씨 할머니'로 불린다. 역시 김유감의 대신할머니로 좌정하였다.

김유감과 같이 활동하고 있는 만신 한부전과 강윤권 역시 집안에 무당의 내력을 가지고 있는 강신무들이다. 강윤권은 외할머니가 무녀였고, 여동생 역시 그보다 먼저 신이 내려 무당이 되었다. 한부전은 자기 친정 집안에는 신의 내력이 없지만 시댁의 대고모가 열다섯 살 때 신이 내려 궁안굿을 하던 무녀였다.

　이러한 사례는 이른바 강신무라고 해서 반드시 집안에 아무런 내력이 없이 무당이 되는 경우만 존재하는 것이 아니라는 사실을 보여 준다. 굿 현장에서 만나는 많은 강신 무당들의 경우 집안에 무당의 내력을 가지고 있다. 강신무라 할지라도 무당이 되는 과정에서 이른바 무당의 '부리' 즉 '만신부리'가 작용하는 것이다. 강신무들의 걱정 중의 하나가 자신의 무업을 자식 대에서 누군가가 이어받게 되지 않을까 하는 것으로, 이것은 강신 즉 신내림이 가족을 통해 이어진다는 의식이 존재하고 있음을 보여 준다.

　많은 강신무들의 경우 집안의 가계를 따라 신내림이 이어지는 것은 대신을 비롯한 무당의 몸주신들이 조상과 관련이 있다는 것을 통해서도 확인된다. 이른바 강신무의 가장 중요한 역할은 신의 말을 전하는 것이다. 신의 말을 전하는 능력에 결정적인 역할을 하는 몸주신이 대신이다. 그런데 대부분의 경우 대신은 '부리대신'으로서 조상과 관련이 있는 존재들이다.

　많은 강신무들은 이전에 무당이었던 조상을 모시고 있으며, 아울러 그 조상이 모셨던 신령도 모시고 있다. 그리고 실제로 내림굿 과정에서 무당들에게 몸주신으로 들어오는 신들은 많은 경우 무당 자신과 친족 관계에 있는 사자(死者)들이다. 즉 무당의 몸주신은 신격화된 조상이 중심 위치를 차지하고 있으며, 이런 점에서 한 사람의 강신무가 탄생하는 데 그의 조상이 중요한 역할을 하고 있음을 확인할 수 있다.[6]

물론 모든 강신무의 몸주신들이 다 이른바 '조상줄'을 타고 들어오는 것은 아니며, 또한 모든 강신무들이 다 집안에 무당과 관련된 내력을 가지고 있는 것은 아니다. 무당에 따라서는 자신의 집안에 무당의 부리도 없고, 신내림이 시작될 때 조상이 중요한 역할을 하지 않았으며, 자신의 몸주신 중에 조상이 없는 무당들도 있다. 그런 무당의 경우 자신의 몸주를 '외방대신' '뜬대신'이라고 한다.7 그럼에도 불구하고 위의 사례들은 '강신=비세습(非世襲)'의 도식이 항상 성립되는 것은 아니다는 점을 잘 보여 주고 있다. 비록 강신무가 한 세대에서 바로 다음 세대로 무업이 계승되는 것은 아니지만, 결코 혈연성을 완전히 벗어나 있다고는 할 수 없는 것이다.

2) 세습무 지역

기존에 일반적으로 알려져 있는 세습무는, 신내림의 현상이 없고 따라서 내림굿도 거치지 않았으며, 그렇기에 신에 대한 관념이 희박하거나 없고, 강신무와는 달리 개인적인 신당이 불필요하며, 굿의 과정에서 신의 말인 공수를 주지 못한다고 알려져 있다. 그러나 다음의 사례들은 기존의 설명과는 다른 모습을 보여 준다.

〈경기도 남부〉

세습무가(世襲巫家) 출신의 유명한 화랭이들인 이용우나 우정원 모두 세습무인 이른바 화랭이패의 무당의 굿에도 공수가 있다고 말하고 있다. 특히 단골무당인 우정원의 부인 김준례(金俊禮)는 단골무가의 자녀라고 해서 다 배워서 무당이 되는 것이 아니라 신이 내려야 되는 것이라며, 자신은 사십 년간 병을 앓아 왔다고 말하고 있다.8

수원에 거주했던 중요무형문화재 제98호 경기도 도당굿 보유자인 오수복 만신(2011년 작고)은 세습무가 출신의 이른바 세습무로서, 경기도 옛날 세습무 굿의 법도를 제대로 알고 행할 수 있는 한 사람으로 꼽혔다. 오수복의 친정 어머니는 큰 단골만신이었으며, 시어머니, 큰동서, 삼사촌 오씨네들이 다 단골만신이었다고 한다. 그럼에도 불구하고 오수복은 신내림을 통하여 무당의 길에 들어섰다.

오수복은 삼십일 세 때 신이 내려 몸이 비쩍 마르고 아파서 다 죽을 정도로 고생하였으며, 그 무렵에 천지신명, 일원성군, 일곱칠성과 대신할머니가 들어오시고, 또 공작새가 서기(瑞氣)를 가져다 주고 두꺼비가 자기 집으로 들어오는 꿈을 꾸었다고 한다. 내림굿을 거쳐서 무당의 길로 들어서게 됐는데, 내림굿을 해 준 신어머니는 바로 자신의 시댁 외숙모인 이갑오 만신이었다고 한다. 그런데 이갑오 만신의 아버지는 1910-20년대의 유명한 줄광대인 이봉운으로, 이 집안 역시 대대로 내려오는 세습무 집안이었다. 이갑오 만신 또한 시댁의 대를 이어받아 무업에 종사하였다고 한다.

오수복은 굿하는 과정에서 공수를 주며, 자신의 개인 신당을 가지고 있다. 신당에 모시고 있는 신은 천지신명 일원성군, 대신할머니,[9] 삼불제석, 일곱칠성, 산신, 최일장군, 오방신장 등이다. 이 할머니는 아침마다 신당에 옥수를 바치고 있으며, 옥수를 바칠 때마다 자신의 단골들을 위해 축원을 드린다고 한다. 신당에는 단골집에서 자손들의 명이 길도록 빌기 위해 바친 실타래와 운수 나쁜 사람을 위해 켜 놓은 인등 및 단골들의 명다리를 볼 수 있다. 그는 지금은 단골손님들의 생년월일로 점을 보아 주나, 이전에 십팔 년 동안은 점상을 놓고 점을 쳤다고 한다.

현재 시흥시 군자동에 살고 있으면서 군자봉 성황당 당주로 있는 김순덕

만신 역시 세습무가 출신이면서 신이 내린 무당의 좋은 사례이다. 현재 김순덕은 외할머니 곽명월, 어머니 김부전의 뒤를 이어 삼 대째 시흥 군자봉 도당굿을 잇고 있다. 그의 외할머니 곽명월은 충남 예산 출신으로 십이 남매 중 외동딸로 태어났다. 그러나 젊어서 신이 내려 만신이 되자 양반 가문을 욕되게 했다 하여 집에서 쫓겨나 여러 지역을 전전하다가, 시흥 군자동 구준물에 정착해 이곳에서 군자봉 성황님을 모시며 만신생활을 하였다.[10] 곽명월은 외동딸을 두었는데, 외동딸 김부전도 어머니 곽명월의 뒤를 이어 만신이 되었다. 김부전은 화랭이인 김개문과 결혼하여 역시 딸 하나를 두었는데 그가 바로 김순덕이다.

김순덕은 일곱 살부터 신이 와서 횟배 모양 배앓이를 아주 심하게 해 초등학교를 제대로 다닐 수가 없었다고 한다. 외할머니, 어머니 대를 이어 만신이 되는 것이 싫어서 인천으로 도망갔는데, 권번에 가면 무당이 되지 않아도 된다는 말을 들었다. 그래서 할머니의 조카로 장구를 치는 악사(樂士)인 오빠 이영수 씨[11]에게 장구를 배우고, 지연화 씨에게 경기민요를 배웠으며, 얼마간 요리집을 운영하기도 했다. 또한 그러면서 무당이 되지 않기 위해서 성당에도 다녔다고 한다. 그러나 이렇게 신내림을 거부함으로써 남편이 하던 일이 다 실패하고 집안이 엉망이 되어 심지어 온 식구가 자살하려고까지 한 적이 있었다고 한다. 더욱이 김순덕의 몸은 신병(神病)으로 계속 아파서 신경쇠약, 영양실조로 뼈만 남은 상태가 되어 약으로 근근이 버티다가, 드디어 서른한 살경에 내림굿을 받아 무당의 길에 들어서게 된다. 그의 몸주신은 김부대왕님, 안씨마마, 홍씨부인, 그리고 대신할머니로, 이 신들의 화본을 모신 신당이 있다.

화성시 정남면 보통리의 오 아무개 할머니와 관항리의 김 아무개 할머니 역시 세습무가 출신의 이른바 세습무이면서, 신당을 모시고 있으며, 굿에서 공수도 주고 있다. 비록 그들 스스로는 신이 내리지도 않았고 내림굿도 받지 않았으며 점도 치지 않는다고 말하지만, 두 사람 모두 신당을 모시고 있으며 굿에서 공수를 주고 있다는 사실과, 그들 자신에 대한 몇 가지 설명을 통해 신에 대한 분명한 개념을 가지고 있다는 것을 확인할 수 있다.

먼저 정남면 보통리의 오 아무개 할머니는 자신의 친정어머니 대를 이어 무업에 종사하고 있는 이른바 세습무이다. 그러나 이 할머니는 자신에게 신이 내려서 무속의 세계에 뛰어든 것이 아니라는 것을 강조한다. 단지 친정집은 잘사는데도 자기 집안 형편이 어려워서 경제적인 이유로, 사십삼 세부터 당시 큰무당이었던 어머니 임삼례 씨[12]의 굿에 따라다니며 자질구레한 일을 도와주고 제금도 쳐 주면서 굿하는 법식을 대강 배웠다고 말한다. 자기 어머니도 자신을 적극적으로 가르쳐 주지는 않았다고 한다. 또 신이 내리지도 않아서 내림굿을 받지도 않았으며 그저 마음으로 신에게 기도하고 정성을 드릴 뿐이라고 하였다. 사람들이 뭘 물어보러 찾아오는 경우에도 점상을 놓고 점을 치는 것이 아니라 육자점(六字占) 정도를 보고 말해 준다고 하였다.

어머니의 신당을 계속 지키고 있는 것은, 어머니가 자기 대를 이을 사람을 두지 않았으며 돌아가시기 전에 단골들이 찾아오면 종이라도 두들기며 축원만이라도 해 주라는 부탁을 했고, 어머니가 돌아가신 후에도 계속 어머니 당을 찾아오는 단골이 있기 때문이라고 말했다. 현재 당을 모시는 것은 그저 자신의 자녀들과 찾아오는 단골들을 위해 정성드리는 것에 불과하다며 그 의미를 애써 축소하려고 하였다.

그러나 현재는 줄어서 삼십 호 정도밖에 되지 않는다고 말하는 단골들과는 아직도 꽤 돈독한 관계를 맺고 있다. 또 아들이 남의 집에 가서 일을 못하게 한다는 말이나 베 가르기가 힘들어서 죽은 사람을 위한 굿은 하지 않는다는 이야기로 보아, 그저 소극적으로 어머니 당에 찾아오는 손님들에게 축원만을 드려 준 것은 아니고 굿을 많이 했다는 것을 짐작할 수 있었다.

예전에 이 할머니에게 애가 생기면 자주 죽는 일이 생겼는데, 어디 가서 물어보니까 어머니가 신내림을 반대해서 자식을 못 키운다는 이야기를 들었다고 한다. 또 아이 하나가 네 살 때 물에 빠져 죽어 넋건지기를 할 때 자기 어머니가 내림굿을 해 준 만신에게 굿을 하도록 시켰는데, 무당이 될 팔자를 남편이 꺾어서 인다리[13]로 아이들이 많이 죽었다는 공수를 받은 적도 있다고 한다. 그래서 그저 아들을 낳을 생각으로 현재의 당에 열심히 기도를 하였고, 그 덕분으로 이후에 아들 삼형제를 낳아서 잘 키웠다고 한다. 이런 일들을 볼 때, 비록 이 할머니가 신도 안 내리고 내림굿도 받지 않았다고는 하지만, 신에 대한 아무런 의식도 없이 그저 경제적인 이유로 무속의 길에 들어선 것으로 보이지는 않았다.

오아무개 할머니의 어머니는 임삼례 씨로 화성시 태안읍 황계리 출신이다. 임삼례 씨는 현재 보통리로 시집와서 바느질하다 신이 내렸다고 한다. 오 아무개 할머니는 자기 어머니 내림굿을 일고여덟 살 때 보았다고 한다. 그리고 자신의 어머니에게 내림굿을 해 준 사람은 역시 만신이었던 자신의 외할머니라고 말하였다. 외할머니는 성이 문씨로 별호는 곰보할머니라고 했다. 자기 어머니와 같이 일한 악사로는, 임승준(일명 임선문, 해금 담당), 정일동(영등포 출신, 피리 담당), 오필선(수원 출신, 젓대 담당) 등이다. 임승준 씨는 어머니의 남동생으로 그 부인도 만신이었고, 같은 재비인 정일동 씨와 처남, 매부 사이라고 말하는 것으로 보아 외숙모인 임승준 씨의 부인은 악사인 정일동 씨와 남매 사이였다는 것을 알 수 있다.

또 뒤에서 소개할 정남면 관항리의 김 아무개 할머니 역시 임삼례 씨의 장조카 며느리로, 오 아무개 할머니와는 시누이, 올케 사이이다. 또 수원에 사는 오수복 씨와도 먼 친척 간이라고 한다. 이런 점에서 오 아무개 할머니는 세습무가에서 태어나 친정어머니의 단골들을 이어받아 그 뒤를 잇고 있는 세습무의 한 사람이라는 것이 분명하다. 오 아무개 할머니의 가계도를 도표로 나타내면 다음과 같다. 여기서 ◎로 표시된 사람은 만신이고, ●로 표시된 사람은 화랭이, 즉 재비이다.

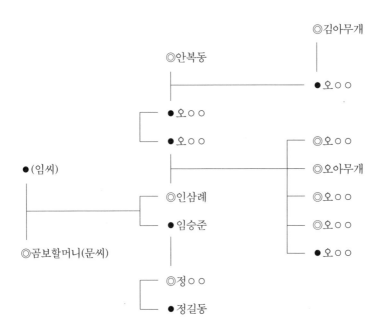

현재 화성시 정남면 관항리에 살고 있는 김 아무개 할머니의 고향은 대부도이며, 십칠 세에 이곳으로 시집을 와서 이십팔 세부터 무업을 하기 시

작하였다고 한다. 이 할머니 역시 신은 내리지 않았고, 내림굿도 안 받았다고 한다. 역시 만신이었던 시어머니의 대물림으로서, 시어머니의 수용부리(단골을 말함)를 받아서 점도 안 치고 그냥 불리는 것이라고 한다. 시어머니의 이름은 안복동이고 고향은 용인으로, 신이 내린 분이라고 한다. 그러나 시할머니는 보통 사람이었다고 한다. 이 할머니의 남편은 굿에서 무악을 담당하는 악사였다고 한다.

한편 김 아무개 할머니의 친정어머니 역시 신이 내린 만신이다. 이 할머니의 외가는 화성시 남양면 존위울로, 친정어머니의 조카 내외가 남자는 악사 즉 화랭이, 부인은 만신이었다고 한다. 그리고 앞에서 언급된 오 아무개 할머니의 친정어머니인 임삼례 씨는 이 할머니의 시(媤)작은어머니가 되며, 오 아무개 할머니와는 시누이, 올케 사이이다. 따라서 이 할머니 역시 무가 출신의 세습무의 한 사례를 보여 주고 있다.[14]

그런데 김아무개 할머니는 시어머니가 돌아가시자마자 바로 시어머니 뒤를 이어 무업을 한 것은 아니다. 시어머니가 돌아가신 지 삼 년이 지날 때까지도 신을 모시려 하지 않았고, 그래서 수용부리들이 언제 신을 대우할 것이냐고 매우 궁금해하면서도 말도 못하고 어려워서 돌아가기도 했다고 한다. 그런데 삼 년이 지나서, 자기 생일날에 별안간 '시주'[15]를 돌았고, 그때부터 비로소 본격적으로 무업을 시작하게 되었다고 한다. 이 할머니는 본인이 삼 년 동안이나 무업을 하지 않다가 왜 갑자기 다시 시작하게 되었는지에 대해서는 우연히 그렇게 되었다라고밖에는 잘 설명을 하지 못했다.

그리고 이 할머니 역시 굿을 하면서 공수를 준다고 했다. 신이 내리지 않았는데 어떻게 공수를 주느냐는 질문에, 지피는 것이 있으니까 공수를 준다면서 공수에서는 강신무와 아무런 차이가 없다고 대답했다. 신이 안 내렸지만 공수가 나온다면서, 정해진 공수가 아니라 저절로 나오는 공수라고 말한다. 또한 서낭굿 무가사설을 구송해 주면서, 반우스개 소리로 필자에게 "아무것도 차려 놓지 않았는데 서낭님이 들어오시면 어떻게 하나"라고 말했다. 물론 이 할머니는 시어머니에게 물려받은 신당에 아침마다 물을 바치고 있다.

김 아무개 할머니의 이런 모습들은, 스스로는 신도 내리지 않았으며 내림굿도 받지 않았다고 공언하고 있지만, 내적으로는 신에 대한 어떤 분명한 의식을 갖고 있음을 보여 준다. 그리고 "많은 사람에게 만신이 '내린다.' 남의 집에 가서 춤추는 것이 뭐가 좋으냐?"라는 할머니 본인의 말과 "어머니가 만신이 된 것은 운명이다"라는 할머니 막내아들의 말은, 어쩔 수 없이 이 할머니가 무당의 길로 들어설 수밖에 없었고, 분명치는 않으나 그 배경에는 신과의 깊은 관련이 있을 수 있음을 암시해 주고 있다.

굿에서 피리를 담당하는 악사이며 경신연합 수원지회 4대 회장을 역임한 장영근은 화성시 서신면이 고향으로, 할머니, 외할머니, 큰어머니, 고모 등이 모두 무녀인 무가 출신의 재비, 즉 악사이다. 장영근 씨의 부친은 장유순 씨로 역시 굿에서 음악을 담당했고, 앞에서 말한 이용우 씨와 내외종 사촌지간이라고 한다. 이런 점에서 장영근 씨의 집안 역시 화성 지역의 세습무의 가계를 잘 보여 주는 한 사례이다. 그런데 장영근 씨 본인에 의하면 자신의 어머니 역시 신이 내린 분으로, 그에 의하면 신기(神氣)가 없이는 아무리 세습무 집안 출신이라도 무당이 되지 못한다고 한다. 물론 그의 집에도 신을 모신 신당이 있었다고 한다.[16]

이러한 사례들은 대대로 이어지는 세습무라고 해도 신에 대한 의식이나 태도에서는 강신무와 크게 다르지 않다는 것을 보여 주는 것이다. 따라서 신내림도 없고, 그래서 개인 신당을 모시지 않으며, 굿에서 공수도 주지 않는 것이, 세습무와 강신무를 구분하게 해 준다는 기존의 설명에 한계가 있음을 잘 보여 주는 것이다.

〈대전〉

대전시 효동 125-7에 거주하는 최하봉은 십사 대째 내려오는 세습무 집안의 장남으로, 며느리로 전해 내려오던 무업이 처음으로 장남인 자신에게 전해졌다고 한다. 그는 무당이었던 모친과 계속 영적 교감을 하다가 신내림을 전해 받았다고 한다. 한편 그 과정에서 자신의 어머니는 손발이 마비되는 불구가 되었다.[17] 이 경우 역시 무업이 신내림을 매개로 세습되었음을 보여 주는 사례이다. 이 사람 역시 자기 집에 신당을 모시고 있다.

〈전라도〉

『고려사』를 보면 전남 나주의 금성산신이 무당에게 내렸다는 기록이 있다. 이는 전형적인 세습무 지역에서도 무당에게 신이 내리는 경우가 있다는 것을 보여 준다.

[정가신(鄭可臣)은] 고종(高宗) 때에 등제(登第)하여 여러 번 화요(華要)한 벼슬을 지내고 충렬왕(忠烈王) 3년에 보문각 대제(寶文閣待制)를 제배(除拜)하였다. 나주(羅州) 사람이 칭하기를, "금성산신(錦城山神)이 무(巫)에 내려서 말하기를, '진도(珍島), 탐라(耽羅)의 정벌(征伐)에 있어 내가 실로 힘이 있었는데 장사(將士)에게는 상(賞) 주고 나에게는 녹(祿)을 주지 않음은 어찌함이냐 반드시 나를 정령공(定寧公)으로 봉(封)하

라'라고 하였다" 하니 정가신이 그 말에 혹하여 왕에게 간(諫)하여 정녕 공을 봉(封)하고 또 그 읍(邑)의 녹미(祿米) 다섯 석(石)을 거두어 해마다 그 사(祠)에 보냈다.18

심양(沈諹)은… 충렬왕(忠烈王) 초에 공주부사(公州副使)가 되니 장성현(長城縣)의 어떤 여자가 말하기를, "금성대왕(錦城大王)이 나에게 강림(降臨)하여 말하기를, 네가 금성신당(錦城神堂)의 무(巫)가 되지 않으면 반드시 너의 부모를 죽일 것이라 하므로 내가 두려워 이를 좇았다"고 하였다.19

한편 진도 단골인 김대례와 채정례의 다음과 같은 이야기는 세습무인 단골이라 할지라도 신에 대한 의식이 있음을 보여 준다. 먼저 김대례는 "구체적 강신 체험이 없었고, 내림굿을 받아 보아도 신이 내리지 않았다. 그러나 정성껏 굿을 하다 보면 신이 있다는 것이 느껴진다. 신은 보이지도 않고 내리지도 않지만 마음으로 느낀다"고 말한다.20

채정례 역시 "나는 신이 들리지는 않았다. …신이 도와주지 않으면 무업은 할 수 없다고 생각한다. 귀신은 반드시 있다. 내가 심하게 아픈데도 누가 씻김굿을 해 달라고 하면 '이렇게 아픈데 굿을 할 수 있을까' 하고 걱정이 되기도 하지만 막상 굿을 하다 보면 병이 씻은 듯이 낫고 굿도 잘된다. 몸이 이만저만 아픈 것이 아닌데도 불구하고 굿을 잘할 수 있는 것은 인간의 힘으로는 안 된다고 믿는다"고 말하고 있다.21

또한 이른바 전라도 세습무 중에는 신이 내린 세습무의 사례도 발견되고 있다. 전남 영암의 정화점 무녀는 세습무가인 박 씨 집에 시집을 온 다음

신이 내려서 전라도 단골무당인 시어머니가 내림굿을 해 주어서 무당이 되었다. 남편의 육대조 할아버지가 그의 몸주신으로 자리잡고 있다고 한다.[22] 또한 무형문화재 진도 씻김굿의 이수자였던 이완순 역시 진도 단골무가 출신으로 진도의 단골무당으로 활동하였는데, 신기가 있는 단골무당이었다고 한다.[23]

일제강점기의 자료에 의하면, 남부지방의 세습무인 단골무당의 집에는 이른바 강신무의 신당과 같은 형태의 신당은 없지만, 만신단지라고 칭하는 신단지가 있다는 보고가 있다. 즉 신단지가 있어서, 그 속에 햇곡식을 담아 몸주대신을 제사 지내며, 겉에 만신몸주라고 쓴 종이를 붙이고 대청 또는 곡방 등에 넣어 두는데 이를 만신단지라 하였다고 한다.[24]

한편, 전라도 지역의 굿에서는 이른바 강신무 지역의 굿과는 그 양상이 다르지만, 신의 의사를 확인하는 대내림의 절차가 존재한다. 진도의 경우, 씻김굿에서 대를 잡는 것을 손대잡기라고 하는데, 손대를 잡은 사람에게 망자(亡子)의 넋이 실리면 그 사람의 입에서 마치 강신무굿의 공수처럼 망자의 음성이 흘러나온다.[25]

〈동해안〉

동해안 지역 역시 대표적인 세습무 지역 중의 하나로 알려져 있지만, 이 지역 무속에서도 전라도나 제주도와 마찬가지로 이른바 강신무의 신당에 비견될 만한 형태가 발견된다. 또한 굿에서도 형식적이나마 강신과 공수가 나타나며, 무당들 역시 신에 대한 분명한 의식을 가지고 있으며, 신이 내린 세습무가 존재한다.

동해안의 세습무들은 신장을 모시는데, 신장은 자기 집안에 모시는 그들의 조상이다. 천장 아래 시렁을 매고, 그 위에 장구, 징, 꽹과리 같은 악기를 모셔 놓은 형태로 모신다. 굿을 가기 전에, 그리고 갔다 온 후에 그 앞에 술 한 잔을 부어 놓고 절을 하여 이 악기로 굿을 해 온 선대 조상들을 모신다. 굿을 할 때도 신장은 모셔진다. 예컨대 강릉단오굿에서 골매기 서낭굿이 끝나면 굿상에서 술 한 잔과 안주 한 접시를 내어 작은 선반에 올려놓고 손바닥을 비비며 비손을 하는데, 그것은 그들의 무조(巫祖)를 위한 의례인 것이다.[26]

동해안 세습무인 사화선[27]은 어려서 신병으로 고생하다가 부모를 따라 굿을 다니면서 병이 다 나았다고 한다. 굿을 할 때 신기(神氣)를 느끼며 공수를 주지만, 본인은 스스로를 세습무라고 여기고 있다.[28]

증조부부터 사 대째 무당인 김미향[29]은 신에 대한 분명한 의식을 가지고 있다. 김미향의 다음 발언은 그것을 확인시켜 준다. "나는 신이 내려서 굿을 하는 것은 아니지만 신명으로 한다. 굿장에 설 때와 보통 때는 느낌이 사뭇 다르다. 강신무가 아니어서 몸으로는 못 느끼지만 신은 있다고 믿는다."[30]

한편 동해안굿에서도 강신과 공수(공사)가 나타나고 있다. 최길성은 경북 영덕군 영덕면 노물동의 별신굿의 한 절차인 용왕굿에서 무당의 공수가 있음을 보고하고 있다.[31] 다른 자료 역시 동해안 별신굿의 절차인 골매기청좌굿, 천왕굿, 놋동이굿, 계면굿 등에서 강신과 공수가 나타남을 확인하고 있다.[32]

〈경남 통영〉

세습무의 경우에도 무업을 중단하게 되면, 신병과 유사한 현상이 발생함을 말해 주는 사례가 경남 통영에서 보고되었다. 통영에서 무업을 하였던 세습무 아무개 씨(1933-1993)는 사회적으로 천대받는 무업을 그만둘 요량으로 이발업도 하고, 고깃배도 타 보았으나 번번이 실패하고 계속해서 원인 모를 두통에 시달리다 결국 무업을 재개한 후에 이런 증상이 사라졌다고 한다.[33]

일제강점기에 한국무속을 연구한 아키바 다카시(秋葉隆) 역시 '무업 세습의 종교적 관념은 조상 대대로 행해온 무업을 그만둘 경우 신벌(神罰)을 받는다는 신앙'으로 나타나며, 이것은 '강신적 입무(入巫)가 무사(巫事)를 그만두면 그 몸이 위험해진다는 신앙'과 성질이 같다고 말한 바 있다.[34]

〈제주도〉

제주도는 한강 이남 지역이지만 한강 이북의 강신무와 같이 신병(巫病) 즉 '팔자 그르칠 병'으로 입무(入巫)하는 경우가 있고, 아울러 세습에 의해 부모에서 자식으로 무업이 전승되는 경우도 있다. 세습무 역시 신에 대한 아무런 의식도 없이 전승되는 것은 아니다. 자식들이 부모의 무업을 잇지 않을 경우, 심방[35]의 자식들 중 누군가 한 사람이 병을 앓게 되고, 집안에 불운이 끊이지 않게 된다고 한다. 이때 병의 증상은 갖가지여서 약을 먹어도 소용이 없고 병원에 다녀도 낫지 않는다고 한다. 어쩔 수 없이 점을 쳐 보면, "팔자를 그르쳐야 할 사람이니까 심방이 되어라"는 점괘가 나오고, 그래서 부모의 무업을 이어받으면 병은 다 낫는다고 한다.[36]

또한 제주도굿에는 심령이나 죽은 자의 뜻을 전달하는 분부사룀이 나타나고, 무조신(巫祖神)인 멩두(신칼, 산판, 요령)를 모시는 당주(방)가 존재한다. 이러한 당주방은, 물론 이른바 강신무들의 신당과는 차이가 있지만,

신당의 한 형태로 볼 수 있을 것이다.

　이른바 세습무 지역의 이러한 사례들은 세습무가 반드시 신내림과 무관한 존재가 아니며, 신에 대한 나름의 의식을 가지고 있음을 잘 보여 준다. 또한 세습무들 역시 신이 내려서 신당을 모시고 아침마다 옥수를 올리며, 굿을 할 때는 공수를 줄 수도 있고, 그럼에도 불구하고 여전히 자기를 세습무로 여기며, 다른 사람들도 그렇게 여기고 있다는 것을 아울러 보여 준다. 세습무들의 이러한 모습은 강신무는 신내린 무당, 세습무는 신내림과 무관하게 대를 잇는 무당이라는 일반화된 단순 구분을 더 이상 가능하지 않게 한다. 나아가 이것은 한국의 무당을 크게 세습무와 강신무의 두 유형으로 구분하는 것 자체를 재고하게 한다.

3. 강신무와 세습무 구분의 타당성

한국의 무당을 크게 강신무와 세습무의 두 유형으로 나누는 것은, '강신＝비세습' '비강신(非降神)＝세습'이라는 도식을 밑에 깔고서, 무당을 설명할 때 강신 여부를 중심으로 설명하겠다는 전제를 함축하고 있다. 즉 '강신' 개념을 중심에 놓고서 한국의 무당을 설명하는 것이다. 기존의 설명은 이러한 전제하에 강신 여부를 기준으로 무당의 정체성, 즉 그가 강신무인지 세습무인지를 구분할 뿐만 아니라, 나아가 무당이 집행하는 굿의 특징, 한국무속의 지역적 차이까지도 다 설명하고자 한다. 여기서는 이러한 설명의 내용을 도표화해서 소개하고, 그것의 타당성 여부를 검토한다.

	강신무	세습무
성무 과정	강신 체험 있음. 비세습	강신 체험 없음. 세습
신에 대한 의식	신에 대한 의식 있음	신에 대한 의식 없거나 미미
개인 신당	개인 신당 있음	개인 신당 없음
굿	공수 있음	공수 없음
	신으로서의 역할	사제로서의 역할
	무복(巫服) 발달	무복(巫服) 미발달
	타악기. 빠른 도무(跳舞)	다양한 악기. 완만한 춤. 예술성과 연희성
단골제도	단골제도 없음	단골제도 있음
분포 지역	한강 이북 지역	한강 이남 지역

　이러한 기존 설명의 한계로서 먼저 '강신＝비세습' '세습＝비강신' 의 도식은 타당성이 없다는 점을 지적할 수 있다. 이것은 이미 앞에서 제시한 여러 지역의 사례를 통해서 분명하게 확인할 수 있다. 한국의 각 지역의 사례를 통해 볼 때, 강신과 세습은 대립적인 것이 아니라 같이 나타날 수 있는 현상인 것이다. 특히 강신 즉 신내림 현상은 무작위적으로 일어나기보다는 가계를 통해 전승되는 것이 일반적인 경향이다. 이것은 평범한 한 사람이 무속의 종교전문가인 무당이 되는데 그의 조상이 결정적 역할을 한다는 점을 통해서도 확인된다.

　또한 앞의 사례에 근거해 볼 때, 이른바 세습무로 알려져 있는 무당들도 강신무와 같은 형태의 신당(경기도 남부 지역)이나, 아니면 개인 신당의 한 형태로 볼 수 있는 신장(동해안), 당주방(제주도), 만신단지(전라도) 등을 가지고 있음이 확인된다. 그리고 그들은 신에 대한 분명한 의식을 가지고 있다. 기본적으로 한국의 굿이 무속의 모든 신들과 일대일의 커뮤니케이션을 갖는 개별거리로 구성되어 있다는 점에서, 세습무라고 신에 대한 의식이 거의 없다고 보는 것은 지나친 설명으로 보인다.

흔히 이른바 세습무 굿에는 신을 상징하는 무복이나 무구(巫具)가 뚜렷하지 않다는 것을 근거로, 세습무는 신의 역할을 하지 않는 것으로 설명된다. 그래서 세습무 굿에는 공수가 나타나지 않으며, 세습무는 오로지 인간의 자리에 서서 신을 향해 축원만을 하는 사제의 역할을 할 뿐이라고 설명되어 왔다. 그러나 경기도나 동해안, 제주도와 같은 이른바 여러 세습무 지역의 굿에서도 공수의 모습이 나타난다. 물론 이른바 강신무의 공수와는 다른 모습을 보여 주고, 같은 세습무 굿이라 할지라도 지역에 따른 차이가 있다. 그렇지만 공수를 인간이 신의 의사를 직접 확인하는 것으로 규정한다면, 확인 방식의 차이는 있겠지만, 한국의 어느 지역의 굿에서도 신의 의사를 확인하는 절차는 모두 나타난다. 일반적으로 세습무 지역의 굿에서 주로 나타나는 대내림 역시 무당의 몸을 매체로 하는 것은 아니나, 신의 의사를 확인하는 절차라는 점에서 이른바 강신무의 공수와 질적으로 다른 것은 아니라고 할 수 있다.

또한 기존의 설명은 강신무 굿에서의 강신무의 역할에 대한 약간의 오해가 있는 듯하다. 이른바 강신무 굿에서 무당의 신으로서의 역할이 두드러지나, 강신무가 굿의 과정에서 신의 역할만을 담당하는 것은 아니다. 사제로서 신을 향해 인간을 도와 달라는 축원을 드리는 것 역시 그의 중요한 역할 중의 하나이다.

한편 세습무는 신내림의 경험과 신에 대한 의식이 없기 때문에, 세습무의 굿은 신의 말을 전하고 신의 성격과 모습을 드러내기보다는 강신무의 굿에 비해 절차를 강조하고, 따라서 예술성과 연희성이 보다 두드러진다고 설명된다. 세습무의 굿 특히 전라도굿의 예술성을 강조하는 것은 한국 무속의 기존 설명들의 일반적인 경향이다.[37]

그러나 나름의 정형화된 절차를 가지고 있는 황해도굿이나 서울굿이 호남의 굿에 비해 의식 절차가 덜 강조된다고는 결코 말할 수 없다. 또한 그것은 나름의 예술성과 연희성을 아울러 갖추고 있다. 다시 말해, 정형화된 의식 절차, 예술성, 연희성은 어느 굿에서나 다 나타나는 보편적인 요소이다.

이른바 강신무와 세습무를 구분하는 또 하나의 기준은 단골제도이다. 즉 강신무에게는 단골제도가 나타나지 않는데, 세습무에게는 단골제도가 나타난다는 것이다. 그러나 단골제도를 일정한 수의 사람들이 무당들과 고정적인 관계를 맺고 있는 것으로 보고, 그것을 단골판의 개념으로 축소시키지 않는다면, 강신무들 역시 고정된 일정한 수의 단골들과의 관계를 통해 자신의 종교적, 경제적 기반을 마련했을 것으로 추정된다. 단골들의 존재 범위가 일정한 지역 경계와 일치하는 경우가 바로 단골판으로, 단골판을 가지고 있는 무당은 자신의 단골판에 대해 독점적인 권한을 행사하였다. 그러나 단골의 범위가 반드시 일정한 지역에 한정되어 있지는 않았고 여러 지역에 걸쳐 있었던 것으로 보인다.[38]

일반적으로 이러한 단골제도가 나타나는 지역으로 전라도와 같은 이른바 세습무 지역이 거론된다. 그러나 광복 이후의 민속 조사나 일제강점기의 기록 등을 보면, 세습무 지역, 강신무 지역을 막론하고 전국 어느 지역에서나 무당들은 고정된 단골과의 관계를 기반으로 활동하고 있음을 알 수 있다.

일제강점기의 『동아일보』를 보면 1934년 7월 20일부터 8월 11일까지 '무당 이야기'라는 주제의 연재 기사가 총 11회까지 계속 실리고 있다. 이 중 10회 기사의 주제는 '조선사회 계급과 단골무당의 제도'로서 당시의 단골제도에 대해 설명하고 있다. 그 내용을 보면, 단골제는 전 조선에 다 퍼져 있는 것으로 무당과 신도 사이에 맺은 일종의 미신적 결합이며, 단골무당이 무당의 일을 그만둘 때 자기 단골댁을 팔 수가 있으며, 양도 가격은 전체 호수와 단골댁들의 빈부 정도에 따른다고 설명하고 있다.

또한 일본인 무속연구자 아키바 다카시(秋葉隆) 역시 "단골제도는 특히 세습 무당이 많은 남부지방에서 발달하였고, 그곳에서는 세습무가의 무녀 자체를 단골이라 칭할 정도이지만, 아울러 그것은 조선 각지에 산재해 있는 현상이다"는 것을 확인해 주고 있다.[39] 아울러 단골 제도가 점점 약화되고 있다고 탄식하는 서울 무녀의 말을 소개하고 있다.[40]

최근에 박일영은 황해도 무당의 사례를 중심으로, 강신무 역시 명다리는 물론이고 자신의 단골들을 확인할 수 있는 축원 책을 가지고 있으며, 한 무당의 단골들이 다른 무당에게 대물림된다는 사실을 밝히고 있다.[41]

이러한 사례들로 미루어, 한국의 무당들은 기본적으로 단골제도라는 공동체적 관계를 기반으로 활동하였다는 것을 알 수가 있다. 그리고 이것은 비록 약화되고는 있으나 지금도 그 존재를 확인할 수가 있다. 무당들이 상대적으로 일시적인 손님들과의 관계를 중심으로 활동하게 된 것은 비교적 최근의 현상으로 보이며, 기본적으로 강신무나 세습무 모두 고정된 일정한 단골들을 대상으로 활동했을 것이다.

이는 강신무나 세습무 양자에게 사람들이 매년 자기 단골무당의 당에 찾아와 정기적으로 의례를 드리는 시기가 있다는 것을 통해서도 확인된다. 정월의 홍수막이와 사월 초파일, 칠월 칠석, 구시월 햇곡맞이가 그것이다. 즉 사람들은 일 년에 네 번 정도는 무당을 통해 신에게 정성을 드리며, 자기 집안의 액을 막고 가족의 건강과 복을 비는 의례가 행해졌던 것이다. 이외에도 병이나 우환, 사고 같은 갑작스런 문제들이 생기면 자기 단골무당을 찾아가 상의를 하고 해결책을 모색하는 것은 물론이다.[42]

이처럼 세습무는 단골제도와 연결시키고, 강신무는 단골제도와 무관한 것처럼 설명하는 것은, 세습무의 존립 근거는 단골제도라는 사회제도에 있는 반면에 강신무는 개인적 영적 카리스마에 존립 근거가 있는 것으로 보려는 것이다. 그러나 이러한 주장은 또한 신 내린 사람이 무당이 되기 위해서 거쳐야 하는 내림굿이 일정한 공동체성을 담보하고 있다는 사실을 통해서도 그 타당성이 의심된다. 내림굿은 신 내린 사람 개인, 그 개인의 가정만의 문제가 아니고, 마을 공동체 전체의 관심사였던 것이다. 그래서 신 내린 사람은 내림굿을 하기 전에 마을의 집집마다 돌아다니며 쌀과 쇠를 걸립하여, 그것을 가지고 굿 음식도 장만하고 무구도 만들어 내림굿을 받았던 것이다. 황해도 무당인 김금화,[43] 서울 무당인 김유감, 경기도 무당인 오수복 모두 다 걸립을 통해 내림굿의 경비와 제물을 준비하였다고 한다. 그리고 내림굿 과정에도 동네 사람들이 많은 관심을 갖고 참여하였던 것이다. 물론 현재의 내림굿은 더 이상 마을 공동체 전체의 관심사가 되지 못한다.

이러한 검토를 통해서 지금까지 한국의 무당을 강신무와 세습무로 구분하는 데 통용되던 몇 가지 기준들이 설득력이 없음을 확인할 수 있었다. 물론 그렇다고 해서 한국의 무속이 지역별 특징이나 차이가 없다고는 말할 수는 없을 것이다. 중요한 것은 한국무속의 지역별 특징과 차이가 강신무와 세습무의 구분을 가지고는 잘 설명되지 않는다는 점이다.

4. 맺는 말

과연 강신 여부가 한국 무당의 정체성을 결정하는 데 결정적인 요건인가. 무당들의 세계에 있어서 무당들을 구분하는 것은 그 사람이 행하고 있는 무속의례, 즉 굿이다. 예컨대, 경기도 남부 지역에서 화랭이패, 사니패라고 불리는 이른바 세습무들은 그들이 선무당이라고 부르기도 하는 전내패, 이른바 강신무들과 자신들을 구분한다. 그런데 그들의 이런 구분은 무당의 강신 여부에 달려 있는 것이 아니라, 어떤 굿 의례를 행하는가에 달려 있다. 어떤 무당들의 집단에 속해 있으면서, 어떤 절차의 굿을 하느냐가 그들의 정체성을 결정하는 것이다. 그래서 심지어 당대에 신이 내린 사람일지라도 서울굿을 하지 않고 경기도 화랭이패 굿을 하고, 그들의 관행을 따르면 같은 부류로서 인정을 한다. 그래서 이 지역에서는 세습무와 강신무의 구분보다는, 이 지역 무당들이 자신들을 구분하는 것처럼 화랭이패(또는 사니패) 무당들과 서울식 굿을 하는 전내 무당들로 나누는 것이 보다 현실적이며, 이 지역 무속의 이해에도 도움이 된다. 즉 한 무당의 정체성을 결정하는 것은 신이 내렸느냐 아니면 대를 이었느냐가 아니라, 오히려 화랭이패와 전내패 중 어느 집단에 속해서 어떤 집단의 굿을 하느냐인 것이다.

그리고 강신 체험 자체가 무당의 정체성을 결정하지 못하는 것은 이른바 강신무에게 있어서조차도 마찬가지이다. 강신 체험 자체로서는 무당이 될수 없고, 이른바 굿 의례에 대한 학습이 필수적으로 요구된다. 굿으로 대표되는 무속의례와 거기에 수반되는 제반 요소들에 대한 전통적인 지식을 습득함으로써 비로소 정식 무당으로서 자리매김할 수가 있다. 결국 강신 후에 무엇을 학습하느냐에 따라 그의 정체성이 달라져서, 황해도 무당도, 서울 무당도, 법사도 될 수 있는 것이다

강신의 체험과 능력은 신 내린 사람을 훌륭한 점쟁이로 만들어 줄 수 있을지는 모르나, 그 자체로서 좋은 무당을 만들어 주지는 못한다. 이른바 민간에서 큰무당이라고 불리는 사람들은 용한 점쟁이 이상의 존재이다. 이른바 강신무의 경우, 강신 체험 외에 무속 의례 전반에 대한 해박한 지식, 그리고 이외에 종교 외적인 요소로서 인격, 재능 등의 여러 요소 등이 잘조화되었을 때 가능한 것이다.

이처럼, 강신과 세습의 모습이 한 무당에게서 동시에 나타날 수 있고, 무속 현장에서는 강신 체험 자체보다는 주재할 수 있는 굿 의례에 따라 무당의 정체성이 정해진다는 점에서, 강신 또는 세습의 구도로서 한국무당의 유형을 나누기보다는 무당이 주재하는 의례를 기준으로 유형을 구분하는 것이 현실적일 수도 있을 것이다.

기존의 한국무속에 대한 설명은 무당의 입무(入巫) 방식, 즉 무당이 되는 과정에 지나친 비중을 두고 있다. 입무에서 서로 대립되는 강신과 세습이라는 두 가지 방식만을 전제하고, 이것을 기초로 한국무속의 거의 모든 것, 즉 무당의 유형, 무속의 지역적 차이와 분포 등을 설명하려고 한다. 이는한국의 무속을 입무방식이라는 하나의 요인으로 환원시켜 설명하는 것으로, 매우 복합적인 성격을 보여 주는 무속의 다양한 측면을 충분히 이해하

지 못하도록 하는 결과를 가져오게 될 것이다.

한국의 무속은 입무 과정, 굿의 방식, 무복과 무구 등 여러 측면에서 지역적 특징과 차이를 보여 주고 있다. 그러한 지역별 특징과 차이는 일정한 지역 문화를 배경으로 오랜 역사 동안 형성된 것이다. 과연 한국무속의 지역별 특징과 차이가 입무 과정에 초점을 둔 강신무, 세습무라는 한국무당의 유형 구분에 의해서 충분히 설명될 수 있을 지는 의문이다. 이런 점에서 무당의 입무 과정에만 한정되지 않는 보다 다양한 각도에서 한국무속에 접근하는 작업들이 필요하다고 할 것이다.

샤먼 문화의 색채관

오방색을 중심으로

윤시향(尹詩鄕)

1. 들어가는 말

인간은 빛을 통해 색(色)을 봄으로써 물질세계를 보편적으로 인식하게 된다. 색은 빛이며 파장이며 에너지이다. 빛은 여러 가지 색 파장으로 이루어져 있어 물체에 닿을 때의 흡수, 반사율에 의해 물체마다 각기 다른 색상을 보여 준다. 채(彩)는 '빛깔' '아름다운 색채'라는 뜻 이외에도 '모으다, 붙잡다, 발굴하다'라는 다양한 의미가 있다. 즉 색채란 물체의 변별을 가능하게 하는 의식상의 가시화된 시각의미체계라 할 수 있다.[1]

색채는 우리의 정서에 즉각적인 영향력을 끼치는 힘을 가지고 있으며 일상생활의 여러 분야에서 상징적 표현으로 더욱 쉽게 드러난다. 따라서 색채는 동서고금을 막론하고 일상생활 속에서 무의식적으로 감성이나 실용의 상징이 되어 왔으며, 인간의 내면적 감정을 표출하거나 개인의 생리학적 현상 및 진실을 암시해 주는 데 있어 형태보다 우선했다. 철학적 심리학을 주도한 이마누엘 칸트(Immanuel Kant, 1724-1804)의 실험은

색에 대한 인간의 본능을 잘 보여 준다. 아직 사회적 교육을 받지 못한 유아에게 빨간 원반을 보여 주고 같은 것을 찾아오도록 지시하는 경우, 유아는 초록색이나 노란색 원반이 아닌, 빨간 사각형과 빨간 삼각형을 먼저 찾아온다. 즉 아이들은 형태보다 색으로 사물을 먼저 판단한다는 것이다.[2]

한민족의 근간에는 샤머니즘, 불교, 도교, 유교 등 여러 종교가 습합되면서 우리의 정신과 감정의 주류를 이루어 왔다. 그 중에서도 샤머니즘은 가장 오랜 세월 동안 한국인의 토속신앙이며 민간신앙으로 한국문화와 깊은 관련을 맺어 왔다. 부여의 영고, 고구려의 동맹, 동예의 무천, 마한의 천군 등 제천의식을 거행했던 사제는 무당으로서 정치에도 참여하였는데, 이는 한국문화 형성의 기저를 이루는 샤머니즘이 전통문화의 본질을 이해하기 위한 중요한 단서임을 시사하고 있다.

문자언어와는 또 다른 상징체계와 가장 본질적 요소를 지니고 있는 색채는 시각언어로서 인간의 삶에 깊이 맞닿아 있다. 한국인은 자연을 통하여 자연의 색을 만들어냈으며 자연을 닮은 독특한 색채의식과 미적 감각을 발전시켜 왔다. 이 글에서는 한국인의 정신세계에 오랫동안 스며든 샤머니즘 문화의 색채관을 음양오행 사상을 근간으로 하는 오방색을 중심으로 살펴보려 한다. 연구 대상은 사신도와 무신도, 그리고 실제 굿거리의 여러 요소가 될 것이다. 나아가 일상생활 속에 뿌리내리고 있는 샤먼 문화 내지 토속신앙에서 유래한 색채관의 영향 역시 고찰하려 한다.

2. 음양오행설과 오방색

우리는 흔히 현란한 색채의 구성을 보면 "무당 같다"고 표현한다. 이처럼 무당굿에서 외형적으로 가장 먼저 눈에 띄는 특색은 강렬한 색깔들로서 어둡거나 흐릿한 색깔들은 가능한 한 사용하지 않는다. 수많은 유사한 다른 제의(祭儀)에서도 원색이 풍부하게 사용되는 것을 발견할 수 있는데 이것을 엘리아데는 인간과 신령 사이의 다리를 제공한다고 믿는 무지개의 상징적 표현이라고 풀이하고 있다.[3] 한국의 샤머니즘에서도 색채는 무당에 의해 명백하게 이해할 수 있는 특별한 상징들을 지니고 있으며 그 상징들은 중국의 전통사상, 음양오행설에 기초한 것으로 고도로 관념적이고 추상적이다.

1) 음양오행설

음양오행설은 중국 고래의 세계관으로 우주에 대한 인식과 사상을 정립한 원리이다. 이는 우주나 인간의 모든 현상이 음과 양에 의해 확장, 소멸한다는 음양설과 지구의 구성 요소인 나무[木]·불[火]·물[水]·흙[土]·쇠[金]의 오 원소의 변전에 따라 만물이 생성, 소멸한다는 오행설을 함께 묶어 이르는 말이다. 자연의 모든 거대한 힘과 인간의 감정에는 부분적으로 그것들을 규정해 주는 대립물이 존재한다. 어둠이 없다면 빛의 개념은 없을 것이고, 슬픔이 없다면 기쁨의 감정도 없을 것이다.

전국시대까지의 음양사상은 유가적 책들보다 노장(老莊) 도가(道家)의 서적에서 많이 보이고 있는 점은 주목할 만하다. 전국시대 말기의 음양사상에는 분명히 상반과 융합의 논리가 엿보이는바, 상반은 곧 '+'와 '−'의 대립이다. 융합이란 상반이 단지 반발로서 끝나는 것이 아니고 항상 상호 의존의 관계에 있으며, 상호 의존에 의하여 비로소 순차적으로 전개되는 것을 의미한다. 요컨대 음과 양은 전혀 성질이 반대되는 두 개의 극(極)이 지만 이 극의 상호의존에 따라 작용이 생기고 전개가 된다는 설이다.[4]

그러나 이와 같은 상반·융합의 사상은 음양사상 이전에 이미 그 단초를 발견할 수 있는데 강유(剛柔)의 이론이 그것이다. 『서경(書經)』의 「홍범(洪範)」을 보면 그 구주(九疇)에 삼덕(三德)이라는 항목이 있다. 강유의 이론으로 보면 삼덕의 사상은 강과 유의 두 극이 각각 현저하게 발동할 때 더욱 강력한 융합이 이루어진다는 생각이다. 이를 보면 음양사상은 강유 이래의 상반·융합의 이론을 계승한 것으로 결코 역(易)이나 미신에서 유래한 것이 아니라 음양 이론이 천문역수가(天文曆數家)의 손에 들어가면서 차차 미신·금기의 색채를 농후하게 띠게 되었다고 생각된다.[5]

한편 오행설은 고대인의 생활에 필요한 다섯 가지 소재, 즉 민용오재(民用五材)의 사상에 기초한 설이다. 오행설의 시초도 강유의 이론과 마찬가지로 홍범 중에 보이는데, 오재의 배열도 인간의 생명 지속에 가장 직접적인 수·화로 시작하여 생활 자재로서의 목·금에 이르고, 마지막으로 모든 소재의 기반이 되는 토가 제시되고 있다. 『서경』「홍범」편에 있는 이 수화목금토(水火木金土)의 순서는 생성오행(生成五行)이라 일컫는다. 이 오재설에 대하여 전국시대 중기의 음양가(陰陽家) 추연(鄒衍)이 주장한 것이 토목금화수(土木金火水)라는, 뒤에 오는 것이 앞에 있는 것을 이긴다는 오행상승(극)(五行相勝, 五行相剋)에 의한 오덕종시설(五德終始說)이다. 또 천문역수(天文曆數)의 학(學)과 관련이 있는 『예기(禮記)』의 「월령편(月令篇)」에는 사시(四時)와 사방(四方)의 관념에 의해 목화토금수(木火土金

水), 즉 앞에 있는 것에서 뒤에 있는 것이 생긴다는 오행상생(五行相生)의 차서(次序)가 기록되어 있다. 이와 같이 처음의 생활 소재로서의 민용오재는 점차 추상화되어 일종의 원리적인 관계로 바뀌게 되었다.

오행의 행(行)은 '순환한다'는 의미로 운행한다는 것이고 '오(五)'는 오성(五星), 오색(五色), 오미(五味), 오성(五聲), 오음(五音) 등 각 방면에서 실행된 사고방식이었다고 생각된다. 화·수·목·금·토의 오행은 운행하면서 서로 조화를 이루는 일과 서로 충돌하는 일이 생기는데 이것이 상생상극(常生相剋)이다. 다시 말하면 오행은 따로 떨어져서 존재하기도 하지만 서로에게 영향을 끼쳐 도움을 주기도 하고, 물리치기도 하고, 낳아 주기도 하면서, 물고 물리며 주고받는 관계를 이루는 것이다. 다양성의 기초가 되는 이러한 대립물 사이의 상호 의존성은 수없이 많은 물체와 형태 속에 상징적으로 표현되어 있다. 예를 들면, 태극 같은 상징은 그러한 원리를 보여주는데 형상들의 세계를 낳기 위해 필요한 서로 반대되는 힘들 간의 균형을 나타낸다. 그 힘들은 각기 자기 안에 반대편의 씨앗을 지니고 있으며 그들 자신을 표현하기 위해 반대편에 의존한다.[6] 이에 따라 오행에는 오색이 따르고 방위가 따르게 된다. 음양오행사상은 우주를 형성하는 이치이자 질서의 원리로 인식되었으며, 한국의 문화와 사회 전반에 막대한 영향을 주었고 이는 무속과 풍수 등의 논리적 근거가 되었다.

2) 오방색: 우주 생성의 근본이 되는 다섯 가지 색

문화와 종교는 그것들이 이용하고 숭상하는 상징들에 의해 규정되며, 특정한 상징체계로 입문하는 것은 한 개인의 정체성 형성에 도움을 준다. 정신병 치료를 위해 현대 정신의학에서 색채를 이용하는 것은 색채가 직접적으로, 그리고 깊이 정신세계에 영향을 줄 수 있다고 믿기 때문이다. 색채라는 상징 언어는 자연계의 빛깔과 관련하여 가장 쉽게 해독될 수 있으며 색채 배합은 특정한 함축된 의미를 지니고 있다. 심리학자들은 색채가 마음에 미치는 효과가 자연세계와의 연관성(푸른 하늘, 붉은 피, 황금색 태양 등)으로부터 기원한다고 말한다. 한편 신비학자들은 스펙트럼의 일곱 색깔을 마술적인 숫자 7과 연관시키고 음계의 음표 숫자와 연결시켜서 보다 비의적인 설명들을 내놓는다.7 더 깊은 차원에서는 색채가 생명 내의 어떤 본질적인 창조적 특질을 나타내는데, 색채의 상징적 표현은 분명히 실용적인 목적을 위한 색채 이용에까지 영향을 미칠 수 있다.

무속의 색채를 말할 때 대표적으로 이야기되는 것이 오방색(五方色)이다. 오방색이란 넓은 의미로 정의하자면 '우주 생성의 근본이 되는 다섯 가지 색'이라고 할 수 있다. 즉 빨강, 파랑, 노랑, 하양, 검정8의 다섯 가지 색들을 일컫는데 이 색들을 기본으로 다양한 색들이 만들어진다. 음양오행에 따른 오방색은 단순히 색의 이미지적인 성격을 벗어나 의미 중심의 관념성이 주를 이루고 있다.

오행에 의한 오방색은 모든 것의 근원이 된다 하여 오원색(五原色), 혹은 '정해져 있는 색 혹은 본색'이라는 의미에서 오정색(五正色)이라고도 부른다. 또 다섯 가지의 무늬 또는 빛깔이라 하여 오채(五彩)라고도 한다. 한편 동서남북과 중앙의 사이에 놓이는 녹색(綠色), 벽색(碧色), 주홍색(紅色), 자색(紫色), 유황색(硫黃色)은 음색(陰色)으로서 오정색에 대해서 오간색(五間色)이라고 부른다. 색상 또한 방위에 따라 오색을 배정하고 오행의 상관관계로 인하여 중간색이 나오며, 중간색에서 무한한 색조가 생성되는 것으로 보았다.

이처럼 오방색은 아름다움을 추구하는 시각적 요소일 뿐만 아니라 음양오행사상을 표현하는 상징적 의미의 표현 수단으로서 이용되어 왔다. 오방을 상징적으로 나타내는 사신(四神)인 동쪽의 청룡(靑龍), 서쪽의 백호(白虎), 남쪽의 주작(朱雀), 북쪽의 현무(玄武)도 이러한 색채체계를 담고 있다. 이외에도 오방신장(五方神將), 오방처용무, 오방낭자, 오색실, 단청, 화문석 등 우리의 의식주생활 전반에 걸쳐 다양하게 음양오행의 원리가 오방색과 함께 스며들어 있다.

오방색은 음양오행사상에 따른 방위와 상징을 나타낸다. 서방은 쇠가 많다고 생각하고 쇠의 색깔을 희게 보아 하양으로 표현하였고, 가을을 의미하며 해가 지는 곳으로 음기가 강하다. 남방은 언제나 해가 강렬해 빨강이고 만물이 무성하여 양기가 왕성한 곳으로 여름을 의미한다. 북방은 깊은 골이 있어 물이 있다고 여겨 이를 검게 보아 검정으로 표현하였고 겨울을 의미한다. 중앙은 땅의 중심으로 해와 가장 가까운 곳이라 여겨 광명을 상징하는 노랑으로 표현하였다. 음양오행의 상징적 원리는 색깔뿐만 아니라 신체와 감정, 계절, 맛, 소리에도 적용되었다. 그 원리로서 한의학의 기본이 마련되었고, 음악의 체계가 수립되었고, 한글의 창제가 가능했으며, 한양의 도시 설계에도 적용되었다.

본질적인 의미에서 따진다면 음양오행에서 음양과 오행은 음양에서 오행이 비롯되었다고 보일 수도 있다. 그러나 오방색과 관련된 부분에서 음양과 오행은 엄연히 다른 부분이 있기 때문에 구분하여 다루어야 할 것이다. 오행이 음양에서 비롯되어졌다고 하지만, 실제 활용된 분야에서는 음양의 논리보다는 오행의 논리에서 다루는 방위, 계절, 동물, 맛 등이 폭넓게 사용되었다. 음양설에서 음과 양으로 나누는 것은 필연적이며 오방색

역시 그렇다. 오간색에 대해 오방색을 양의 색으로 분류하는데, 그 가운데에서 또 노랑, 빨강, 하양은 양으로 분류하고, 파랑과 검정은 음으로 분류한다. 이제 오방색을 좀 더 상세하게 다루어보기로 한다.

〈파랑: 탄생의 색〉

파랑은 방위로는 동쪽, 오행으로는 목(木), 계절로는 봄, 오미(五味)로는 신맛, 오음(五音)으로는 각(角), 오장(五臟)으로는 간장(肝腸), 감정으로는 분노 등을 상징하며 오정색 내에서 음(陰)에 해당한다. 동방은 태양이 솟는 곳으로 나무가 많아 항상 푸르기 때문에 파랑을 의미하고 봄을 상징하며 탄생하는 곳으로 양기가 강하며 성장과 풍성함을 의미한다. 또한 봄을 상징함에 따라 창조, 불멸, 생명, 신생, 희망을 상징하고, 양기가 왕성한 색으로 귀신을 물리치고 복을 비는 색으로 쓰였다.

하늘색(파란색이 아닌 새벽의 빛깔)으로도 쓰여 이를 '청천(靑天)'이라 하였다. 또한 우리나라가 지리적으로 동쪽에 자리잡고 있어서 동이족이라 불리었거나 우리나라를 가리켜 청구(靑丘)라고 한 것을 볼 때 민족적으로 오랜 기간 파랑을 선호하고 애용한 것이 잘 드러난다. 아울러 파랑은 고구려와 백제, 신라의 복색제도에서 모두 찾아볼 수 있는 보편적인 색채로 음양오행의 상징성 외에도 우리 고유의 민속적인 상징성을 지니며 사용되기도 하였다. 혼례 때 음과 양으로 여성과 남성으로 이해하는 경향이 있어 음양의 조화라고 하여 신부복을 파랑과 빨강이 조화되게 지었으며, 청실과 홍실을 엮어 두기도 하였고, 사주보를 청홍색으로 만드는 데서 예를 찾아볼 수 있다. 또한 파랑은 왕비나 궁녀들의 예복, 조선시대 조신들의 관복 등에 많이 사용되었으며, 옥색은 궁중이나 일반 가정에서 널리 사용되었던 파랑 계열의 색이다. 현대에는 파랑을 평화와 영원, 신뢰, 그리움, 평온, 용기, 진리 등의 의미로 사용한다.

　파랑은 하늘빛, 바다 빛, 그리고 물빛을 연상시키기 때문에 우리나라 신화의 우주론에서 큰 몫을 차지하기도 한다. 방위상 동쪽을 나타내는 파랑이 해돋이, 밝음, 맑음 등과 연관된 상징성을 갖추고 있기 때문이다. 이처럼 파랑은 신생(新生)과 약동하는 힘, 그리고 천지개벽, 천지창조의 첫 순간의 빛을 상징한다. 오광대 가면극 놀이에 나오는 청제장군은 오행설에서 봄을 맡은 신이며 파랑은 오상(五相)9으로는 인(仁)를 의미한다. 한국인이 태어날 때 엉덩이에 있는 푸른 몽고반점처럼 파랑은 탄생을 상징하기도 한다. 색깔 분류상 우리나라에서는 예부터 초록, 남색, 곤색 등을 총칭하여 파랑이라는 말을 써 왔다. 영어의 'green'과 'blue'는 우리말에서 '푸르다'는 말로 통용되며 언어 맥락 속에서 초록색과 청색 등으로 변별된다.

〈빨강: 주술의 색〉

빨강은 방위상 남쪽을 나타내며 용솟음치는 에너지와 생명력으로 남성성과 활동성의 색깔이다. 양기가 왕성하고 만물이 무성하여 생명을 낳고 지키는 힘으로 상징되어 민속에 많이 사용되었으며 또한 토속신앙의 주술적 의미로 귀신을 쫓는 벽사에 주로 이용되었다. 인간을 해코지하는 귀신은 언제나 음기가 서린 곳을 좋아하기 때문에 양의 색깔인 빨간 색은 액을 면하게 해 준다고 믿었다. 빨강은 오행 가운데 화(火)에 해당하며 오미 중 쓴맛, 인체의 오장 가운데 심장을 상징한다. 오상으로는 예(禮)를 의미하여 흔히 남대문이라고 부르는 숭례문에 '예'자가 들어있는 이유가 되기도 한다. 생성과 창조, 정열과 애정, 적극성을 뜻하며 한국인이 가장 선호하는 색깔의 하나다. "같은 값이면 다홍치마"라는 우리 속담이 이러한 경향을 잘 보여 주고 있다. 빨강은 크게 홍색계과 자색계로 구분하고 있는데, 홍색은 조선시대 역대 왕의 곤룡포, 문무 관리의 단령, 금관저복, 동다리, 왕비의 원삼, 스란치마 등에 사용되었다. 또한 홍색의 염료인 홍화, 소목 등의 값이 비싸고 사치가 심해지자 여러 차례 금제(禁制)가 내려졌던 색이기도 하다.

작열하는 태양처럼 왕성한 생명력을 의미해서 간장에도 붉은 고추를 띄웠으며, 경사가 나면 붉은 팥이나 수수로 떡을 하였고, 아기의 옷에도 빨강과 파랑을 사용해야 복을 많이 받는다고 생각하였다. 새해가 되면 한 해의 안녕을 빌고 재앙을 물리친다는 기복과 벽사의 의미에서 노란 종이에 붉은 부적을 그려 붙였다. 그리고 동짓날 팥죽을 먹으면 팥의 붉은색이 액막이가 된다고 여겼으며, 아들을 낳았을 때 부정한 것을 막기 위해 문밖에 붉은 고추를 다는 등 민속 샤머니즘에서 많이 나타나고 있다. 붉은 모래[朱砂], 붉은 부적, 붉은 종이 등은 궁중에서 민간에 이르기까지 벽사로 사용되었다. 여름날 봉숭아꽃으로 손톱을 빨갛게 물들이는 풍습도 벽사의 의미를 담고 있고, 혼례 때 시집가는 여인을 투정하는 음귀를 몰아낸다는 의미에서 신부의 뺨과 이마에 빨간 연지곤지를 찍었다. 상가(喪家)에서 전문적으로 울음을 파는 곡비(哭婢)는 반드시 손톱을 빨갛게 물들였고, 빨간색으로 그린 부적은 주사에 황성분이 있어 살균이나 해독작용을 하는 측면도 있다. 첫 월급을 타면 부모님께 빨간 내복을 선물하는 것도 이러한 색채의 벽사 기능이 이어져온 풍습이라 하겠다.

〈하양: 순결과 애도의 색〉

하양은 오행 가운데 금(金)에 해당하며, 오미로는 매운 맛, 오상으로는 의
(義)를 나타내며, 오장에서는 폐장을 의미한다. 결백과 진실, 삶, 순결 등을
뜻하며 우리 민족은 예로부터 흰옷을 즐겨 입어 '백의민족'이라 불리었다.
한국인의 백색 선호 원인에 대해서는 많은 주장이 엇갈리고 있어서 백색
의 상징성은 좀 더 살펴볼 필요가 있는데, 먼저 긍정적 의미로는 태양숭배
사상을 들 수 있다. 일연이 쓴『삼국유사』에 전하는 단군신화는 한국인이
자신들을 천신의 자손이라고 믿고 있음을 보여 준다. 하양에는 완전히 하
얀 색과 의류 원료가 갖는 자연색 그대로의 소색(素色)이 포함되는데, 명
주나 무명이 갖고 있는 자연의 소색은 반복되는 세탁과 일광 건조에 의하
여 자연적으로 표백되어 점차 순백으로 바뀐다. 이러한 하양은 자연주의
에 의한 자연색 선호라고 볼 수 있다.

한편 조선시대에 민간의 평상복으로 색깔 옷을 금지한 사연은 염료의 부
족 및 염색에 들어가는 노동력과 경제성에 기인한 불가피한 백색 선호라
는 설과 함께 색깔로써 신분질서를 정립할 필요성이 우선했다고 생각된
다. 즉 신분의 높낮이를 오방색 옷으로 적용해 왔는데 평민에게는 혼례 때
에만 고귀한 신분을 상징하는 화려한 옷을 허용했다. 시대에 따라 약간씩
다른 면모를 보이기는 하지만 관직에서도 품계에 따라 색깔을 달리하여 위
계질서를 잡고자 했다.

한편 국가적 통제라는 측면에서 반대의 경우를 보면 조선시대에는 백의
(白衣) 금지 논의가 있기도 했다. 성리학을 신봉하던 조선조에서는 오행상
극의 논리가 더욱 강하게 작용하여, 여러 차례의 금령이 내려져 백의를 입
는 자는 엄벌에 처하도록 명시하였다. 당시의 음양오행적인 색채관에서

볼 때 하양은 검정과 함께 음에 해당하는 것으로 길례보다는 흉례에 사용되었기 때문에 그 상징성을 더해 갔음을 여러 차례의 금령과 기록을 통해 볼 수 있다. 이렇듯 오행설에 의해, 또는 하양이 슬픔을 나타내는 상복의 색이라는 생각 등으로 견제하게 되자 일상 의복에서 하양을 꺼리게 되고, 바지나 속옷, 버선 등에 흰색을 썼다.

하지만 하양은 청정과 순결, 광명과 도의의 표상으로 태양의 색이라는 상징도 지니고 있다. 아이가 태어나서 돌이 되기 전까지는 부정을 쫓는 의미에서 유채색의 옷을 입히지 않고 흰옷만을 입히며, 태어난 지 이십일 일 되는 삼칠일이나 백일 등 중요한 행사에 등장하는 백설기는 흰색을 신성하다고 여겼기 때문이다. 흰색은 신화적으로도 출산과 서기(瑞氣)를 상징하여 상서로운 징조를 표상하고 있다. 신화에서 하늘과 관계 있는 흰 기운과 흰 새, 흰 동물의 등장은 하늘의 뜻을 받은 왕이라고 믿는 우리 민족의 신화적 의지가 표출된 것이다. 산에 대한 색채도 흰색이 지배적이며, 백산(白山)은 우리나라 각지에 있고(태백산, 소백산, 장백산 등), 성산(聖山)으로 숭배된다. 단군이 개국하여 국호를 '조선'이라 한 것도 희고 깨끗하고 밝다는 태양숭배사상에서 연원한다. 청화백자나 청백리(淸白吏)라는 말역시 흰색 선호에서 연유한 경우라 할 수 있다.

〈검정: 지혜의 색〉

검정색은 음의 색으로 쓰여 일찍부터 하양 색과 함께 금지되기도 했으며, 계절로는 겨울을 나타낸다. 이것은 검정이 봄을 준비하는 기간으로 소생을 상징함과 동시에 만물의 흐름과 변화를 뜻하고 있음을 말한다. 검정은 오행 가운데 수(水)에 해당하며, 오상으로는 지혜를 관장하고, 오미로는 짠

맛을 나타내며, 오장으로는 신장(腎臟)과 연관된다.

이러한 검정은 단순한 검은 색이 아니라 존재의 원시성을 드러내는 것으로 실재를 상징하는 색이며 완전한 휴식, 즉 영면을 불러일으키는 색이라 하여 모든 색의 총합색으로 보았다. 죽음은 검은색 아니면 하얀색으로 보이는데, 그 둘 모두가 가시적인 색채들의 부재인 것이다. 사람이 죽으면 지하에 묻혀 빛이 없는 영원한 암흑의 세계에 갇히게 되듯이, 검은 색은 밤, 공포, 불행, 파멸을 상징하기 때문에 검은 상장이나 조기는 죽음을 의미한다. 그러나 밤이 보편적으로 부정적인 것만은 아니었다. 밤은 낮의 노역으로부터의 휴식, 일몰 후에 자기 자식을 다시 받아들이기 위해 열리는 어머니 자연의 자궁을 뜻할 수도 있었다.[10]

조선시대에 사용되었던 검정 계열의 색채로는 검정 이외에 치(검정), 현(밤하늘색), 담흑 등이 있다. 조선시대 궁중에서는 음의 색으로 사용을 꺼렸으나 민간에서는 전복 벙거지, 복건, 신부의 도투락댕기, 제복에 검정이 사용되었던 것을 볼 수 있다. 그러나 일본이나 서양에서는 검정이 일찍부터 예복의 색채로 쓰였던 것을 보면 완전히 부정적인 이미지만은 아니었고 법관의 법복이 검은 색인 것도 정직과 명예의 표상이다. 검은색의 신격으로는 곰, 거북, 거미 등이 있다.

〈노랑: 천자의 색〉

노랑은 오행에서 토(土)를, 오방에서는 중앙을 상징한다. 오상으로는 신(信)을 상징하며, 오미로는 단맛을, 오장으로는 비장을 나타낸다. 모든 색의 근원으로 숭상되었으며, 중국에서는 천자(天子)의 색으로 여길 정도로 가장 존귀한 색으로 여겼고 부귀영화를 상징한다. 중국의 전설상의 제왕인 황제(黃帝)를 기념하는 색이 황색이기 때문인데, 제왕의 복색과 황궁의 지붕 기와도 황금색이었다. 중국의 중화사상으로 인해 중국을 황제의 나라라 여겨 조선의 왕과 왕비는 황룡포와 황원삼이 아닌 흑룡포와 흑원삼을 입어야 했으며, 고종, 순종 때에 이르러서야 황룡포와 황원삼을 착용할 수 있었다. 노란색은 광명과 생기를 주며 빛과 불을 상징하는 빨강과 더불어 눈부신 태양을 의미하기도 하고 서울을 나타내는 색으로 풍요를 나타낸다.

무속에서는 노란색이 빨간색과 같은 계열로 분류되어 빨간색과 같은 용도, 즉 주로 귀신을 쫓거나 병을 방지하는 데 많이 쓰였음을 볼 수 있다. 신성한 공간에 금줄을 치는 것이 한 예로서, 해산 후에 사람의 출입을 막기 위해 금줄을 친다. 돌림병이 있는 장소에 접근을 막기 위해 금줄을 치는 것과 가축의 생산이 있을 때나 묘전에 황토를 놓는 등도 마찬가지 이유이다. 이러한 노란색의 사용은 신성한 색의 상징성과 함께 시각적으로도 사람의 이목을 집중시킬 수 있다는 점이 작용한 것이다.

앞서 살펴본 오방색 사용의 대표적인 예로 태극기를 들 수 있는데, 바탕 부분의 하양, 태극문양 부분의 빨강과 파랑, 그리고 건·곤·감·리 부분에서 검정을 찾아볼 수 있다. 각 부분의 형태마다 의미하는 것이 다르듯 쓰인 색들도 상징하는 것이 다르다. 바탕의 하얀 색은 밝음과 순수, 평화를 상징하는 우리 민족을 의미하고, 태극문양의 빨강과 파랑은 음과 양의 조화를 의미하며, 건곤감리의 네 괘는 하늘·땅·물·불을 각각 상징하고 있다.

오원색과 오방위가 오행과 관련하여 지니고 있는 여러 가지 의미와 상징을 표로 나타내면 다음과 같다.

오색	파랑[靑]	빨강[紅]	노랑[黃]	하양[白]	검정[黑]
오방	동(東)	남(南)	중(中)	서(西)	북(北)
오행	목(木)	화(火)	토(土)	금(金)	수(水)
발생 과정	생성[生]	성장[長]	변화[化]	결실[收]	휴식[藏]
기후	바람[風]	뜨거움[熱]	습기[濕氣]	메마름[乾燥]	차가움[寒]
오장(五臟)	간장(肝臟)	심장(心臟)	비장(脾臟)	폐장(肺臟)	신장(腎臟)
오상(五相)	인(仁)	예(禮)	신(信)	의(義)	지(智)
오시(五時)	봄[春]	여름[夏]	장하(長夏)	가을[秋]	겨울[冬]
오신(五神)	구망(句芒)	축융(祝融)	후토(后土)	욕수(辱收)	현명(玄冥)
오성(五聲)	각(角)	치(徵)	궁(宮)	상(商)	우(羽)
오수(五數)	팔(八)	칠(七)	오(五)	구(九)	육(六)
오미(五味)	신맛[酸]	쓴맛[苦]	단맛[甘]	매운맛[辛]	짠맛[鹹]
오지(五志)	분노[怒]	기쁨[喜]	사려[思]	슬픔[憂]	두려움[恐]
천간(天干)	갑을(甲乙)	병정(丙丁)	무기(戊己)	경신(庚辛)	임계(壬癸)

3. 샤머니즘과 음양오행설

1) 사신도(四神圖)와 무신도(巫神圖)

고구려 고분벽화에 그려진 사신도와 상고시대 이래 오늘날까지 존속되어
온 무속신앙의 소산인 무신도는 오방색의 음양오행사상과 주술적 상징이
구체적으로 드러난 사례이다. 4세기에서 7세기에 걸쳐 제작된 고구려 고

분벽화들에 그려진 사신도의 세련된 필체와 선명한 채색은 깊은 공간감과 생동하는 사실성을 지니고 있다. 방위신에는 청룡(靑龍)·백호(白虎)·현무(玄武)·주작(朱雀)·황룡(黃龍)의 다섯 신수(神獸)가 있는데, 흔히 황룡을 빼고 나머지 네 가지 신수를 사신이라고 부른다. 방위신은 방위에 따라 색깔과 형태가 각기 다른데 중앙에 황룡, 동에는 청룡, 서에는 백호, 남에는 주작, 북에는 현무가 온다. 이와 같이 기이한 짐승 등을 벽화내용으로 그리는 것은 벽사, 수호, 상서(祥瑞), 영원, 청정 등을 뜻한다.[11]

사신도에 그려진 네 가지 신수의 도상학적 색채관을 살펴보면, 우선 청룡은 삼재(三才)의 도상을 대표하는 상징적 동물이다. 머리는 소, 몸은 물고기(뱀), 발은 독수리 형상을 하고 있다. 소는 육지의 동물이며 물고기는 물, 독수리는 하늘로서 천·지·인을 공유한 一·二·三의 전지전능한 전천후동물이다.[12] 청룡의 상징적 색채는 파랑이며, 파랑은 생명의 근원으로서의 물, 식물 등의 의미와 창조, 희망, 불멸, 광명, 정직 등을 상징한다. 자연의 원소들이 갖고 있는 유용한 힘의 통합으로 묘사되며 물(뱀)을 공기(새, 생명의 숨결)와 통합시킨 용은 물질과 정신이 하나가 되는 것을 뜻한다. 이러한 긍정적인 힘은 용 통로들─땅의 기(氣)가 흐르는 상징적 동맥들─을 통해 생명을 불어 넣어 줄 수 있는 것으로 생각되었다.[13]

호랑이는 모성과 양기의 상징이고 오행성 중 금성에 속하며 서쪽의 방위신으로 묘주(墓主)를 지키는 수호신 역할을 하는 신통력 있는 동물이다.[14] 특히 흰색은 낮, 결백, 진실 등을 의미하며, 모든 색의 출발이며 만물을 생성시키는 빛의 표상으로 성스러운 색의 이미지를 나타내기 때문에 백호는 대단히 신성시된다.

주작은 태양, 즉 양기의 상징으로서 태양조라 불리며 붉은 색의 화려한 색조에 오음(五音)을 갖춘 오행적 상징조이다. 태양의 사자인 봉(鳳)과 태양 속의 신조인 황(凰)을 하나로 합친 봉황을 형상화한 것으로 알려져 있다. 주작이 물고 있는 구슬은 오행신적 존재로서의 신화적 성격을 더욱 두드러지게 드러내고 있다.

거북은 우주창생신화에서 대지, 즉 음기의 상징으로 나타난다. 태극의 혼동에서 밝고 가벼운 양기가 위로 떠올라 하늘이 된 반면, 무겁고 탁하고 어두운 음기는 땅이 되었다. 음기가 모여서 물이 되고 물의 정기는 달이 된다. 음양오행 중 물이 상징하는 세계는 검정, 겨울, 구멍을 상징하며, 방위는 북이고 시간은 밤이다. 이와 같이 사신도에 보이는 사신과 색채의 상관관계에는 음양오행에 입각한 관념적, 상징적 부합 구조가 나타난다.

무신도는 한국민족 고유의 신앙인 무속에서 무당이 받드는 신의 초상을 그린 일종의 종교화이다. 무도(巫圖), 무속도(巫俗圖)라고도 하며, 비전문인에 의해 형성되어 전승된 원시회화라는 측면에서 오늘날 민화로 분류되기도 한다. 따라서 무신도는 일반적인 초상화와 달리 종교적 신성성을 지니고 있으며, 무당이 신앙하는 신의 그림이라는 점에서 타 종교와 구별되는 한정적 의미를 지닌다.[15] 무신도에는 무속신앙이 집약되어 나타난 상징적 도상(圖像)을 찾아볼 수 있으며 현세의 삶에서 행복을 추구하는 소망이 주술과 벽사의 상징을 띤 색채로 나타나 있어 종교성과 철학적 면모를 강하게 드러낸다.

무신도의 제작방법은 고운 무명이나 비단 바탕에 빨강·노랑·파랑의 원색을 기본으로 하양·검정·녹색을 첨가해 신상을 그리는데, 이따금 천 대신에 한지를 사용하기도 한다. 표현에서 일정한 통일성이 없고 그림 솜씨도 천차만별이다. 표현상의 일반적인 특징으로는 원근이 무시되고 한 장면에 여러 개의 동작이 동시에 나타나며, 각 신상의 복장이나 지물(地物) 등 도상에 가장 중점을 둔 것을 들 수 있다. 중앙의 신상은 크게 그리고, 좌우의 신상은 상대적으로 작게 그렸다.

무신도의 기원은 상고시대의 원시신앙 및 무속의 발생과 연원을 같이하며 선사시대 암각화와 고분벽화에 새겨진 동·식물, 수렵 장면, 승리 장면 등에서 찾아볼 수 있다. 무속학자 김태곤은 무신도의 유형을 내용상 자연신 무신도와 인물을 신격화한 인신계(人神系) 무신도로, 화풍상 민화형 무신도와 불화형(佛畵形) 무신도로 분류하였다. 민화형 무신도는 숙련된 화공이 그린 것이 아니므로 선이 무디며 단조롭고 공간배치가 미숙하며, 채색에서 색상이 조화롭지 못하다. 대체로 붉은색보다 하양, 파랑, 노랑을 많이 사용하여 불화형 무신도와 구별된다.

무신도에 자주 나타나는 색채는 오방색 중 빨강·파랑·노랑의 세 가지 색을 들 수 있으며, 빨강은 '하늘', 파랑은 '땅', 노랑은 '사람'을 의미하는데 이는 새로운 생명체의 생성에서 소멸까지를 포함한다. 따라서 상징적 색채로 천상을 빨강으로 연관시켰고 천신과 부속신이 살면서 인간들이 사는 지상과 지하의 모습을 지켜보고 있다고 믿었으며, 이를 삼신일체(三神一體)사상이라고 한다.16

또한 신이나 성자들의 상(像)에 신의 광휘, 신들의 지혜, 그리고 머리로부터 뿜어 나오는 생명력의 상징인 후광이 그려져 있듯이, 무신도에서도 광배(光背)가 그려져 있는 것을 흔히 볼 수 있다. 광배는 노란색으로 처리되어 밝고 고귀하며 성스러움을 표현하는데, 이것은 신에게서는 언제나 영험한 광채가 난다고 믿었기 때문이며 주술적 상징으로서의 색채관을 드러낸다.

하양은 빛의 가장 단순한 본체로서 원초적 공간을 상징하며 수용적이고 긍정적 상징으로 여겨졌고, 일반적으로 신성, 고귀, 순수, 청결, 건강, 행운, 불사, 권력 등의 의미로 받아들여졌다. '삼불제석도'에서 이러한 하양의 의미를 느낄 수 있는데, 제석신은 신당에 모시는 주신으로 천신에 속하고 불교신 교리상 가장 으뜸이다. 제석신앙은 환인(桓因) 천신사상과 불교신앙이 복합된 형태의 무속신앙으로 제석도에 드러난 복장은 흰 고깔을 쓰고 흰 장삼을 입은 모습이다. 이 그림에서 하양의 의미는 인간에게 재복을 주고 수명을 연장하며 자식을 잉태하는 무속신앙의 의미를 내포하고 있다.

이와 같이 무신도에 나타난 색채관은 우주 개념과 색채의 상징적 결합으로 보이며, 색채의 표현을 우주만물의 질서 및 조화를 나타내는 수단으로 삼았다. 따라서 한국 무신도는 한민족의 음양오행적 색채관에서 비롯했으며, 색채의 상징적 표현은 추상적이며 감각적 차원을 초월하여 주술적 의미를 부여하여 시각적인 이미지보다 관념적인 신성 개념으로 승화시켰던 것이다. 주신(主神)은 고명도색(高明度色)으로, 종속신(從屬神)과 배경의 대상물은 저명도(低明度)로 배치하여 주신을 강조하였다.

2) 굿에 나타난 오방색

제의는 신성한 영역에 있다고 추측되는 질서를 반영하고 인간세계와 신의 세계 사이를 보다 가깝게 연결한다. 제의와 의식(儀式)은 과거와 현재의 모든 사회에서 공동체의 통합성을 유지하도록 도와주고, 그 공동체 안에서 해야 할 역할을 할 수 있도록 개인을 준비시킨다. 한국의 굿도 그런 의미에서 신령과 인간을 연결하는 통로 역할을 한다고 할 수 있다.

무속에서 오방신장이라면 흔히 다섯 방위를 수호하는 수호신으로 알고 있다. 오방신장은 동방청제신장, 서방백제신장, 남방적제신장, 북방흑제

신장, 중방황제신장을 일컫는다. 무속에서는 이 신령들이 인간사의 모든 길흉과 재물을 관장한다고 믿기 때문에 무당들은 이 신령들을 위력 있는 분으로 여긴다. 그래서 공수에는 모든 흉한 것을 제거하고 대길하게 도와 주겠다는 내용이 나온다. 공수가 끝나면 무당은 다시 오방기를 들고 춤추다가 오방기 점을 친다. 오방기와 오방신장은 조선말기 무속으로 도입된 듯하며 그 이전에는 병영(군대)에서 진을 칠 때 군기(軍旗)로 사용하였다. 이 가운데 대오방기는 청룡, 백호, 현무, 주작, 황룡의 다섯 신수(神獸)을 그려 넣은 깃발이다. 무속에서의 오방기는 신명의 계시를 읽는 신물로 사용되며 무당마다 해석하는 방법이 다르다.

오방기는 무당이 내린 공수를 확인하거나 남에게 처음 공수를 내리는 경우에 사용하는데, 보통 세 번 정도를 뽑아 길흉을 판단한다. 오방신장기를 둘둘 말아 쥐고 손잡이 쪽을 제가집에 내밀어 그 중에서 하나를 고르게 한다. 무당이 오방신장기를 펼쳐놓고 제가집이 짚은 깃대를 뽑아내어 그 기의 색깔에 따라 길흉을 점치는 것이다. 검정색은 죽을 운수, 파란색은 우환, 노란색은 조상, 하얀색은 천신, 그리고 빨간색은 천신이나 산신의 도움으로 각각 행운을 상징한다. 노란 기를 뽑은 경우에는 기도에 더욱 정성을 쏟아야 하는 것으로 풀이된다. 하얀 기나 빨간 기를 고르면 무당은 만족스러워하며 깃발을 공중에 높이 흔들면서 활짝 웃는다. 반면 초록색 기의 경우에는 무당은 걱정스러워하며 다시 고르도록 하는데, 이것은 다른 색깔 기의 경우에도 마찬가지이다. 초록색 기는 잡신들이 행운이 오는 길을 막기 때문에 탈을 의미한다.

그런데 1970년 중반, 이 오방신장기에 변화가 일어났다. 검정 기가 파란 기로, 파란 기는 연두색 기로 바뀐 것이다. 단골들이 죽을 운수와 우환을 나타내는 검정기와 파란 기를 뽑으면 싫어하기에 무당들이 그렇게 바꿔 버린 것이다.[17] 오방신장기는 이것 외에 잡귀잡신을 몰아내는 막강한 기능을 행사한다. 내림굿에서는 주무(主巫)가 오방신장기로 무당 후보자의 온몸을 훑으며 허주(虛主)를 벗기는가 하면, 병굿에서는 오방신장기로 환자의 몸을 두드리고 또 꿇어 엎드린 환자의 몸을 오방신장기로 덮어 싸기도 한다. 오방신장기가 오방신장의 화신이 되는 것과 오방신장의 막강한 위력을 생각하면 그 기능은 충분히 이해할 만하다.

흰색과 관련된 굿거리로는 불사거리를 들 수 있다. 불사거리의 주신(主神)을 위한 불사상의 상차림에서, 가장 뒤편에 증편을 세 그릇 놓는데, 한 그릇에 증편을 세 쪽씩 담고 그릇마다 지화로 된 백련화(白蓮花)를 꽂는다. 이때 증편을 신(神)떡이라고 하며 떡의 흰색과 백련화의 흰색이 모두 천신(天神)을 상징한다. 불사거리의 불사를 천존·제석으로도 부르는 것을 보면, 이 신령이 천신으로, 한국무속의 천신신앙을 알 수 있다.[18] 『삼국유사』에 전하는 단군신화가 바로 이 천신신앙을 나타내고 있음은 앞에서 살펴본 바 있다. 제석거리에서 무당은 흰 고깔에 흰 장삼, 그리고 금란가사를 입는다. 불사상에는 백설기 같은 흰 떡을 올리는 데 비해 상산상에는 팥편을 차리는 것이 대조된다. 즉 천신계나 그와 관련된 산신계 신령에게는 흰떡을 올리고 최영 장군 같은 이른바 영웅신이나 조상신에게는 팥편을 올려 뚜렷이 구분하고 있다.

제석과 마찬가지로 성주도 비록 가신(家神)으로나마 전국적으로 집안에 모셔져 존숭된다. 서울 지역에서는 대개 백지에 쌀을 싸서 마루 위의 대들보에다 북어와 함께 매달아 놓는 형태로 성주를 모신다. 이것은 건물을 새로 짓고 상량식을 할 때 설치한다. 건물을 헐거나 이사할 경우 그것을 방치하기도 하고, 어떤 이는 이사 가면서 그 성주를 떼 내어 함께 모셔가기도 한다.

'베째'는 베 가르기라고도 한다. 신칼을 든 만신이 긴 무명과 베를 몸으로 길게 가른다. 흰 무명은 이승다리, 베는 저승다리를 상징하는데, 만신이 그 길을 헤쳐 줌으로써 망자의 혼이 저승세계로 무사히 가게 된다고 믿는다. 망자천도굿에서 베 가르기는 전국적인 분포를 보인다. 반면 베와 함께 등장하는 용선(龍船)은 주로 전라도·경상도 지역에서만 쓰이는데, 1970년대 말 부산에서 벌어진 산오구굿에서 보면 굿당 밖에 두 개의 기둥을 세우고 용선을 달아 놓는다. 용선에서 굿당 안까지 길게 무명으로 연결시켜 극락으로 가는 길을 만들고, 무당은 위패를 담은 신태집을 백포(白布) 위에 놓고 용선가를 부르면서 조금씩 밖으로 밀어나간다. 무당의 풀이에 따르면 용선은 영혼이 강을 건너가는 데 사용되는 배라 한다.[19] 그러니까 백포는 여기서 강의 상징이 되고 있다.

여타의 굿거리에서 오방색을 살펴본다면 호구거리에서는 무당이 다홍치마에 당의(唐衣)를 입고 오른손에 흰 부채, 왼손에는 무당방울과 붉은 면사포[홍보(紅褓)]를 들고 나선다. 또 무당의 신당에는 노랑 몽두리를 입고 손에 방울을 쥔 할머니 한 분의 무신도가 그려져 있는데, 이분이 대신(大神)할머니이다. 별상(別相)거리의 복장은 갓과 남철육을 입고, 성주거리에서 무당은 남치마에 홍철육을 입으며, 창부거리에서는 남치마에 색동거리를 입는다.

그 외에도 굿 상차림에서 무당은 시루떡을 장만하고 삼색실과며 오색탕(湯) 등으로 전물을 차리는데, 과일을 놓는 방식인 홍동백서(紅東白西)라는 말에서 오방색과의 연관을 알 수 있다. 즉 붉은 과일은 동쪽에 두고 배와 같은 흰색 과일은 서쪽에 둔다는 것이다. 새남굿은 망자를 천도하는 굿인 데다 상류층이나 부유층 집안에서 하던 굿이기에 굿판의 꾸밈이 매우 화려하다. 안당사경맞이상의 대상 위에서부터 구름다리가 설치된다. 구름다리는 극락을 상징하는 파랑, 노랑, 빨강, 하양, 연두색의 오방색 천을 굿판 위로 길게 늘어뜨려 놓는다.

4. 현대사회와 오방색

1) 일상생활 속의 오방색

오방색은 한국의 식생활에서도 찾아볼 수 있는데, 음식은 많은 긍정적인 속뜻을 지니고 있다. 일반적으로 비옥, 풍요, 축전 등을 뜻하지만, 가장 흔히는 평화와 불화의 해소와 연관되어 있다. 그러한 연관은 음식에는 남자와 여자들을 원초적 에너지의 근원에 접하게 하여 우주적 친교를 만들어내는 생명력이 스며들어 있다는 믿음으로부터 기원한다.[20] 음료 역시 대단히 상징적으로 최초의 유체인 물은 생명과 정화를 나타낸다.

우리의 음식 맛과 색상에도 음양오행의 원리가 자리잡고 있으며 음식의 색도 음양오행설에 따른 오방색을 조화시켜 왔다. 궁중음식의 오훈채나 오색고명, 김치 등도 모두 오행의 원리를 적용한 음식들이다. 무병장수를 기원하는 팥죽의 붉은색은 잡귀를 물리치는 상징색이다. 간장 항아리에 붉은 고추를 끼운 금줄을 두르는 것은 나쁜 기운의 근접을 막기 위한 것이며, 잔칫상의 국수 위에 올린 오색고명은 오행에 순응하는 복을 비는 의미가 깃들어 있다.

특히 다식은 예로부터 오색의 아름다운 빛깔로 잔칫상을 장식해 왔으며,

그 색상만으로도 일상의 음식과 확연히 구별되어 무병장수의 기원과 함께 경사스러움을 나타냈다. 흰색의 쌀 다식, 분홍색의 오미자 다식, 노란색의 송화다식, 푸른색의 청태 다식, 검정색의 흑임자 다식을 마련하여 오색을 이루며, 색상과 함께 다양한 맛을 즐길 수 있도록 했다. 한국의 떡 색깔은 흰색 바탕에 오방간색을 사용하기도 했는데 팥이나 쑥 등 곡식이나 식물의 자연색이 많다. 맛에서는 맵고, 달고, 시고, 짜고, 쓴 오미(五味)를, 색상에서는 오색(五色)을 조화시킨 예를 흔히 찾아볼 수 있다.

의생활을 살펴보면, 색동은 오방색을 중심으로 배열하여 색동옷, 까치두루마기, 오방주머니 등을 만들었다. 색동이나 오색비단으로 지어 까치설빔으로 유아들이 많이 입던 까치두루마기나, 돌이나 명절에 오색 천을 이어 만든 색동저고리는 오행을 갖추어 삿된 기운을 막고 무병장수를 기원하기 위한 것이다. 그런 뜻에서 오방색과 오간색의 합(合)인 색동옷을 섣달 그믐날 아이에게 입혔다. 또 우리 의복에는 '호(胡)' 주머니가 없으므로 실용적인 면에서 만들어 차게 된 것이 장식이 되는 한편, 만복을 기원하는 상징물이 된 것이 염낭, 우리말로 두루주머니이다. 두루주머니의 대표적인 형태는 주머니 둘레가 둥근 염낭과 양 옆이 모가 나 있는 귀주머니가 있는데, 사용한 천과 색 부금에 따라 신분의 존비, 귀천, 상하를 나타내기도 하였다. 궁중용은 오방낭자가 있으며 왕이 정월 초하루에 종친에게 하사하기도 하였다.

주생활에서 우리 선조들은 건축 재료로서 붉은 빛의 황토를 사용하였으며, 새해가 되면 한 해의 안녕을 빌고 재앙을 물리친다는 기복과 벽사의 의미에서 붉은 부적을 그려 붙였다. 또 목조건물에는 단청을 칠하여 건물의 부식 방지나 장식과 더불어 왕궁과 사찰의 위엄을 표현하기도 하였다. 단청에서도 오방색을 비롯하여 오방색에서 만들어진 오방간색을 찾아 볼 수 있다. 이처럼 우리 조상들은 오방색을 생활의 여러 곳에 활용함으로써 음과 양의 조화를 통해 우주의 원리에 순응하며 살아왔다.

2) 생활과 문화 속에 뿌리 내린 오방색

현대사회는 흔히 이미지 사회라고 한다. 그리고 그런 이미지들은 색의 향연이라고 할 만큼 다양한 색들을 만들어낸다. 현대인들은 다양한 색에 익숙해지고 다양한 색을 만들기도 하면서, 오방색을 재발견하게 되고 감탄하며 이를 활용하고 있다. 오방색의 다섯 가지 색깔은 전통적으로 자연의 산물인 식물이나 동물, 광물로 만들어 쓰고 있는데, 근래 건강한 삶을 추구하며 이와 같은 천연염료에 대한 관심이 높아지고 있다.

예부터 오방색에서 동쪽을 상징하는 파란색은 석청(石靑)이나 군청(群靑)과 같은 광물질이나 쪽풀(藍)에서 얻었으며, 서쪽에 해당하는 하얀색은 고령토나 백악과 같은 흙성분의 광물질이나 조개껍질을 약한 불에 구운 후 미세하게 갈아서 만들었다. 중앙을 상징하는 노란색의 광물성 안료로 대표적인 것이 석황(石黃)이다. 식물성으로는 해등나무 껍질에 구멍을 내어 흘러내린 즙을 굳힌 등황(藤黃)과, 방충성이 있어 책표지에도 사용한 황벽(黃蘗)이 있다. 치자를 사용하여 선명한 노란색을 내는 경우도 많다. 남쪽에 해당하는 빨간색은 광물질인 주사(朱砂)가 대표적인데, 그림은 물론 칠기나 부적, 도장을 찍는 인주, 약재 등에도 사용했으며, 홍화나 풀의 일종인 꼭두서니로 만들기도 했다. 북쪽에 해당하는 검정색은 주로 소나무 그을음에 아교를 섞어 만든 먹이 대표적이다. 광물질로 흑석지가 있고 약용식물인 통초(通草)를 태워 만든 통초회도 있다. 이와 같이 오방색은 대부분이 자연에서 빌려온 것들로 최근의 웰빙 의식과 더불어 현대생활 속에서 적극적으로 활용되고 있다.

그 외에도 최근 주부들 사이에서 다양한 소형 생활가전 제품들을 기존의 흰색과 검은색 위주에서 벗어나 전통 색깔인 오방색으로 꾸미려는 경향도 나타난다. 강렬한 빨강 색상의 가스레인지는 태양의 기운과 생성, 창조와 적극성을 의미하고, 세련된 파란색 조명을 사용한 와인 셀러의 푸른 색상은 동쪽과 나무를 상징하며 만물이 생성하는 봄과 강한 생명력을 뜻한다. 이 외에도 얼음 냉온정수기는 인간의 생사와 지혜를 관장한다고 알려진 검정을 차용하고 있으며, 결백과 진실을 상징하는 하양은 스테인리스스틸 소재 칼날에서 발견할 수 있다. 흙과 빛의 색을 뜻하는 노란색은 천연 황토로 빚은 세라믹 내열 용기 등에서 사용되었다.[21] 최근 인테리어 효과와 컬러 테라피에 관심을 갖는 소비자들이 많아지면서 이와 같은 소비자들의 기호에 맞는 색상의 제품들이 선보이고 있다.

또한 음식에서도 오방색을 더욱 탄력적으로 사용하여 한국음식의 세계화에 기여하고 있다. 오방색 단호박 갈비찜, 오방색 유과, 오색경단, 복을 싼다는 오방색 만두 등에 차용되고 있는데, 가장 대표적인 음식이 다섯 가지 이상의 재료를 사용한 오방색 비빔밥이다. 이처럼 오방색은 현대인의 생활 속 여러 영역에 뿌리를 내리고 있다.

5. 맺는 말

오랜 역사와 의미가 축적되면서 특정 색깔은 문화권에 따라 공동체의 감성적 공감대를 형성하거나 혹은 상반된 의미를 지니고 국지적으로 통용되기도 한다. 색채관은 시대의 변화에 맞춰 나라마다 변하기 마련이지만, 중국에서 발생한 음양오행사상과 오방색은 한국에서 가장 선명하게 그 원형을 간직하고 있다. 오방색의 종주국이었던 중국에서는 격동의 근세와 사회주의 정치체제에서 전통의식이 상당 부분 사라져 버렸고, 일본에서 오방색의 의미는 더욱 희박하다. 섬나라가 갖는 지리적 환경으로 인해 다른 문화를 흡수하되 변형시키는 본능이 그만큼 강하기 때문이다.[22] 한국 샤먼 문화의 색채관에서는 우주와 자연의 생멸 순환에 따른 음양오행설에 근거한 오방위, 오정색에 대한 의미와 상징 부여가 가장 특징적이다. 색채의 조화보다는 오방색이 지닌 고유의 상징성을 중시하는 경향이 강해서 오방색은 한국인이 태어나서 세상을 하직할 때까지 삶의 여러 영역에 관여해 왔다.

최근 한국 현대예술에서 전통색의 쓰임은 미술계에서 특히 두드러진다. 불교와 토속신앙을 소재로 단청의 강렬한 오방색을 절묘하게 융화시킨 독특한 화법으로 주목받은 박생광을 필두로, 단청·불화·민화에서 사용했던 전통미를 현대 감각으로 재조명하여 '색채화가'라는 평을 받은 전혁림, 전통한지에 천연염료를 가미해서 만든 오방색 한지를 이용한 작품으로 '빛의 작가'로 알려진 우제길, 무당·무신도·단청·탈춤·만다라 등을 주된 그림 소재로 삼아 영성의 조화로운 모습을 거기서 발견하고 있는 이중희 등을 대표적으로 들 수 있다. 순수미술 분야 외에도 최근 인기를 끈 주호민의 웹툰 〈신(神)과 함께〉는 한국의 불교신화를 현대와 접목시키며 탱화, 무신도 등을 적절히 사용하여 애니메이션의 지평을 확장시켰다는 평가를 받고 있다.

반면 한국 공연예술에서 전통색의 적극적인 활용은 아직 미미한 편이다.

현대 공연예술에서 무대는 단순한 재현의 공간이 아니라 상상력이 이루어 내는 공간으로 관객들에게 무한한 상상력과 영감, 경이로움을 주어야 하며, 무대와 객석 사이의 소통을 중시한다. 공간과 시간에 따라 그 의미가 강화되거나 다변화되면서 집단 무의식의 일부이자 우리 삶의 주요한 상징으로 자리잡은 전통색은 깊숙한 무의식과 직접 연결되기 때문에 관객은 색을 통해 무대와 직관적으로 소통할 수 있다. 무대 디자인, 조명, 의상 등에서 우리의 독특한 색채미학을 통해 공연예술은 더욱 폭넓은 스펙트럼을 제시하며 풍요로워지고 다양한 울림을 낼 수 있을 것이다.

우리 일상생활에서도 샤먼 문화의 색채와 전통색은 음양의 기운을 색으로 나누어 경조사에 알맞게 사용하며 흉조와 길조에 적절하게 대응하는 등 깊이 관여하고 있다. 이러한 샤먼 문화의 색채와 전통색은 소중한 문화유산이며 글로벌 시대를 살아가는 현대인이 선조들과 소통할 수 있는 도구이다. 이를 더욱 체계적으로 정립하고 창조적으로 살려 써서 한국적 색채를 세계화하는 일이 우리에게 남은 과제라 하겠다.

굿 음식의 의미와 실제

김명자(金明子)

1. 음식문화를 보기 위한 전제

무당굿에서 음식은 신을 대접하는 제물인 반면 굿을 관람하는 사람에게는 볼거리의 구실도 한다. 아울러 먹거리가 되기도 하는데, 볼거리 그리고 배치방법 등에서 '공연'적인 요소도 지닌다고 본다.

굿 음식을 이해하기 위해서는 우선 굿의 상차림을 보아야 할 것이다. 더욱 상세하게 한다면 굿상에 오르는 음식을 만드는 방법까지 소개할 수 있다. 그러나 이 글에서는 음식 만드는 방법은 제외하고 굿상에 오르는 보편적인 음식을 선별적으로 소개하면서 그 의미를 살펴보고자 한다.

굿상에 오르는 음식은 보통의 음식이 아닌 신에게 바치는 의례 음식이다. 같은 떡이라도 일상적인 자리에서는 일상식이 된다. 그러나 굿상에 올리면 신에게 올리는 제물이 되며, 그 음식은 신성성이라는 상징적인 의미를 갖게 된다.

굿상은 굿거리가 다양한 만큼 음식도 다양하다. 그러나 굿의 종류를 중심으로 굿상을 살펴보면, 신에게 올리는 음식은 대체로 유사하면서 신령에 따라 다소 달라진다. 또한 기본적인 상차림의 형식은 있겠으나, 지역에 따라서, 무당에 따라서 달라질 수 있다. 특히 오늘날에는 굿 형식이나 내용에 변수가 많기 때문에 절대적인 것이 존재한다고 말하기 어렵다.

근래에는 '임대 굿당'에서 굿을 하는 것이 보편적인데, 이 경우 공간의 한계로 인해 굿상 역시 간소하게, 또는 생략되는 경우가 흔하게 나타난다. 예전에는 무당의 신당에서 굿을 했기 때문에 굿상의 위치와 제물 배치 역시 '원칙'대로 할 수 있었다. 물론 여기에도 한계는 있겠으나 요즘의 '임대 굿당'과는 크게 차이가 있으리라 본다.

이 밖에도 여러 가지 사회문화의 변화는 굿상에도 이어진다. 가령 예전처럼 전통적인 '우리의 과일'만 올리는 것이 아니라 귤·바나나·파인애플 등 근래 즐기는 과일까지 올린다. 이를 통해서도 시대 변화를 실감할 수 있는데 이는 요즘 "현대 조상들이 시식하던 과일도 올린다"는 의미가 있다는 무당의 말은 재미있으면서 나름대로 설득력이 있다.

그동안 굿상에 대해서는 홍태한을 비롯하여 김상보, 최진아, 주영하, 하효길 등의 연구자들이 발표한 바 있고, 국립문화재연구소에서는 '무(巫)·굿과 음식'이라는 주제로 여섯 권의 단행본을 출간하기도 했다. 이들 단행본 가운데 개인굿은 한 권의 책자에 담고 나머지 다섯 권에서는 모두 마을굿을 담았다. 개인굿으로는 김유감 진적굿, 오수복 진적굿, 그리고 서울 새남굿을 수록했다. 마을굿으로는 부천 장말도당굿, 서해안 풍어제, 영덕 구계리의 별신굿, 은산별신제, 삼척 임원리 별신굿, 제주 동김녕마을의 잠수굿 등 열세 개 지역의 굿을 담았다. 이들 보고서를 통해, 별신굿이라도 지역과 굿 주재자 등에 따라 다르다는 점을 알 수 있다.

이 글에서는 굿상에 진설되는 제물을 선별적으로 소개하면서 제물과 그 의미에 대하여 파악해 보고자 한다. 소개되는 굿상 역시 선별적인데, 논의되는 자료는 2012년 2월 7-8일 서울 삼각산 보현 산신각에서 진적굿을 했던 천복화(天福花) 신명기1 무당의 제보와 당시 필자가 참관했던 굿의 상차림을 중심으로 했음을 밝힌다.

진적굿은 이틀에 걸쳐 행해졌는데 필자는 둘째 날 참관했다. 첫날의 굿상은 이미 철상(撤床)했기 때문에 모든 굿상을 볼 기회가 없었다. 그래서 굿이 끝난 후 별도로 천복화 무당을 만나 신의 성격과 제물의 의미 등에 중심을 두어 제보를 받았다.

이 글에서 육상과 소상이라는 굿 음식의 분류는 필자가 임의로 한 것이다. 또한 필자가 무당의 말을 잘못 이해한 점도 있으리라 생각하는데, 이 점에 대해서는 미리 양해를 구하는 바이다.

2. 소(蔬)와 육(肉)으로 나누어 본 굿상과 제물의 의미

굿상의 기본에 대해서는 굿상의 종류, 거기에 차려지는 제물 등을 기준으로 말할 수도 있지만, 제물의 유형을 나누어 소개할 수도 있다. 제물은 이 경우 신령의 성격을 파악할 수 있는 근거가 되리라 본다.

굿상에는 여러 종류가 있듯이 제물 역시 다양한데 진적굿에는 더욱 많은 신령상과 제물이 오른다.

진적(진적굿, 진접이나 진접굿이라고도 한다)은 무당 자신의 영력(靈力 또는 신력)을 강화하고, 자신이 섬기는 신령을 대접하는 굿이다. 진적굿을 할 때에는 단골신도는 물론 그 밖에도 많은 사람들이 초청된다. 그런데 진적은 진작(進爵)과 관련된 것으로 본다.[2] 진작은 원래 궁중에서 잔치가 열렸을 때 임금에게 술을 올리는 것, 또는 무당이 굿을 할 때 술잔을 올리는 의식으로서, 굿에서는 이를 확대하여 '진적굿'이라 한다. 곧 자신이 섬기는 신에게 술을 올리는 것, 나아가서는 신을 크게 대접한다는 의미를 담고 있다.

그런데 진적은 유교식 제례의 진찬(進饌)과도 관련시킬 수 있다. 제사에서 진찬은, 가례서에 나와 있는 제수(祭需) 가운데 차리지 않은 나머지 제수를 차리는 것[3]이지만 일반적으로 조상에게 음식을 올리는 것[4]을 말한다.

진적굿은 궁중에서 임금에게 술을 올리듯이, 또한 조상에게 음식을 대접하듯이, 무당에게는 신령에게 올리는 대단히 경건한 굿이다.[5] 그래서 같은 큰굿이라도 진적 때 굿상의 음식은 더욱 성찬(盛饌)이 될 수 있다.

굿상에 올리는 음식을 신령의 성격에 따라 소상(蔬床)과 육상(肉床)으로 나누어 볼 수 있다. 하지만 이들이 확연하게 나뉘는 것이 아니라 같은 신령이라도 소상과 육상 모두 포함되는 경우가 있다. 예를 들어 성주신은 육신과 소신 모두 있다. 이는 성주신이 거주하고 있는 곳에 따라 구분된다. 이밖에도 굿 현장에서 보면 신령의 성격 또한 확연하게 구분되지 않는 경우를 목격할 수 있는데, 이러한 한계를 감안할 수밖에 없다.

각기 다른 신령을 상징하는 굿상은 모두 따로 진설하는 것이 아니라 본상(本床)에 각 신령을 대접하는 제물을 올리거나 신령에 따라서 별도로 진설하기도 한다. 또한 제물뿐 아니라 지화(紙花)가 굿상에 함께 진설되기도 하는데 이에 대해서는 생략한다.

소상은 소채류라는 뜻이다. 소당, 소산 등으로도 불리며, 소상을 받는 신령은 소신(蔬神)이라 할 수 있다. 여기에는 육류가 포함될 수 없으며 같은 시루떡이라도 팥시루가 아닌 흰시루떡을 올린다. 다만 북어는 소상이든 육상이든 모두 올린다.

이 글에서는 선별적으로 소신과 육신을 소개한다. 사실상 신이 받는 제물에 따라 소신과 육신으로 나누는 데에는 여러 가지 무리가 따른다. 칠성신(七星神)이나 제석신(帝釋神)과 불사신 등 불교와 관련된 신은 소신임이 분명하고 군웅신은 육신임이 확실하지만, 그 밖에도 모호한 신령들이 많기 때문이다.

1) 소상(蔬床, 소산)의 신령과 올리는 떡의 의미

"굿이나 보고 떡이나 먹지." 주는 것이 있으면 그것이나 받아 갈 채비나 하지 남의 일에 쓸데없는 간섭은 하지 말라는 뜻의 이 속담을 통해 굿에서는 반드시 떡이 등장함을 알 수 있다. 또한 "굿에 간 어미 기다리듯 한다"는 속담은 굿에 간 어미는 돌아올 때 떡을 가지고 올 것이므로, 이것을 기다리는 아이의 모습 같다는 뜻이다. 이 속담의 깊은 뜻은 몹시 초조하게 기다린다는 의미를 담고 있지만, 굿에는 여지없이 떡이 등장한다는 사실이 나타낸다.

실제로 굿하면 우선 생각나는 것이 떡이다. 떡은 굿을 비롯하여 각종 잔치를 대표하는 음식이라 할 수 있다. 오늘날에는 떡이 평시에도 먹는 음식이 되었지만, 전통적으로 떡은 명절이나 굿을 할 때 또는 집안에서 고사(告祀)를 지낼 때 반드시 등장하는 의례 음식이었다. 유교식 제사를 지낼 때에도 떡을 올리는데, 이때의 떡은 굿떡과는 구별되기도 한다. 이를테면 민속신앙의례, 곧 굿이나 고사 때의 떡은 붉은 팥시루떡으로 하지만, 유교식 제사의 시루떡은 붉은 팥이 아니라 거피(去皮)한 팥을 넣어 찐 무색시루떡이다.

민속에서 붉은색은 양색(陽色)으로 벽사(辟邪)의 기능을 한다고 믿는다. 동짓날의 붉은 팥죽도 그러한 의미를 지니고 있어서 팥죽이 한창 끓을 때 집의 벽이나 마당에 조금 뿌려 액을 막는다.

그런데 유교식 제사에서 붉은 시루떡은 조상신의 강림(降臨)을 막는다 하여 금기로 되어 있다. 이처럼 붉은 색에 대하여 상반된 인식이 있는데, 시간의 흐름에 따라 그 해석이 달리 전개된 것은 아닐까. 아니면 유교식 의례(제사)와 민속신앙 의례를 차별화한다는 의미가 작용했을 가능성도 생각해 볼 수 있다.

그야 어쨌든 굿에서 신령은 떡을 받는다. 다만 어떤 떡을 어떠한 방식으로 받는가 달라질 수 있다. 어떤 신은 시루째 받고, 어떤 신은 떡을 접시에 조금씩 떼어 놓은 것을 받는다. 무당굿에서뿐 아니라 가정신앙에서 고사를 받는 가신(家神)도 시루째 받는 가신이 있는가 하면 접시에 '떼어 올린 떡'을 받는 가신도 있다.

무당굿에서 천신(天神)을 상징하는 일월신은 일월상(日月床)을 받는다.

일월신은 해와 달을 상징하는 신(神)으로, 일월은 하늘에 존재하는 신이다. 해는 남자, 달은 여자로서 남녀를 함께 일월상에 올리는데, 특히 해는 하나님, 곧 천신(天神) 격이다. 여기 올리는 떡은 천도(天桃) 떡으로서, 이는 하늘의 복숭아를 의미한다. 원래 과일 복숭아는 귀신을 쫓는다 하여 제의 때에는 사용하지 않지만, 여기 천도떡은 하늘의 복숭아여서 일반 복숭아 개념과는 다르다. 천도떡은 하늘에서 내려 주는 약(藥)으로 불교의 약사여래와 같은 의미를 지닌다.

일월상에는 우선 해떡과 달떡을 각기 세 개씩 놓는데 이는 복을 준다고 여긴다.

일월떡과 함께 기미떡을 올린다. 기미떡은 버들잎 모양을 하고 있으며 부정을 치는 의미가 있다.

옛날에, 목이 탄 나그네에게 물이 담긴 바가지에 버드나무 잎을 넣어, 나그네가 물을 급히 마시지 않도록 했다는 이야기가 있는데, 이는 체기(滯氣)가 생기지 않도록 하기 위한 것이었다. 그 까닭에선지 버들잎 모양의 떡은 부정을 가리는 것으로 보고 있다. 그런데 민속신앙의 측면에서 본다면 체기를 비롯한 모든 병은 좋지 않은 기운, 이를테면 사기(邪氣)에 의한 것이다. 부정을 타면 사기가 오고 병도 올 수 있으므로 사기를 예방하는 것이다.

굿상에는 떡이 중심을 이루는데, 소상이든 육상이든 각 굿상마다 절편, 인절미, 가래떡을 올린다.

칠성시루를 받는 칠성신과 불사시루를 받는 불사신, 그리고 제석신은 소신을 대표하는 신격이다. 칠성시루, 불사시루, 제석시루에는 세 켜로 찐 흰시루떡을 올리며 이를 소당시루 또는 채산시루라고 한다.

그런데 시루떡은 칠성시루뿐 아니라 어느 시루든 세 켜씩 한다. 한 켜 하고 소지종이(한지) 덮고 다시 한 켜 하고 소지종이를 덮어 세 켜씩 하는데 이는 천지인(天地人)을 상징한다.

서낭은 소신과 육신이 있다. 고기를 받지 않는 시루는 흰시루떡과 북어를 놓는데, 북어는 육신에게도 올린다. 북어를 쓰는 까닭은, 북어가 입을 떡 벌리고 있어서 그곳으로 잡귀가 들어가기 때문에 나쁜 기운이 다 들어간다는 뜻이다. 벌어진 입안에는 돈이나 떡, 쇠고기 등을 물리기도 하는데, 이는 부정을 소멸한다는 의미가 있다.

부군신은 소신과 육신이 있으며 부군시루 역시 소(蔬)부군은 세 켜씩 해서 찐 시루떡이다. 부군신맞이 춤을 출 때에도 하얀 소지종이를 든다. 산신 역시 소신으로, 세 켜로 쪄진 흰시루(소산시루)인데 백호산신은 단군을 상징한다.

『삼국유사』고조선 조에는, 환웅의 아들 단군은 고조선을 세워 천오백 년을 지배하다가 백악산 아사달로 들어와 산신으로 좌정했다는 기록이 있다. 단군은 하늘에 있는 천신의 후손으로 천신과 같은 존재이다. 산신은 천신의 변용으로, 백호산신은 바로 단군인 것이다.

2) 육상(肉床, 육산)의 신령과 올리는 떡의 의미

육상을 받는 신은 산신, 부군신, 도당신, 터주신, 성주신, 장군신, 신장신, 성수신 등이다. 그러나 이들 가운데에는 소상을 받는 신도 있다.

육상시루로는 본관시루(본산시루), 본향시루, 상산시루(외가 쪽과 본가쪽), 양상본향시루(부부간의 본향시루), 육부군시루, 도당시루(사는 곳), 터시루(땅주인), 성주, 장군과 신장시루(신장은 잡귀 쫓는 신), 성수시루 등을 꼽을 수 있다.

이들 가운데 장군, 성수신 이외에는 붉은 팥시루떡을 올리는데, 흰시루떡과 마찬가지로 떡은 세 켜로 찐다. 성주는 산세에 따라 소와 육이 다르며, 가령 대구 팔공산은 소신, 그리고 장군봉 계통이면 육신이 된다. 성주가 살고 있는 곳이 육산인가 소산인가에 따라 달라지는 것이다.

장군시루는 집안의 벼슬부리에 따라 제물을 진설한다. 콩은 장군으로 콩과 팥을 함께하여 시루떡을 쪄 올린다. 이 때 콩은 조상(장군조상)을 상징하고 팥은 부정을 소멸하는 의미가 있다.

성수시루는 콩시루떡으로 하는데, 이는 무당이 불리던 부리 또는 어염성수이다. 천복화 무당의 경우 신아버지인 김진관(작고) 황해도 큰 박수무당이 어염성수로 들어왔다.[6]

어염성수는 예부터 신을 불리고, 점을 보는 신령인데, 김진관 박수는 당시 주로 정치인들의 점을 많이 봐 주었다고 한다. 성수(신) 가운데서도 토인 성수는 집안에 벼슬하던 부리, 장군, 한량, 선비(천문 공부한 사람), 천문(부적도 이에 해당) 등을 한 인물이 무당에게 들어온 경우이다.

성수는 신아버지 또는 신어머니에 따라 제물을 진설하며 진적굿 때에는 신아버지가 모시던 신까지 대접하기도 하므로 시루수가 더 많아질 수 있다. 김진관 박수의 신아버지에게는 생미(生米)로 바치는데, 이는 천상의 신이기 때문이다. 원래 익은 음식은 '조상에서'(조상이) 받고 날 음식은 천상에서 받는다. 그래서 생미뿐 아니라 날고기도 천상의 신령들이 받는다.

이는 유교식 제사 음식과도 관련이 있다고 한다. 필자는 경북 안동지방에서 기제사와 길사(吉祀), 향사(享祀) 때에 날고기를 올리는 것을 처음 보게 되었다. 그런데 원래 『주역(周易)』이나 『예기(禮記)』에는 천신에 바치는 음식은 날 것이라고 기록되어 있다. 그래서 제사 지낼 때 날것을 사용하는 것이 전통이지만 실용적으로 변해 점차 날것을 사용하지 않게 된 것이라고 한다.

서낭에는 육서낭과 소서낭이 있다. 소상은 흰시루떡을 쓰지만 육서낭은 붉은 팥시루떡으로 하되 북어를 쓴다. 그런데 북어는 소와 육에 모두 놓인다. 특히 육서낭은 고기산적, 생선성전(동태, 대구 등 생선류)을 올린다.

북어는 소상과 육상 모두 쓰기 때문인지, 일상생활에서도 잘못해서 빌면

"서낭당 북어대가리냐"며 말하기도 한다. 서낭당에 북어를 비롯한 제물을 올리는 등, 북어는 워낙 다양하게 쓰여 귀신을 쫓을 때, 또한 삼재풀이를 비롯한 각종 액풀이 때에도 올린다.

진적굿 서낭상은 굿을 하는 방 밖에 진설되어 있었는데, 닭을 올려놓은 것을 보아 육상으로 보인다.

이 밖에도 군웅상은 전형적인 육상이라 할 수 있다. 군웅거리에서는 소나 돼지를 타살하고 과일도 쪼개는 등 '험한 굿'을 하는데 당연히 '험한 굿상'을 차린다. 군웅상에는 막걸리와 삼색 또는 오색나물, 그리고 쟁반에 피7와 함께 담는다. 이에 대하여 무당은 '번제의식(燔祭儀式)'8의 의미가 있다고 말한다.

군웅거리에서 소나 돼지를 타살하는 것에 대하여 수렵민족의 문화 재현으로 보는 견해가 있다. 인간은 원초적으로 수렵 민족이라고도 하지만 그야 어쨌든 우리 민족은 애초 수렵 민족에서 농경 민족이 되었는데, 군웅거리에서 동물을 타살하는9 원초적인 삶의 양태를 보여 주는 것이라고 했다.

3) 떡 외의 제물과 의미

굿상에는 으레 술이 오르지만 일월상(日月床)에는 녹차를 헌다(獻茶)한다.

굿상의 음식은 떡 이외에도 과일과 같은 소채류가 오른다. 과일은 소상, 육상에 모두 올린다. 나물 역시 마찬가지인데, 특히 소신에는 두부 전을 올리고, 나물은 도라지, 고사리, 무나물 등 삼색나물을 쓴다. 또한 오이, 당근, 호박을 올린다. 오이와 호박은 주렁주렁 열매가 많이 열리는 채소류로 다산(多産)의 상징이며 당근은 뿌리로서 역시 자손 번성을 의미한다.

삼색과일로 사과, 배, 감 등을 놓는데, 감이 없을 때에는 곶감을 올린다. 겨울에는 주로 곶감을 올리고 가을에는 감을 올린다. 그리고 음양(陰陽)에서 양에 해당되는 생미(生米)도 올린다. 실상 삼색과일은 음양의 색깔 조화를 이루게 하는 것이다. 그밖에 밤과 대추도 쓰는데, 두부 전이나 삼색나물, 삼색과일 등과 마찬가지로 유교식 제사의 제물과 같다. 이는 유교식 제사와 무속신앙(민속신앙)의 수수 관계로 볼 수 있다.[10]

그런데 유교식 제사에서 밤과 대추, 감의 의미에 대하여 다음과 같은 이야기가 있다.

오래된 옛날에 땅에서 가장 흔히 구할 수 있는 과일은 밤과 감, 그리고 대추였다. 지금은 사과가 흔하지만, 근대적으로 경제적 재배를 하기 시작한 것은 1901년이니 그 역사는 백여 년에 불과하다. 그래서 옛 문헌에서는 사과가 의례상(儀禮床)에 올라갔다는 기록을 볼 수 없는데, 오늘날 이 흔한 과일에 대하여 많은 의미를 부여하고 있다는 것이다.

대추는 가지마다 주렁주렁 열리는 열매이기에 번창이라는 주술적인 의미를 부여했고, 밤은 조상의 뿌리, 근원을 일깨워 준다고 한다. 밤알을 땅속에 심어 싹이 트고 나무가 된 밤나무 뿌리를 보면 최초에 심었던 밤알이 썩지 않고 더러는 그대로 발견되기도 한다. 실로 놀라울 정도인데 그래서 밤은 조상의 근본을 의미하는 것이다.

감은 씨를 심어서 자란 나무에서는, 우리가 일반적으로 알고 있는 좋은 감이 열리지 않는다. '돌감'이라는 조그만 감이 열리는데 작을 뿐 아니라 맛이 없다. 고욤씨를 땅에 심어서 '고욤나무'가 올라오면 이 나무에 좋은 감나무를 접붙여 그야말로 질 좋은 감나무로 기른다. 이는 사람이 교육을 받으면 인격이 높아진다는 뜻, 사리 분별이 가능해진다는 뜻인데, 그래서 감의 의미를 중요하게 생각한 것이라 한다.

요즘 굿상에는 우리 과일뿐 아니라 바나나, 파인애플, 키위, 멜론 등에 이르기까지 다양하게 과일을 올린다. 많은 음식을 신령에게 대접한다는 뜻도 있겠으나 시절음식, '현대 조상이 시식하던 과일'이라는 데에 맞춘 것이기도 하다. 또한 오늘날 일반인들이 즐겨 먹는 과일을 올린다는 의미도 있다.

반면, 조상상에 올리는 오방색을 갖춘 옥춘[11]은 점차 사라지고 있다. 옥춘은 유교식 제사상에도 올리는데 역시 사라져 가고 있는 경향이다. 다만 의례용으로 오방색이라는 색깔을 맞추어 올리지만, 이제는 이를 먹는 이도 거의 없다. 의례상도 궁극적으로 산 사람이 먹는 음식이 중요함을 시사한다.

정월부터 보름날 사이에 굿을 할 때에는 잣과 호두를 올린다. 잣은 불을 밝히는 견과이며, 호두는 뇌 모양으로 되어 있어 두뇌가 좋아지는 견과로 알려져 있다. 호두와 뇌의 관련성은 주술적인 의미를 담고 있으며, 이들 견과류는 부정을 소멸한다는 의미도 있다.

과일은 한 과일당 열세 개씩 놓게 되어 있지만, 과일의 모양이나 크기에 따라 숫자가 달라질 수 있다. 폭과 높이를 같게 하여 '보기 좋게' 하기 위해서다. 제물은 신에게 바치는 음식이지만 "보기 좋은 떡이 먹기도 좋다"는 속담처럼 보기 좋은 과일이 먹기도 좋다고 생각하기 때문일 것이다. 그리고 제물은 신령에게 올리는 것이지만, 굿을 보는 손님들에게도 볼거리가 될 수 있도록 조화롭게 진설할 필요가 있다. 그래서 대체로 큰 과일은 네 켜, 작은 과일은 일곱 켜 등으로 전체적인 높이를 맞추다 보니 갯수가 달라진다. 특히 왕실을 위한 굿, 이를테면 명성황후 해원굿에서는 명성황후를 받들기 때문에 제물도 더욱 높게 하여 권위와 품위를 표현한다. 몸주신의 성격에 따라 과일 높이가 차별화될 수 있는 것이다.

소신을 받을 때에, 특히 무당은 삼 일 낮과 밤을 고기(육)를 피하고 소채류만 먹는다. 사실상 제의를 앞두고 무당이나 제관 등 사제자는 육식을 비롯하여 비린 생선 음식을 금기하고 목욕재계하여 몸과 마음을 정결하게 한다. 집안 고사를 앞둔 주부도 몸과 마음을 정결하게 하는데, 소신을 받을 때에는 그러한 금기가 한층 강화되는 것이다. 그러나 무당은 소신과 육신을 모두 받기 때문에 의례를 앞두고는 매사 근신한다.

작두거리에는 반드시 소갈비와 떡, 술(청주), 과일, 쌀 등이 올려지며, 군웅거리에는 쇠고기, 또는 돼지고기를 쓴다. 작두거리는 장군 계통의 신이 강신(降神)하는데, 당연히 육상을 받는 신령이다.

걸립신은 소신과 육신이 모두 있다. 이들은 집 안으로 들어오는 검문소 격의 신이다. 조상신[12]을 비롯하여 각 신이 들어올 때는 검문소를 거쳐서 들어오게 되는데 이때 걸립이 관여한다. 걸립으로 조상이 들어올 수도 있는데, 이는 정갈한 신이다. 반면 횡사를 했거나 자살을 하는 등 험하게 세상을 떠난 인물은 정갈한 '걸립'이 못 되고 '군웅걸립'으로 들어온다.

3. 굿상 차림의 배치와 여타 신령의 제물

굿할 때 중앙 본상(本床)에 소신과 육신을 함께하더라도 그 자리는 구별된다. 본상을 기준으로 하여 앞으로 바라보는 쪽에서 오른쪽은 육산(육상), 왼쪽은 소산(소상)이 된다. 그러나 앞서 밝힌 대로 굿당이 예전처럼 신당이 아니라 임대 굿당이다 보니 공간의 한계 때문에 굿상을 차리는 위치가 상황에 따라 크게 달라질 수도 있다.

감흥상(감응상)은 굿당 가운데 중심 되는 곳에 차린다. 가장 큰 상으로, 부채와 동경(거울), 칼, 전발(구름, 그물모양 종이), 서리화를 화려하게 치장한다. 삼색과일, 떡, 술을 올리는데(놓는데), 떡은 콩떡을 시루째, 그리고 옥수(玉水)를 올린다. 이 신은 하늘의 천신과 조상이 만나는 '감흥상'을 받는데 이 상에는 성수님이 감흥한다.

본상(本床) 아래 칸에 조상상을 놓으며, 이때에는 전, 두부, 산적, 과일, 나물 등 유교식 제사 때의 제물 차림과 거의 같다. 유교식 제사와 다른 점은 친가(남편) 외에 외가(아래쪽), 진외가(남편의 외가)까지 차리는 것이다. 종가에서 차례 때 사 대 조상까지 모시는 것이 보편적인 반면 굿상의 조상상은 오 대까지 상을 차려 모신다.

예전 무당의 신당에서 굿을 할 때에는 조상상, 성주상, 서낭상, 일월상, 산신상, 조왕상 등도 거의 따로 했으나, 요즘은 굿을 하는 장소가 예전보다 제한된 공간이기 때문에 선별적으로 상차림을 한다. 특히 조상상은 본상 오른쪽 옆에 차려야 하지만, 필자가 참관한 진적굿에서는 공간이 협소하여 본상 앞에 차렸다.

진오기를 할 때에는 유교식 상례 때와 마찬가지로 사자상(使者床)을 차리는데, 밥 세 접시, 짚세기 세 켤레, 막걸리 석 잔, 미나리나물, 두부, 산자(밥풀과자), 동전 세 닢을 진설한다. 사자상에는 일직사자, 월직사자, 삼성사자 등 세 사자가 있기 때문에 셋에 맞춘다. 동전 역시 셋에 맞춘다.[13]

부정을 막고 영가(靈駕)를 대접한다는 영정물림을 할 때에는 바가지에 음식을 잡다하게 담는다. 이때에는 수비, 잡귀, 영산 등을 풀어내는 동법을 쓴다.

굿상은 감홍상, 산신상, 일월상, 조상상, 타살굿상, 도산말명상, 음복상, 군웅상, 문간사신상, 작두거리상 등 대단히 다양한데, 기능이나 신격에 따라 이름이 붙여진다. 그런데 이들 상을 각기 달리하여 배치하는 것은 아니다. 독립된 상도 있겠으나 큰상에 함께 올리되 신에 따라 이름이 붙여지기도 한다.

이와 같이 각 굿상은 기본 자리가 있으며, 이는 신격과 관련된다. 이를테면 신격의 위상에 따라 그 자리가 다른데, 이것이야말로 신격의 조화를 이루는 것이다. 반면 굿을 관람하는 사람은 이들 신령이나 신격에 대하여 전혀 모르는 경우도 있다. 그럼에도 불구하고 '굿상의 조화'를 느낄 수 있게 하는 것은 조화로운 공간 배치와 활용 때문이다. 본상을 중심으로 중앙, 좌우의 공간을 활용하면서 각 신격에 해당되는 신령상을 모신다. 그리고 굿을 하는 굿당 안에 모시지 못하는 신격도 있다. 가령 굿의 마지막에 '풀어 먹이는' 영산, 수비 등 잡신을 위한 굿상이다.

원래 굿을 하면 각 굿거리에서 청신(請神)한 신령만 오는 것이 아니라, 평소 제대로 대접받지 못한 잡신들도 모인다. 굿에 초청되지 않았으나 평소 허기로 고생하다가 찾아온 잡신들을 '먹여서 보내야 하는데' 이런 잡신을 위한 굿상은 떡과 술, 한과, 과일 등의 음식을 섞어 양푼에 놓는다. 예전에 집안 잔치를 하면 걸인과 같은 사람들이 찾아오는데 그러면 반드시 음식을 먹을 수 있게 하거나 그릇에 담아 주었던 것과도 흡사하다. 결국 우리 신관념은 인간사를 반영한 것으로 볼 수 있다.

공연물에서 공간을 작품에 적절하게 배치하듯이, 굿에서도 공간 배치의 공식이 있다. 무당굿은 기본적으로 종교의례면서 종합예술의 성격을 지닌다. 연극, 문학, 음악, 무용, 공예 등의 예술을 비롯하여 복식과 음식 등의 연구에 기본적이며 중요한 자료를 제공한다. 그러기에 공연에서 보여주는 공간 배치와 활용의 지혜가 굿상 차림에도 드러나는 것이다. 굿 음식의 색깔에는 청색, 백색, 빨강색, 검정색, 노랑색의 오방색이 모두 포함되며 음양(陰陽)의 조화를 이루기도 한다. 가령 일월상(日月床)의 떡은 양(陽)인 남자와 음(陰)인 여자를 상징한다.

4. 신령을 위한 음식, 손님을 위한 음식

굿상에 진설되는 음식은 보통의 음식이 아닌, 신에게 바치는 의례 음식이다. 같은 떡이라도 일상의 자리에서 먹으면 일상식, 일반적인 음식이 된다. 그러나 굿상에 올리면 신에게 올리는 제물이 되며, 그래서 그 음식은 상징적인 의미를 갖게 된다. 평소 세속적인 공간도 히에로파니(Hierophany)를 부여하면 신성한 의례 공간이 되듯이 같은 음식이라도 히에로파니를 부여함으로서 신성한 음식이 되는 것이다.

굿에서 음식은 특별한 의미도 있고 또한 일상적인 의미도 있다. 우선 특별한 의미라면 제물을 통해 신령의 종류를 파악할 수 있고 거리별 구분을 가능하게 해 준다는 점이다. 각 거리별 의례는 해당 신령을 위해 차린 상차림 앞에서 굿을 시작한다. 곧 거리별로 모시는 대표적인 신령을 위한 상차림을 통해 어떠한 거리가 행해지는지를 구별할 수 있으며, 그 신령의 성격과 신격을 알 수 있게 해 준다.[14]

그런데 굿을 할 때에는 신에게 바칠 제물만 장만하는 것이 아니다. 우리 굿이 비록 개인굿이라 할지라도 마을 사람들이 모여 함께 울고 웃는 축제적인 행사였기 때문에 손님들이 많다. 이 손님들을 위한 음식도 장만해야 한다. 요즘은 임대 굿당에서 손님용 음식을 전문적으로 맡아 하지만, 예전에는 손님용 음식을 무당이 직접 마련하기도 했다.

손님은 굿이 끝나면 제물로 올렸던 음식을 시식할 수도 있겠으나, 적어도 하루 종일, 또는 그 이상 하는 굿을 보려면 중간에 식사를 해야 한다. 그래서 공개 행사로 굿을 할 때에는 무당이 관객들의 식사 준비를 푸짐하게 해 오기도 한다.[15]

중요무형문화재 제98호 경기도 도당굿의 보유자인 오수복(1924년생, 2011년 작고) 만신은 진적굿 때에 손님 대접을 위해 음식을 별도로 준비했다. 준비한 음식으로는 갈비와 잡채, 북어찜, 도토리묵, 수정과 등이었다. 밥과 국은 평상시와 같지만, 나머지 음식은 '잔치 때 조리하는 음식'을 마련하였다.[16]

우리나라에서는 혼례식이나 돌잔치 등 '잔치' 때에는 으레 음식을 많이 장만한다. 가족을 위해서뿐 아니라 손님맞이를 위해서다. 그래서 오수복 무녀는 잔치 때 음식을 장만하는 식으로 했던 것으로 보인다.

굿 음식은 우선 신을 대접하는 제물로서 일상이 아닌 신성함이 중심이 되겠지만, 굿을 보러 온 손님들의 음식이 되면 일상적인 음식이 될 수 있다. 물론 손님을 위한 음식을 별도로 차리기에 애초부터 일상식일 수 있다. 그러나 굿이 모두 끝난 후 신령에게 올렸던 제물이 굿을 보러 온 손님에게 제공되기도 하는데, 이때에는 특별한 음식이 일상화되는 셈이다.

이는 굿 음식의 양면성이라는 측면에서 논의될 수 있다. 우선 신령을 위한 음식, 그리고 신령이 흠향한 음식이기 때문에 그대로 신성성이 부여된다. 이 음식을 손님들이 먹음으로써 복을 받는다고 한다. 의례를 끝내고 그 음식을 시식하는 음복(飮福)은 바로 복을 위해 먹는 것이다. 그러기에 이는 신성성이 내재된 음식이 된다. 반면 완전히 일상식으로 변모하여 손님이 편하게 먹을 수 있는 음식이라 생각할 수 있다.

혼히 타 종교를 가진 사람 중 지극히 배타적인 사람은 굿 음식을 대단히 꺼린다. 이는 굿 음식을 결코 일상식으로 받아들이지 않기 때문이다. 이를테면 '귀신이 먹었든 잡신이 먹었든', 일상 음식이 아니라 '의례 음식'이라는 관념 때문에 꺼리는 것이다.

5. 굿 음식의 종합적 이해

굿상의 음식은 기본적인 형식이 있되 가변성이 있다. 특히 지역이나 무당 자신, 굿할 집의 형편, 굿 장소 등에 따라서 변형되기도 한다.

흔히 신 가운데 장군신이나 신장신(神將神)은 무관이기 때문에 굿할 때 언월도나 작두와 같은 철로 된 무구(巫具)를 사용한다고 생각한다. 그러나 굿을 의뢰한 가정의 내력에 따라 조심해야 하는 경우가 있다. 필자가 지난 1990년대 초 서울 무속을 조사할 때 한 무녀에게 들었던 말이 기억에 남는다. 조사 당시 그 무녀는 조상굿과 환자굿(병굿)을 많이 했다. 큰굿을 할 때에는 대신칼, 장군칼, 삼지창 등의 무구를 사용하기도 하지만, 이때에도 상황에 따라 잘 써야 한다고 했다. 흔히 장군칼은 병굿에서 병액을 물리치기 위해 사용하지만, 재수굿으로서 병굿을 겸할 때에는 장군칼을 쓰지 않는다. 특히 칼은 아무에게나 마구 '지르는 것'이 아니라고 한다. 제자(무당을 말함)가 각별히 알아서 사용해야 한다는 것이다. 칼을 잘못 사용하면 집안

잘되라고 하는 굿이 오히려 뒤집히고 야단이 난다고 했다.

"가령 그 집의 웃대에서 예의 바르게 큰 벼슬을 한 집안이라면 병굿이라도 대주 어깨에 칼을 휘두르고 지르는데 가만히 있겠습니까. 그러니까 그때는 아무리 병굿이라도 칼을 쓰지 않고 점잖게 일을 해야 합니다."17

이 말은 굿의 가변성, 그리고 보편성과 개별성이 공존한다는 점을 시사한다. 곧 무당에 따라서 무구를 사용하는 방식이 차이가 있듯이, 음식 역시 마찬가지라는 점이다. 따라서 굿 음식은 변수가 있다는 것이다.

굿 음식은 신격과 신령의 성격을 드러내기도 한다. 절대적인 것은 아니지만, 신령이 육신인가 소신인가를 알 수 있게 하며, 이를 통해 신령의 성격을 파악할 수 있는 근거가 될 수 있다. 가령 군웅신은 육신으로서 험하고 거친 성격을 드러낸다. 같은 육신이라도 장군신이나 신장신은 작두를 타며 영력과 권위를 드러낸다. 불교신 계통의 신은 소신으로 굿 음식은 소채류로 정갈하며, 굿거리도 대체로 차분하다.

굿 음식은 모두 중요하지만 그 중 떡은 의례를 대표하는 음식이다.

"떡 본 김에 제사 지낸다"는 속담을 통해서도 떡이 의례 음식을 대표하고 있음을 말해 준다. 여기 제사는 유교의례를 말하지만 유교의례든 무당굿이든 떡은 의례 음식을 대표하는 것이 분명하다.

의례를 위한 음식은 애초 신성성이라는 신앙성을 지니지만, 물리적으로도 정갈해야 한다. 오죽하면 제사 음식을 신에게 올리기 전에 먹으면 '입 돌아간다'는 말이 있겠는가. 제사 음식을 만드는 중 혹 머리칼이 나오면 뱀이 나왔다고 하여 다시 만들어야 한다. 이처럼 의례 음식은 신에게 먼저 올리므로 정갈하고 특별한, 신성한 음식이다.

유교의례 때나 굿할 때 모두 떡을 조상과 신령에게 올리지만, 이때는 떡의 형태가 다르다. 굿이나 집안 고사 때의 떡은 붉은 팥시루떡으로 하지만 유교식 제사의 시루떡은 붉은 팥이 아니라 거피한 팥을 넣어 찐 무색시루 떡이다. 붉은 색은 조상(조상신)의 강림을 막는다 하여 금기로 되어 있다.

특히 굿을 할 때에도 조상신을 모시는 것이 중심을 이루는데, 이때는 붉은 팥시루떡을 올린다. 어쩌면 유교식 의례와 민속신앙 의례의 차별화를 위한 의도로 볼 수 있다.

사실상 고려시대나 조선시대는 무속의례라는 말이 없이 민속신앙 의례는 음사(陰祀)라고 했다. 유교식 의례를 정통 의례로 여긴 상황에서 민속신앙 의례는 음사이니 동등하게 할 수는 없었을 것이다. 게다가 붉은색이 벽사의 의미라는 것은 민속신앙에서 보다 철저하게 받아들였기 때문이고 유교를 이데올로기화 한 국가에서는 이러한 민간사고(民間思考)조차 음사 취급을 했으리라 본다.

그야 어쨌든 무속의례에서 신령에게 올리는 상차림은 유교의례의 제례 상과도 상당히 유사한 점이 많다. 떡을 비롯하여 삼색과일, 나물 등이 모두 유교식 의례의 상차림과 유사하다. 유교상례에서 차리는 사자상(使者床) 은 무속의례에서도 차린다. 특히 무속의 오구굿이나 천도굿에서도 사자상 을 차리고, 진적굿이나 재수굿이라도 조상을 위무하는 굿거리가 있는 탓 인지 역시 사자상을 차리기도 한다.

사자상의 경우, 예서(禮書)에는 없다 하여 유교식 의례를 중시하는 반 가(班家)에서는 차리지 않는다지만, 관행에서는 차리는 것이 보편적이다. 이는 망자(亡者)의 혼을 데리고 저승으로 가는 저승사자에게 잘 데려가 달라고 부탁하는 뜻으로 차려 놓은 상으로, 밥이나 짚신(요즘은 신발을 놓는다) 이외에 돈을 놓기도 한다. 그런데 상에 올려 놓는 음식을 달리하며 해석을 달리하기도 한다. 사자상에 이들 이외에 간장 세 그릇을 놓아 저승사자가 미처 저승에 도착하지 못하도록 막는 것이다. 저승사자가 간장을 먹으면 영혼을 데리고 가는 도중 간장의 짠맛 때문에 물을 자주 마시게 되어 저승에 미처 도착하지 못하여 다시 이승으로 온다고 해석한다. 이승으로 온다는 것은 곧 죽었던 사람이 다시 살아난다는 상징성을 지닌다. 상례에서 초혼(招魂)이 영혼을 되살아내게 하려는 의도가 있다는 것과 흡사한 맥락이다. 이처럼 민속신앙적인 해석에는 한층 융통성이 발휘된다.[18]

사자상은 유교의례와 무속신앙의 수수 관계를 말해 주는데, 이러한 현상은 무속의례를 정착, 발전시키는 데에도 적잖은 기여를 했다고 볼 수 있다.

사실상 굿 형식은 물론 음식에도 변화가 있다. 바나나와 파인애플, 또는 딸기, 키위 등이 굿상에 올라가는 경우도 있고, 훈제된 연어가 올라가는 경우도 있다. 바나나 껍질은 신(神)이 가다가 미끄러질 수 있다고 하여 굿상에 올리지 않는 과일이었지만, 지금은 경제성으로 인해 올라가는 경우가 일반화되어 있다. 제가 집의 고향이 어디인가에 따라 굿상에 올라가는 제물이 조금씩 달라지기도 하는데, 바닷가라면 여러 가지 어물이 올라가기도 한다. 그럴 경우 전악이나 무당들은 새로운 음식에 관심을 보이고 그 음식은 굿이 끝나기 전에 먹는 경우도 많다. 이것은 결국 굿 음식이 인간을 위한 음식이며, 하나의 장식으로 신에게 바쳐진 것이라는 의미[19]로 보는 현실적인 견해를 피력하기도 한다.

그런데 굿상차림은 신에게뿐 아니라, 굿을 보는 사람들에게도 장식으로의 의미를 부여한다. 이를테면 공연물에서 공간을 작품에 적절하게 배치하듯이 굿에서도 공간 배치의 공식이 있다. 그러기에 굿상차림은 공연에

술처럼 공간을 조화롭게 활용한다는 의미도 있다는 점을 간과할 수 없는 것이다.

또한 오방색이나 음양의 조화를 이루게 하는 굿상 차림은, 공연에서 보여주는 공간 배치와 활용의 지혜가 드러나는 것이기도 하다.

우리 굿의 축제성은 이미 알려져 있지만, 굿 음식을 통해서도 알 수 있다. 마을굿은 물론 개인굿이라도 많은 음식을 준비하여 굿당을 찾은 사람들에게 음식을 대접하여 먹는 즐거움을 만끽하게 한다. 원래 굿판에서는 생판 모르는 사람끼리도 춤을 추고, 남이 노는 모습을 보고 흥이 나면 신명을 풀기 마련이다. 남의 굿에 가서도 신명이 나면 거리낌없이 무감을 선다. 무감이란 굿을 하는 도중 다섯거리나 여섯거리를 놀고 나서 쉬는 시간을 이용하여 굿 주(主)나 관중이 굿상에 돈을 놓고 무복(巫服)을 입고 무악(巫樂)에 맞추어 춤을 추는 것이다. 이렇게 춤을 추고 나면 신덕(神德)을 입어 일년 내내 몸에 병이 없고 운이 좋다고 믿는다. 이런 춤이 바로 무감이다. 요즘도 굿판에 가면 서로가 무감을 서며 신명을 푼다. 이것이야말로 무당굿이 축제화될 수 있는 중요한 단서가 되는데, 굿판의 음식을 시식하면서도 굿판의 축제적인 정서를 공유하는 것이다.

이상에서 굿 음식에 대하여 선별적으로 조망해 보았다. 앞에서 밝혔듯이 굿 음식의 상차림은 필자가 논의한 내용이 절대적인 것도 아니고 또한 필자가 잘못 이해한 부분도 있으리라 본다. 때로는 무당 개별적인 생각을 일반화한 내용도 있으리라 본다. 굿 음식을 논의하자면 음식 종류, 만드는 방법, 그에 따른 금기 등이 대단히 중요한 요소로 작용한다는 점을 밝혀야 할 것이다. 또한 각 음식에 대한 상징성도 보다 구체적으로 밝혀야겠으나 역시 투망식 논의에 그친 감이 있다. 굿 음식의 지역성을 비롯하여 음식과 관련된 여러 가지 논의 사항에 대해서는 연구자들의 많은 연구가 있기를 기대한다.

제2부 퍼포먼스로서의 샤먼 문화

샤먼 문화의 시간과 공간 체계

장장식(張長植)

1. 들어가는 말

인간이란 무엇인가, 이 물음에는 인간의 존재에 대한 물음이 담겨 있다. 그런데 인간이라는 존재는 가 보지 않은 세계, 죽음이라는 것과 관련시켜 볼 때 명쾌하게 드러난다. 사실 죽음이란 경험할 수 있으되 반복할 수는 없는 것이어서 그 자체를 실증할 수는 없다. 여러 문화권과 많은 종교에서 죽음의 문제를 다루고 있지만 실제로 이야기하는 죽음과 그 노정은 역시 추상적이고, 관념적인 이유가 여기에 있다.

성현은 『용재총화』에서 "음양의 설에 따라서 천지간의 만물에 기(氣)가 있다. 이 기라는 것은 정령(精靈)을 말한다. 그리고 양기의 정령을 '혼(魂)'이라 한다. 음기의 정령을 '백(魄)'이라 한다."고 했다.[1] 관념적인 내용을 단순 명쾌하게 정리한 셈인데, 물론 이는 중국의 음양론적인 사유를 나름대로 해석을 한 것이다. 그렇기 때문에 중국의 음양론에서 크게 벗어나 있지는 않는다. 다만 여기서 기억해야 할 것은 인간은 혼과 백으로 구성되어 있다는 것이다. 이를 향(香)으로 비유를 하면 좀 더 구체적이다. 제사를 지내거나 어떤 특정 의례를 할 때 향을 피우는데, 향을 피우면 연기가 발생을 한다. 연기는 위로 올라가는데 이를 '혼(魂)'이라 하였다. 그리고 떨어지는 재를 '백(魄)'으로 표현한다. 이때에 '향'은 인간이다. 인간이 어느 시점에 이르게 되면 마치 향이 타서 연기가 흩어지는 것처럼 혼이 흩어지고, 밑에 타고 남은 재가 떨어지듯이 백이 흩어진다고 하였다. 물론 이것은 중국의 한 고전인 『예기(禮記)』에서 한 말이다. 그런데 이 비유법이 상당히 맞아떨어진다. 혼과 백이라는 관념 속에서 인간을 이해하고자 했던 이와 같은 이원론적인 구분은 다음과 같은 결론으로 이어진다. 혼은 기이고, 정신이며, 형이상학적인 존재이다. 반면에 백이라는 것은 가시적인 것이고, 형이하학적이며 구상적인 것이다. 그래서 우리는 그것을 육체라고 표현할 수 있다. 따라서 혼과 백이 잘 합치되어 있을 때, 즉 조화롭게 있을 때 살아 있는 것이라 보는 것이고, 이 두 가지가 분리되었을 때에 죽음 또는 병든 것이라고 보는 것이다.

몽골의 무속과 무당을 조사할 때 발견할 수 있는 것은 그들 역시 이런 범주 내에서 인간을 이해한다는 점이다. 사람의 혼이 육체를 떠나서 나갔다 들어왔다 하는데, 멀리 나가는 것은 아픈 것이라는 관념이다. 때로는 악령에게 유괴당하기도 하는데, 이는 죽을 병에 든 것이다. 따라서 혼을 불러들이는 의례를 자주 한다. 대체로 샤먼의 북을 환자의 머리에 뒤집어씌우고 북을 치며 혼을 불러들이는 의례를 한다. 마치 제주도의 넋들임과 비슷하다. 이와 같은 예는 혼과 백이 분리될 수 있다는 관념에 따른 것인데, 민족에 따라서 혼의 종류가 복수 이상인 나라도 있다.

이익은 『성호사설』에서 "양기가 흩어져서 둘로 분화되고, 하나는 하늘로 올라가 양(陽)으로서의 신(神)이 된다. 하나는 땅속으로 내려와서 음으로서 귀(鬼)가 된다"고 했다. 우리가 보통 이것을 일컬어 귀신(鬼神)이라 한다. 그런데 이 귀신이라는 것은 하나는 양의 기운, 하나는 음의 기운으로서의 신이다. 그러므로 이 둘은 둘이면서 하나이고 하나이면서 둘이라는 관념이 들어 있다. 어떻게 보면 신(神)은 '+' 성질이고, '귀(鬼)'는 '−' 성질이다. 신(神)은 양이고 귀(鬼)는 음의 성질을 지니고 있다. 역시 음양적 개념으로 혼이라는 존재도 나누어 생각했다는 것을 알 수 있다.

죽음이라는 것은 양기가 부상하여 올라가는(승천하는) 것이다. 신명은 승천을 하는 데 반해 귀신은 공간에 떠서 자유로이 행동하는 데 문제점이 있다. '+'의 성격은 위로 올라간다. '−'는 이 지상계에서 떠돈다. 다시 말해, 살아 있는 인간의 주위에서 떠돌며 인간의 문제에 끊임없이 개입한다. 민속적 관념에서 신도 중요하지만 귀라는 데에 특별히 주목하는 까닭이 여기에 있다. 우리 눈에 보이지 않는 존재들이지만 바로 우리 주위에 있다는 것은 이들이 인간의 문제에 끊임없이 개입을 한다는 관념과 같다. 인간의 일에 끊임없이 개입을 해서 방해를 한다면 인간은 어떻게 될까. 정상적인 생활에 막대한 지장을 받을 수밖에 없다.

다시 성현의 『용재총화』의 내용으로 돌아가 본다. 혼과 백이 분리된다는 사고가 죽음이다. 죽음으로 분리되었는데 백이라는 존재는 가시적이기 때문에 땅속에 묻히거나 몽골의 옛 방식대로 풍장(風葬)을 하거나 티베트 방식으로 조장(鳥葬)을 하거나 바이킹처럼 수장(水葬)을 한다. 육체 곧 주검의 처리는 가시적으로 분명한데, 말을 하고 생각을 하고 노래를 불렀던 그 정신은 어디로 갔는지 모른다. 그런데 그것이 신과 귀로 분리된다는 이해 방식에 좀 더 접근할 필요가 있다.

어떤 때에 양(陽)으로 표출되고 어떤 경우에 음(陰)으로 표출될까. 이 점에서 죽음 자체의 문제를 다시 생각해 본다. 죽는 데는 크게 두 가지 양상이 있다. 하나는 정상적으로 죽는 죽음의 경우이고, 또 하나는 비정상적인 죽음의 경우가 있다는 양극적인 생각이 규정된다. 그렇다면 어떻게 죽는 것이 정상적으로 죽는 것일까. 반대로 어떻게 죽는 것이 비정상적인 죽음일까. 민속에서는 이것이 굉장히 큰 관심사이고, 결국 중요한 요소로 작용한다. 이 글은 이와 같은 기본적 관점에서 샤먼 문화의 시간과 공간 체계를 설명하고자 한다.

2. 객사(客死)에 대한 특별한 관념

샤먼의 무가(shaman chants)인 「바리공주」 무가는 샤먼의 노래이다. 샤먼의 노래 중 스토리가 있는 것이 '서사무가'인데, 그 중의 하나가 「바리공주」 무가이다. 이야기의 줄거리는 주인공 바리공주를 중심으로 다음과 같이 전개된다.

－신탁을 무시하고 결혼한 국왕 부부가 계속해서 딸 일곱을 낳는다.
－왕은 일곱째로 태어난 딸을 내버린다.
－버림받은 딸은 천우신조로 자라난다.
－왕은 병이 들고 병을 고치기 위해서는 서천서역국의 신이한 약물이 필요하다는 사실을 알게 된다.
－만조백관과 여섯 딸이 모두 약물 구하는 것을 거절한다.

−이 소식을 들은 버림받은 막내딸이 찾아와 약물을 구하겠다고 떠난다.
−막내딸은 서천서역국을 찾아가 약물 관리자의 요구로 고된 일을 여러 해
　해 주고 그와 혼인하여 아들까지 낳은 뒤 약물과 꽃을 얻어 돌아온다.
−국왕은 이미 죽었으나, 막내딸은 신이한 약물로 아버지를 회생시킨다.
−막내딸은 저승을 관장하는 신이 된다.

　주인공 바리공주는 서울 지역에서 부르는 이름이고, 표기에 따라 '발이 공주'라 하며,[2] 지역에 따라서는 '바리데기'라 부른다. '-데기'는 생명을 가리키는 말이니, 버린 아이라는 뜻이다. 바리공주가 서천서역국의 노정을 마치고 물[藥水]과 함께 꽃을 가져와 부모를 살린다는 내용이다. 바리공주가 꺾어 온 꽃은 살살이꽃, 피살이꽃, 숨살이꽃이다. 물과 꽃은 부모를 살리는 영물(靈物)인데, 바리공주가 임무를 수행하는 데 긴요한 역할을 한다. 「바리공주」 무가를 길게 인용하는 까닭은 이 글의 주제와 관련된 관념이 잘 묘사되어 있기 때문이다.

　죽음의 문제와 관련시킬 때 「바리공주」 무가에서 인식하는 비정상적인 죽음은 여러 가지로 나타난다. 자식이 없이 죽은 사람, 해산하다 죽은 사람, 자살한 사람 등이 나오는데, 이들은 모두 '돌에 얹혀 가는 배를 타고 간다'고 구술된다. 이런 영혼들은 정상적인 죽음이 아니기 때문이다. 이와 관련하여 일찍 죽은 요절의 경우도 비정상적인 죽음에 해당하고 혼례를 치르지 못하고 죽은 죽음의 경우도 비정상적인 죽음에 든다. 이처럼 비정상적인 죽음은 정상적인 죽음과 달리 특별한 상황으로 간주한다.

　앞서 언급한 것처럼 어떻게 해야 잘 죽은 것인가. '정상적'으로 죽어야 한다. 정상적으로 죽지 못하는 일이 여러 가지가 있는데, 대표적인 것이

객사이다. 객사는 집이 아닌 밖에서 비명횡사해 죽은 것이다. 이른바 '정종(正終)'을 아니한 죽음이다. 정종이라는 개념은 공간적으로 정침에서 죽음을 맞이하는 죽음을 말한다.[3] 정종을 하려면 공간적으로 정침이 필수적이다. 『가례』는 '천거정침(遷居正寢)'이라는 표현으로 병이 깊어 환자를 정침으로 옮기도록 명시하고 있다. 물론 이는 중국의 관념을 그대로 수용한 결과이다.

정침은 천자에서 사(士)에 이르기까지 모든 계층이 구비하고 있던 가옥의 핵심 공간이다. 일반 집의 경우 안방이고, 궁궐의 경우 정전이다. 일상의 거처이며 크고 작은 의례를 수행하는 공간이다.[4] 실제 관행에서는 임종을 할 때 남자는 사랑방에, 여자는 안방으로 옮기는데,[5] 사랑방과 안방이 정침에 해당한다.

이것이 보통 사람들이 누리고자 했던 마지막 임종의 단계이다. 따라서 의사가 와서 "이제는 집으로 모셔야 할 때가 왔습니다."라는 것은 이제 인위적으로는 소생시킬 수 없으므로 정종하게 하라는 의미이다. 『가례』에서 언급하고 있는 '천거정침'의 다른 표현이다.

자살과 타살과 같은 죽음의 방식이 정상과 비정상적인 죽음의 기준이 된다는 사실을 새삼 강조한다. 이 중 장소라는 측면에서 정종이 아닌 죽음이야말로 비정상적인 것이다. 다시 한번 공간의 문제가 중요하게 드러나는 까닭이 이런 것이다.

객사는 한마디로 나그네가 되어 죽는 죽음이므로 매우 꺼리는 죽음이다. 우리 문화가 가장 꺼리는 말이기도 하고 '객사할 놈'이란 욕설로 남는다.

귀와 신의 이분법적 관념과 관련된 민속의례에서 뒷전이라는 중요한 의례가 있다. 뒷전은 귀에 대한 특별한 의례인데, 보통 뒤풀이라고 하는 것이다. 굿과 같은 의례를 할 때 부정한 것은 모두 보내 버리고 정화된 상황에서 의례를 행한다. 자연히 잡귀와 잡신 등은 제장(祭場)에서 내쫓김을 당한다. 그러나 의례가 끝날 무렵에 귀를 불러 먹인다. 이것이 뒷전이고 뒤풀이다.

난곡(蘭谷)이 그린 『무당내력』[6]에는 여러 굿거리의 그림이 수록되어 있는데, 마지막 부분이 '뒷전'이다. 무당이 북어를 양손에 들고 춤을 추는 그림이고, 그림 옆에 다음과 같은 설명문이 부기되어 있다.

> "致誠畢 無名雜鬼 一體犒饋 使之安定(치성이 끝나면 이름 없는 잡귀 일체를 풀어 먹여 안정하도록 한다.)"

1885년에 그려진 것으로 보이는 이 그림을 통해 뒷전이라는 의례는 매우 보편적인 의례였음을 알 수 있다. 인간의 문제에 도움을 주는 신과는 달리 해코지의 대상이 될 수 있는 무명잡귀(無名雜鬼)에 대해 별도의 의례를 행하는 셈이다. 인간의 문제에 개입하지 말고, 결과적으로 해를 끼치지 말라는 화해의 구조이다.

불교의례 역시 헌식이라 불리는 '해물림' 의례를 한다. 우란분회와 같은 의례를 마친 후에 쫓아낸 부정한 것을 대접하는 의례이다. 부정한 존재를 신성한 법당(法堂)으로 불러들일 수는 없으니 법당에 차렸던 음식들을 조금씩 떼어 절 담 밖에다 놓거나 뿌려 준다. 잡귀, 잡신 들이 먹으라는 뜻이다.

서양의 'ghost'는 퇴치와 박멸의 대상이기 때문에 호리병 속에 가둬 두거나 감금하고 유폐한다. 때로는 퇴마의식을 통해 축귀한다. 이것이 서양문화가 지닌 성격의 일면이라고 한다면, 한국문화에는 달래 주고 어르며 함께 산다. 이것이 동양문화가 지닌 화해(和解) 정신이다. 화해는 양자의 관계를 회복시킨다는 점에서 일종의 소통을 배경으로 한다. 그러나 소통이 깨졌을 때, 여러 가지 축귀의례를 할 수밖에 없다. 이를테면 '귀신들린 자'에 대한 특별한 의례를 행한다.

귀신은 인신(人神)이다. 이들은 객사하거나 비명횡사 또는 옥사에서 원한이 맺혀 저승에 들어가지 못하고 부혼(浮魂)이 되어 이승을 떠돌며 인간의 일에 개입한다. 결과적으로 인간에게 가해를 가하는 존재여서 객귀(客鬼)라는 이름으로 배격된다.7 이러한 귀신의 활동을 다룬 이야기도 많은데, 그 중의 하나가 소설 「설공찬전」이다. 「설공찬전」에서 설공침의 몸속에 들어와 활동하는 귀신들은 모두 죽은 사람의 혼령이다.8 인간에게 무단히 개입하는 존재는 인간을 병들게 하거나 해롭게 하는데, 「설공찬전」에서도 이런 비슷한 양상을 보인다. 이른바 빙의현상을 보이며, 특별한 능력을 소유한 사람에게 쫓겨나야만 하는 대상이다. 이와는 달리 때로는 '명두'라는 이름의 신격(神格)으로 무당의 몸주가 되어 인간의 점복에 해답을 주기도 한다.9

민속적인 사례로 위도 띠뱃놀이의 마지막 제차에서 행해지는 퇴송의례를 들 수 있다. 볏짚으로 배와 인형을 만들고 띠배에 모든 것을 실어 보내는 의례이다. 이와 유사한 관념의 의례는 전국적으로 널리 퍼져 있다. 강화도 외포리 고창굿의 마지막 제차인 막동이거리 역시 동일하고,10 부여군 괴목마을의 마을제사에 벌어지는 '짚말' 내보내기도 같은 발상이다. 괴목마을의 제사 말미에는 짚으로 만든 말이 등장한다. 마을제사가 끝난 다음 짚말에 두 개의 오쟁이를 매달고 그 안에 제사를 드렸던 음식과 함께 돈을 넣어 마을 밖으로 내보낸다. 이를테면 잡귀를 풀어먹이고 잡귀의 해를 막으려는 뜻에서다.11

국가 단위로 볼 때, 정상적이지 못한 죽음은 매우 많다. 전쟁과 기근, 돌림병 등으로 수많은 귀(鬼)가 발생하기 마련이다. 이들이 바로 여귀(厲鬼)라 불리는 존재들이다. 그렇기 때문에 국가 차원에서 이들에 대한 의례를 위해 서울과 각 고을에 '여제단(厲祭壇)'을 쌓고 '여제'를 지낸다. 여제는 조선조 의례에서 소사에 해당된 비중 있는 의례 중 하나이다. 1908년 중단되기는 했으나 여제는 청명일[春祭]과 7월 15일 백중일[秋祭] 및 10월 초하루[冬祭]에 거행하였다.

그런데 객사와 관련된 관념에서 중요한 것은 정상적이지 못한 죽음들이 '특정한 곳'으로 가지 못하고 인간 세상에 개입한다는 인식이다. 이를 위해 의례는 그래서 매우 특별하다. 대표적인 의례가 사혼굿이다. 흔히 '사혼제(死婚祭)' 또는 저승혼사굿, 망자혼사굿이라는 굿인데, 혼례를 치르지 못한 총각 처녀를 위해 굿의 형태를 취하여 올리는 혼례이다. 2004년에 필자가 접한 충청도의 사혼제에서는 비정상적인 죽음을 맞이한 남녀의 혼례를 다루고 있다. 신랑과 신부를 인형으로 만들고 초례청을 차려 산 자의 혼례 절차에 따라 거행한다. 일반의 혼례와 같은 방식이며, 신랑과 신부집은 일반인의 관계처럼 사돈 관계를 유지하는 그런 혼례이다. 혼례를 치르지 못하고 죽은 자에 대한 특별한 의례를 통해 산 자의 결합방식을 취하고 마침내 완전한 인간적 삶을 구현한다. 여기에 담긴 뜻은 죽음조차도 정상적으로 맞으려 했던 민중들의 지향점이다. 인간의 삶에서 발생하는 기본적인 욕망 달성의 꿈을 이루기 위해서이다.

이뿐만이 아니다. '사갑제(死甲祭)'라는 의례를 행하기도 하는데, 말 그대로 죽은 사람, 회갑 전에 죽은 이가 회갑을 맞이했을 때 하는 잔치굿 또는 제사이다. 이를 '갑사(甲祀)' 또는 '망갑제(亡甲祭)'라고 한다.[12] 이들의례의 대상은 소통의 측면에서 인간과 단절된 존재들이다. 이들과의 소통 관계를 회복시키고자 하는 의례인 셈인데, 동양의 정신으로 말하면 '대동화합'이다. 물론 귀(鬼)들의 해코지를 막기 위한 것이다.

일반적 사례를 들어 논의를 진행하기 위해 일상에서 볼 수 있는 귀에 대한 관념을 살핀다. 결혼을 하기 전에 함을 들이는 의례가 있다. 예전의 모습이라 할 수는 없지만 흔히 함을 들일 때 함진아비는 오징어 가면을 한다. 왜 그럴까. 옛날에는 숯 검뎅이를 칠하기도 했는데, 이런 사례는 좋은 일에 개입할지 모를 귀들, 삿된 것에 대한 방어기제이다. 함진아비 일행이 움직일 때마다 봉투를 놓고 이를 밟고 나아가는 것도 일종의 귀에 대한 헌금이다. 비록 함 값이라는 용어로 특정되지만 실상은 좋은 일에 개입할 수 있는 존재에 대해 금전적으로 '위해 주는' 것이다. 또 함을 들고 신부집으로 들어가기 전 바가지를 밟고 들어가는데, 이는 바가지의 파열음으로 삿된 것을 쫓는다는 뜻이다. 이런 의미에서 볼 때 함들이라는 특정 의례는 이중 삼중의 안전장치를 담보하고 있다. 모두가 두려운 존재에 대한 부당한 개입을 차단하려는 방어기제이다. 그러므로 이들 의례의 각각은 특별한 존재를 상정하여 대상화하고 있고 이들에 의해 혼사라는 욕망 달성의 꿈이 좌절될 수 있는 관념에서 출발한다.

「바리공주」무가는 이와 같은 관념을 기본화하고 있는 교리적인 노래이다. 굿이라는 의례를 통해 구연되고, 구연을 통해 관념을 확실화한다. 일종의 신화적 재현을 통해 현시하고, 현실의 문제에 집중하여 해결하고자 한다. '저승'보다는 '여기'를, '그때'보다는 '지금'의 문제에 집중하는데, 이것은 현실 극복의 욕망과 관련된 '특별한 존재'를 전제로 하고 있기 때문이다.

3. 시공과 우주의 비균질적 개념

세계란 무엇인가. 이 세계는 물리적이면서 정신적으로 우리를 둘러싸고 있는 공간이다. 세계를 시공이라는 말로 바꿀 수 있는데 시공은 시간과 공간이다. 그런데 시간과 공간은 관념적으로 존재할 수도 있고 현실적으로 존재할 수 있다. 관념적 시공은 객관적이고 가시적이 아닌 추상적이고 본질적인 성격을 반영한 시공이다. 서양의 파라다이스, 기독교의 천국, 불교의 극락, 중국문학에 등장하는 무릉도원이 바로 이런 곳이다. 이들은 이상향을 본질적으로 반영한 관념적이고 추상적인 시공이다.

회남자는 사방상하(四方上下)를 가리켜서 '우(宇)'라 하고, 동서남북 위와 아래를 '주(宙)'라 한다. 우(宇)가 공간적 개념이고 공시적 개념이라면, 주(宙)는 시간적 개념이고 통시적인 개념이다. 우와 주의 위계적 상황을 따질 때 모호한 점이 많으나, 시간적 개념이 우위를 점하는 것 같다. 왜냐하면 민속 현장과 의례를 분석할 때, 민속 현장은 '특정한 시간대에 설정된 특정한 공간'으로 나타나고 민속의례는 그곳에서 벌어지는 '특별한 사건(행위)'이기 때문이다. 공간에 설정된 시간으로 볼 수도 있지만 시간이 우위를 점하고 있기 때문에 공간이 구속받는 것 같다. 그러므로 장소성보다 시간성이 중요하고, 공간보다는 시간이라는 요소가 문화를 특정하는 데 중요한 기준점이 된다.

모든 시공은 질과 양의 차이를 지닌 비균질적인 양태이다. 이 중의 하나가 성(聖)과 속(俗)이라는 변별성이다.

일찍이 M. 엘리아드는 카오스(chaos)와 코스모스(cosmos)라는 용어를 통해 문화를 탐구했는데, 여기에는 코스모스는 질서이고 카오스는 혼란이라는 사회학적 개념이 바탕한다. 그러나 우리의 경우 카오스는 혼돈이지만 존재의 근원으로 존재한다. 오히려 코스모스는 질서의 개념이지만 인간이 사는 세계로서의 속(俗)의 공간이고 카오스는 존재의 근원으로서 또 다른 시공이다.

천지창조신화와 개벽신화로 대별되는 이와 같은 상징적 관념은 매우 중요하다. 천지창조신화는 무질서한 카오스를 질서화하려는 신화라면 개벽신화는 카오스에서 생성되는 코스모스의 양상을 설명한다. 특히 개벽신화는 카오스를 존재의 근원으로 보고 끊임없이 순환하려는 문화의 상징적 언술[言述]이다. 최초의 사건에 대한 동서의 관점은 이처럼 확연하다.

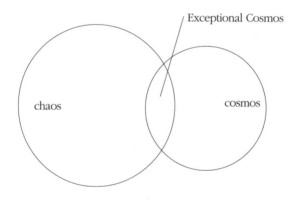

카오스와 코스모스를 그린 그림을 통해 이 점을 확인할 수 있다. 코스모스는 유시간적, 유공간적인 현실이고, 그렇기 때문에 코스모스에 존재하는 인간은 유한 존재일 수밖에 없다. 반면에 카오스는 무시간과 무공간이고, 불가시적이고 영원한 존재이다. 카오스와 코스모스가 겹치는 곳은 특별한 곳인데, 김창진은 이를 일러 비일상계(非日常界) 또는 '카오모스

(chaomos)'라 부르기도 한다.[13] 인간의 관점에서 보면 특별한 코스모스이고, 건너편의 시각에서 보면, 다른 말로 바꾸면 카오스화된 코스모스이다. 따라서 이 공간은 중간계(mediator),[14] 모호한 경역(ambiguous zone) 또는 임계지역(臨界地域, liminal zone)[15]이다. M. 엘리아드의 개념을 대비시킨다면 카오모스는 세계의 중심이다. '대지의 배꼽'과 '대지의 자궁'에 해당하는 세계이고, '우주의 축(axis mundi)'이다.

무속적 개념에서 볼 때 굿은 비일상적인 판에서 행하는 특별한 행위이다. 코스모스 내에서 구현된 카오스의 시공에서 이루어진다. M. 엘리아데의 개념으로 하면 우주의 축에서 행해지는 최초의 행위를 모방하고 있는 것이다. 이것이 엘리아데가 주장한 원형(arche-type)이다. 그러나 개벽신화적 관점에서 보면 코스모스 속에 설정된 카오스의 세계(카오모스)에서 '최초의 시간에 열린 사건'을 반복하고 있는 것이다. 이는 원형 개념과는 다르다. 일찍이 김태곤이 언급한 원본(原本, Arche-pattern)이다. '본디의 본(本)'에 해당하는 사건을 반복하여 특별한 목적을 달성하고자 한다.

이해를 돕기 위하여 M. 엘리아데의 원형과 원본을 간략히 비교한다.

─신의 창조행동을 모범적 모형이나 모본으로 보아 만물의 근원을 신으로 보는 관점이 원형이라면 원본은 만물의 근원을 신으로 보게 된 그 사고 근원을 분석해 들어가는 견해다.
─원본(原本)은 원형(原型) 이전의 보다 선행되는 존재의 근원 문제다.
─원형이 'arche'의 'type'이라면 원본은 'arche'의 'pattern'이라는 의미이다.
─원형(archetype)에 선행되는 사고 근원이 원본(arche-pattern)이다.[16]

김태곤이 무속을 해석할 때 도구적 이론으로 우선적으로 쓴 것이 원본사고이다. 우리가 관심을 갖는 카오스와 코스모스로 원본을 설명할 때, 원본사고는 만물 존재의 근원을 카오스(chaos)로 보고 존재가 카오스에서 코스모스(cosmos)로 갔다가 다시 카오스로 되돌아가는 순환이 반복되어 존재가 영원한 것으로 믿는 입체적 사고이다. 이러한 원본사고의 총체가 언어로 표현되어 서사 · 서정 · 희곡 · 전술양식의 일정한 유형으로 형상화한 것이 무가이고, 그것이(arche-pattern) 행동으로 표현되어 행위적 실천화 현상으로 나타나는 것이 제의이다.[17] 무속제의는 존재의 영구지속에 목적을 두고 제의는 존재의 무한 근원인 카오스 상황에서 이루어지며, 제의를 통해 존재가 지속될 수 있다는 믿음은 원본사고에 의한 것이다. 이러한 원본사고는 카오스와 코스모스가 혼재한다는 미분성(未分性)에 기반을 둔다.

여기서 짚고 넘어가야 할 것은 "코스모스에서 카오스로 간다"고 할 때, 가는 공간의 문제이다. 카오스는 실제적으로 가는 곳이 아니고, 코스모스 내에 설정된 곳이다. 카오스와 코스모스의 중간 영역인데, 김창진의 용어로 카오모스(Chaomos)라는 곳이다. 그런데 '카오모스'라는 개념은 시간적 개념인가 공간적 개념인가 하는 점이다. 중요한 공간성보다 시간성에 존재하는 시공이다. 그러므로 비일상적인 모든 '판'은 시간에 의해 존재하는 시공이 된다.

이처럼 인간은 두 세계와 그 사이의 영역에서 의례화한다. 그러므로 이들에 의해 굿판이 연행되고, 종교의례가 구현될 수 있다. 성(聖)과 속(俗)을 따지면서 카오스와 코스모스를 따지는 까닭이 여기에 있다.

4. 저승이란 어떤 곳이며, 어떻게 가는 것인가

「바리공주」 무가의 바리공주는 죽은 자를 저쪽 세상으로 데리고 가는 역할을 하는 신이다. 망자천도굿을 할 때 "말명을 드린다" 하는데, 이는 망자를 저승으로 보내 주는 굿거리이다. 바리공주가 서천서역으로 가는 노정기는 매우 복잡한데, 말명드릴 때 이런 상황을 구연하는 것이 바로 「바리공주」 무가이다. 대체로 쌀을 한 말 올려놓고 그 앞에 서서 무가를 구연한다. 바리공주는 무쇠지팡이를 짚고 무쇠신을 신고 서천서역국을 찾아가는데, 빨래터에서 빨래를 해 주고, 개울에서는 다리를 놓아 주며 험난한 노정을 밟는다. 무장승을 만나서 결혼하여 자식을 낳으며 무려 십육 년을 산다. 이렇게 하여 얻은 약수와 꽃을 들고 황천강(黃泉江)을 건너 귀환하는 비범한 인물이다.

바리공주가 갔던 길은 날벌레, 날짐승도 들어가지 못하는 '함부로 갈 수 없는' 곳이다. 그곳은 공간적으로 무쇠지팡이와 무쇠신발을 신고 가야 하는 머나 먼 곳이기도 하다. 그리고 서천서역국은 앞은 바다, 뒤는 꽃밭으로 이루어진 아름다운 공간이고, 온갖 꽃이 피는 곳이다. 바리공주가 귀환할 때 들고 온 숨살이꽃, 살살이꽃, 피살이꽃이 피어나는 꽃밭이다. 그야말로 생명의 원형성이 존재하는 공간이다.

그렇기 때문에 무가에는 다양한 꽃이 등장한다. 탄생을 주재하는 꽃이 있고, 반대로 죽음으로 몰고 가는 꽃도 있다. 죽은 이를 살리는 꽃도 있고, 악한 사람을 징치하는 꽃도 존재한다. 인간의 세계에서 발생할 수 있는 모든 가능성과 해결 불가능한 일을 꽃으로 할 수 있다.

제주도 본풀이 중의 하나인 세경본풀이에는 자청비가 꽃으로 사람을 살리는 대목이 나온다. 문전본풀이에서는 칠형제가 죽은 어머니를 살리는 꽃으로 쓰이고, 이공본풀이에서는 '살릴꽃'으로 살리기도 하고 '죽일 꽃'(멸망꽃)으로 사람을 죽이기도 하며, 심지어는 '가난꽃'으로 가난하게 도 만들기도 한다. '웃음웃는꽃'이나 '싸움하는꽃'도 존재하며,[18] 이 꽃들은 인간의 상상이 빚어낸 극적인 상징성을 가진다. 이처럼 무속의 꽃은 다양한 용도로 쓰이며, 이것의 근원이 서천서역국이라는 것이다. 이해를 돕기 위해 이공본풀이의 줄거리를 본다.

어떤 한 마을에 김진국과 원진국 두 집안이 있었는데, 김진국은 구차하고, 원진국은 부자이다. 두 집안은 자식이 없어 근심을 하다가 절에서 불공을 닦으라는 중의 말을 듣는다. 김진국은 아들을 낳아 사라도령이라 하고, 원진국은 딸을 얻어 원강암이라 지었다. 두 아이가 자라 십오 세에 서로 결혼을 시킨다. 하늘에 있는 옥황이 사라도령을 보고 서천꽃밭에 꽃감관으로 임명하니, 사라도령은 그것을 수행하기 위해서 서천꽃밭으로 간다. 이때 원강암은 임신 중임에도 불구하고 남편을 따라 길을 나선다. 서천꽃밭은 멀고 멀어서 임신 중의 원강암은 따라갈 수 없다. 이에 근처 김장자 집에 종으로 팔리기를 원한다. 김장자 집에는 세 명의 딸이 있는데, 첫째와 둘째는 원강암을 사지 말자고 한다. 하지만 셋째 딸만 원강암을 사도 좋다고 한다. 사라도령이 김장자 집을 떠나면서 뱃속에 아이가 아들이면 할락궁으로, 딸이면 할락댁으로 이름을 지어 주고, 얼레빗 반쪽을 주면서 다음에 만나기를 바라면서 서천꽃밭으로 떠난다. 원강암은 장자 집에 머물면서 장자의 유혹을 물리치고 갖은 고생을 하면서 할락궁을 키운다. 할락궁이 열다섯 살이 되어서 자신의 아비를 찾아 나

선다. 아들이 서천꽃밭으로 가는 도중 원강암은 장자에 의해 죽음을 맞는다. 할락궁이 서천꽃밭에서 꽃감관이 되어 있는 아버지를 만나서 어머니가 죽음을 당하였다는 것을 알게 된다. 할락궁이 서천꽃밭에 도착하기 위한 모든 역경을 헤치고 도움을 받은 모든 것은 바로 '어머니의 깊은 눈물'이라는 것도 알게 된다. 할락궁은 서천꽃밭에서 꽃을 꺾어 돌아와 죽은 어머니를 그 꽃으로 다시 살린다.[19]

이공본풀이는 서천(서역국)에 있는 꽃밭에 관한 이야기이다. 꽃감관이라는 직책을 지닌 사람이 서천꽃밭을 지키고 있으며, 서천꽃밭은 멀고 먼 곳이다. 멀어서 원강암이 따라갈 수 없기도 하지만 임신 중이어서 더더욱 갈 수 없다. 무거운 몸 때문에 갈 수 없는 것이 아니라 임신이라는 부정을 지녔기 때문이다. 생물학적으로 '임신'은 새 생명을 탄생시키는 위대한 일이지만, 종교적으로 '피부정'과 관련이 있기 때문에 신성한 곳인 '서천꽃밭'에 갈 수 없다.[20] 이처럼 서천꽃밭과 그곳의 꽃은 부정한 것이 가까이 해서는 안 되는 곳이며, 부정한 사람 역시 접근할 수 없는 대상이다. 다른 무가에서처럼 서천꽃으로 죽은 어머니를 살린다. 꽃은 이와 같이 생산력 그 자체이다.

제주도의 생불할망 본풀이에 등장하는 '생불꽃'은 아이를 잉태시키는 꽃이다. 이런 사례를 보아 서천꽃밭의 의미는 생명의 근원이라는 상징성에 집중하고 있다. 존재를 재생시키는 꽃을 키워내는 곳이고, 악한 것을 징치하는 도구로 쓰이는 꽃을 가꾸는 곳이다. 무속에서 꽃이 많이 쓰이는 까닭은 이와 같은 배경 때문이다.

무속에 등장하는 꽃은 엘리아데가 지적한 것처럼 식물의 히에로파니(hierophany)에 해당하는 원형적 구조를 가지고 있다. 식물로서의 꽃 자체가 신의 영역인 창조의 세계에 해당한다. 꽃은 우주의 원천이며 스스로를 만들어내는 창조물이다.[21] 그렇기 때문에 끝없는 재생과 끝없는 생명의 원천이며, 동시에 죽음과 관련된 다중성(多重性)의 상징물이다. 이런 꽃을 키워내는 꽃밭으로서의 서천서역국은 이른바 존재의 근원이 된다.

서천서역국은 이처럼 차별화된 시공이다. 산 자와는 격리되어 있고, 갈 수 없는 신성한 공간이다. 서천서역국과는 약간의 의미 차이와 상징성이 다르지만 저승의 개념도 이와 크게 다르지 않다. 그렇기 때문에 저승으로 가는 방법은 매우 상징적일 수밖에 없다.

저승이라는 타계(他界)로 가는 방법을 재현하는 굿이 씻김굿이다. 물론 이 말은 전라 지역에서 쓰는 말이나 죽은 사람을 저 세상으로 안돈해서 보내는 의미를 지니는 굿이다. 씻김굿에서 저승이라는 관념적 공간을 어떻게 생각하는가를 여실히 보여 준다. 우선적으로 저승은 풀고 씻고 닦고 가야 하는 길이다.

우선 고를 풀고 가야 하는 곳이다. 인간들은 살면서 수많은 사람과의 관계 속에서 많은 고가 생길 수 있다. 악연일 수도 좋은 인연일 수도 있다. 이것을 풀고 가는 것이 고풀이이다. 고는 인위적으로 만든 것이지만 망자의 원한을 구상화한 것이며, 이를 풀었을 때에야 망자는 이승에서 맺힌 원한을 풀 수 있다.[22] 이를테면 이승의 결박을 풀고 자유스러운 존재론적 전환이 이루어지고, 저승길을 순탄하게 갈 수 있는 자격이 생긴다. 물론 이와 같은 고풀이는 하나의 상징이고, 상징행위를 통해 산자와 죽은 자가 화해하고 소통한다. 두번째는 길을 닦아내야 한다. 닦아내고 가는 길이다. 길이 험하기 때문에 그 길을 닦아 주고, 망자가 서천서역국으로 편히 갈 수 있도록 해 주어야 한다. 물론 이는 하나의 상징이지만 타계 여정을 보여 준다. 실제로 굿에서 씻고 풀고 가는데, 이것으로 그치는 것이 아니라 닦아준다. 이중 삼중의 상징을 통해 저승으로 갈 수 있다는 논리이다. '길'은 안방으로부터 마당으로 길게 펼쳐 놓은 무명베이다. 이승과 저승을 잇는 길이고 그것을 베로 상징화했기 때문에 '질베(길베)'라 부른다. 결국 이 길베는 이승과 저승을 이어 주는 길이며 다리를 상징한다.[23] 길베는 이런 의미에서 강을 건너 저승으로 들어가는 길을 상징화하고 있는데, '닦아 줌'으로써 저승에 무사히 갈 수 있다.

셋째로 영돈 또는 영대망인이라는 죽은 사람의 혼을 상징하는 인형을 만들고 이를 씻어 주기도 한다. 이것은 저승이 현세의 모든 것을 내 놓고 가는 곳임을 표현한 것이고,[24] 이승의 더러움을 씻어내야만 갈 수 있다는 공간관념의 상징이다. 게다가 죽음 자체가 더러운 것이기 때문에 영돈을 씻는 상징을 통해 혼을 정화시키고 존재의 전환(轉換)을 꾀한다.

결국 이 세상을 떠나 그곳으로 가기 위해서는 이승에서 풀지 못할 고를 풀고 가야 하고, 더러움을 씻어내어야 한다. 또 그 길은 순탄하지 않은 길이기에 닦아 주어야 하며, 때로는 길을 갈라서 장애를 제거해 주어야 한다. 길을 갈라 주는 상징을 베를 갈라내는 것으로 상징화하기도 하는데, 주로 중부 이북의 굿에서 나타나는 현상이다.

서천서역국(西天西域國)이라는 용어는 타계(The other world)의 한 표현이고, 그곳은 강이 가로 막혀 있다. 주로 황천강(黃泉江)이라 표현되는 강인데, 바다로 묘사되기도 하며 배를 타고 간다.[25] 황천강을 건너는 사람은 크게 두 부류인데, 극락세계와 지옥으로 가는 무리들이다. 극락으로 가는 배는 연화대로 꾸며져 있고, 거북이가 받들고 청룡과 황룡이 끌고 간다.

지옥으로 가는 사람은 결박당하고 살기가 충전하고 악한 기운이 가득한 배로 싣고 간다. 대체로 길을 잃고 헤매는 영혼들인데, 때로는 돌에 얹은 배를 타고 간다.

강이나 바다 너머에 있는 타계로 가는 수단은 이처럼 '배'이다. 배를 타고 간다는 관념은 놀랍게도 암각화에 나타난다. 경주 석장동 암각화에는 두 척의 배가 등장한다.(205쪽 위) 상하 두 척의 배에는 승선 인물이 각각 네 명과 여섯 명이다. 반구대 암각화에 등장하는 배처럼 어로활동을 하는 배라고 해석할 수도 있다. 그러나 어로활동과 관련이 없는 지역의 암각화에 등장하는 배의 경우, 사자(死者)의 영혼을 영계로 보내는 배라는 해석이 우세하다.[26] 석장동 암각화의 배는 상류를 향해 가는 배인데, 강 상류는 조상의 세계로서 사자의 영혼을 조상의 세계로 보낸다는 뜻으로 해석할 수 있다. 물론 이와 같은 해석은 동북아시아의 사례를 들어 해석한 마르뜨이노프, 자이카와 같은 러시아 학자들의 견해이다.[27]

실제로 암각화에 등장하는 사례는 다른 문화권에서도 자주 발견된다. 예컨대 러시아 크라스노야르스크의 샬라볼리노 암각화 중에 배를 타고 가는 사람 암각화가 많이 등장한다.[28] 샤라볼리노 그림의 배는 스무 척인데, 승객 표현과 배의 묘사에 따라 두 유형으로 나뉜다.(205쪽 아래) 첫번째 유형은 수평으로 묘사된 배에 짧은 선각으로 묘사된 사람이 타고 있는 유형이고, 두번째는 승객과 사공이 차별적으로 그려진 유형이다. 이 가운데 두번째 유형은 타계 여행을 묘사한 장송의례의 그림으로 해석된다. 대표적인 그림으로 노를 젓는 사람은 팔이 있는 데 비해 나머지 사람들은 팔이 없고, 이들의 위에는 샤먼으로 추정되는 사람이 크게 새겨져 있다. 타계로 가는 배의 이물에는 용 형상을 반영하고 있는 듯한 뿔이 있다. 마치 용선(龍船)

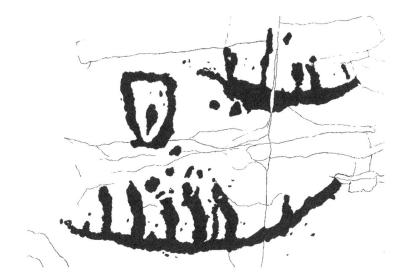

경주 석장동 배 그림 암각화.(이하우)

샬라볼라노 배 그림 암각화 1, 2.(이하우)

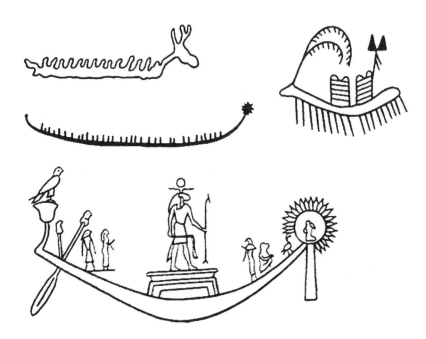

'바다 건너' 피안의 세계로 가는 배들.(아리엘 골란).

과 같은 이미지를 반영하고 있다. 배에 탄 팔이 없는 사람들은 타계 여행을 하는 사람들이고,[29] 노를 젓는 사람은 이들을 안내하는 사공으로 해석한다.[30]

　사실 강이나 물을 건너 저편의 세계로 가는 배에 대한 관념은 전세계적인 관념이다. 이집트 문명의 경우 세네트(Senet)라는 놀이가 있다. 이 놀이는 이집트 람세스 이세의 부인인 네페르타르의 무덤벽화에 등장하는데, 윷가락 네 개를 움직여 말들을 움직이고 놀이판을 먼저 빠져 나오는 사람이 이기는 판놀이(Board game)이다. 세네트가 무덤벽화에 그려진 까닭은 이집트인의 죽음 관념과 특별한 내세관 때문이다. 사람이 죽으면 메헨(Mehen)이라는 신을 만나는데, 이 신과 게임을 해서 그를 이겨야 태양신의 배를 탈 수 있다는 것이다. 물론 이 배를 타지 못하면 저승에 갈 수 없고, 게임을 이겨야만 배를 타고 가서 오시리스 신의 심판을 받을 수 있다. 그러므로 세네트는 내세로 가기 위한 필수조건이다. 메헨은 태양신 '라'의 배가 저승을 지날 때 보호하는 임무를 수행하는데, 뱀의 형상을 하고 있는 존재이다. 뱀 형상이라는 점에서 용을 상징한 반야용선의 관념과 맞닿아 있다.

　이 밖에 카젤리아, 아제르바이젠은 물론 이집트 문화의 다른 유물에서도 저승으로 가는 배 관념을 쉽게 찾을 수 있다. 206쪽의 그림은 죽은 자의 영혼이 가는 곳은 '바다 건너'에 있는 암흑의 저 세상인데, 그곳을 가려면 배를 타야 한다는 관념을 표현한 바위그림이다. 바위그림에 표현된 이 배는 저승으로 죽은 자를 실어 나르는 배로서 물을 따라 항해하기도 하지만, 때로는 하늘을 따라 날기도 하는 내용으로 신화화하면서 신화적 동물과 혼합된다. 스칸디나비아와 카젤리아의 그림에는 저승의 배 선수(船首)가 사습머리로 표현되거나 말의 앞부분으로 묘사된다. 이집트의 경우 염소 뿔로 묘사된다. 이들 유물의 편년은 기원전 4,000년에서 2000년이다.[31]

이런 점을 감안할 때 무속에 등장하는 배 관념이 불교의 영향이라 단정할 수는 없다. 불교적 관념에서는 반야용선이 대표적이다. 양산 통도사 극락보전 옆의 벽에 그려져 있는 반야용선과 하동 쌍계사의 극락보전, 파주 보광사 대웅보전, 청도 운문사의 반야용선 역시 동일한 상징이다. 모두가 용이 태우고 가는 배를 타고 간다.

현재 굿에서 쓰이는 타계 여행용 배는 다양하다. 대체로 '용선'이라 불리는데, 이는 불교 용어 반야용선에서 비롯된다. 경남의 죽은 자를 천도하는 오구굿에서 용선 또는 반야용선이 등장하고, 때로는 신광주리라 부르는데, 이는 동해안 오구굿에서 부르는 신태집과 같은 것이다.[32] 신을 태우고 가는 집이라는 의미인데, 신태집의 좌우에 팔대보살이 옹위한다. 전라도에서는 넋을 담는다 하여 넋광주리 또는 넋당석이라 하는데,[33] 기본은 밑에 광주리를 놓고 꽃을 심고 배 모양으로 만든 것이다. 이들은 모두 혼이 잠시 머무는 곳이고 이를 타고 가는 것인데, 불가의 반야용선에 해당한다.

민속에서 보이는 꽃상여 또한 타계용 배의 의미를 찾을 수 있다. 비록 집을 떠나 장지로 이어지는 길을 가는 상여이지만, 상여 상징은 타계로 가는 배이다. 이런 관념은 상여가 나갈 때 부르는 상여소리(상두가)에 잘 담겨 있다. "청사초롱 불 밝혀 들고 극락세계로 맹인이 가오, 반야용선 띄워 보니 팔보살이 호위하네. 가네 가네 나는 가네 극락세계로 나는 가네."

여기서 맹인은 망인(亡人)이고 죽은 사람을 가리키는데, 상두가의 '나'로써 표현되는 주인공이다. '나'는 이승을 떠나 극락세계로 가는데 반야용선을 타고 가며, 팔대보살이 신태집에 장식되는 팔보살이 옹위한다. 민속의 상여는 이처럼 반야용선을 상징화한다.

　이승을 떠나 타계로 갈 때 배를 타고 간다는 관념은 매우 널리 퍼져 있고, 다양한 상징으로 등장한다. 전파론적인 영향 관계를 따지기 전에 인간이 지닌 보편적 심성에 의한 상징이 아닐까 한다.

5. 맺는 말

인간의 삶은 유한하고, 생로병사의 사해(四海)에서 바둥거릴 수밖에 없는 연약한 존재이다. 하지만 연약한 인간이 위대한 것은 존재에 대한 함몰에 있지 않고, 유한성과 제약성을 뛰어넘으려는 의지를 지닌 데 있다. 이것은 인간을 인간 이상의 존재로 만드는 역동적인 힘이다.

　영원에 대한 갈망, 현실 극복의 욕망은 결과적으로 삶의 양식으로 구현되고, 그것이 곧 시간과 공간, 인간과 신의 상징과 씨날의 결합에 의해 결정된다. 때로 욕망은 언어적 상징이 되고, 때로는 행위적 상징이 된다. 어떤 때는 믿음의 상징으로 그 모습을 드러내어 삶의 양식에 두루 존재한다.

　무속은 이와 같은 관념을 적극적으로 표현하는 상징행위이다. 샤먼의 '천도굿, 뒷전, 뒤풀이'와 같은 의례는 죽음이라는 체험적 사건을 통해 형성된 혼(魂)과 백(魄)의 이분법적 인식에 기반하고, 귀(鬼)와 신(神)이라는 혼의 이분성을 관념화한 데서 비롯된다. 구체적으로 이들 의례를 통해 산자와 죽은 자를 분리하고자 한다. 산 자와 죽은 자는 공간적으로 차별되는 곳에 존재해야 하며, 죽은 자가 산 자의 일상에 개입할 경우 산 자의 측면에서는 여러 가지 문제가 발생하기 때문이다. 그러므로 죽은 자의 개입을 우선적으로 막고자 하며, 죽은 자를 '저곳'으로 보내야 한다.

'저곳'은 '이곳'과 떨어진 곳인데, 산 자가 함부로 갈 수 없는 곳이며, 죽은 자만이 가는 곳이다. 죽은 자 역시 그곳에 가려면 "씻고 닦고 풀고" 가야 하는데, 이들을 위한 특별한 행위가 곧 씻김굿과 같은 의례이다. '저곳'은 강이나 바다 건너에 있기 때문에 '배'를 타고 가야 하며, 반야용선, 신태집, 넋광주리, 상여가 바로 그러한 탈것(vehicle)으로서의 배이다.

저곳은 우리가 살고 있는 세계와는 질적으로 다른 공간이다. 코스모스의 세계가 아닌 카오스의 세계이다. 코스모스에서 카오스로, 카오스에서 코스모스로 순환할 수는 없다. 대신 두 세계의 중간 경역(中間境域)인 카오모스로 갔다가 코스모스로 돌아올 수 있다. 이것을 표현한 것들이 바로 종교적 의례들이다. 이른바 원본사고는 존재의 영구지속에 관심을 집중하고, 욕망 달성의 꿈을 위해 매진한다.

'개똥밭에 굴러도 이승이 낫다'는 속담이 있다. 그만큼 '저곳·저기(there)'와 '그때(at that time)'에 대한 관심보다 '이곳·여기(here)'와 '지금(now)'에 대한 관심이 크고 의미가 있다는 말이다. 애니메이션 〈쿵푸 팬더〉에서 스승 우그웨이(Oogway)가 팬더 포(Foe)에게 한 말이 있다. "어제는 'history'이고 내일은 'mystery'이며, 오늘은 'present'이다."[34]

물리적 시간의 제약을 뛰어넘어 영원 순환하고, 공간의 비문화적 자연성을 없애어 정주 공간을 성화(聖化)시키는 한편, 신인합일(神人合一)과 상생(相生), 화합(和合)을 꿈꾼다. 이것은 인간이 지닌 무한한 욕망이다. 무속은 바로 이와 같은 욕망 달성의 한 표현이다. 샤먼의 시간과 공간의 체계를 이해하려는 노력은 결국 '우리 인간'에 대한 인식이며, 인식이 깊어질수록 인간에 대한 이해는 심화될 것이다.

너나없이 우리는 '이름을 부른다.' 제각기 필요한 이름을 부르고, 나름대로 의미를 부여하여 상징화(symbolize)한다. 무속 역시 그러하며, 결과적으로 문화 전반을 관류(貫流)하는 키워드 구실을 하고 있다. 시간과 공간은 나와 너, 과거와 현재, 현재와 미래 사이의 소통을 이루는 핵심이며, 자아와 세계의 치열한 관계에서 욕망을 달성하고, 존재 가치를 확인하는 상징으로 전환한다. 시공적으로 어떻게 소통하고 욕망을 어떻게 달성할까 하는 것은 또 하나의 문제이다. 인간이 존재하는 시간과 공간의 문제는 여전히 상징화하고, 상징의 틀을 굳건히 유지할 것이다.

샤먼 문화와 신화적 상상력

무가 「바리데기」를 중심으로

곽기완(郭基婉)

1. 들어가는 말

"오늘을 사는 한국인의 마음을 가로로 잘라 보면 무지개떡 잘라 놓았듯이 층층으로 돼 있음을 알 수 있다. 맨 위층이 매사를 합리적으로 생각하려는 과학적인 사고층이고, 그 밑에 조선왕조시대를 지배했던 유교적 사고층, 다시 그 밑에 고려시대 한국인을 지배했던 불교적 사고층이 층을 이루고 있다. 그리고 그 맨 아래층에는 불교 이전에 한국 사람의 마음을 사로잡았던 샤머니즘적 사고층이 깔려 있다."[1] 이규태의 말이다. 그 중 맨 아래에 있는 샤머니즘적 사고층을 '눌려 있는 사고층'이라고 표현했다. 십이 년이 지난 지금 달라진 점이 있다면, 맨 위층에 하이 테크놀로지 시대의 스마트한 사고에 사로잡혀 있는 층이 하나 더 생겨났다고 한다면 크게 틀린 말이 아닐 것이다.

오늘 우리는 스마트 시대에 살고 있다. 각 시대마다 과학의 힘으로 이루어진 문명의 혜택으로 인하여 인간의 삶은 끊임없이 향상된 면모를 보여 왔다. 물론 그에 따른 부작용이나 부정적인 측면은 부인할 수 없지만, 인류는 대체로 그러한 현상을 발전이라고 긍정적으로 받아들이며 살아왔다고 볼 수 있다. 이러한 측면에는 물론 과학이 주는 물질문명의 허점을 보완하려는 인간의 노력이 이어졌음을 간과할 수 없다. 과학의 극대비점이며 동시에 완벽한 보완점인, 정신세계의 영역에서 인간이 이룩한 업적은 인간 존재를 균형 있게 유지시켜 줄 수 있는 추의 역할을 했다고 평가할 수 있을 것이다.

원래 과학은 인간의 상상력 없이는 불가능하다. 인간의 정신은 항상 무엇인가를 상상해내고, 그것을 현실적으로 실현해 보고자 한다. 이러한 인간의 의지와 노력이 새롭고 혁신적인 과학적 성과를 이루어낸다. 이러한 과정이 반복되는 것이 바로 인류의 성장 과정이라 할 수 있다. 인간 상상력의 산물인 과학은 가시적이고, 현실적이어서 지배력이 강하다. 특히 스마트 시대에 과학은 인간의 육체와 정신의 영역까지도 침범하고 있는 상태이다. 아이티(IT) 기술에 인지공학이나 감성공학 등 첨단 하이 테크놀로지들이 쏟아내는 결과물은 인간의 입지를 점점 좁혀 가고 있다. 인간 감성이 결여된 채 스마트한 기계에 갇혀 버린 현대인들은 결국 홍수같이 수많은 정보는 있지만 '인간의 이야기'는 없는 삶을 살고 있다. '이야기의 부재!' 이는 역설적으로 '이야기에 대한 갈망!'으로 이어진다. 그것도 아주 강력한 이야기이어야 한다. 현재 인문학이나 신화에 대한 관심이 요란스러운 현상에 대한 이유일 것이다. 그래서 우리는 이야기, 이야기의 근원을 찾고자 한다. 가장 원형적이고 보편적이면서 가장 강력한 인류의 이야기 '신화'에서부터 시작하고자 한다. 그리고 그 근간인 '샤머니즘'을 찾고자 한다. 보편적으로 신화 이전에 샤머니즘이 존재한다. 특히 한국의 샤머니즘은 한국신화의 근간을 이루고 있을 뿐만 아니라 샤머니즘의 무가(巫歌 혹은 神歌)와 신화(神話)의 경계는 매우 애매하며 교차적이어서, 본 연구의 우선은 신화의 밑바탕을 이루고 있는 샤머니즘이 될 것이다. 한국인의 가슴 속 깊은 곳에는 '샤머니즘 사고'가 자리잡고 있지만 밖으로 드러난 '샤머니즘 문화'는 실상 찾아보기 어렵다. 분출되지 않기 때문이다.

이제 그 연유를 찾아 우리 민족의 원형인 샤머니즘을 바로세우는 과제는 한국인의 정체성, 한국인의 미래의 삶과 관계가 있을 것이라 생각 한다. 시초에 국가의 의례를 담당할 정도의 사회적 함의와 신뢰를 받았던 샤머니즘이 억눌려 버린 채 숨죽여 있는 현상을 밝혀 보고 근본적인 활성화의 길을 모색하는 작업이 샤머니즘의 개별 연구와 병행되어야 할 것이다.

이 소고는 한국의 샤머니즘이 고유의 본질에서 역설적으로 신화적 영역으로 확대되고, 다시금 '새로운 샤머니즘'으로 회귀하는 변증법적 과정을 상정해 보고자 한다. 이러한 강력한 역설(paradox)의 과정을 거치며 원형 샤머니즘이 한국인의 가슴속에 제자리를 찾고, 다이나믹한 새로운 샤머니즘의 문화 예술로 확대, 분출되리라는 희망을 담아 본다. 이에 가장 합당하다고 생각되는 '바리공주' 이야기를 텍스트로 하여 '샤먼성'과 '신화성'의 역설적 관계를 비교 분석하고자 한다. 이를 통하여 한국 샤머니즘 고유의 문화를 밝히고, 그 신화적 상상력의 현대성, 기능과 가능성, 그리고 앞으로 지향해야 할 방향을 모색해 보고자 한다. 또한 이 글의 주제를 위해서는 샤머니즘 각론 연구에 무게를 두기보다는 단순하고 포괄적 해석에 근거를 두고자 한다.

2. 한국 원형 샤머니즘의 개념

한국에서 '무속(巫俗)'이라 불리는 샤머니즘은 '종교적' 의미이건, '풍속'의 의미이건 이미 수천 년 가까이 우리 민족과 함께 존재하고 있다. 시베리아를 중심으로 중앙아시아에 종교적 현상으로 퍼져 있는 샤머니즘은 한민족의 역사와 사회, 특성과 기질, 자연환경의 조건에 따라 독특한 한국 샤머니즘을 형성해 오고 있다. 비록 겉으로 드러나지 않고 있다고 해도 한국인의 의식 구조와 문화의 근본은 한국 샤머니즘에 있음을 부정할 수 없을 것이다. 가시적으로 드러나지는 않지만 국문학과 민속학 쪽에서는 한국 샤머니즘에 관한 학문적 연구도 이미 오래전부터 그 겹을 두껍게 쌓아 가고 있다. 학문적 연구 측면에서는 서양에서 이미 오래전에 시작되었으며 폭넓은 성과를 거두고 있다.

20세기 초에는 샤먼이나 샤머니즘을 넓은 의미에서 '원시적, 마술적, 종교적' 혹은 '마술적 종교생활 의식'으로 인식했다. 엘리아데는 샤먼을 위대한 엑스타시(망아체험)의 마이스터라고 규정하고 있다.[2] 샤먼은 엑스타시를 통하여 신과 접하고 소통하기 때문에 샤머니즘의 본질은 '엑스터시의 기술'이라는 것이다. 물론 이때의 샤먼의 망아 체험은 프로이드가 말하는 'Non Possession'과는 다르다. 중앙아시아와 시베리아의 종족에게서만 볼 수 있는 특징이기 때문이다. 샤먼은 사제와 반드시 동일하지 않다. 때문에 단지 원시적인 요소가 있다고 해서 종교와 샤머니즘을 동일하다고 볼 수 없다는 주장이다. 우리나라에서도 종교의 주술적인 요소를 샤머니즘적이라고 하는 경우가 많이 있다. 한국의 무속이 샤머니즘인가에 대한 논쟁도 계속되고 있는 상황이다. 한국의 샤머니즘은 선사 이래 토착신앙으로 우리 한민족에게는 종교적 역할을 해오면서 우리의 내면 의식에 강력한 영향을 끼쳤다. 오랜 역사를 거쳐 오늘에 이른 현재에도 우리의 전통문화 속에서는 무의식적인 샤머니즘의 요소를 감지할 수 있는 경우가 종종 있다. 우리의 일상생활에서도 그 영향은 자연스럽게 녹아 있어서, 우리의 무의식으로 체화되었다고도 표현할 수 있다. 이러한 이유로, 외래 종교가 진입된 후에도 이 무의식적인 체화현상은 여전히 계속되고 있다. 한국 샤머니즘은 오랫동안 우리 민족의 민중 기복신앙으로, 종교성과 무관할 수 없으며 종교와의 경계도 논쟁이 계속되고 있다.

샤먼 개념의 정의에서 김태곤은 변신에 무게를 두고 있다. 망아(亡兒) 체험은 변신 이후에 수행되기 때문에 변신은 망아 체험의 범주에 들어간다고 주장한다. 트랜스 포제션의 범주에 속하는 현상이라고 규정한다. 엑스타시의 개념은 이때 병리학적 변신도 포함된다고 해석한다.

샤머니즘은 전문적인 트랜스 포제션의 기능을 가진 샤먼이 초자연계와 접촉하여 그 초월적인 힘에 의해 길흉화복 등 인간의 생활에 필요한 모든 욕구를 성취시키려는 전통적인 자연종교적 현상3이라고 규정한다.

3. 원형의 구전(口傳)에서 텍스트로―무가(巫歌)의 등장

서사 신화나 전설은 대체로 이야기를 전승하는 신관(神官)에 의하여 구송되었으며 신가(神歌)적 서사시라고 일컬어진다. 이것이 민간으로 흘러들어와 민중설화가 되고 중세 서양에서는 음유시인이 각지를 순회하며 민중설화와 기사들의 이야기를 구송하곤 했다. 우리나라에서는 문헌신화로 남아 있는 역사적 인물들의 신화와 민중설화가 무속에서 구송되는 경우가 많이 있다.

　1960년대 들어서 굿을 주관하는 샤먼을 통해서만 직업적으로 전승되어 오던 무가들은 많은 학자들의 적극적인 채록과 정리작업에 힘입어 체계적인 정리 단계로 들어섰다. 이에 따른 결과로 많은 무가가 학자 및 전문가에 의하여 연구되었다. 직업적인 필요에 의하여 대부분 구전으로만 전승되고 있던 무가들이 정리되어, 연구를 통해 무가를 이해, 분류할 수 있게 되었고 실용적인 쓰임 등에 대한 영역도 넓혀 가고 있다. 구전의 원형이 중요한가, 고정되어 버리는 텍스트가 중요한가 논란의 여지가 있겠지만, 텍스트의 중요성만은 외면할 수 없을 것이다. 텍스트는 보존이 쉽고 여러 사람이 읽고 이해의 폭을 넓힐 수 있다는 장점이 있고, 구전은 시대와 지역, 그리고 구전자의 주변 환경과 처지에 따라, 또한 제의를 원하는 사람의 입장을 배려하는 제의자의 자세에 따라 어느 정도 변천하게 되므로 시대 변천사적 연구에 많은 도움을 줄 수 있는 장점이 있을 것이다. 따라서 구전과 텍스트 작업이 지속적으로 병행되는 것이 바람직한 일일 것이다.

1) 무가(巫歌)의 채록

무가 가운데서 「바리공주」는 일반에게 가장 잘 알려져 있고 가장 애호받고 있는 이야기일 것이다. 인간은 탄생에 대한 감정 못지않게 죽음에 대하여 특별한 감정을 가지고 있다. 탄생에 대하여는 축복하고 축하하며 죽음에 대하여는 애도하며 죽은 이가 좋은 곳으로 가기를 기원한다. 죽은 이가 좋은 곳으로 인도되기를 바라며, 불교에서는 천도제를 지내고 무속에서는 천도굿을 행한다. 우리나라 동해안의 오구굿이나 호남지방의 씻김굿, 그리고 서울 쪽의 진오기굿이 대표적인 무속행사이다. 이 가운데 서울의 진오기굿은 「말미」 거리에서 구송되는 서사무가 「바리공주」로 인하여 가장 빈번하게 언급되는 굿이다. 이는 「바리공주」가 대표적 서사무가로 많은 연구의 대상이기 때문이다.4 『한국의 신화』5에는 구전신화 「바리공주」와 그 원전 「말미 (바리공주)」가 실려 있다. 원전에는 서사문으로만 이야기를 들려주고 구전신화에서는 서사와 대화체로 구분하여 이야기를 전하고 있다. 원전과 신화의 비교를 통하여 앞서 언급한 구전과 텍스트의 차이점이 드러나기도 한다. 이는 무가와 신화의 구분으로 대비되기도 할 것이다.

김진영, 홍태한의 『서사무가 바리공주 전집 I』에 의하면 1960년대 들어서 본격적인 채록 작업이 시작되었다. 특히 『황천무가연구』라는 바리공주에 대한 연구서를 간행하면서, 바리공주를 채록한 김태곤 선생의 노고를 지적한 바 있다.6 전집에서는 1997년 당시 연구 대상으로 유효한 마흔다섯 편을 분류, 분석하고 있는데, 이야기의 흐름에 따라 서사를 단락으로 나누어 비교, 분석하고 있다.

2011년에 출간된 한국의 샤먼 이상순7의 『서울새남굿 신가집』8 에 실린 「서울 진진오기굿 신가」의 '진지노귀바리공주' 는 축소판인데 필자는 진지노귀일 때는 시간이 바쁘므로「바리공주」를 축소해서 진행한다고 밝히고 있다.9 이제 위에 언급한 서사 단락을「신가 바리공주」에 적용하여 각 단락의 의미와 다른 본과의 차이점을 비교해 밝혀 보고자 한다. 이상순본(本)을 중심으로, 1997년까지 채록된 총 마흔일곱 편 가운데 두 편을 제외한 마흔다섯 편을 대상으로 하여 각기 다른 내용으로 전해진 요소들을 살펴보기로 한다. 이를 위하여 무가의 서사를 이야기의 흐름에 따라 중요한 부분을 단락으로 나누어 각 본에 다른 모습으로 기술된 주요 내용을 비교해 보고자 한다. 단락의 구분은『서사무가 바리공주전집 I』의 틀을 기본으로 한다.

2) 무가 바리공주: 내용 단락과 다른 본의 여러 형태의 서술 내용

- 바리공주의 부모가 하늘에서 땅으로 귀양을 온다: 특별한 환경.(옥황에서 지상으로, 옥황에서 지하로: 특별한 태생, 귀하게 태어남)
- 바리공주 부모가 혼인을 하기 위하여 점복자에게 점을 치나, 점의 결과를 무시한다(혼인을 하기 위하여 문복하지만 칠공주를 낳는다는 점을 무시하고 앞당겨 혼인한다 / 혼인 후에 자식을 얻기 위하여 문복한다): 점복을 무시.
- 바리공주 부모가 혼인을 한다.[칠월 칠석 가례 날을 정하여 혼인 / 거의 모든 본(本)에 서술되어 있으나 혼인 부분이 빠져 있는 본도 있다]
- 바리공주의 부모는 짐승이나 다른 부모가 자식을 두고 있음을 부러워한다.[이상순본에는 없는 단락 / 세 편의 이본(異本)에만 서술되어 있음]
- 바리공주의 부모가 연이어 딸을 낳는다: 확대된 신화적 시간. 모든 본에 서술되어 있음: 불리한 환경.
- 아들을 얻기 위하여 공을 들인다.[이상순본에는 없는 단락 / 명산대천

(名山大川)에 백일기도. 시주 온 스님이나 도사의 말에 따라 백일기도. 북두칠성, 성주, 조상, 삼신전, 명산대천 등에 공을 들임]

─바리공주를 얻기 전에 태몽을 얻는다(대명전 대들보에 청룡 황룡, 양 어깨에 일월이 돋고 오른쪽 무릎 흑거북, 왼쪽 무릎에 금거북, 오른손에 보라매, 왼손에 백매 / 산신이 주는 구슬을 먹음. 초록동이가 매화를 들고 옴. 달이 입으로 들어옴. 선녀가 꽃을 줌): 예언적 꿈.

─일곱번째도 공주를 낳는다: 평범하지 않은 조건, 환경.(모든 이본에 서술됨)

─바리공주가 버림을 받는다(옥함에 넣어 세 차례 버림받음으로 서술됨. 금 거북이가 짊어지고 나옴 / 모든 이본에 서술됨. 까막까치, 학, 백학, 천사, 쌍학, 거북, 학 등의 동물들이 보살펴 준다): 버려진 아이.

─바리공주 부모가 버린 자식을 다시 데려온다.(이상순본에는 없는 단락 / 데려오나 구박하여 혼자서 자라게 한다. 구박하자 바리공주가 스스로 집을 나간다. 데려왔다가 다시 버린다)

─구조자가 버려진 곳에서 바리공주를 구해낸다(청백하신 석가모니께서 팔천 제자 거느리시고 사해도 구경하고 인간 제도하러 나오셨다가 태양 산천 기운을 보고 옥함 속에 바리공주를 발견한다 / 석가모니, 수궁 용왕 큰댁이나 부인, 산신, 도사스님 옥황의 명을 받은 사해 용왕 또는 학이나 황새 같은 짐승이 구조해 준다): 구조자.

─양육자가 바리공주를 키워 준다(성인이 될 때까지 베리공덕 할아비, 베리공덕 할미가 양육한다 / 동물, 수궁 용왕 큰댁이나 부인이, 선녀나 산신이, 부모가 양육한다): 다른 곳에서 양육됨.

─바리공주가 성장한다(친부모라고 키우나 거짓이 드러남. 왕대나무와 머

구나무가 부모라고 둘러댐. 글공부를 열심히 한다 / 산에서 짐승처럼 자란다): 훌륭한 인물로 성장.

- 바리공주 부모가 병에 걸린다[양부모가 병에 걸림 / 모든 이본(異本)에 서술됨. 부모 모두, 어머니만, 혹은 아버지만 병에 걸린다]: 사건 발생, 동기 부여.

- 병에 필요한 약이 양수유, 약수(藥水)라는 사실을 알게 된다(알게 되는 방법이 여러 가지임. 점을 쳐서, 시주 온 스님이나 도사가 알려 줘서, 꿈에 스님이 나타나서, 청의동자가 꿈에 나타나 알려 줌. 분명치 않음): 깨달음.

- 바리공주를 찾기로 한다(아버지의 신하가 찾으러 왔을 때 바리공주는 부모 자식 간의 표적을 요구한다. 이때 표적으로 안저고리는 믿을 수 없어 부모, 형제의 패적을 요구한다. 부모와 여섯 형제, 바리공주의 단지(斷指) 낸 피가 한데 합쳐지는 걸 보고 부모임을 확인한다): 표적, 사인.

- 바리공주가 부모를 만난다: 성장 후 부모 만남.

- 바리공주가 처음에는 약수(藥水)를 가지러 가기를 거절한다.(이상순본에는 없는 단락)

- 바리공주는 자신을 찾아온 사람들과 부모임을 확인하는 시험을 한다(부모와 공주의 손가락을 잘라 피가 합해지는지 확인한다 / 버릴 때 가지고 있던 유품을 확인한다): 표적의 확인.

- 여섯 딸들에게 약수 떠 오기를 부탁하나 모두 핑계를 대고 거절한다.(하나를 제외하고 모든 이본에 서술됨)

- 바리공주가 약수를 가지러 길을 떠난다(이 장면에서 바리공주의 호칭이 '아기'로 바뀐다. 아기는 남장을 하고 떠난다 / 다른 본에는 그렇지 않은

경우도 있음): 길 떠나기.

— 바리공주는 도중에 원조자(援助者)를 만나 도움을 받는다[남장을 하고
　가는 도중에 아기는 원조자—바둑 장기를 두는 석가세존님과 지장보살
　님—를 만나 여자임을 들키게 되고 약수 구하러 가는 일을 도와줄 유용
　한 물건을 받는다. '낙화 세 가지, 금주령 백화송이, 육환장' / 원조자를
　만나 약수수(강) 삼천리, 강을 건너거나 길 안내를 받는다.(빨리 걷기, 도
　와줄 서책 얻기, 강 건너 주기, 약수 얻어 주기, 길 안내, 환대 받기)]: 원
　조자의 조력.

— 바리공주는 도중에 과제를 해낸다(이상순본에는 아기는 약수 구하러 가
　는 도중 무장승을 만나 산값 물값 불값이 없어 물 삼 년 길어 주고, 불 삼
　년 때 주고, 석삼 년 아홉 해를 지내고 무장승과 혼인하여 일곱 아들을 산
　전해 준 후에 무장승에게서 양유수 약수를 얻는다. 무장승과 일곱 아들
　과 함께 부모에게로 길을 떠난다. 돌아오는 도중에 황천강 위에 떠오르
　는 배들을 구경한다. 사람이 이승에서 행한 선악의 정도에 따라 각각 모
　양이 다른 네 척의 배를 묘사하고 있다 / 서울, 경기 지역 본에는 서술되
　지 않음. 자신의 죄상을 알아 달라는 부탁을 받고 길 안내를 받음. 빨래,
　밭갈이, 귀신 물리치기, 산신 용왕에게 일해 주기): 과제의 수행 완성.

— 바리공주는 도중에 지옥에 갇힌다.(이상순본에는 없는 단락 / 십대왕을
　만나 세자라고 속인 죄, 지옥의 죄인들을 구제해 준다. 물값, 불값이 없
　는 죄로 인하여 지옥에 갇히게 되고 그 곳에서 죄인들을 자세히 묘사하
　며 구경함)

— 바리공주는 도중에 죄인들을 지옥에서 구제해 준다.(이상순본에는 없는
　단락)

-바리공주는 약수 지키는 이(동수자)를 만난다.(이상순본에는 없는 단락 / 바리공주가 온다는 사실을 알고, 혹은 바리공주가 온다는 사실을 모르고 무장승, 무장선관이 약수를 지킨다)

-바리공주가 여자임을 감추려 하지만 결국 여자임이 탄로난다(이상순본에는 앞의 22단락에 서술되어 있음): 변신의 탄로.

-바리공주는 약수를 얻기 위하여 대가를 치른다[이상순본 22항에 서술됨 / 석삼 년간 일해 주기. 하늘에 올라가 옥황상제의 주선으로 혼인하여 열두 명(기억에 따라 세 명, 일곱 명, 아홉 명)의 아들을 낳아줌]: 원하는 것에 대한 대가.

-바리공주가 부모의 위독함을 알게 된다.[이상순본에는 없는 단락 / 일부본(本)에서 꿈을 통하여, 다른 사람으로부터 혹은 저승사자로부터 알게 됨]: 효의 동기.

-바리공주가 약수탕에 다녀온다.[이상순본에는 없는 단락 / 일부 본에서 약수 탕(湯)에 다녀오는 내력이 상세히 묘사됨]

-바리공주가 약수를 얻고 돌아오는 도중에 도움을 받는다.(이상순본에는 없는 단락 / 먼 거리를 빨리 돌아올 수 있도록 도움을 받음. 필요할 때 사용할 서책이나 진언을 받음)

-바리공주가 꽃구경을 하다가 사람 살리는 꽃을 얻는다(이상순본에는 없는 단락 / 꽃들에 대한 묘사): 사물의 상징성.

-바리공주는 돌아오는 도중에 저승 가는 배들의 행렬을 구경한다(이상순본에는 23단락. 황천강 위에 항해하는 배들을 구경하는 장면으로 사람이 이승에 있을 때 행한 선악에 따라 배의 모양새가 달라진다고 묘사됨. 황천무가로서의 성격을 분명하게 드러냄): 교훈적 요소.

—바리공주는 이미 때가 늦어서 벌써 상여가 나온다는 말을 듣는다(나무
 하는 목동들에게서 듣게 됨. 목동, 농부들, 나무꾼이나 청년 혹은 특정
 인물인 초분아, 용왕이 알려 준다): 확대된 긴장감, 갈등.

—바리공주는 언니들의 방해를 받으나 물리친다.(이상순본에는 없는 단
 락. 약수를 구해 오는 도중, 약수를 구해와 상여를 만났을 때 언니들이
 심하게 방해한다는 서술)

—바리공주가 부모를 살려낸다(이미 나오는 부모의 상여에서 청계[10]를 떼
 어내고 사계[11]를 물린 후 양유수를 입에 흘려 넣어 부모를 살린다. 이본
 에 서술됨. 경황 중에 함께 데리고 온 아이들을 흩어 버리고 달려감): 찰
 나 사이 효를 행함, 사회적 윤리, 규범.

—바리공주의 남편이 대궐을 헐고 입시한다(다시 살아난 바리공주의 부모
 는 아기의 혼인 소식과 이미 낳은 아이들 이야기를 듣고 사윗감을 입시
 하라고 명령. 사위가 너무 커서 대궐의 한쪽을 허물고 입시하여 인사드
 림): 거인.

—사윗감의 키를 재어 보고 바리공주와 남편이 천생연분임을 안다(무장생
 은 서른석 자가웃, 아기는 스물여덟 자가웃으로 천정배필 승현연분으로
 묘사됨. 일부 본에 서술되어 있음): 행복, 화해.

—바리공주가 부모를 살린 공을 받는다[호칭이 다시 바리공주로 바뀜. 바
 리공주는 인도 국왕의 보살이 됨. 무조신화(巫祖神話)의 성격상 바리공
 주는 무조신(巫祖神)으로 좌정. 여러 이본에는 바리공주의 죽음도 서술
 되어 있으며 신(神)으로의 좌정(座正) 등의 서술이 있음. 좌정한 신(神)
 의 성격은 각 본에 따라 인도 국왕보살, 만신의 인위왕, 인도 국황보살,
 은으왕, 북두칠성, 아대왕, 만신의 몸주, 저승으로 인도 등의 여러 양상

을 보임]: 보답에 대한 겸손함.

—바리공주 이외의 다른 사람들도 공덕을 인정을 받는다(바리공주의 배필
무장생은 거리거리 길제 노제 받게 점지. 바리공주의 일곱 아들들은 저
승의 십대왕전에 칠칠이 사십구제 받게 점지. 베리공덕 할아비는 산신
제 토평제 받게 점지. 베리공덕 할미는 선망후망 열두 혼신 남망자님 지
노귀 다노귀시에 가시문 시왕문 별비 받게 점지. 다른 본에는 비리공덕
할아비, 할미, 사정을 알려 준 목동도 공덕을 인정받음): 공평한 보답.

위의 채록은 대부분 구전에 의한 것들이며 텍스트에 의한 것은 소수에
불과하다. 앞의 비교를 통하여 볼 수 있듯이 무가는 각각의 환경과 조건에
따라 다양한 내용으로 전환되는 과정을 거치고 있다. 이러한 점이 무가의
대표적인 특성이라 하겠다. 무가의 이야기는 역사적 시공간(視空間)의 '현
실'이다. 과거의 현실이자 현재의 현실이며, 더 나아가 현재 시공간의 '현
실'로 고착되지 않을 것이며 미래의 시공간적 조건에 따라 지속적으로 '변
화하는 현실'로 존재할 것이다. 생생한 생명체로 존재할 것이다. 그러한
이유로 무가 바리공주가 현재의 '현실'로서 가지는 의의는 무엇일까 밝혀
보아야 할 것이다.

3) 무가(巫歌) 「바리공주」의 의의

무엇보다 무가 「바리공주」는 감동적인 이야기이다. 우리가 「심청전」에 대
하여 느끼는 감동과 크게 다르지 않다. 학문적 연구자가 아니라도, 그리 어
렵지 않게 이해되며 감성적으로 쉽게 받아들일 수 있는 있는 요소를 지니
고 있다. 또한 상상의 날개를 마음껏 펼쳐 볼 수 있는 동화적 요소도 풍부

하다. 동시에 '성장(교양)소설'의 특성도 지니고 있으면서 성장소설 특유의 교훈적 메시지를 전달해 주기도 한다.

연구자라면 서사무가로서 그 완벽한 문학 미학적 완벽함에 매력을 느낄 것이다.

그 이해를 위하여 먼저 서사무가의 구조를 간단하게 언급해 보고자 한다. 무가 「바리공주」의 서사 구조는 총 사십 개 단락으로 여섯 가지의 이야기가 연속으로 이어지고 있다.

- 하늘에서 땅으로 내려온 부모(십육 세의 대왕과 십오 세의 중전)의 결혼.
- 태어나면서 딸이 일곱인 이유로 버려지는 '아기 바리'. 그러나 바리는 '하늘 아는 아기'로 특별한 탄생의 의미를 가지고 있다.
- '구조자' 비리공덕 할아비, 할미에게 구출되어 십오 세까지 보살핌을 받으며 자라난다.
- 이후 특별한 아기(하늘 아는 자손)를 버린 부모는 벌을 받아 발병하게 되고 이 때문에 바리는 환궁당한다. 사정을 알게 된 바리는 자발적으로 부모의 병을 낫게 하는 약을 구하러 길을 떠난다.
- '조력자' 석가세존에게 낙화 세 송이와 금주령을 받아, 그 도움으로 험난한 길을 헤쳐 가서, 미래의 남편 무장승을 만난다. 무장승에게서 요구받은 세 가지 과제(불 삼 년 때 주고, 물 삼 년 길어 주고, 일곱 아기 산전)를 수행한 후에 부모를 구할 꽃과 양유수 약수(藥水)를 얻는다.
- 무장승과 일곱 아들과 함께 약수와 꽃을 지니고 부모에게 돌아가는 도중 네 가지 배를 보고, 도중에 이미 돌아가신 부모님 상여와 만나 꽃과 약수로 부모님을 되살린다.

－부모에게서 무장승과의 결혼을 인정받고, 이때 비로소 '공주'라는 칭호로 불리며, 인도 국왕의 보살이 된다. '바리공주'는 무조신(巫祖神)의 지위에 좌정한다.

각각의 단락들은 사건의 고비마다 드라마의 팽팽한 삼각 구조(발단－긴장의 고조－해결)를 지니고 있다. 또한 이 각각의 작은 드라마들이 이야기의 맥을 자연스럽게 이어가기 때문에 전체적으로 완벽한 서사 구조를 이루고 있을 뿐만 아니라 드라마틱한 효과까지 더해져 있다. 이러한 요소는 이 무가를 읽거나 그 구송을 듣는 사람들의 감흥과 집중도를 높여 주고 더욱 더 높은 수준의 감동에 이르게 한다고 볼 수 있다. 이 감동에는 물론 이야기의 재미와 내용도 같은 비중을 차지한다. 특히 재미뿐만 아니라 내용적으로는 우리의 전통사상을 고스란히 담고 있다. 이 점이 바로 「바리공주」를 한국의 대표적 무가로 꼽는 가장 큰 이유일 것이다.

바리공주 이야기가 지닌 특별한 의미를 짚어 보고자 한다.

첫째, 우리 민족의 뿌리 깊은 효(孝)의 사상, 여아불호(女兒不好)의 사상 등 한국사회의 전통사상을 근간에 담고 있다.

둘째, 여아불호(女兒不好) 사상에 격렬하게 반항이라도 하듯, 주인공 바리공주는 세상에 태어난 후에 여아란 이유로 부모로부터 버림받은 자신의 처지에 개의치 않고 자발적으로 시련을 맞이하고 그 고난을 극복하여 훌륭하고 강직한 영웅으로 자신을 재탄생시킨다.

셋째, 그런 후에도 마지막에 바리공주는 자신의 행덕에 대하여 겸손함의 미덕을 잃지 않는다. 바리공주는 '완성된 인간상'에 도달하는 '교양 성장소설'의 주인공 모습을 보이는데, 이 점에서 이 무가를 교양소설의 성격으로 분류해도 무리가 없을 것이다.

넷째, 우리 민족의 내세관(來世觀)을 엿볼 수 있다. 바리공주의 여정 중에 황천으로 가는 네 척의 배를 보는 장면[12]은 '황천무가'로서 인간의 삶에 있어서 행함과 그 결과에 대한 깊은 통찰에 이르게 한다.

다섯째, 바리공주가 무조신으로 좌정함으로써, 조상신의 존재로 무가로서의 가장 큰 의미를 지니고 있다.

여섯째, 앞서 살펴본 바와 같이 완성된 이야기 구조를 가진 서사로서 문학적 의의를 가지고 있다.

일곱째, 무가의 극대화된 시공간적 서사 구조, 세계.

결론적으로 무가(巫歌)「바리공주」는 현재의 '현실'에서도 한국무속의 복합 문화 정체성을 확연히 드러내 주고 있으며 한국무가의 대표적 존재로 꼽히고 있다. 이 요소들은 딱딱한 교훈이 아니라 노래와 춤의 감동으로 전달되기 때문에 우리에게 위로와 정서적 떨림을 전달해 줄 수 있으며, 이 점이 무가의 근본 기능이라고 할 수 있을 것이다.

그런데 우리는 이렇게 완벽한 구조와 내용이 일치하는 아름다운 이 서사무가(敍事巫歌)를 우리 것으로 사랑하는 것일까.「바리공주」로 대표되는 무(巫)의 세계, '한국의 샤머니즘'을 우리 사회가 공식적으로 인정하고 있는가. 현실은 그렇지 않다. 분명 그렇지 않다. 그러나 기이하게도 다른 한쪽 현실에서는 많은 샤먼들이 존재하고, 수많은 굿판이 벌어지고 있고, 그에 대한 학자들의 연구는 끊임없이 계속되고 있다. 눈앞에 확연히 존재하는 현실을 외면하고 부정하는 현실, 자신의 내면에 뿌리깊이 자리잡고 있는 근간을 부정하는 현실, 이러한 의식 심층에는 무속에 대한 편견이 자리잡고 있다. "무속은 바로 미신(迷信)이다." 이러한 의식은 분명 '한국인의 근원 상실증'의 징후를 불러일으키고 '정신적 유랑'13의 길로 들어서게 한 근거라고 할 수 있다. 이 두 현실의 간극은 분명 극복되어야 할 과제임에 틀림없고, 그 과제는 우리의 미래를 위하여 극복되어야만 하겠다. 물론 그 것은 매우 난해하고 복잡다단한 과정을 거쳐야 할 것이며, 오랜 시간을 필 요로 할 것이다.

필자는 이 과제를 극복하는 방법으로서 변증법적인, 하나의 역설적인 과 정을 제안해 보고자 한다. 먼저 무가에서 샤머니즘의 요소를 배제한다. 그 다음, 무가를 상위 개념 '신화(神話)로서의 존재'로 극대화하여 부각시킨 다. 그리고 극대화된 반동의 힘으로 다시금 진정한 샤머니즘의 존재로 돌 아와 그 본질을 찾는다. 이때의 샤머니즘은 본질의 극대화를 이루며 동시 에 신화적 상상력을 보유하게 된다. 아울러 사회적으로도 인정받는 존재 로 자리잡게 된다.

이 과정을 위하여 먼저 무가(巫歌) 「바리공주」가 신화(神話)의 본질에 적 합한가의 여부를 확인해 보는 일이 우선 되어야 할 것이다.

4. 반(反)샤머니즘—무가에서 신화로

무가가 감성의 세계라면 신화는 이성의 세계이다. 앞서 언급한 의미들이 무가에서는 진한 감정적 감응을 통하여 전달되는 반면, 신화에서는 같은 의미라도 그것이 범해서는 안 되는 사회적 규범의 면모를 통하여 전달된 다. 그리스 신화에서 신(神)들은 인간의 잘못을 그냥 지나치는 법이 없다. 오이디푸스 왕의 경우, 그의 잘못은 신탁에 의한 것으로, 인간의 한계로는 알 수도 없으며 피할 수도 없는 숙명을 타고나 결국 아버지를 살해하고 어머니와 결혼하고 마는 실수를 저지르게 된다. 인간의 한계로는 피하려고 노력해도 피할 수 없는 신탁 때문에 저지르게 되는 '인간적 실수(Hamartia)'임에도 불구하고 그는 신들의 처벌을 받아 불행으로 떨어지고 마는 비극적 사태를 맞게 된다. 이때 신들의 처벌은 결국 그 사회의 함의에 속한다. 신화는 객관의 세계이며 과학의 세계이다. 심볼(Symbol)과 이미지를 통하여 해석되는 세계이다.

1) 신가(神歌)「바리공주」의 신화적 요소

한국의 대표적인 서사무가로 인정받고 있는「바리공주」는 망자를 저승으로 천도하기 위하여 베풀어지는 진오기굿에서 구송된다. 무조신 바리공주의 생애담으로, 구전에서 연유되어 신화로 문헌화되는 과정을 거쳤다. 따라서 '무가'이며 '신화'로서 무속의 세계와 신화의 세계를 동시에 갖추고 있다. 무속에서는 이미 무조신으로 좌정해 조상신의 존재가 됐으며, 신화의 주인공으로도 그 격과 면모를 갖추고 있다. 그의 생애담에서 바리공주가 인류 신화의 원형(Archetype) 주인공의 면모를 모두 갖추고 있음이 드러난다.

— 바리는 '하늘이 아는 아기'로 특별한 탄생의 의미를 가지고 있다. 즉 이미 신적인 영역과 가깝다는 것을 의미한다.
— '버려진 아이'의 의미는 불리한 환경에서 시작되는 영웅 생애의 전형적 시작을 의미한다.
— 바리공주가 겪게 되는 험난한 성장 과정과 고난의 과제들, 또한 위기의

순간에 대처하는 바리공주의 행동은 영웅 신화 주인공들의 전형적 행동양식을 띠고 있다.[14]

– 험한 길을 헤쳐 나아갈 수 있게 도움을 주는 석가세존이나 후에 남편이 되는 무장승은 영웅의 조력자들로 초자연적인 능력을 가졌으며 그들이 건네주는 조력물들은 초자연적인 힘과 기능으로 주인공이 고난을 해결하게 도와준다.[15]

– 신화의 특징인 시간과 공간의 초극단화가 나타난다.

– 징표의 문제 역시 신화에 흔히 등장하는 요소로, 특히 「바리공주」에서 놀라운 점은 징표를 사물로 사용하지 않고 인간의 피로 사용한다는 점이다. 바리는 혈육의 끈을 입증하기 위하여 서로 피를 섞어 응고되지 않고 서로 섞여지는 것을 확인한 후에야 혈육임을 인정한다. 디엔에이(DNA) 개념이 현대에 들어와 통용되는 점을 감안하면 그 시대의 과학적 사고에 놀라움을 감출 수 없다.

– 바리공주는 공덕의 대가로 신의 존재로 좌정되지만, 그 진정한 의미는 '대가' 자체에 있는 것이 아니다. 그는 자신을 위해서가 아니라, 다른 사람을 위하여 자기희생을 치렀고 그 공덕을 쌓는 과정을 통하여 '완성된 인간'으로서 '신적인 격(格)'에 이르렀다는 의미에, 즉 신(神)으로서의 자격이 있다는 점에 의미가 있다 하겠다.

이제 바리공주 이야기는 단순한 하나의 신화로 전이되었다. '굿'에서 죽은 사람을 천도하는 역할에서 벗어나 한 영웅의 이야기로 남게 된다. 그러므로 먼저 텍스트로도 무가와 확실하게 구분된다. 이미 무속의 범주에서 독립하게 된다. 영웅의 이야기에는 세계의 신화와 공통되는 요소들이 언어로서 계시되고 있다. 바리공주는 현실에서 죽은 사람을 천도하는 역할에서 벗어나 구체적 영웅의 자격을 갖춘 인물로 이미지화되고, '효(孝)'라는 우리 사회, 문화의 통념을 언어로 매개해 주며 상징화된다. 여기서 그 상징성을 요약해 보기로 한다.

2) 신화(神話) 「바리공주」의 신화적 상징성

- 부모에 대한 효의 사상과 고난을 극복하는 영웅의 모습 등 인간 보편적 가치가 발현되어 있다.
- 현대 여성주의 이념의 선취라는 측면에서 살펴보면, 여아라는 이유로 버려지는 부당한 행위에도 불구하고 부모를 위하여 자발적으로 고난을 겪고 극복하며, 여성이 가진 출산력까지도 고난을 해결하는 과정에 이용한다는 점[16]들은 엄격한 가부장제에 대한 비판의 시선을 이미 선취하고 있다고 하겠다. 동시에 우리 사회를 강하게 지배하고 있는 가부장제도와 여아불호(女兒不好) 사상에 대한 무의식의 발현으로 바리공주는 '여성 원형'을 넘어서 '자기 원형상'에 이른다.[17]
- 앞서 밝힌 바와 같이 바리의 모든 행동양식에는 교화의 기능이 깃들어 있다.
- 무가에서 신화로 상위적 개념의 위상을 획득한다.
- 바리의 지위는 공주로 불리고 신으로 좌정됨에 따라 음지에서 양지로 옮겨져 사회적 함의에 의하여 존재로서의 인정을 획득한다.
- 신화 「바리공주」에 함의된 효의 사상은 계속 반복을 통하여 우리 사회에 영향을 미치고 있으며, 이러한 지혜를 미래에도 계승한다는 점에서 신화로서의 확실한 상징을 보유하고 있다.[18]

위의 과정을 통하여 이제 「바리공주」는 무가에서 상위 개념의 신화로 자리매김하고 세계의 신화와 같은 반열에 존재하게 된다. 구전되는 무속의 민담에서 영원불변의 신화 텍스트로 남게 되는 것이다.

3) 원형 샤머니즘의 본질적 요소 상실

샤머니즘의 옷을 벗은 무가는 이제 다음과 같은 문제점에 부딪히게 된다. 상위 개념의 신화로의 전이는 무가 존재의 본질에 변화를 불가피하게 만든다. 그것은 "무가가 더 좋은가, 신화가 더 좋은가" 하는 존재 가치의 문제가 아니다. 혹은 "무가에서 상위 개념의 신가로 격상한 것이 더 좋은 것 아닌가" 하는 수직적 서열 개념의 문제도 아니다. 그것은 무가 존재 자체의 '본질'에 관한 문제이다. "우리가, 더 나아가 우리 사회가 무가라는 존재의 본질에서 무엇을 원하는가" 하는 물음이 문제의 핵심이라고 필자는 생각한다. 따라서 「바리공주」가 무가에서 신화로 전이되면서 발생하게 되는 다음의 본질적인 요소들을 문제의 핵심으로 지적해 보고자 한다.

− 신화의 고정된 세계에 갇히게 된다. 한편으로는 문헌적인 '텍스트의 고착' 현상을 피할 수 없다는 점이 있고, 한편으로는 '굿의 현장'에서 가능한 자연스럽고도 자유로운 '변화의 과정'이 사라진다는 점이다.
− 정치, 사회, 문화, 경제적 환경 요인에 따른 사회적 규범의 강요에 따른 원형성 훼손의 문제가 발생한다. 이는 신화(神話)의 '그래야만 하는' 당위(當爲)의 세계관이 무가의 '자연히 그렇게 되어지는' 단순, 순수, 역동의 세계를 훼손하는 결과를 초래한다.
− 무가가 보유하고 있는 신상(神像), 상징언어, 이미지 등 민속적 요소의

의미가 한국 고유의 것이 아닌, 세계 보편성을 띤 것으로 일반화된다.
— 굿의 현장의 '현재 진행형(alive)'에서 '화석화(stone)'로 굳어 버린다.

엘리아데나 캠벨 같은 학자들은 신화에 유연성을 부여하고 있다. 엘리아데는 신화란 살아 있는 '열린 세계'이며 그 세계는 언어로서 스스로 계시한다고 보고 있다.[19] 캠벨 역시 영웅의 세계는 '살아 있는 세계, 영웅의 영적인 준비에 반응하는 세계'이며 인간들에게 대리 체험을 하도록 해 준다고 언급하고 있다. 과학의 시대에 신화의 영역은 초월적 에너지의 원천이며 신화에 대한 관심은 여기에 말을 거는 것이라고 대담을 통하여 밝히고 있다.[20]

그렇다면 무가와의 차이점은 무엇인가. 필자는 신화와 무가의 차이점은 그 본질에서 구분된다고 생각한다. 두 가지가 많은 동일한 요소를 가지고 있다 해도 분명 이 둘은 본질에서 다르다. "신화는 해석의 세계이며 무가는 실제 현장의 세계이다." 변화 가능한, 현재 진행형의, 생명을 가진 현장이 품어내는 폭발적인 에너지를 찾아서 무가는 이제 성숙된 샤머니즘의 세계로 회귀해야 한다. 자연스럽게 우리는 무가가 지녔던 샤먼성에 대한 향수를 가지게 될 것이다.

5. 샤머니즘으로의 회귀—원형 열린 세계

회귀의 과정을 거쳐 되돌아가는 샤머니즘은 분명 현재와는 다른 모습이어야 한다. 그것은 한국인의 근원 상실증을 치유하고 정신적 유리 현상을 되돌려 놓을 수 있을 만큼 순화되고 성숙한 존재이어야 한다. 기본적으로 모두가 인정할 수 있는 존재가 되어야 한다. 긍정적 요소는 적극적으로 강화하고 부정적 요소는 함께 노력하여 없애도록 하는 것이 전제 조건이 될 것이다.

— 샤머니즘의 긍정적 에너지는 재생성되어야 한다. 실제의 '굿'을 떠나 일상생활에 스며든 샤머니즘적 풍속은 단순한 삶에 재미와 여유를 주며 삶의 에너지 원천이 될 수 있다. 때문에 아무 거리낌 없이 즐길 수 있는 긍정적 샤머니즘이 되어야 한다.

— 자연의 싱싱함, 생동감, 역동성을 재획득해야 한다. 고정된 신화에서 벗어나 본래 지니고 있던 원시성을 되찾아야 한다.

— 현재 샤머니즘의 부정적 폐해의 청산과 자정에 대한 노력이 요구된다. 이 부분은 샤머니즘 세계에 종사하는 사람이나 일반 대중 모두에게 해당되는 사항이다. 지나치게 미신적 요행을 바라는 자세나 지나친 상업적 목적 때문에 본질이 변질되는 샤머니즘은 당연히 사회적으로 인정받기 어렵다.

— 샤머니즘 제의 과정에서 이루어지는 치유와 화합의 동적인 요소는 샤머니즘의 본질이다. 이러한 기능이 개인적 차원을 넘어 사회적 차원으로 확장되어 부드럽고 순한 사회를 형성하는 데 기여할 수 있다.

이러한 순기능들이 활성화된다면 샤머니즘이 사회적 신뢰를 획득할 수 있을 것이다. 그리고 성숙한 샤머니즘은 다시금 민족정신의 기조로서 존재의 가치를 가지게 될 수 있을 것이다. 무엇보다 샤머니즘이 지닌 본질적 기능인 '현재의 장(場)'이 갖는 특성을 되찾게 된다.

6. 맺는 말

성숙한 샤머니즘은 이제 더 이상 가슴속 깊은 곳에 억눌려져 있는 존재가
아니다.

  이제 부끄러움 없이 밖으로 드러낼 수 있는 존재일 것이다. 암묵적으로
외면받는 존재에서 사회적으로 신뢰받고 통용되는 존재로 영향을 미칠 것
이다. 그렇게 된다면 오천 년 가깝게 우리와 함께한 샤머니즘은 강력한 영
향력을 지닌 존재가 될 것이다. 알게 모르게 우리 생활에 깃들어 있던 샤머
니즘 문화는 다시 살아날 것이며, 결코 낯선 것도 아닐 것이다. 우리의 변
화된 삶이 그것을 원하기 때문이다.

  사실 스마트 시대에 인간 삶의 양식만 바뀐 것은 아니다. 신화의 세계도
변화를 모면할 수는 없다. 캠벨은 지금까지 상상력의 원천이었던 신화의
세계가 지금은 우리의 물리학, 마르크시스트 사회학, 행동 심리학 등을 통
해 해석되는 순전히 기계적인 세계가 되고 말았다고 진단하고 있다.[21] 우
리의 현실에서 하이 테크놀로지의 기술은 이미 신화세계를 극복했다고도
볼 수 있다. 인터넷 등 하이 테크놀로지 기술을 통하여 세계는 찰나적으로
시공간을 공유한다. 신화세계의 초극단적으로 확대된 시공간의 의미는 미
약해졌으며 정보를 전달해 주던 신들의 역할도 의미가 사라졌다. 결국 이
시대가 요구하는 것은 신화의 세계보다 더 강력한 세계일 것이며, 샤머니
즘이 그 대안일 수 있을 것이다. 엘리아데는 진정한 샤먼적 무의에서는 일

상적인 경험에서는 볼 수 없는 장관이 펼쳐진다고 했다. 그 세계는 무엇이든 가능할 것 같아 보이며, 누구든 특정한 초인간적인 '자유'가 현현(顯現)하여 눈부시게 존재하게 되는 세계가 펼쳐진다고 했다. 상상력을 자극하고 상상력에 불을 지르는 샤먼의 기적을 통하여, 샤먼의 체험을 통하여 문화적 창조가 가능해지고 자극되어진다고 지적한다.[22]

　이제 성숙한 한국 샤머니즘도 그 확장된 '신화적 상상력'으로서 일상생활뿐만 아니라 문화, 예술 각 분야에 영향을 미칠 것으로 기대한다. 우리 민족 전승의 공동 유산으로서 샤머니즘이 세계적 문화, 예술로 승화되도록 관리하고 보호하며 계속 육성해야 할 것이다. 이러한 과정은 긴 시간이 쌓여 축적되는 결과물이다. 갑자기 이루어지기는 불가능하다. 관련 학자들과 무속인들이 함께 연구하고 노력하여, 장기 계획을 세우고 지속적으로 이 작업을 이어 나간다면 오십 년이나 적어도 백 년 후에는 어느 정도 목표에 가까이 다가갈 수 있으리라 생각한다. 이에 이 소고(小考)가 작은 밑거름이 되기를 희망한다.

굿과 춤, 그리고 '굿춤'

이병옥(李炳玉)

1. 들어가는 말

인간에게 춤이 필요한 이유는 생명에 대한 고조된 열정이 인간의 팔다리를 가만히 내버려 두지 않기 때문이며, 춤을 갈망하는 까닭은 춤을 추는 사람이 마력을 얻게 되고 그 마력은 그에게 승리와 건강과 생명력을 가져다 주기 때문이다. 서로 손잡고 군무를 할 때 부족을 단결시키는 신비로운 친화력, 그리고 자기 자신이 완전히 환희 속에 몰두하게 되어 일상생활의 단조로움이나 냉혹한 현실로부터 벗어나게 된다.

결국 춤은 인간이 살아 있기 때문에, 그리고 살기 위해서, 또 살아 있음을 확인하기 위해서 생동하는 에너지를 발산하는 삶의 율동이다. 그래서 춤은 그 자체가 즐겁고 양성적(陽性的)이다. 그런데 이것보다도 적극적인 심리현상이 있다. 그것은 춤이 일정한 리듬의 반복을 통하여 사람들을 황홀경(恍惚境)으로 이끌어 간다는 사실이다.

인간의 감정이 고조될수록 보다 적극적인 표현이 나타나며, 마지막으로 몸부림치듯 나타나는 극치현상이 춤이라는 것이다. 이때는 이미 인간은 자아를 떠나 황홀경에 도달한다. 즉 무아지경으로 빠지게 하는 것이 춤이며, 인간을 입신 또는 접신할 수 있도록 교량 역할을 하는 것이 춤이다. 그러므로 샤먼 문화, 즉 굿에서 빠질 수 없는 행위가 춤이다. 물론 굿을 연행하는 구조는 악사의 반주 음악과 무당의 노래와 춤과 연극적 요소들을 복합적으로 표현하는 것이지만, 무당이 접신하는 과정이나 신계(神界)에 갔다 오는 과정이나 신과 노는 과정에서 가장 중요한 역할을 하는 것이 점차 빨라지는 춤과 반주라고 할 수 있다. 즉 굿에서의 춤은 무당이 굿을 행하는 의사 전달의 표현도 있지만, 원초적으로는 접신과 정화의 기능으로 춤을 춘다고 본다.

그러므로 본고에서는 굿과 춤의 근원적 관계성, 그리고 굿춤의 의미와 기능, 연행적 특징을 원론적으로 고찰한다. 또한 특정 지역 굿춤을 선정하여 고찰하기보다는 일반적으로 나타나는 북부지방 강신 계통의 굿춤과 남부지방 세습무 계통의 굿춤의 보편적 특성을 살펴보기로 한다.

또한 굿에서 춤을 일컫는 용어가 '굿춤' '무무(巫舞)'[1] '무속춤' '무당춤' '무속무' 등으로 여러 가지로 사용하고 있으나 이 글에서는 '굿춤'이라는 용어로 통일하여 사용하기로 한다.

2. 상형문자로 본 '무(巫)'와 '무(舞)'의 어원

중국에서 가장 오래된 은허복사(殷墟卜辭) 중 고대 갑골문(甲骨文)[2]을 사용한 은나라 사람들은 지석묘 같은 제단 아래에서 일 년에 몇 차례 큰 제사를 지내면서 춤추는 동이족3의 풍속을 글자로 나타냈다고 할 수 있다.

또한 중국 최고의 문자인 갑골문자에 의하면 '무(舞)' 글자의 시초는 '무(巫)'이며, 또한 '무(巫)' 자의 원래 형상은 '협(夾)' 혹은 '상(爽)' 자와 유사한 상형문자이다.

여기서 '협(夾)'이나 '상(爽)'은 오늘날의 한자로 보지 말고 상고시대 상형문자의 그림으로 보아야 하는데, 그것은 무(舞) 자의 최초 상형문자와 같은 형상임을 알 수 있다.

또한 중국에서는 『여씨춘추(呂氏春秋)』기록에 옛날 전설 속의 제왕 갈천씨(葛天氏)4의 무악(舞樂)은 소꼬리 잡고 춤추고 노래하는 것이라는 기록을 보더라도(昔葛天氏之樂 三人操牛尾 投足以歌八闋) 궁중의 제사의식의 춤을 출 때는 소꼬리를 들고 추었던 것으로 보인다.

이 '무(舞)' 자는 사람이 소꼬리[旄舞]나 새 깃[羽舞]5을 가지고 춤추는 형상이라고 한 것이라 하였다. 상고시대 중국의 기우(祈雨)의 춤에 '무우(舞雩)'라는 춤은 소꼬리를 잡고 춘다. 점복(占卜)을 관리하는 전문가인 '무(巫)'는 춤의 전문가이다. 한자에서 점복(占卜)을 관리하는 사람을 가리키는 '巫' 자와 무용예술을 가리키는 '舞' 자는 성조(聲調)만 다를 뿐 독음(讀音)은 같다. 역시 우리말에서도 둘 다 같은 발음의 '무'이다.

또한 글자 모양의 변화 과정을 보면 '巫'는 '舞' 자에서 나왔음을 알 수 있는데, 아마 처음에는 두 글자가 하나의 상형 글자였을 것이다. 아래 글자모양의 변화 과정을 보면 '巫' 자가 '舞' 자에서 어떻게 변화되어 나오는지알 수 있다. 복사(卜辭)의 '舞' 자는 후대 소전(小篆)의 '巫' 자로 바뀌고, 다시 해서(楷書)의 '巫' 자로 바뀐다.6 (241쪽 위)

결국 '무(舞)'와 '무(巫)'가 원래 동일한 의미의 글자였다는 것을 알 수

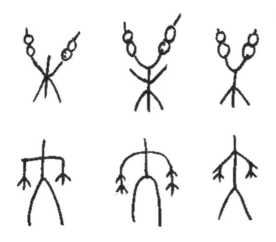

복사(卜辭)의 '舞'→ 소전(小篆)의 '巫'→ 해서(楷書)의 '巫'.

樂(위)과 舞(아래)의 은허복사(殷虛卜辭).

있다. 즉 '舞＝爽＝夾＝巫'의 등식이 성립된다. 그래서 '무(舞)'와 '무(巫)'는 같은 발음이며, 같은 뜻으로 사용하게 된 것이다. 은대(殷代)로부터 무풍(巫風)이란 바로 이렇게 춤을 추는 일을 가리킨 말이었다.7 그러므로 '무(巫)' 자의 공(工)은 하늘[天]과 땅[地]을 연결한다는 뜻이며, 그 연결의 형상화가 고인돌이고, 그 양편에 있는 인(人) 자는 춤추는 사람을 표시한 것이다. 곧 가무제사(歌舞祭祀)로써 하늘과 땅, 신과 인간이 하나로 연결되게 한다는 뜻이다.8

이상과 같이 신과 인간을 하나로 연결짓는 역할을 하는 사람이 바로 무당이며, 또 무당의 역할이 접신 과정을 통해서 신과 인간과의 교감을 이루게 하는 것이다.

또한 이러한 접신 과정은 무당이 춤을 춤으로서 접신의 경지에 도달할 수 있기 때문에, 결국 춤이 없는 접신 과정은 있을 수 없으며, 무당과 춤은 불가분의 관계 속에 동일시했던 것이다. 즉 무(舞)란 춤[舞]으로써 비의(秘意)를 축[祝(示顯)]하여 신성(神性)을 불러내는 사람, 이른바 접신자(接神者, 영혼을 불러내는 사람, psychopomp)가 된다. 그러므로 무당의 '巫'와 춤의 '舞'는 중국이나 한국에서는 동일한 어원, 동일한 의미, 동일한 발음 '무'로 오늘날까지 전해진 것이다.

한편 갑골문의 춤을 가리킨 '舞'라는 글자는 모두 소꼬리, 새 깃을 손으로 받쳐 들고 춤을 추는 형상이라고 하였다. 그렇지만 우리 민족의 무당들은 대나무 등 나뭇가지를 들고 추었으며, 오늘날에도 한국의 무당들이 들고 추는 신대는 주로 대나무 가지인 것을 보면 수천 년의 세월을 변함없이 지켜온 우리 민족의 문화의 뿌리임을 알 수 있다.

그런데 갑골문의 '樂'은 반대로 양손을 위로 쳐들고 방울 같은 것을 흔들면서 춤추는 모습을 상형했다.9 이것은 '舞'와 '樂'을 같이 놓고 '舞樂'으로 보면 손을 위로 아래로 흔들면서 춤을 추는 형상의 상형이며, 불가분의 관계를 지니고 있음을 보여 준 글자이다(241쪽 아래). 즉 춤과 음악은 바늘과 실처럼 항상 따라다니며 상호 보완적이라는 것을 나타내고 있다. 방울을 흔드는 춤은 소리가 나기 때문에 '음악'이 되었고, 나뭇가지를 흔드는 춤은 소리가 나지 않기 때문에 '무용'이 된 것이다.

하늘의 해와 달을 향해 춤출 때는 방울을 높이 쳐들고 먼 하늘을 향해 인간의 소원과 감사의 뜻을 방울소리에 실어 멀리 천신(天神)께 전달하도록 춤추었고, 자연과 초자연과 대지를 향하여 양손을 아래로 늘어뜨린 자세로 지모신(地母神)에게 풍농과 안녕을 비는 영혼의 춤을 추었을 것이다.

우리 무당들은 방울과 대나무 가지 또는 대나무 부채를 들고 똑같은 형식의 무당춤을 수천 년이 흐른 오늘날까지도 그대로 추고 있다. 따라서 한자 무악(舞樂)의 상형문자는 우리의 전통 무당춤에서만 그 역사적 전통과 확실한 근거를 확인할 수 있는 것이다.

즉 여러 개의 방울을 높이 쳐들고 천신께 고하는 무당의 방울소리와 춤을 '樂'으로 보았으며, 대나무 가지[竹]를 흔들면서 지모신께 풍농을 기원하는 무당의 춤을 '舞'로 본 것이다. 따라서 '무(巫)'와 '무(舞)'와 '악(樂)'도 동일한 어원(語源)과 시원(始原)에서 분화된 글자임을 알 수 있다.

3. 한국 민속춤의 지역적 특징

우리나라 춤은 여러가지 요인으로 지역마다 각기 다른 양태를 띤 춤들이 발생하기도 하고 교류를 통해 변천하면서 춤 문화권과 지역춤을 형성한다. 무용인류학적으로 볼 때, 지역춤을 형성하는 중요한 생태 환경적 요인으로는 첫째 생업적 요인, 둘째 기후적 요인, 셋째 지리적 요인, 넷째 풍속적 요인, 다섯째 역사적 요인, 여섯째 사회적 요인, 일곱째 종교적 요인, 여덟째 음악적 요인 등이 복합적으로 작용한다.[10]

그 중 기후 풍토적인 측면에서 볼 때, 추운 북부지방으로 갈수록 추위를 극복하기 위하여 수직춤이 많다. 수직춤은 발과 다리를 많이 사용하여 하늘을 향해 몸과 발이 뛰어오르거나 비상하는 입체적인 도약과 무릎 굴신이 많이 이루어지는 수직 도약적인 천상지향춤의 성향을 보인다. 즉 추운 지방으로 갈수록 수직춤, 즉 몸통을 위로 비상하거나 땅을 차고 뛰어오르는 도약춤, 입체춤과 동체춤이 많고, 무릎의 굴신춤과 어깨춤이 많이 나타난다.

반대로 따뜻한 남쪽 지방으로 갈수록 더위를 피하기 위해 수평적인 춤을 춘다. 수평춤은 몸통 사용을 억제하고 발의 옮김과 엉덩이춤과 손을 주로 사용하는 평면적인 답지춤을 춘다.[11] 그리하여 대지 지향적 하향춤과 땅을 자근자근 밟는 듯한 답지춤, 수평적인 양팔들사위와 여밀사위의 하향춤, 발의 옮김과 엉덩이나 손을 움직이는 평면춤과 말초부위춤이 많이 나타난다.

또한 지리적인 측면에서 산악 지역과 평야 지역은 서로 생활환경이 달라 춤문화도 달라진다. 산악 지역에서는 타 지방과의 교류 없이 그 지역에서 자생한 춤들이 그대로 전승되고 있다. 여기서 사는 이들의 일반적 성격은 급하며 행동이 거칠고 폐쇄적이며 고지식하다. 따라서 문화적으로도 교류가 부족하여 춤의 이동성이 비교적 적고 상향적이고 발산적이며 단조롭고 빠른 춤이 많다.

평야 지역은 농사가 잘되고 넓은 평야를 가지고 있기 때문에 사람들의 생활도 한결 여유가 있고 성격이 유순하며 교통이 좋아 문화의 교류가 빈번하므로 춤 또한 같은 형의 춤이 넓게 분포하고 있다. 춤의 종류도 많고 다양하여 대지를 향한 하향춤이 많으며, 춤들은 비교적 예술성이 높고 그리 빠르지 않으면서도 흥이 넘쳐흐르고 멋을 가진 춤이 많다.12

한편 중부지방인 서울, 경기 지역의 춤은 북부와 남부의 중간적 또는 양면적 성향으로 도약춤과 답지춤의 양면성이 혼합된 양상의 춤으로 활기차게 뛰었다가 사뿐히 즈려밟는 춤이다.

이상과 같은 현상은 한국의 민간에서 전승되는 춤의 유형인 탈춤, 허튼춤, 굿춤 등에서 두드러지게 나타난다. 한국탈춤을 보더라도 북부지방인 황해도지방 탈춤(봉산, 강령, 은률 등)은 활기찬 도약춤과 양팔을 힘차게 뿌리는 사위춤이 발달한 것에 비해, 남부지방 서울경기 산대놀이(양주, 송파)는 도약하지 않는 답지(踏地)춤, 춤폭이 크지 않고 아기자기한 손목놀림춤이 발달하였다. 한편 영남지방은 따뜻한 남부지방의 춤 특성과 백두대간 산악지대 춤의 특성이 혼재된 양상을 보이고 있어 도약춤과 답지춤의 혼합, 수직춤과 수평춤의 혼합 등으로 활갯짓 뜀사위, 배김새춤 등의 다양한 허튼춤들이 발달하였다.

또한 굿춤에서도 북부지방(평안도, 황해도, 함경도)의 굿춤에서는 강렬한 도약춤이 발달하였으나, 한강 이남(경기도, 전라도, 경상도)의 굿춤은 부드러운 답지춤이 발달한 양상을 보이고 있다.

4. 한국 굿춤의 지역적 특징

무당의 본래 임무는 신의 뜻을 사람들에게 전달하고 또 한 사람의 기원을 신에게 전달하는 신과 인간의 매체 역할을 하는 것이다. 무당들은 노래와 춤을 통하여 신의 뜻을 얻고 신의 기운을 부드럽게 하여 기원 내용을 신에게 아뢰며 동시에 신의 뜻을 예지하여 이를 인간에게 계시하는 한편, 기원이 달성된 데에 대해 감사의 뜻을 표시하기도 하는 역할을 한다.

  굿에서의 신명은 춤으로 발동하게 되고 그 신명은 일차적으로는 접신현상에서 느끼는 신비 경험에서 나온 것이다. 이 밖에 신복(神服)이나 신악(神樂), 그리고 제물의 음복 등에서 감염되기도 한다. 즉, 신명은 무당들에게만 일어나는 것이 아니라 신명 난 무당들의 춤을 보고 있던 구경꾼들도 그 주술성에 말려들게 되어 신명현상이 야기되기도 한다. 그리하여 잠재적인 종교적 심성과 예술적 심성이 무의식 상태에서 교류하는 가운데 가무오신(歌舞娛神)의 과정에서 굿판은 흥이 일게 되고 구경꾼은 이것에 도취, 열광, 황홀의 절정에 선다. 그리하여 '난장판'이 조성되어 굿은 신성한 장에서 재상과 삶의 장으로 바뀌고 그 춤은 종교적인 신성성뿐 아니라 놀이적이거나 오락적, 예술적인 춤으로까지 변하기도 한다. 이렇게 하여 굿춤은 신명으로 감정을 푸는 특징을 가지게 되고, 또한 무의식적인 데서 벗어나 미의식을 갖게 되는 춤으로까지 발전하게 된 것이다.[13]

  굿에서 춤의 기능은 신을 부르는 것과 즐겁게 하는 것, 그리고 신을 보내는 것, 나쁜 신을 쫓아내는 등의 제사로서의 기능을 비롯하여 다양한 기능을 한다. 즉 신의 성격에 따른 희화적인 기능과 고통에서 벗어나 생의 활력을 주고자 하는 환희적 표현으로서의 오락적 기능, 마귀나 질병, 그리고 죽음과 싸울 수 있는 초자연적인 능력 발휘 기능, 점술적 기능과 함께 신격자로서 계시를 내리거나 축복을 주는 주술적인 기능 등이 있다.

특히 한국의 굿춤은 기능적으로 중요한 역할을 하고 있다. 즉 앉은거리를 제외하면 모든 굿거리마다 춤이 빠지는 일이 거의 없을 정도로 춘다. 그러나 춤이 본격적으로 굿판에 중심이 되는 거리는 칠성·제석거리 등 몇몇 거리 외에는 많지 않다. 그것은 굿이 본질적으로 종교의례이며, 매 굿거리마다 모시고 노는 신을 상징하는 신복을 갈아입고 함께 사용하는 무구 사용이 많기 때문이라고 본다. 즉 무구를 든 상태로 본격적으로 춤을 추기에는 제약이 있다고 본다.

물론 한국 굿에서 가장 많이 추는 춤이 무구춤이다. 북부와 남부 어느 지역 굿이라도 정도의 차이와 유형의 차이가 있을 뿐, 굿거리마다 대부분이 무구를 사용하는 특징이 있다. 그래서 전국적으로 굿에서 사용하는 무구는 수백 가지[14]가 된다. 그만큼 다양한 무구춤을 추고 있다. 하지만 이로 인해 춤만을 본격적으로 추는 거리는 중북부지방의 칠성·제석거리에서 장삼자락을 휘돌리고 사방배를 하며 추는 장삼춤과 굿거리마다 가장 흔하게 추는 방울·부채춤이다. 남부지방에서는 지전춤과 수건춤을 들 수 있다.

이처럼 한국의 굿은 지역에 따라 차이를 보이고 있는데, 굿 문화권의 구분은 일반적으로 한강을 경계선으로 하여 서울과 경기 북부, 황해도, 평안도, 함경도 등 북부지방은 강신무굿의 성향이 많이 나타나고 있으며, 반면에 한강 이남의 경기 남부, 충청, 전라도, 강원도, 경상도의 무속은 세습무

굿의 성향이 많이 나타난다.

전승 측면에서 보면 북부지방의 강신무(만신)들은 대부분이 친자녀에게 가계 세습하거나 신딸(신아들)에게 춤과 의식을 학습시켜 사제 전승하고 있다. 그런데 남부지방 세습무(단골)들은 춤과 노래를 통한 의식으로 단골판에서 축원굿을 행하고 있는 것이 특징이다. 그렇지만 남부지방에도 엄연히 강신무들이 있다. 다만 이들은 주로 점쟁이로, 춤과 의식을 행하거나 세습하지 않고 점을 보는 데 그친다.

그러기 때문에 민속학(무속학)적으로 '북부지방＝강신무' '남부지방＝세습무'라는 등식이 성립되는 데 문제가 있다고 본다.

그러나 무용학적 측면에서 보면 북부지방이나 남부지방이나 다같이 신이 내렸으나 학습받지 못한 강신무, 즉 점쟁이(점바치)들은 굿 연행을 학습한 바가 없어 춤과 의식을 거행할 수 없어 연구 대상에서 제외된다. 그러니까 무용학에서는 굿춤을 연행할 줄 아는 무당만을 대상으로 본다. 그러므로 북부지방은 가계 전승이든 사제 전승이든 강신자들만이 신부모로부터 내림굿을 하고 학습받아 강신무(만신)만이 연구 대상이며, 남부지방은 신이 내리든 안 내리든 관계없이 가계 전승한 세습자들이 학습받아 세습무(단골)가 연구 대상이 된다.

결국 무용학에서는 북부지방은 강신자가 전승의 기준이 되어 강신굿춤[降神巫舞] 또는 강신무(降神巫, 降神舞)라고 하고, 남부지방은 강신과 관계없이 가계 세습이 기준이 되어 세습굿춤[世襲巫舞] 또는 세습무(世襲巫, 世襲舞)라는 용어를 사용한다.

그리하여 우리나라 북부지방 굿춤은 대체로 무당(만신)이 신을 청하여 접신하고 몸에 신령이 스며들면 무아지경에 몰입하게 된다. 이렇게 자아 상실 상태가 되는 가운데 무당은 신체(神體)로 변신하게 되고, 이때부터는 신령의 움트림으로 이른바 발작적인 신무를 추어 사람들에게 공수(예언)를 내린다. 여기에 비해 남부지방 굿춤은 신을 청하여 신에 바치는 축원무를 추어 인간의 소망을 신에게 전달하는 한편, 오신하는 가운데 신과 교감하여 신모방춤을 추고 신의 뜻을 사람에게 전달하고 복을 주는 축원적인 춤을 춘다.

또한 북부지방 굿춤은 처음에 느리게 움직이나 점점 빨라지고 상하로 도무로 추다가 호흡이 가빠지고 흥분상태로 들어가 신을 내리면 회전춤으로 바뀐다. 이러한 도무와 회전이 강신(降神)의 중요한 동기가 된다. 남부지방의 굿춤은 전반적으로 가무로 신을 즐겁게 축원하는 느낌이 강하다.

1) 북부지방의 굿춤

북부지방 강신무의 굿춤은 접신무(接神舞)와 신령무(神靈舞)라 할 수 있다. 강신무가 접신하는 과정은 먼저 신을 청하게 되는데, 이때는 춤을 추지 않고 방울을 흔들며 무가로 하는 것이 특징이다. 그리하여 신을 청한 다음 굿의 내용에 나온 신과 접신하는 뜻에서 신옷을 입는다. 따라서 접신해야 할 신이 많은 경우 신옷을 여러 벌 몸에 걸친다. 신옷은 신의 성격을 나타낼 뿐만 아니라 신옷에는 신이 빨리 내리게 하는 주력이 있기 때문에 신과 접신할 때는 반드시 이러한 절차를 밟게 된다.

춤을 출 때 처음에는 사방으로 전후좌우로 왔다 갔다 하면서 느리게 추는데, 이것은 잡귀를 누르는 춤으로 보인다. 갈수록 점점 빨리 추는 것은 원하는 신을 부르는 청배춤이며, 무당이 신과 접하는 과정을 춤으로 표시하는 것이다. 빠른 속도로 격렬하게 두들기는 타악기 소리에 맞추어 강렬하게 도무를 하다가 완전히 신과 접하게 되면 왼쪽으로 빙빙 돌고 선다.

　여기서 도무는 신령이 꿈틀거리는 춤이기에 활달하고 당당한 위세를 부리며 발작적이고 거친 전투적인 춤이다. 그리고 양손을 벌리거나 양손을 허리에 대고 왼쪽으로 도는 회무를 하는데, 이때에 왼쪽으로 도는 이유는 오른쪽이 일상적인 현상(cosmos)이므로 비일상적인 혼돈(chaos)의 경지로 들어가기 위해서 하는 밀의라 할 수 있다.[15] 다시 말해서 오른쪽 회전은 인간세계이며, 왼쪽 회전은 신의 세계로 들어가는 것이다.

　이처럼 무당이 빙빙 돌았을 때 어지럽고 혼돈이 오지만, 이렇게 함으로써 현실을 망각하게 되고 비현실의 세계, 즉 신령의 세계로 몰입되는 것이다. 이때부터 무당은 신이 된 것이다.[16] 도무와 회무로 신이 직접 자기의 몸에 들어와서 주도하기 때문에 신과 혼연일체가 되는, 즉 신과 무당의 일원화 현상이 일어난다. 무당에게 신이 내리면 무당은 이미 인간이 아닌 신으로 전환하여 신의 말인 공수를 내려 인간의 미래사를 예언한다.

　강신무당의 굿춤은 신과 접신하고 몸에 신령이 스며든 신격(神格)에 의한 춤이기 때문에 무아지경에 몰입하게 되고, 그리하여 자아 상실 상태가 되는 엑스터시를 맛보게 되어 비교적 원시적인 춤동작이 많다. 그러나 어떤 형식이나 틀이 정해져 있는 것이 아니라 신령의 꿈틀거림으로 형식이 없는 발작적이고 즉흥적으로 뛰는 동작이나 빨리 혹은 늦게 도는 동작, 형식이 없는 동작으로 이루어져 있다.

　강신무당의 굿춤이 청신무, 접신무, 신유무, 축귀무를 마치면, 마지막에는 공수로써 예언을 한다든가 춤으로 복을 준다. 복을 주는 춤은 보통 바라춤을 추거나 부채 또는 신옷자락을 흔들어 대는 공수춤을 추어 사람들에게 신바람을 준다. 그러나 공수를 주는 것은 춤 말고도 술이나 음식 또는 떡과 같은 것을 구경꾼에게 주면서 신복을 주는 수도 있다.

　이상과 같이 강신무는 원래 몸주신[身主神]을 가지고 있는 신들린 무당이다. 그러므로 청신하여 신을 직접 몸으로 받아들여 스스로 신격이 되어 영력(靈力)으로 의례를 진행한다.

　따라서 강신무의 굿춤은 신 자신이 춤을 추고 노는 것이며, 신을 흥겹게 놀리는 춤이 된다. 때문에 예술적인 춤보다는 놀이굿이나 극적 표현인 몸짓춤이 많이 있다. 춤의 성격은 거칠며 춤의 기교보다도 기능에 충실한 선이 굵고 투박한 춤이 많다.[17] 그리고 강신무 춤사위의 특징은 활달하고 위세당당하고 발작적이고 전투적이고 동작이 거칠고 도약적인 춤[18]으로 요약할 수 있다.

2) 남부지방의 굿춤

세습무는 무병으로 입무하지 않고, 신당도 갖지 않으며, 위아래로 뛰는 도무도 하지 않는 등 강신무와 차이가 있다. 남부지방의 세습무들은 어린아이 때부터 부모로부터 춤과 노래를 배우는 '학습'이 중요시된다. 그리하여 세습무의 춤에서는 기예능이 우수하여 예술성이 강조된다. 이 점이 강신무와 대조적이다. 또한 강신무의 굿춤을 신령무라 한다면, 세습무의 굿춤은 축원무라 할 수 있다.

　남부지방 굿춤은 방울과 부채, 그 밖에 여러 가지 무구로 신을 청하는 청신무를 추고, 이어서 그 신을 놀려서 즐겁게 하는 오신무로 이어진다. 이렇게 하여 신과 교합하게 되면 신의 행동을 재연하거나 신의 행동을 창조하여 사람들에게 신의 뜻과 행동을 보여 주기도 하고, 또 한편으로는 사람의 뜻을 신에게 전달하는 축원적 춤을 춘다. 이렇게 하여 굿이 끝나면 청신하였던 신령을 보내는 송신무를 하는 것이다.

이때 무녀들이 장단에 따라 사설을 넣어 노래를 부르면서 느린 춤을 시작하여 점차 빨라진다. 이 점은 강신무의 춤과 다를 바가 없다. 그러나 빨라져도 두 발을 교체식으로 춤추는 것으로 도무는 하지 않는다. 세습무의 무악의 성격을 보면, 완만한 가락과 가무를 진행하고, 의례화하여 예술의 경지로 접근하는 현상이다. 그러나 이러한 신사의 제의적 춤 못지않게 관중에게 보이는 오락적이고 예술적인 극이나 가무도 중요시되고 있다. 예를 들어서, 진도 씻김굿에서 볼 수 있는 지전춤이라든가 살풀이춤, 경상도 굿춤에서 볼 수 있는 병신춤, 탈춤 등이 그것이다.

또한 남부지방 무당들이 사제하는 무복은 신옷이 아니라 의식 진행을 위한 연희복으로 정장하는 것이다.[19] 따라서 무복에는 영력이 없다. 굿춤의 명칭은 지역에 따라서는 대감춤, 제석춤, 장군춤 등 신의 배역에 따라 춤의 이름을 붙이기도 하고, 지전춤, 바라춤 등 무구 이름을 붙이는 경우, 올림채춤, 터벌림춤, 진쇠춤, 거상춤 등 무악의 이름을 붙인 경우와 도드림춤 등 춤동작의 이름을 붙이는 경우가 있다.[20]

춤사위의 특징을 보면 세련되고 수동적이며 고운 동작이면서 오락적이고 예술적이며 가무적(탈춤, 병신춤, 도살풀이춤)임을 알 수 있다.

5. 북부지방과 남부지방 굿춤의 비교

한국의 굿춤은 무속의 종교정신을 가진 행위이며 신명의 춤이라 할 수 있다. 굿에서의 춤은 특히 신과 인간이 하나가 되는 춤을 춘다. 무속에서의 굿은 마을 전체의 공동체이든 개인 단위이든 복을 받고 무사태평을 빌며, 액땜을 하기 위한 것이다. 그런데 북부 강신무와 남부 세습무는 유사하면서도 여러 면에서 다른 점이 많다.

강신무는 신을 모시고 신당을 갖추고 있으며, 신이 몸에 내리는 강신의식을 행한다. 접신무로 접신을 하여 신과 하나가 되어 신의 춤을 춘다. 그러나 세습무는 신당을 갖추고 있지 않으며, 신이 직접 몸에 내리지도 않으며, 단지 신에게서 복을 받아내어 사람들에게 전달하는, 즉 신의 뜻을 전달하는 역할인 것이다.

강신무는 접신하는 행위로는 많은 신에 따른 각기 다른 다양한 신복을 갖춰 입고 신당을 향해 신의 춤인 도무를 하여 접신하면 빙글빙글 왼쪽으로 회무를 하여 신의 세계로 들어간다. 세습무는 제의 때에도 신의 춤을 추는 것이 아니라, 신을 섬기며 신의 복을 받아들이는 중계적 양상을 띠게 된다.

강신무의 굿춤은 접신무로 접신 후 신유무, 축귀무, 신령무로 신격자로서의 계시와 축복의 주술적인 기능을 한다. 그리고 접신을 할 때는 신당을 바라보게 되나, 접신 후 굿춤이나 공수 등은 굿의 자리에 함께한 구경꾼들을 향하게 된다. 그러나 세습무는 신령무가 아니라 신모방무로 축원무라 할 수 있으며, 청신무에서부터 오신무에 있어 무당은 제단을 향하게 되고 사람들을 향하지 않는다.

강신무가 사람들에게 복을 전달하는 방법은 춤이나 공수 신탁을 내리고, 음식이나 술을 나눠 주며 가족들과 이웃들에게 함께 복도 나눠 준다. 제의에서의 구경꾼들도 무당과 함께 거의 신이 들리는 것과 같은 느낌을 받게 된다. 세습무는 부정을 씻기 위하여 잡신을 몰아내는 축귀무도 추며, 신을 맞이할 때는 화려하고 성대하고 공손하게 접대하나, 송신무에서는 간단하게 치러질 뿐이다. 단지 죽은 이의 혼을 보내는 의식에서는 송신무를 성대히 하는 경우가 있다. 이렇듯 세습무는 강신무와 같은 접신 행위가 없으나 신을 맞이할 때에는 성대하게 한다.

강신무는 두 발을 동시에 뛰어 올리는 도무를 추고, 세습무는 두 발을 교차하는 춤을 춘다. 강신무의 춤을 '신격자로서의 춤'이라고 한다면, 세습무의 춤을 '인간적인 춤'으로 규정할 수 있다. 강신무가 추는 신무는 그것이 표출될 때, 어느 때는 발작인 광란의 춤이 나오고, 어느 때는 신격자(神格者)로서의 권위나 위엄을 보이는 의젓한 춤이 나오는가 하면, 또한 간사하고 장난기가 있는 춤으로 변하기도 하는 등 매우 유동적이고 변화가 심하다. 그에 반하여, 세습무가 추는 춤은 일반적인 가무로서 그 정서가 축원적(祝願的)인 성격이 담겨 있으나, 어느 때는 굿의 목적과 내용과는 다르게 속박에서 벗어나 보다 인간적인 춤, 즉 예술적 연희에 치중되는 춤도 있는 것이다.

강신무 무가의 특징은 신탁(神託)인 '공수'이다. 세습무들의 굿에서는 원칙적으로 신탁이 존재하지 않는다. 그와 비슷한 것으로 푸념이라는 것이 있으나 신탁과는 다르다.

강신무의 춤은 느리고 수평적인 춤으로 시작하여 빠르고 수직적인 도무를 함으로써 절정에 달한다. 이러한 춤의 과정은 주로 타악기 반주로써 특히 도무를 하는 데 효과적으로 조화를 이룬다. 장구, 징, 제금, 북 등 강한 리듬으로 반주하여 강신을 유도하도록 되어 있다.

도무는 두발돋음으로 제자리에서 매우 활발하게 두 발로 뛴다. 이러한 춤사위는 서울과 그 이북지방에서 흔히 추는 것으로 감정을 고조시키는 동작의 일종이라 할 수 있으며, 주술경에 도달하고자 하는 행위이다.[21] 또 도무나 회무의 동작은 그 동작이 가볍거나 힘찬 것을 불문하고 천신과 접신하고 병마와 잡귀를 무찌르는 주술적 행위이며, 또한 농경생활에서 농작물을 성장시키는 주술적인 땅밟기 풍속에서 나온 것이라 보인다.[22]

세습무들은 어린아이 때부터 부모로부터 춤과 노래를 배우며, 세습무의 춤에서는 예술성이 강조된다. 이 점이 강신무와 대조적이다. 무녀들이 장단에 따라 사설을 넣어 노래를 부르면서 느린 춤을 시작하여 점차 빨라진다. 이 점은 강신무의 춤과 다를 바가 없다. 그러나 빨라져도 두 발을 교체식으로 춤추는 것으로, 도무는 하지 않는다.

또한 한국의 굿춤은 대부분이 무구춤으로 구성되어 있지만, 강신무와 세습무의 무구춤들의 성격이 다름을 알 수 있다.

무구춤의 일반적인 성격과 종류에서 강신무는 축귀적인 기능이 강하여 예리하고 위협적인 칼 종류의 무기춤들의 비중이 높았고, 세습무는 신에게 비는 기원적인 기능의 제물(祭物)춤이나 제기(祭器)춤[농구(農具) 포함]의 비중이 높다.

방울춤은 강신무에 많이 사용하는 무구춤이며, 세습무에서는 사용하지 않거나 축소된 형태의 춤이 방울춤이다. 부채춤은 강신무 지역에서 모두 방울과 부채를 함께 들고 추는 경향을 보이고 있으며, 세습무는 방울을 사용하지 않고 부채춤만 추거나 수건 등을 함께 들고 춘다. 바라춤은 강신무 전 지역에서 추고 있으며, 세습무는 남쪽 지역으로 내려갈수록 약화되거나 생략되는 경향을 보이고 있다.

신칼춤 중에서도 강신무는 신칼이 많고 다양하고 위협적인 축귀춤이나, 세습무의 신칼은 다양하지 않고 신을 놀리는 오신(娛神)춤의 기능을 한다.

장군칼과 삼지창춤은 강신무의 전 지역에서 사용하나, 세습무는 장군칼과 삼지창 같은 위협적인 무기를 사용하지 않는다.

길베춤은 망자의 영혼을 떠나보내는 의식으로 강신무는 베를 몸으로 갈라 찢는 '베가르기춤'인 데 반해, 세습무는 길베를 찢지 않고 신배를 띄워 보내는 방식으로 영혼을 천도하는 '길닦음춤'이다.

그 밖에도 수건춤은 주로 세습무에서만 추어지는 춤이며, 특히 여흥으로 살풀이장단에 춤을 출 때는 살풀이춤이라 한다. 지전춤은 주로 세습무에서 추어지는 춤으로 특히 전라도 씻김굿에서 많이 춘다. 신옷[神服]춤은 강신무들만 추는 춤으로, 여러 신을 섬기므로 신옷이 다양하고 색채도 원색적이며 다양하다. 망자옷을 들고 추는 춤은 죽은 자의 넋을 위로하고 극락왕생을 기원하는 추모의 뜻으로 강신무와 세습무 모두 춘다.

그렇다면 강신무의 춤과 세습무의 춤의 공통점은 무엇일까. 그것은 춤을 추어 몰입하고 신명을 얻는 것이다. 따라서 춤추게 만든 무악은 대단히 중요한 역할을 한다. 느린 가락에서 빨라지는 가락으로 신들리게 하는 것, 그리고 맺고 푸는 가락으로 신들리게 하는 방법 등이 있는데, 악무는 흥겨운 연주를 하여 혼이 흥에 취하여 혼기가 발동하도록 하는 것이 중요한 것이다.

무속을 흔히 '신명의 춤' '신바람춤'이라 한다. 이것은 신이 몸에 실려서 춤춘다는 뜻이 되므로 이는 접신을 통해서 일어난 현상이라 할 수 있다. 무당이 신에 지펴서 신을 놀릴 때 갖는 도취, 황홀 상태 그것이 곧 신바람이다. 그러나 굿판에 참여한 구경꾼들도 무당들의 신명난 춤에 감염되어 굿의 사이사이에 무감을 서게 되어 신바람을 누리게 되고 무당을 통해 신과 만나 대화도 하며, 환자는 춤을 추어 병을 치료하기도 한다. 그리하여 굿판은 난장판이 되고 혼돈과 세속적인 질서가 깨뜨려진다. 그러나 이 혼돈은 사회가 요구하는 질서로 되돌아갈 탄력을 갖춘 혼돈인 것이다.[23]

6. 맺는 말

굿과 춤은 원초적으로 유사성과 연관성이 크다. 일반적으로 인간은 춤을 추면 감정이 고조되고 강해지면 흥분상태로 몰입하게 되는데, 굿에서는 이러한 춤의 역할과 기능으로 빙의를 거쳐 접신하게 된다. 그리하여 도무나 회무와 같은 춤동작이 굿 연행의 구조가 되고, 춤의 표현성이 굿에서 복을 주는 축원방법이나 공수를 주는 의사 전달의 수단이 되고, 춤의 감정적 기원이 굿에서의 종교적 심리로 작용하게 된다. 그러므로 굿 연행에서 가장 중요한 역할을 하는 것이 춤이다.

굿춤은 선사시대로부터 오랜 인류 역사와 함께 발전하고 지역에 따라 각기 다른 양상으로 발달 전승하여 왔다.

한국의 무속은 일반적으로 북부 강신무와 남부 세습무로 나누지만, 깊이 세부적으로 고찰하면 구분과 유무에서부터 논란이 많다. 하지만 무용학적인 면에서는 춤을 추지 않는 점쟁이류는 제외하기 때문에 북부 강신무(만신) 굿춤과 남부 세습무(단골) 굿춤은 구분이 확실하다. 그래서 한국의 굿춤은 일반적으로 한강을 경계선으로 북부 지역에 분포되어 있는 강신무 굿춤과 남부 지역에 분포되어 있는 세습무 굿춤의 두 계통으로 구분하고 있다.

지금까지 북부지방 강신무와 남부지방 세습무의 굿춤을 비교한 내용은 다음과 같다.

첫째, 강신무의 굿춤은 접신무, 신유무, 신령무 등으로 진행하고 있으며, 세습무 굿춤은 청신무, 오신무, 신모방무, 축원무, 송신무 등으로 진행된다.

둘째, 강신무의 굿춤은 도무로 접신하고 회무로 신의 춤을 추는데, 세습무의 굿춤은 주로 답지무로 사뿐사뿐 걸으며 춤을 추며 빠른 장단에도 도무하지 않고 두 발을 교체식으로 춤춘다.

셋째, 강신무의 춤사위는 활달, 당당, 위세, 발작적, 전투적, 거친 동작, 도약적(축귀춤, 무기춤, 작두타기, 신통행위) 등이며, 세습무의 춤사위는 얌전, 세련, 수동적, 고운 동작, 오락적, 예술적(가면춤, 병신춤, 도살풀이춤)이다.

넷째, 강신무의 무복은 굿거리마다 신복을 갈아입고 추지만, 세습무는 간단한 의례복을 입고 춤을 춘다.

다섯째, 강신무 굿춤에서는 위엄을 상징하는 모자를 사용하지만, 세습무 굿춤에서는 평상 모자와 머리띠를 쓴다.

여섯째, 강신무의 반주 음악은 신들림을 주목적으로 타악기가 위주이지만, 세습무는 의례와 연희를 목적으로 타악기, 취주악기, 현악기를 다양하게 사용한다.

일곱째, 강신무의 무악의 성격은 빠른 가락을 주로 연주하고, 몹시 흥분된 춤을 추지만, 세습무의 무악은 완만한 가락과 가무 진행으로 의례화하여 예술의 경지로 접근하는 현상이다.

여덟째, 강신무 굿춤은 주술성과 잡귀 잡신을 몰아내고 복을 받고자 하는 종교적 특성이 나타나는 반면, 세습무 굿춤은 예술성이 높으며 신과 굿을 보는 사람들에게 즐거움을 주는 연희적 특성이 나타난다.

그러나 강신무나 세습무나 다 같이 한국의 굿이라는 점에서 공통점도 많다. 양측 모두 연희성이 강하다는 점, 정도는 달라도 신명풀이라는 점, 다양한 무구춤을 춘다는 점과 모두 춤사위가 정형화되어 있지 않고 단순하다는 점을 들 수 있다.

또한 샤먼 문화로써 세계 여러 민족의 다양한 연행 양상을 한국과 비교해볼 때 한국무속이 다른 민족문화보다 색다른 세계적인 특성은 몇 가지로 정리할 수 있다.

첫째, 아시아 북방 강신무와 남방 세습무의 양면적 특성이 한강을 경계선으로 혼재하고 집약적으로 분포하고 있다는 점이다.

둘째, 세계적으로 샤먼 문화는 굿 연행에서 신옷을 갈아입는 경우가 많지 않으나, 한국의 무속은 모시는 신마다 신옷을 껴입거나 갈아입어 수많은 신을 모시면서 굿거리가 다양하고 의례를 거행하는 보조 도구인 무구가 다양하여 굿 연행에 변화성이 아주 높다.

셋째, 샤먼 문화의 의례적인 요소를 악·가·무·극적인 퍼포먼스 형태로 풀어내는 연행성이 특히 발달하였다.

넷째, 한국인들은 역사적으로 국난이나 자연재해를 극복하는 과정에서 종교에 귀의하려는 심성이 강한 민족성을 지니고 있어, 신흥종교에 대한 수용성이 높은데, 그 근원에는 한국의 굿이 기저에 깔려 있어 신앙심이 깊다.

이상과 같이 한국의 춤과 굿의 관계성, 그리고 굿춤의 일반적 특징을 고찰했는데, 앞으로는 북부와 남부 각 지역 굿춤의 특징을 보다 구체적으로 고찰할 필요가 있다고 본다.

무당굿의 음악과 춤, 그 무속학적 의미

홍태한(洪泰漢)

1. 들어가는 말

무당굿은 다양한 요소로 구성된다. 굿을 의뢰한 재가집과, 굿을 통해 인간의 소망을 들어주어야 하는 신령, 그리고 중간 존재로 무당이 있다. 무당은 그냥 굿을 진행하지 않는다. 음악에 맞춰 춤을 추고, 언어로 이루어진 공수를 내린다. 개별 신령이 들어올 때마다 무당은 신령을 나타내는 옷(무복)을 입고, 여러 가지 도구(무구)를 든다. 아울러 신령에게 바치는 인간의 정성의 표상으로 음식을 상에 올린다. 이처럼 무당굿은 여러 가지 요소가 복합되어 진행되는 종합예술이다. 따라서 무당굿은 국문학, 민속학에서 주로 연구되었지만, 복식학, 음식학, 무용학, 국악학, 종교학에서도 연구할 거리가 많다. 최근 굿판에서 다양한 분야의 학자들이 통섭적인 연구를 진행하고 있음에서 무속의 이런 특성이 규명되는 듯하여 앞으로가 기대된다.

이 글에서는 무당굿의 여러 요소 중 음악과 춤에 대해 이야기한다. 하지만 한국 무당굿의 모든 음악과 춤에 대해 이야기하는 것은 참으로 쉽지 않다. 그래서 이 글에서는 먼저 굿 음악이 어떤 가치를 가지고 있는가를 제시한다. 굿 음악이 문화권역 구분의 주요한 기준이 될 수 있다는 것, 굿 음악의 분포가 우리 전통예술의 다양한 분포와 일치한다는 것을 제시할 것이다. 그리고 서울 지역 굿 음악의 존재 양상을 제시하고, 그러한 굿 음악이 굿판에서는 어떤 의미를 가지고 있는가를 제시한다.

음악을 전문적으로 다루기보다는 무속학의 입장에서 음악이 어떤 의미를 가지고 굿에 사용되는가를 살피는 것이 이 글의 목적이다. 음악의 짜임이나 구조에 대해 논하기보다는 개별 음악이 신령, 굿판의 질서에 어떤 의미를 부여하는가를 살피는 것이다. 이러한 접근방식은 춤에도 그대로 적용된다. 전국의 모든 무당굿춤을 살피는 것이 아니라 서울 진오기굿의 한 사례를 가지고 무당굿에서 춤이 단순히 춤으로만 존재하지 않고 다양한 의미를 가지고 있음을 제시하기로 한다.

글쓴이는 전국의 여러 굿을 관찰 조사했지만, 가장 많은 자료를 모은 것은 서울굿이다. 그리고 현재 서울굿이 가장 왕성하게 전승되고 있다. 따라서 이 글에서 서울굿을 대상으로 음악과 춤의 의미를 살펴보고 있지만, 무당굿판에서의 음악과 춤의 의미로 일반화할 수도 있다고 본다. 음악의 기본구조를 살핀다면 일반화할 수 없지만, 이 글에서는 음악과 춤이 무속학적으로 어떤 의미를 가지는지를 살펴보기 때문에 가능하다고 보는 것이다.

2. 굿 음악의 가치와 의미

굿 음악은 민속문화권역의 기준으로서도 의미가 있다. 민속문화권역을 나누는 기준은 여럿이다. 연구자에 따라, 또는 연구자의 관점이나 대상 자료에 따라 다양한 문화권역 구분이 가능하다.[1]

먼저 무당굿을 기준으로 하여 문화권역을 나누어 본다. 무당굿은 춤과 음악, 제의가 결합된 것으로 문화권역을 나누는 유용한 기준이 된다고 보기 때문이다. 한강을 경계로 하여 북쪽의 강신무권과 남쪽의 세습무권으로 나누는 것이 기본적인 구분이다. 강신무권에는 만세받이 장단을 기본으로 하는 황해도굿과 굿거리장단과 당악을 기본으로 하는 서울굿, 다양한 타악기를 중심으로 만수받이 장단과 청배장단으로 굿을 시작하는 평안도굿으로 나뉜다. 함경도 지역의 무당은 앉은거리로 굿을 주로 진행하여 동일한 강신무굿이지만 양상이 조금 다르다. 제주굿과 함경도굿에 모두 무속신화가 많다는 점, 앉은거리로 진행하는 거리가 많다는 점은 한국무속이 중심부와 주변부에 따라 변화를 했다는 가설을 설정하게 한다. 함경도 지역의 음악은 강원도, 경상도, 동해안 지역과 유사하다.[2]

세습무 지역은 경기도권, 호남권, 남해안권, 동해안권, 제주권으로 나뉜다. 경기도에는 화랭이라 불리는 남자 세습무가 있던 지역으로 무속신화「성주무가」가 전승되는 곳이다. 지금은 화랭이가 모두 사라져 화려하고 다채로운 음악을 접하기 어렵지만, 과거에는 경기판소리와 비견될 정도로 음악이 풍부했다. 도살풀이 장단을 기본 장단으로 사용하는 무속권이다. 호남은 단골이라 불리는 세습무가 활동하던 지역으로, 전북 지역에는 「칠성무가」가 전남 지역에는 「장자무가」가 무속신화로 전승되고 있다. 이 두 지역은 동일한 호남권이지만, 음악 짜임과 굿거리의 짜임도 조금 다르다. 남해안은 대모가 굿을 진행하며, 복식에서 다른 지역과 차별성을 보이며 장단도 올림채장단, 푸너리조너리장단 등 다채롭지만 지금은 급격하게 변화하고 있다. 동해안 지역은 무녀와 양중이 가계를 중심으로 모여 다양한 타악 장단을 바탕으로 굿을 진행하고, 제주도는 심방이 굿을 진행하는데, 그 음악의 짜임은 호남보다는 서울굿과 상통한다.

강원도, 경상도 내륙의 굿에 대해서는 아직 상세하게 알려진 것이 없다. 다만 글쓴이가 경상도 내륙과 강원도 내륙의 굿을 몇 차례 조사한 결과 의외로 동해안 지역에 전승되고 있는 굿의 흐름을 그대로 받아들인 모습이었다. 강원도 인제에서 조사한 강신무굿의 경우, 복식이나 머리 장식이 동해안 무녀들과 동일하였고 굿거리 짜임도 흡사하였다. 다만 장단은 강신무 특유의 빠른 장단이 중심이 되어 음악에서만큼은 세습무가 중심이 되는 동해안굿과는 양상이 다르다. 경북, 대구에서 조사한 사례에서도 동해안굿과 유사성이 확인되었다. 이는 강신무라도 해당 지역에 주도적으로 전승되는 무속의 영향을 받을 수밖에 없다는 의미로, 호남 지역의 강신무들이 대거 국악학원을 다니면서 판소리를 배우고, 세습무로부터 노래를 배우는 현상과도 상통한다.

이러한 양상을 그림으로 그린다.

평안굿	함경굿
황해굿	
서울굿	
경기 충청굿	동해안 경상굿
호남굿	남해안굿
제주굿	

굵은 선으로 표시한 위쪽이 강신무 굿이고, 아래쪽이 세습무 굿이다. 이러한 무속권을 좀 더 세부적으로 나눈다면 경기·충청굿은 경기 남부 굿과 충청굿으로 구분되고, 호남굿은 전북굿과 전남굿으로 나뉜다. 동해안 경상굿은 강원굿, 경북굿, 경남굿으로 나뉜다.

이러한 무속권은 자연지형을 통해 구분된다. 평안굿과 황해굿은 대동강을 경계로 나누어지고 황해굿과 서울굿은 임진강을 경계로, 서울굿과 경기굿은 한강을 경계로 나뉜다. 경기굿과 호남굿은 금강을 경계로 나뉘고, 호남굿과 남해안굿은 섬진강을 경계로 나뉜다. 앞 그림의 오른쪽과 왼쪽은 백두대간을 경계로 한다. 무속권이 자연지형으로 나누어진다는 것은 지극히 당연한 일이다. 교통과 통신의 발달이 미미했던 과거에는 강이나 산맥이 문화의 흐름을 가로막던 장애물이었기 때문이다. 이런 점에서 무속권은 곧 지리권이다. 지리적 환경을 넘어서지 못하고 지리적 제한 속에 동일 무속권으로 형성된다.

함경굿과 동해안 경상굿은 음악적 짜임에서도 일치하지만, 「창세무가」를 통해 연결된다. 특히 「제석본풀이」로도 불리는 「당금애기」에 「창세무가」와 같은 내용이 첨부되어 있음에서, 북쪽에서 내려오던 「창세무가」가 남쪽으로 오면서 다양한 삽화와 결합되면서 변모되는 양상이 확인된다.[3]

아울러 이러한 무속권은 음악 성향과도 일치한다. 각각 경서토리권, 육자배기토리권, 메나리토리권역으로 구분될 수 있어 무속권과 음악권이 일치한다. 서울굿이 황해도굿과 동일하게 강신무권이면서도, 강신무 굿 중에서는 가장 다양한 음악적 짜임을 가지고 있는 것도 인접한 세습무권의 영향이라는 추론이 가능하다. 현재 남태령 지역을 경계로 하여 남태령 북쪽, 지금의 관악구 일대인 과거 시흥 지역 무속이 이런 점에서 다시 살펴볼 필요가 있다. 시흥 지역은 한강을 건너 서울굿과도 연결되고 남태령을 넘어서 과천, 수원굿과도 연결되어 강신무굿과 세습무굿의 접점이었다. 이러한 과정에서 자연스럽게 서울의 강신무 음악이 다채로워진 것이다. 중요무형문화재 제104호로 지정된 서울 새남굿의 「중디밧산」이 경기도굿의 가래조에서 유래되었다는 주장은 그래서 한 번쯤 검토가 필요하다.

이러한 무속권의 구분은 탈춤의 분포와도 일치한다. 황해도굿은 해서탈춤이 번성한 지역으로 현재 은율탈춤 6과장 '미얄할미 영감춤'에는 자진만세받이를 부르는 무녀가 등장하여 황해굿과의 관련성을 보여 줄 뿐 아니라, 배연신굿에서 연행되는 황해도굿놀이 '영산할아뱜할맘거리', 지금은 고인이 된 석바위 만신 박선옥이 연행하던 '광대탈대감놀이'에4 무당굿과 탈춤의 관련성이 보인다. 서울 외곽 지역인 경기도 일원에는 산대놀이가 남아 있는데, 이는 '제석거리'에서 연행되는 '소놀음굿'의 분포와 일치하기도 한다. 현재 양주에는 양주별산대와 양주소놀이굿이 함께 전승되고 있으며, 과거 양주의 무당굿, 탈춤의 연희자가 긴밀하게 연결되어 있음에서 탈춤과 무당굿의 관련성을 짐작하게 한다. 송파산대놀이의 음악 담당자와 서울굿의 음악 담당자인 악사들이 서로 긴밀한 관계를 맺고 있었을 뿐 아니라, 동일한 악사가 양쪽을 왕래하면서 음악을 담당했다는 데에서 과거에는 탈춤과 무당굿이 친연성을 가지고 있음이 드러난다.5 동해안 경상도굿 지역에는 들놀이와 오광대가 전승되고 있어 무속권과 탈춤권이 일치한다. 탈춤이 없는 호남 지역에 판소리가 전승되고 있으며, 경기·충청굿이 연행되던 지역에서 패기성음을 사용하던 화랭이들이 경기판소리 형성에 일정한 기여를 했음이 드러나 판소리와 무속권의 연관성이 드러난다.6

영산할아밤할맘거리.

범박하게 보아도 풍물권과 무속권의 관련성이 드러난다. 경기 풍물을 대표하는 평택농악과 호남의 이리농악, 필봉농악, 경상도의 진주·삼천포 농악, 강원도의 강릉 농악이 무형문화재로 각각 지정된 것도 무속권의 분포로 보아 예사롭지 않다. 2010년 5월 24일에 구례 잔수농악을 국가 지정 중요무형문화재로 지정한 것은 좌도농악과 우도농악이 구별되듯이, 전북 농악과 전남 농악의 구분이라는 점에서 의미가 있다.

한편 이러한 무속권의 구분은 민요권의 구분과도 통하는 것으로 보인다. 현재 하나의 유형을 대상으로 전국 민요를 분석한 글이 없어서 정밀하게 언급할 수는 없으나, 논매기소리에서도 경기 남부의 상사소리, 경기 북부의 방아요, 충남 지방의 얼카덩어리, 얼카산이야, 경상도의 어사용, 영동의 미나리, 오독떼기 등으로 명확하게 구분되는 양상을 보인다.

이러한 양상은 다음과 같이 정리된다.

| 무속권 | = | 음악권 | = | 탈춤·판소리권 | = | 민요권 | = | 풍물권 | = | 지리권 |

이러한 흐름은 굿 음악이라는 범주 속에 다양한 갈래의 민속음악을 포함할 수 있다는 의미이고, 무엇보다도 무속음악은 지역성을 기반으로 한다는 뜻이다. 따라서 굿 음악은 문화권역을 나누는 유용한 기준이 됨을 알 수 있다. 이는 한국의 문화가 지역별로 다양성을 가지면서, 민속문화의 기저에서는 지역 내에서는 상통함을 드러낸다. 지금은 연구자들이 무속과 민속음악, 탈춤, 민요, 풍물 등으로 나누어 연구하고 있지만, 이러한 현상을 고려할 때 현상적으로는 다양한 굿 음악이지만, 본질적으로는 소통하고 있으며 지역성을 드러내고 있음에 유념해야 한다는 의미이다. 이런 점에서

굿 음악은 한국문화의 지역성과 다양성을 드러내는 준거가 된다.

3. 굿거리의 연행과 서울굿 개별 장단의 존재 양상

서울굿에는 크게 마을굿과 개인굿이 있다. 마을굿에는 부군당굿과 도당굿이 대표적인데, 두 굿은 굿거리의 짜임이나 신령, 신당의 양상 등에서 별개의 유형이지만, 현재 서울 마을굿의 연행 현장을 보게 되면, 부군당굿의 연행 집단이 도당굿에도 참여하고 있다. 그러다 보니 서울 지역의 도당굿은 경기도당굿과는 달리 서울굿 음악의 일반적 양상을 그대로 보여 준다. 따라서 부군당굿과 도당굿의 음악 장단 차이는 별로 없는 셈이다. 개인굿으로는 재수굿과 진오기굿, 내림굿, 진적굿이 대표적이다. 이 중 진오기굿은 굿거리의 재차 짜임이 다른 세 굿에 비해 특이성을 보이지만, 묵은진오기굿의 경우에는 이승굿이라 할 전반부의 굿거리 짜임이 다른 세 굿과 흡사하다. 그리고 개인굿과 마을굿의 짜임을 보게 되면 몇몇 거리에서는 차이가 있지만, '불사거리'와 '산거리'의 존재, '대안주거리'와 '성주거리', '창부거리'의 연행 양상 등에서 확인되듯이 기본적인 굿의 흐름은 차이가 없다.

따라서 서울굿의 개별적인 굿거리에 사용되는 장단도 큰 차이가 보이지는 않는다. 다만 서울굿에서는 개별 장단이 반드시 연주되어야 할 굿거리가 있어, 장단과 굿거리의 관련성을 도출할 수 있다.

개별굿 사례를 가져와 굿거리별로 나타나는 장단에 대해 기술할 수도 있지만, 그동안 글쓴이가 본 바에 의하면 서울굿의 장단은 비교적 거리별로 정형화되어 있어 굿별로 차이가 크지 않다.[7] 따라서 서울굿에 등장하는 장단이 어떤 거리에 등장하는가를 중심으로 개별 장단의 무속적 의미를 제시한다.[8]

1) 청배장단

서울굿의 '부정청배'와 '가망청배' 거리에서 사용된다. 무당은 장구를 앉아서 자장단으로 치면서 무가사설을 구송한다. 무가의 내용은 여러 신령의 나열이다. 동일한 장단으로 신령을 나열하던 무당은 장단을 빠르게 치면서 "내 위야 제산으로 공수하시다" "정성덕을 입혀 주소사 시위 들으소사" 등의 말을 주워섬긴다.[9] 무당들은 이를 '염을 짓는다'고 하는데, 염을 지은 후 다시 신령을 나열한다. 그런데 이러한 염을 짓는 것은 나열하는 신령의 성격이 달라짐을 의미한다. '불사청배'의 한 소절을 가져와 본다.

불이불사 신에불사 여불사 남불사
천궁불사 일월성군님 사부칠성님 칠성마지 받으시고
정성덕 입혀주소서 시위 들으소사
여영산 남영산 산에 올라 호영산에 거리 뇌변에 객사영산[10]

불사와 관련이 있는 여러 신령이 호명되다가 "정성덕 입혀주소서 시위 들으소사"라는 말이 나온 후에는 영산과 관련이 있는 여러 신령이 나열된다. 이로 미루어 보아 청배장단은 여러 신령을 나열하면서, 신령의 위상에 따라 구분하는 의미를 담고 있다. 대개 서울굿판에서 청배장단을 연주하는 이는 그날 굿판에 불려온 청송무당이다. 청송무당은 기량이 매우 뛰어난 무당으로 여러 굿판에 불러다니며 굿만을 전문적으로 연행하는 무속인을 의미한다. 이들은 청배장단이 결코 쉬운 장단이 아니라고 한다. 특히 부정청배를 물리게 되면, 그날 진행될 굿의 성격과 재가집의 사정을 일목요연하게 알 수 있다 한다.[11] 그러므로 청배장단은 신령을 불러들여 굿문을 열면서, 신령의 위상을 구분하고 그날 진행될 굿의 성격을 알려 주는 의미가 있다.

또한 '부정청배' '가망청배'가 서울굿판에 함께 사용되고 있어 '부정'과 '가망'이 신령의 이름이 될 가능성을 암시한다. 그동안의 연구 성과에 의하면 '가망'은 굿문을 열어 주는 근원신의 이름을 의미한다.[12] 가망이 신령의 의미가 있어 청배라는 말이 가능하다면, 부정도 단순하게 굿청을 정화한다는 의미를 넘어서서 신령의 의미가 될 수 있다. 청배장단을 통해 부정과 가망은 동일한 신령으로 연결되는 것이다.

2) 휘몰이장단

부정청배 후반부에서 부정을 물릴 때 사용한다. 청배장단에 맞추어 여러 신령을 호명하던 무당은 갑자기 장단을 휘몰이로 치게 되고, 다른 무당은 물과 불로 굿청을 정화하는 의식을 거행한다. 뒷전거리에서 수비를 물릴 때도 휘몰이장단을 사용한다. 이로 미루어 보아 휘몰이장단은 부정한 것을 물리는 기능을 하고 있음을 알 수 있다. 아울러 굿거리가 끝났음을 알리는 역할을 하기도 한다.

3) 노랫가락장단

노랫가락장단은 굿판에 여러 번 등장한다. 대개 모셔지는 신령의 이름을 붙여 상산노랫가락, 가망노랫가락 등으로 부른다. 음악적 짜임은 동일하다. 이 노랫가락은 장구를 연주하는 무당이 선굿을 하는 무당의 행위와 무관하게 연행한다. 내용을 보게 되면 각각의 굿거리에 들어오는 신령을 모신 후 인간의 소망을 기원하는 내용으로 되어 있다.

그런데 이 노랫가락은 굿판에 모셔지는 신령 모두에게 바쳐지는 것이 아니다. 상산, 가망, 불사, 성주, 시왕가망, 중디 등 비교적 상위 신령에게만 바쳐진다. 서울굿판에 있는 신령의 위계질서가 비교적 느슨하게 구조화되어 있지만, 노랫가락이 바쳐지는 신령이라면 상위 신령으로 보아도 무방하다. 그런 점에서 노랫가락은 인간의 간절한 소망이 담겨 있는 장단이다.

4) 타령장단

노랫가락과 동일하게 타령장단도 사용하는 신령이 정해져 있어, 대감, 신장, 중상, 창부, 사자 등의 신령이 등장하는 거리에 나타난다. 노랫가락과 달리 타령은 장구장단에 맞추어 선굿을 진행하는 무당이 무가를 부른다. 무가의 내용은 대개 해당 거리에 등장한 신령이 흥이 나서 인간에게 복을 나누어 준다는 내용이다. 노랫가락과 달리 타령은 무당이 재가집에게 직접 불러 주며, 타령이 끝난 후 무당은 재가집에게 별비를 요구하기도 한다.

5) 상산장단

상산장단은 반염불장단으로 굿판에서는 흔히 상산장단이라고 한다. 이는 서울굿 '상산거리'에서 상산(장군)님이 거상을 할 때 연주하기 때문이다. 상산의대를 갖춘 무당이 상산장단에 맞추어 거상춤을 추는데, 이것은 장군신이 굿청으로 오는 것을 의미한다. 이처럼 상산장단은 서울굿에 등장하는 여러 신령 중 반드시 장군신에게만 연주되고 있어 상산장단이라고 한다. 장군이 서울굿에서 매우 중요한 신령임을 고려하면, 상산장단 역시 매우 신성한 장단이라는 의미이다. 신성성을 가진 상산장단은 신성성을 강조하는 거리에서만 연주된다. '진적거리'에서는 굿판에 온 사람들이 신령님에게 인사를 올릴 때 상산장단을 연주하고, 진오기굿에서는 '상식거리'에서 저승으로 천도된 망자 앞에 처음으로 제사를 올릴 때 연주한다. 인간이 처음으로 신을 만나면서 신성한 굿판이 본격적으로 열리고 있기 때문에 상산장단이 필요하고, 망자가 저승으로 들어가 존재의 위상이 바뀜으로 인해 상산장단을 연주한다.

이러한 성격으로 보아 상산장단은 인간과 신이 처음 만날 때 연주되는 장단이다. '진적거리'에서 처음으로 인간이 신을 뵐 때, '상식거리'에서 조상으로 좌정하여 위상이 바뀐 망자를 처음 만날 때 연주하기 때문이다. 상산은 서울굿판에서 무당의 조종으로 받들어 모시는 인물이다. 진오기굿을 할 때도 상산(上山)에 물고(物故)받는다 하여 저승으로 떠나는 망자의 존재를 처음으로 알려야 하는 신령이다. 따라서 상산장단은 서울굿의 장단 중에서는 가장 신성성이 높은 장단이다.

6) 굿거리장단

굿거리장단은 대부분의 굿거리에서 신을 청배하는 들이숙배나숙배13에 사용한다. 따라서 모든 굿거리에 사용되는 음악장단이다. 그러므로 굿거리의 등장을 통해 개별 굿거리의 구분이 가능하다.

'불사거리'에는 불사—칠성—제석—중상—신장—대감—부인—호구 등의 여러 신령이 등장한다. 이들을 하나의 거리로 볼 수 있는 단서가 바로 굿거리장단의 존재이다. 불사가 들어와 공수를 준 후 다시 칠성이 들어오는 그 사이에는 굿거리장단은 나타나지 않고 당악장단만 나온다. 그래서 불사−칠성−제석을 하나의 '불사거리'로 묶을 수 있는 것이다.

하지만 '성주거리'가 끝나고 바로 '창부거리'가 이어지는데, 이때는 굿거리장단이 등장한다. 이런 점에서 굿거리장단은 개별 굿거리의 구분을 가능하게 하고, 굿거리장단과 굿거리장단 사이에 등장하는 신령은 모두 동일한 성격의 신령일 가능성을 암시한다. '진적거리' '도령돌기' '상식거리'에서도 사용되고 있어, 굿거리는 개별 신령이 굿판에 등장함을 나타내는 장단으로 보인다.

7) 별상장단

허튼타령장단이라 불리며, '상산거리'와 '별상거리'에서 사용된다. 별상은 서울굿판에서 욕심 많고 탐심 많은 신령으로 간주되어 모두 조심하는 신령이다. 경기도 굿판에서는 마을마다 모셔지고 있는 호구신 계통으로 역시 사람들에게 노여움을 잘 부리는 신령으로 알려져 있다. 이러한 별상신을 위하여 연주하는 장단인 별상장단은 상산장단과 동일하게 특별한 의미를 가진다.

특히 '상산거리'에 이어서 연행되는 '별상거리'에 사용하는 장단을 굳이 별상장단이라 이름한 데에서 별상신의 성격을 알 수 있다. 서울굿에서 사실은 모두 두 번 세운다. '산거리'를 진행하는 과정에 산신군웅이 들어오게 되면 사실을 세우고, '대안주거리'에서 별상신이 들어오게 되면 사실을 세운다. 별상신에 대해서는 그동안 여러 연구 성과가 있었는데 주신이라기보다는 부속신의 성격을 가진다.[14] 산신의 부속신으로 산신군웅이 존재하듯이 상산신의 부속신으로 별상이 존재한다. 그래서 산신군웅과 별상이 사실을 받는다. 이런 점에서 상산신과 별상신이 함께 들어올 때 연주하는 장단이지만, 별도로 별상장단이라고 부르는 것이다.

또한 별상장단은 '도령돌기거리'에서 저승으로 가는 망자의 걸음이 빨라짐을 나타낼 때, 상식에서 처음으로 제사를 올릴 때 사용하고 있어 상산장단과 동일하게 신성성을 가진 장단이다.

8) 당악

가장 기본적인 서울굿 굿거리 음악이다. 굿거리장단에 맞추어 점잖게 들이숙배 나숙배를 하던 무당은 당악장단에 맞추어 뛰기 시작한다. 이제 신령이 굿판에 뛰어들어오는 모양을 나타낸다. 굿거리 없이 당악만 연주한다면 바로 앞서 나온 신령과 동일한 계통의 신령이 연이어 나온다는 의미이다. 그러므로 '굿거리장단＋당악장단'이 굿거리의 구별을 가능하게 한다면, 당악장단만이 나오는 것은 굿거리가 계속 이어진다는 의미이다.

9) 만수받이

과거 서울굿판에는 만수받이장단이 지금보다는 다양했다 하지만, 지금 현재는 '불사거리' '사재거리' '뒷전' 등에 사용된다. 만수받이가 사용된다는 것은 굿거리의 성격이 확연하게 달라진다는 의미로 보인다.

'부정청배' '가망청배' 이후 '진적거리'를 통해 신과 인간이 처음으로 만난다. 그리고 뒤를 이어 본격적인 굿이 진행되는데, 첫 거리가 '불사거리'이다. 따라서 '불사만수받이'를 통해 굿의 성격이 청배에서 청신으로 넘어가는 의미를 보인다. '뒷전'도 동일하다. 굿판이 중반부에서 종반부로 넘어감을 보여 준다.

진오기굿에서 '사재거리'의 성격이 그러하다. 진오기굿이 본격적으로 시작되면 '뜬대왕거리'가 연행된다. '뜬대왕거리'에서는 시왕가망, 십대왕, 중디, 말명 등의 저승에 존재하는 여러 신령이 나열된다. 이때는 주로 노랫가락이 연행되면서 아직 본격적으로 저승의 신과 인간이 만나지는 않았음을 나타낸다. 뒤이어 사재만수받이가 진행되면서 저승의 사자가 이승으로 나오고 있음을 보여 준다. 만수받이가 나오기 전까지는 단순하게 신령이 굿판에 들어오는 과정이어서 재가집과의 만남이 이루어지지 않지만, 사재만수받이가 진행되면서 재가집은 굿판에 참가하여 무당과 이야기를 주고받을 수 있다.

이런 점에서 만수받이의 존재는 굿거리의 성격을 확연하게 구분할 수 있다. '불사만수받이'가 진행되면서 굿은 신을 청배하는 초반부에서 본격적인 중반부로 진행될 수 있고, '뒷전 만수받이'가 진행되면서 종반부로 진행된다. '사재만수받이'를 통해 저승의 신이 비로소 인간과 만나 망자를 저승으로 데려가는 여러 시늉을 할 수 있다.[15]

10) 물림장단

모든 굿을 시작하기 전에 굿청을 정화하기 위해 사용하는 장단이다. 재가집을 비롯하여 일반 사람들을 굿청 밖으로 물린 후 무당은 빈장고와 제금을 요란하게 울려 굿청을 정화한다.

굿거리와 관련한 이러한 개별 장단의 존재는 서울굿판의 음악이 주로 청신의 과정에 사용되고 있음을 나타낸다. 주지하는 바와 같이 강신무의 굿은 청신－오신－공수－송신으로 진행된다. 이러한 흐름에 맞추어 서울굿

장단의 성격을 정리하면 다음의 표와 같다.

장단 이름	주된 기능	부수적 기능
청배장단	여러 신령을 굿판에 모신다.	
노랫가락장단	상위 신을 모신다.	인간의 소망을 기원한다.
상산장단	상산신을 모신다.	진적, 상식거리 등에 사용하여 신성성을 드러낸다.
굿거리장단	여러 신령을 모신다.	굿거리 앞뒤에 등장하는 신령의 계통을 구분한다.
별상장단	별상 신을 모신다.	진적, 상식거리 등에 사용하여 신성성을 드러낸다.
당악장단	여러 신령을 모신다.	당악 앞뒤에 등장하는 신령이 동일한 계통임을 드러낸다.
만수받이장단	불사, 사재, 뒷전의 잡신을 모신다.	굿의 흐름을 구분한다.
타령장단	신령이 흥을 드러낸다.	
휘몰이장단	잡신을 물린다.	
물림장단	잡신을 물린다.	

4. 서울굿 각 개별 장단의 연결과 의미

이러한 서울굿판의 장단은 개별 굿거리에 하나만 등장하는 것이 아니다. 둘 이상의 장단이 연이어 등장한다. 여기서는 장단의 결합이 무속적으로 어떤 의미망을 가지는지를 규명하기로 한다.

1) 노랫가락과 타령에 따른 신령의 위상 구분

노랫가락을 받는 신령과 타령을 하는 신령은 정확하게 구분된다. 노랫가락의 내용은 신을 청배한 후 신에게 인간의 소망을 간절하게 기원하는 내용이다. 반면 타령은 흥이 오른 신령이 인간에게 복과 명을 주겠다고 흥겹게 부르는 노래이다. 창부타령처럼 액을 막아 주는 구체적인 내용을 보여주기도 한다.

노랫가락이 등장하는 개별 굿거리에서는 무당과 재가집 사이에 구체적인 행동이 진행되지 않는다. 장구를 치면서 무당이 노랫가락을 부르기 때문에 재가집은 경건한 자세로 노랫가락을 들으면서 정성이 잘 통해 자신의 소망이 이루어지기를 기원하는 모습을 보인다. 하지만 타령이 등장하는 굿거리에서는 무당과 재가집 사이에 적극적인 행동이 이루어진다. 무당은 타령을 부르면서 재가집에게 복을 퍼주는 시늉을 하고 재가집은 주머니나 옷자락으로 복을 받는 시늉을 한다. 타령을 부르면서 무당은 재가집에게 별비를 요구하고 재가집은 선뜻 별비를 준다.

노랫가락이 엄숙함을 전제로 한다면, 타령은 흥을 전제로 한다. 따라서 노랫가락을 받는 신령은 인간의 입장에서는 가까이 하기에 매우 어려운 신령이다. 상산처럼 무당의 조종이고, 성주처럼 집안에 으뜸가는 신령이다. 그러나 타령을 부르는 신령은 인간에게 매우 가까운 신령이다. 직접 인간에게 복을 가져와 퍼 주는 신장과 대감이 대표적인 신령으로, 인간의 입장에서는 어려움 없이 가까이 다가갈 수 있는 신령이다.

이처럼 노랫가락과 타령은 인간과 신의 관계를 결정하며, 신령의 위상이 서로 다름을 명확하게 드러낸다.

2) 굿거리와 당악의 성격에 따른 개별 굿거리의 구분

굿거리장단은 대개 개별 굿거리의 처음에 연주되고 당악은 개별 굿거리가 진행되는 중간중간에 연주된다. 굿거리장단이 연주될 때에는 개별 굿거리가 시작될 때이다. 무당은 굿거리 장단에 맞추어 들이숙배 나숙배를 올려 신령이 들어오기를 청한다. 신령이 본격적으로 들어오게 되면 당악장단이 연주되고, 이에 맞추어 무당은 뛰는 춤을 춘다. 춤을 멈춘 무당은 재가집에게 공수를 주고 옷을 바꾸어 입으며 들어온 신령을 보내고 새로운 신령을 모시는데, 이때에는 당악장단이 연주된다.

따라서 신령을 불러들일 때는 '굿거리+당악'인 경우와 당악장단만이 연주되는 경우가 있다. 굿거리장단과 당악장단이 함께 연주되는 것은 굿거리가 바뀌었다는 의미로 이때에는 연행하는 무당도 바뀐다. 그러나 당악장단만이 연주될 때에는 무당도 바뀌지 않고, 연이어 들어오는 신령은 서로 동일한 계통의 신령이다. 이러한 것은 '대안주거리'의 성격을 명확하게 한다. '대안주거리'는 글자 그대로 큰 안주를 바치는 굿거리로 서울굿에서 매우 중요한 거리이다. '대안주거리'는 다음과 같이 구성된다.

굿거리장단은 '상산거리'의 시작에만 사용한다. '별상거리'부터 '대감거리'까지는 주로 당악을 사용하여 진행한다. '별상거리'에 사용하는 별상장단과 '상산거리'에 사용하는 상산장단은 신성한 의미를 보여 주어 상산신과 별상신의 위상을 드러낸다.

따라서 '대안주거리'를 그동안 '상산거리' − '별상거리' − '신장거리' − '대감거리'로 나누어 본 것은 굿거리장단의 존재로 인해 동일한 거리로 보

아야 한다. 현재도 서울굿판에서 무당들은 '대안주 드린다'라고 하면서 상
산부터 대감까지를 같은 무당이 옷을 벗고 바꿔 입으며 연이어 진행한다.
따라서 굿거리장단과 당악장단은 개별 굿거리의 구분에 의미가 있다.

굿거리	장단	세부 내용
상산거리	상산장단+굿거리+별상장단+당악	상산
	당악	최영장군
	당악	명잔내림
별상거리	별상장단+당악	별상
	당악	사실 세우기
신장거리	당악	신장
	당악	신장공수
	타령	신장타령
대감거리	당악	전안대감
	당악	양반대감 조상대감
	당악	대신대감
	당악	텃대감
	당악	끝내기

3) 장단에 따른 신령 등장의 차이와 개별 굿거리의 의미

이러한 굿거리장단과 당악장단의 짜임을 바탕으로 하면 '굿거리장단＋당
악장단'은 신령이 굿판에 등장하는 일반적인 모습이다. 여기에 '상산장

단+굿거리장단+별상장단+당악장단'은 신령이 위엄 있게 굿판으로 나오는 의미를 보이고, '별상장단+당악장단'은 별상신의 신성성을 강조하면서 신령이 굿판에 등장하는 모습을 나타낸다.

따라서 청배장단은 신령이 직접 굿판에 등장하는 의미보다는 인간이 신령의 등장을 소망하는 의미를 가진다. 아직 직접적으로 신령이 등장한 것은 아니고 신령이 굿판에 나오기를 간청한다. 그리고 신령이 등장하는 과정에 혹시 있을지도 모르는 부정한 것을 물리기 위해 휘몰이장단을 사용하는 것이다.

굿거리 이름	사용하는 장단 이름	굿거리의 성격
부정청배	청배장단	신령을 굿판에 청하기
	휘몰이장단	부정한 것을 물리기
가망청배	청배장단, 노랫가락장단	신령을 굿판에 청하기
진적	상산장단, 굿거리장단, 별상장단, 당악장단	굿판에서 신령을 인간이 처음으로 뵙기
불사거리	만수받이장단	굿거리의 성격 전환
	굿거리장단, 당악장단	개별 신령의 등장
산거리 이하	굿거리장단	굿거리의 구분
	당악장단	동일 계통의 신령 등장
뒷전	만수받이	굿거리의 성격 전환
	휘몰이장단	부정한 것 물리고 끝내기

이러한 장단의 의미를 개별 굿거리와 연결하여 보게 되면 서울굿의 일반

적인 양상이 보다 명확해진다. 일반적인 서울의 재수굿 열두거리는 '주당물림' '부정청배' '가망청배' '진적' '불사거리' '산거리' '가망 조상거리' '대안주거리' '성주거리' '창부거리' '제면거리' '뒷전'이다.

열두거리의 성격은 각각의 굿거리에 사용하는 장단과 밀접한 관련이 있다.

4) 존재 위상의 변화를 의미하는 장단 사용

서울굿의 기본 장단 네 가지인 상산장단, 굿거리장단, 별상장단, 당악장단이 모두 사용되는 거리에는 '진적거리' '상산거리' '상식거리'가 있다. 이 중 '상산거리'는 상산신이 가진 영검성과 남다름을 강조하기 위하여 모든 장단을 사용한다. '진적거리'는 신령과 인간이 굿판에서 처음 만나는 의미를 담고 있어 네 가지 장단을 모두 사용한다.

'상식거리'에 이러한 네 가지 장단을 모두 사용한다는 것은 진오기굿을 통해 조상신으로 좌정한 망자의 위상이 바뀌었음을 인정하는 의미이다. 진오기굿에서 망자의 저승 천도와 관련이 있는 굿거리는 '뜬대왕' '사재삼성' '말미' '도령돌기' '베가르기' '상식' '뒷영실'이다.

'뜬대왕'에서 '베가르기'까지는 망자가 저승으로 가는 과정을 반복적으로 보여 주는 것이다.[16] 이러한 일련의 과정을 통해 망자는 조상으로 좌정한다. 신조상으로 좌정한 망자에게 처음으로 올리는 제사가 상식으로, 이때 네 장단을 모두 사용한다는 것은, 진적거리에서 처음으로 신령을 뵙는 인간처럼, 새롭게 좌정한 조상을 처음 뵙는 의미를 보여 준다. 인간으로 태어나 살다가 죽은 망자가 조상신으로 위상을 변화한 것이다.

5) 저승 가는 과정 보여 주는 장단

진오기굿에서 저승 가는 과정을 직접 보여 주는 거리는 '도령돌기거리'이다. 「바리공주」 무가를 불러 망자를 저승으로 데려가는 바리공주의 모습을 보여 준 무당은 「바리공주」 무가를 부를 당시의 복색 그대로 망자를 저승으로 인도하는 일련의 과정을 보여 준다. '도령돌기'는 '넋노랫가락' '대신만수받이' '한삼도령(굿거리장단)' '부채도령(별상장단)' '칼도령(당악장단)'으로 구성되어 있다.

'넋노랫가락'으로 망자의 넋을 실은 무당은 '대신만수받이'를 통해 망자가 저승으로 무사히 천도되기를 기원한다. '한삼도령'부터는 망자의 넋을 안고 저승으로 가는 과정을 재현한다. 도령상 둘레를 돌면서 무당은 '한삼도령' '부채도령'으로 저승길을 헤쳐 나가 망자가 무사히 가는 과정을 보여 준다. 마지막으로 '칼도령'을 돌며 대신칼을 서로 주고받는다. 이는 저승문을 여는 의미이다.

이러한 과정에서 장단은 점차 빨라진다. 망자가 저승으로 점점 다가가는 모습을 장단으로 보여 준다. 천천히 이승을 떠난 망자는 저승이 다가오면서 급한 걸음으로 저승문을 열고 들어간다.

이처럼 '도령돌기'에 사용된 장단은 음악을 넘어서서 망자가 저승가는 과정을 보여 주는 재현의 역할을 한다.

5. 서울굿 장단 활용과 변화

이상에서 서울굿에 사용되는 장단의 의미를 주로 굿거리와 신령과 관련하여 살펴보았다. 이를 통해 서울굿판의 음악은 단순하게 음악으로만 존재하는 것이 아니라, 신령의 위상을 드러내기도 하고, 진행되고 있는 굿의 상황을 그대로 보여 주기도 한다.

서울굿의 장단은 음악이라기보다는 무구, 무음식, 무복과 동일한 기능을 수행한다. 개별 굿거리에 등장하는 신령은 삼지창, 월도, 부채, 방울 등의 무구를 통해 자신의 기능과 특성을 드러낸다. 기본적인 무구로 부채와 방울이 존재하지만, 신령에 따라 삼지창과 월도를 통해 자신을 드러내기도 한다.

아울러 개별 신령과 굿의 성격에 따른 굿상의 상 차림새가 달라진다. 우환굿에서는 대수대명상이 비중 있게 다루어져서 우환의 종류에 따라 상 차림을 달리한다. 반면 도당굿에서는 불사상이 산신불사상으로 바뀐다. 진오기굿에서는 망제님 전물상이 차려지고, 무당의 신적인 영험성과 관련이 있는 천신굿, 내림굿, 맞이굿에서는 천궁맞이상이 중요하게 평가받는다. 이렇게 본다면 산신본향, 가망본향, 장군, 걸립은 어느 굿판에서나 중요한 신령으로 인정받고 대접을 받지만, 다른 신령들은 대접을 받는 굿이 각각 정해져 있음을 알 수 있다.[17]

무복도 동일한 의미망을 가진다. 서울굿판의 신령은 청치마와 홍치마에 따라 신령의 의미가 달라지고, 개별 굿거리에 등장하는 신령은 자신의 존재를 무복을 통해 명확하게 드러낸다.

장단도 동일하다. 서울굿의 장단은 신령의 위상과 밀접한 관련을 가지고 있을 뿐 아니라 굿거리의 성격을 드러내기도 한다. 굿거리장단의 존재로 개별 굿거리의 구분이 가능하며, 상산장단과 별상장단이 있음으로 인해 상산신과 별상신이 다른 신령에 비해 우월함을 드러낸다. 앞에서 살펴본 것처럼 개별 장단은 서로 결합하여 굿거리의 성격을 드러내기도 한다. 이처럼 서울굿의 장단은 반주 음악이면서도 굿판을 구성하는 중요한 요소로 그 자체가 독자적인 의미망을 가진다. 따라서 굿판에 존재하는 음악을 통해 신령의 위상 정립도 가능하다고 본다.

최근 이러한 서울굿의 장단은 급격한 변화를 보인다. 청송무당이 존재함으로 인해 장단에 대한 인식이 많이 약화되었다. 과거에도 기대잡이가 있어 장구를 전담했다 하지만, 굿을 연행하는 무당은 음악에 대한 소양이 있어야 했다. 기대가 소멸된 후 무당들이 돌아가면 장구를 맡아 반주를 해 주는데, 청송무당이 존재함으로 인해 이러한 장구를 전적으로 청송무당이 담당하게 되었다. 특히 청배장단이 나오는 '부정청배' '가망청배'는 굿을 뗀 당주무당이 진행하는 것이 아니라 남의 굿판에 불려 온 청송무당이 전적으로 맡아 진행한다. 여러 신령을 받들어 모시면서 장구로 청배장단을 치는 것은 쉬운 일이 아니다. 노랫가락장단도 주로 청송무당이 담당하고 있어 당주무당은 굿만 떼면 되는 것이지 음악적인 소양까지 갖추어야 할 필요가 줄어든다.

장단에 대한 인식 변화는 굿거리의 명확한 짜임에도 변화를 가져온다. '불사거리'는 '불사만수받이'로 굿을 시작한다. 만수받이장단이 있음으로 인해 굿거리의 성격이 청배에서 본격적으로 신을 받들어 모시는 것으로 변화한다. '불사거리' 이전까지의 굿거리가 굿을 준비하는 초반부라면, '불사거리'부터는 중반부이다. 그런데 최근에는 '불사거리'에서 만수받이가 빠지고 곧장 굿거리장단으로 시작하기가 일쑤이다. 굿거리장단이 있음으로 인해 불사거리가 독립적인 성격의 굿거리가 될 수 있지만, 불사거리가 가지고 있는 앞거리와의 변별성은 사라진다.

상산장단과 별상장단이 없이 굿거리장단과 당악장단으로만 진행되는 굿판도 있다. 물론 제대로 장구를 연주하는 무당을 부르기 위해서는 경제적 부담을 감수해야 하기 때문에, 가까운 무당 몇몇이서 굿을 진행하는 것도 영향을 주었을 것이다. 하지만, 상산장단과 별상장단이 가지고 있는 개별 굿거리와 받들어 모셔야 할 신령에 대한 의미망을 잃어버린다는 뜻도 된다. 장단이 사라지는 것이 단순하게 음악의 구성이 단순해진다는 것이 아니라, 굿에 대한 인식이 약화된다는 의미이다.

많은 재가집에서는 노랫가락이나 타령과 같이 음악적으로 풍부한 진행보다는 자신이 듣고 싶어 하는 공수 중심의 굿판을 선호한다. 이에 따라 노랫가락과 타령이 사라지고, 단순한 굿거리장단과 당악장단이 중심이 되는 굿판이 존재하게 되는 것이다.

서울굿의 장단은 장단으로만 존재하지 않기 때문에, 장단의 소멸은 굿의 다양성과 함께 굿이 지향해야 할 엄숙함과 예술성의 소멸을 의미한다. 나아가 굿이 가지고 있는 다층적인 의미망이 사라지는 것이다.

6. 무당굿춤의 의미─서울굿 도령돌기

무당굿춤에 대해서는 아직 본격적으로 연구되지 않았다. 개별적인 굿춤의 사례는 살펴졌지만, 전국적으로 어떤 춤이 어떻게 굿판에서 연행되는지는 규명되지 않았다. 무당굿의 주요한 요소로 굿춤이 자리잡고 있음을 고려하면 무당굿춤이 가지고 있는 예술적, 무용학적 의미는 반드시 규명되어야 할 것이다. 여기에서는 무당굿춤이 단순하게 춤으로만 존재하는 것이 아니라, 신화의 재현 내지는 신령과의 소통을 의미하기도 한다는 것을 제시하기로 한다. 다양한 춤 중 서울 진오기굿의 〈도령돌기〉에서 연행되는 춤을 하나의 사례로 제시한다.[18] 도령돌기는 '넋노랫가락' '넋만수받이' '한삼도령' '부채도령' '칼도령'으로 구성된다.

'넋노랫가락'은 「바리공주」를 구송한 복식 그대로 무당이 장구 앞에 서서 부른다. 먼저 무당은 오늘 저승으로 갈 망자의 혼령을 부른다. 그러면서 오늘 굿판에서 신명나게 놀면서 한을 풀고 저승으로 천도하기를 바란다. 넋노랫가락에서 주목할 사설은 "세상에 못 나올 망제 놀고 갈까"라는 구절이다. 세상에 못 나올 망제라는 말로 이미 망자가 저승으로 들어가 이승과는 접할 수 없는 존재가 되었다고 한다. 그러면서 오늘 신명나게 놀면서 저승으로 무사히 들어가기를 소망한다.

'넋만수받이'가 이어진다. 오늘 망자를 인도할 바리공주의 화려한 복색을 낱낱이 고하고 공주 뒤를 따라 무사히 저승으로 가기를 소망한다. '넋노랫가락'과 '넋만수받이'는 망자가 저승으로 들어갈 준비가 되어 있음을 알려 주는 내용이다. 아울러 이승에 남은 미련을 모두 버리고 저승으로 들어가 극락왕생하기를 바라는 내용이다.

이렇게 준비가 되었다면 이제는 저승으로 떠날 차례이다. 망자가 저승으로 들어가는 과정이 '도령돌기'의 본질적인 의미이다. '한삼도령'에서 무당과 망자는 굿거리장단에 맞춰 천천히 저승으로 들어간다. 양손에 낀 한삼을 휘둘러 저승길에 남아 있을 모든 액을 걷어 낸다. 별상장단으로 바뀌면서 무당은 부채를 펴서 망자의 혼을 안고 저승길로 간다. 장단이 빨라진다는 것은 그만큼 망자의 혼령이 저승으로 들어가 멀어졌음을 의미한다. 마지막으로 칼도령을 돈다. 두 명의 무당이 도령상과 가시문을 마주 보고

대신칼을 던지고 받는다. 이는 대신칼로 모든 장애를 물리고 저승문을 여는 의미이다.

이처럼 '도령돌기'는 망자의 혼이 저승으로 들어감을 보여 주는 거리이다. 넋노랫가락으로 망자를 위무하고 저승으로 가야 함을 알리고, 한삼도령, 부채도령, 칼도령으로 망자가 저승으로 완전히 들어감을 보여 준다.

'도령돌기'의 주인공은 신령이라기보다는 망자이다. 저승길을 인도하는 바리공주를 따라 재가집은 망자의 옷과 신위를 들고 간다. 망자가 어떤 과정으로 저승으로 가는지를 명료하게 보여 준다.

'도령돌기'에서는 춤과 음악이 독자적인 의미망을 가진다. 특히 음악 장단의 변화와 함께 춤 동작의 변화가 일어나고 이를 통해 우리는 망자가 바리공주를 따라 저승으로 가는 일련의 과정을 확인할 수 있다.

'도령돌기'는 바리공주 복색을 한 무녀가 앞장을 서고, 망자의 식구들이 망자의 옷이나 향, 초를 들고 뒤를 따르면서 시작된다. 이때 망자가 남자라면 무녀는 곧장 앞으로 나가지만, 망자가 여자라면 뒤로 한 발 물렀다가 앞으로 나간다. 즉 성별에 따라 출발의 방법에 차이가 있다.

'넋노래가락'과 '넋만수받이'로 망자의 혼을 부른다. 노래가락이 서울굿에서 신령을 굿청에 청배하는 기능을 가진 음악이기에 넋노래가락은 곧 망자의 혼을 굿청에 부르는 것이다. 만수받이는 무녀들이 서로 한 소절씩 무가를 반복하여 부르는 것인데, 이는 무가 사설의 내용을 강조하는 의미가 있다. 망자의 혼을 인도하겠다는 내용을 반복하여 부른다.

드디어 본격적인 도령돌기가 시작된다. 각 '도령돌기'의 의미는 다음의 표와 같다.

망자가 저승으로 들어가는 과정인 '도령돌기'.

구분	사용무구	장단	손동작	의미
한삼도령	한삼	굿거리장단	한삼을 양손에 끼고 너울거리기	저승길을 헤치고 나가기
부채도령	부채와 방울	별상장단	부채를 펴서 들고 방울 흔들기	부채로 망자의 혼을 안고 가기
칼도령	대신칼	당악장단	대신칼 던지고 받기	대신칼로 저승문 열기

드디어 본격적인 도령돌기가 시작된다. 각 '도령돌기'의 의미는 앞의 표와 같다.

굿거리장단으로 시작한 음악은 점차 빨라진다. 별상장단은 허튼타령이라고도 부르는데 굿거리장단보다 빠르다. 마지막에는 당악장단이 이어지는데 서울굿의 장단 중 가장 빠른 장단이다. 이는 망자가 이승을 떠나 저승으로 다가가는 의미를 보여 준다. 이 과정에서 무녀는 일절 말이 없다. 온전하게 춤과 음악만으로 망자가 저승가는 과정을 보여 줄 뿐이다.

한삼을 낀 양손으로 저승길을 헤치고 나간다. 저승길을 가로막는 여러 장애물을 헤치는 것이다. 이를 통해 망자가 저승으로 편안하게 갈 수 있다. 다음으로 부채도령이 이어진다. 부채를 가슴 쪽을 향해 펼쳐든 것은 망자의 혼을 부채에 안고 가는 의미이다. 장단이 빨라지면서 헤쳐 놓은 저승길을 망자는 나갈 수 있다. 드디어 저승문 앞에 도착하였다. 저승문을 여는 의미로 대신칼을 던지고 받는다. 시왕문이라는 저승문을 앞에 두고 두 명의 무녀가 마주 보고 서서 대신칼을 주고받는다. 대신칼은 열쇠의 의미이다. 열쇠로 저승문을 열고 망자가 들어가는 것이다. 칼을 던진다는 것은 문을 여는 의미와 함께 행여 있을지도 모르는 저승의 장애물을 완전하게 제거하는 의미도 있다.

그렇다면 왜 이렇게 세 차례에 걸쳐 도령돌기를 하는가. 그 답은 바리공주 무가에 등장한다. 칠공주로 태어나 버림받아 비리공덕할아범, 할멈에게 양육된 바리공주가 다시 부모에게 불려와 서천으로 약수를 구하러 떠나갈 때 남장을 한 바리공주는 무쇠주령을 들고 힘차게 앞으로 나간다.

그 길을 대부분의 무가에서는 "한 번 구르니 한 천리를 가고 두 번 구르니 두 천리를 가고 세 번 구르니 세 천리를 간다"고 표현한다. 저승길이 세 천리(삼천리)는 아니다. 상징적인 의미로 삼천이라는 숫자를 가져온 것인데, 그 삼천의 의미로 도령돌기가 세 번 이루어진다.

바리공주 복색을 한 무녀가 앞장서서 망자의 혼을 저승으로 인도하고 있으니,「바리공주」무가에서 바리공주가 서천서역국으로 가는 과정을 재현할 수밖에 없고, 그래서 세 번 도령을 돈다. 이를 통해 신화에 나타난 세 천리의 의미가 그대로 춤과 음악으로 재현된다. 이를 통해 무당이 한 시간 이상 길게 구송한「바리공주」무가가 다시 춤으로 재현되는 것이다. 말로 길게 구송했으니 다시 말로 저승 가는 과정을 설명할 필요는 없어서, 세 차례에 걸쳐 도령을 도는 것을 보여 줌으로써 신화와 춤이 일치한다.

이렇게 하여 망자는 바리공주를 따라 저승으로 갔다. 하지만 과연 망자가 저승으로 무사히 갔는지 확인할 방법은 없다. 굿판에 온 망자의 가족들은 망자가 저승에 무사히 갔음을 다시 확인하고 싶다. 이를 충족하는 것이 '베가르기'의 의미이다.

바리공주 복색을 한 무당은 무명천과 삼베천을 길게 펼쳐놓고 온 몸으로 그 사이를 가르며 나간다. 행여나 있을지도 모를 저승으로 가는 과정을 몸으로 보여 주는 것이다. 이때 무명천을 이승다리라 하고 삼베천을 저승다리라고 한다. 맑은 다리, 흐린 다리라고도 한다. 이는 이승에 남아 있는 모든 미련을 소거하는 의미이고, 저승길에 있을지도 모를 장애를 제거하는 의미이다.

이는 「바리공주」 무가에서 저승으로 가는 바리공주의 모습을 다시 재현한 것이다. 서천으로 약수를 구하러 가는 바리공주는 온 몸으로 험한 길을 헤치고 나간다. 때로는 지옥에 떨어지기도 하고, 부처님이 준 낭화로 다시 지옥문을 열고 나오기도 하면서 서천에 도착한다. 약수 값으로 바리공주는 물 삼 년을 길어 주고, 불 삼 년을 때 주고, 그것도 부족하여 일곱 아들을 낳아준 후에야 약수를 얻는다. 약수를 얻은 것은 온전히 바리공주가 스스로의 희생을 통해서이다. 그러므로 바리공주 복색을 한 무녀가 온몸으로 저승다리와 이승다리를 가르는 것은 이러한 바리공주 모습의 재현이다.

굿은 신령을 모셔 신령의 말씀인 공수를 들으면서 인간의 소망이 이뤄지기를 기원하는 의례이다. 신령이 어떻게 등장하였고 어떤 과업을 이룩하고 신령으로 좌정하였는지를 보여 주는 것이 무속신화이다. 굿판에서는 이를 본풀이라고도 하고, 서사무가라고도 한다. 그런데 이러한 신화가 단순히 언어로만 존재한다면 무속신화는 생명력이 없을 것이다.

그래서 신화의 모습을 제의를 통해 재현한다. 바리공주가 어떤 모습으로 서천을 갔고, 어떤 시련을 극복하고 약수를 구해와 부모를 살린 후 만신의 몸주신이 되어 망자를 저승으로 인도하는 신령이 되었는지를 노래한 무속신화 바리공주의 모습이 그대로 '도령돌기'와 '베가르기'를 통해 재현된 것이다. 그런 점에서 서울 진오기굿의 후반부인 저승굿은 신화를 의례를 통해 그대로 보여 준다. 춤과 음악을 통해 바리공주가 어떻게 저승으로 갔는지를 보여 준다.

망자가 저승에 무사히 갔음을 확인하는 과정인 '베가르기'.

이런 점에서 서울굿은 아직 신화가 살아 있는 의례이다. 신령이 굿판에 강림하여 자신의 일대기를 말로 보여 준 후에 오늘 저승으로 갈 망자를 직접 인도하며 말로 보여 준 과정을 재현한다. 굿판에 온 이들이 구술로 이루어진 신화를 접하고, 음악에 맞춘 춤으로 재현된 의례를 보면서 신화가 단순히 말로 끝나는 것이 아니라, 온전하게 살아 있음을 확인한다. 따라서 서울굿은 신화가 의례로 재현되는 살아 있는 신성의례이다.

7. 맺는 말

무당굿은 이제 더 이상 미신이라고 볼 수 없을 정도로 우리의 소중한 문화가 되었다. 한국 민속무용이나 민속음악의 바탕에 무당굿이 자리잡고 있기 때문이다. 강릉단오굿과 제주칠머리당굿이 유네스코가 인정한 세계무형문화유산이 될 정도로 인정받고 있다. 무당굿에 사용하는 음악과 춤이 단순하게 음악이나 춤으로만 존재하지 않고 다양한 의미망을 가지고 존재하고 있음을 이 글에서 제시한 것도 이러한 의도가 있다.

하지만 아직 무당굿에 존재하는 음악과 춤의 양상에 대해 상세하게 살펴지지 않았을 뿐 아니라, 그것이 문화적으로 어떤 의미가 있는지는 더더욱 규명되지 않았다. 앞으로 무당굿의 음악과 춤 연구는 갈 길이 먼 셈이다. 최근 들어 굿판이 점차 흔들리고 있다. 예술성을 중시하던 굿판이 점차 복을 빌고 인간이 소망을 달성해 주는 데 중점을 두는 식으로 변화하고 있다. 이러한 과정 속에서 음악과 춤이 본래의 의미를 점차 잃고 획일화되고 있다. 연구는 아직 많이 부족한데 굿판은 흔들리고 있으니 이래저래 갈 길이 더더욱 험한 것이다.

따라서 국악학이나 무용학에서 무당굿판에 더 많은 관심을 가지기를 바란다. 시야를 넓혀 음악과 춤으로만 볼 것이 아니라 종합적인 안목으로 바라보기를 바란다. 현장이 가장 큰 스승이다. 비록 흔들리고 있지만, 그래서 다소 늦은 감은 있지만 현장에서 답을 찾을 수 있다. 글쓴이도 이러한 연구에 작은 힘이나마 보탤 것을 다짐한다.

샤먼의 복식과 공연예술

새남굿 무복(巫服)을 중심으로

양혜숙(梁惠淑)

1. 무복 연구의 가치와 의의─공연의 관점에서

1) 이 글의 한계와 무복 연구의 확장성

독일문학을 전공하고 독일연극을 통하여 서양 연극과 문화를 소개하며 한국연극계에서 평론활동을 하면서 한국연극의 지평을 넓히는 일에 종사하던 내가 무속에 관심을 두기 시작한 일은 사십여 년 전으로 거슬러 올라간다. 한국 전통의 뿌리가 무속에 있음을 간파하고 그 분야에 대한 나의 관심을 실천으로 옮기기 위한 기구로 한국공연예술연구회를 발족(1991년)하고, 사단법인 한국공연예술원을 설립(1996년)한 지가 어언 이십 년이 가까워 오는 동안, 나는 한국공연예술의 뿌리와 한국 문화의 원형이 한국무속에 깊이 뿌리박고 있음을 확신하게 되었다. 또한 모든 인류의 삶과 문화 속에 자리잡고 있는 뿌리는 이제는 사라진, 아니면 변형되고 변질되어 남게 된 무(巫)의 세계 속에 여전히 복합적으로 뿌리 두고 있음을 확신한다.

　이러한 사실을 확인한 것은 1997년부터 '샤마니카 페스티벌'과 '샤마니카 프로젝트'(韓劇 개발사업) 두 가지 사업을 한국공연예술원을 통해 실천하며 확인한 사실이다. 지금까지 무속에 관한 연구는 여러 면에서 끊임없이 많은 학자들이 참여하여 그 연구를 발전시키고 있다. 그러나 대부분의 경우, 그 접근 방법과 관점의 설정은 종교학, 사회심리학, 사회학, 민속학, 정신치료학 등에 준하여 진행되어 왔다. 또한 그에 따른 많은 연구는 나름대로 큰 성과를 내고 있다.

하지만 굿을 공연학적 관점에서 접근하기는 샤마니카 포럼[2010년 5월 사단법인 한국공연예술원 주최, 한국샤마니카연구회(회장 김형기) 주관]이 처음 시도한 일이다.

그러므로 '한국무복에 대한 연구' 또한 그 주안점을 무복 연구에만 두는 것이 아니라, 한국 무복이 공연예술의 관점에서 보았을 때 어떻게 공연 속에서도 활용 또는 응용될 수 있으며, 무대 위에서 무당들이 굿을 진행하며 활용하는 무복의 기능과 상징성 등이 공연 분야에서뿐 아니라 패션계에서도 어떻게 활용될 수 있겠느냐 하는 일이다. 이는 어디까지나 무속의 기존 연구를 바탕으로 한 응용의 단계로, 지금까지의 연구가 공연예술의 범주를 넘어 문화 전반에까지 확장되기를 바라며 이 연구를 진행한다. 이는 무속 연구자들이 해 온 여러 가지 연구를 바탕으로 하여 '무속'을 어떻게 응용하고 활용할 수 있느냐의 문제로 확장을 시도하는 최초의 학문적, 실용적 시도로 보아 마땅하다. 아마도 민속학자나 무속학자가 연구한 상세하고 섬세한 가치를 부분적으로는 놓칠 수 있다는 한계를 전제로 하면서도, 과감하게 응용의 학문적 단계를 넘어 실용의 단계로 도약하고자 함이다.

2) 무복 연구의 현황: 한국의 경우

이번 기회에 살펴본 바에 의하면, 한국의 복식사 연구에서 무복에 관한 연구는 가히 시작의 단계로 보인다. 참고할 수 있는 문헌이 열 손가락으로 꼽을 만큼 그 수가 적음을 보았다. 김용서 · 김은정 공저의 논문과 그 밖에 몇 편의 논문이 있지만 '한국의 무복' 이란 제목으로 나온 책은 김은정이 민속원에서 2004년 발간한 단 한 권에 불과했다. 이 책 또한 무복 전반에 대한 연구라기보다는 무복에서 가장 특징적이고 활용이 많은 철릭, 장삼, 원삼, 전복 중심으로만 이루어졌다. 관, 군, 평민계에서 두루 활용되며 변천해 온 철릭, 철릭(서양 사람들은 튜닉)이라고 칭하는 전복과 몽두리, 장삼을 중심으로 한 연구로, 그 내용은 매우 충실하나 무복 전반을 연구하기에는 아쉬움이 보이는 연구다. "시작은 미미하나 그 끝은 창대하리라"라는 기독교의 아름다운 축복의 구절이 본 무복 연구에도 해당하였으면 하는 바람이다.

2. 세계 샤먼 복식의 특징

1) 유목민 문화권

유목민의 생활은 한곳에 정착하여 생활의 뿌리를 내리고 살 수 없는, 그리하여 계절 따라 가축의 먹이를 따라 삶의 터전을 옮기며 살아가는 특성이 있다. 이러한 문화권의 대표적인 예를 우리는 몽골족의 경우에서 뚜렷이 볼 수 있다. 몽골족의 삶의 형태를 보면, 모든 면에서 언제고 떠날 수 있는 형태의 삶에 적응하며 그 문화를 발전 변형시킨 흔적이 역력히 살아 있다.

몽골족의 주거는 언제고 그 자리를 뜰 수 있는 천으로 둘러친 원형 형태의 '겔'에서 잘 나타나 있다.

넓은 초원, 목초지, 그리고 마냥 멀리 떨어져 있는 까마득한 이웃, 그 속의 외로움과 활력, 이러한 문화 속에서 숨 쉬어 온 몽골 무당의 복식과 무구는 매우 단출하고 단순한 구성으로 되어 있다. 복식을 입어야 비로소 무당이 되는 신성한 옷은 오직 한 벌로, 여러 줄과 거울, 때로는 동전 등을 주렁주렁 단 무당의 옷에는 그 무당이 신에게 바친 무의식(巫儀式)의 내력과 그를 통해 신에게 빈 사람들이 바친 정성의 내력이 모두 내포되어 있다. 무구도 단 하나의 북, 신(神)을 상징하는 그림이 그려져 있는 것으로 무당의 북임을 확인할 수 있다. 또한, 그 옷을 입혀 주는 조수 한 사람만이 따르고 있을 뿐, 아무런 조역자나 음악을 연주해 주는 재비도 없다. 이러한 예는 네팔의 스물두 개 종족 중 무력(巫力)이 가장 강하다는 셸파족 무당에서도 볼 수 있다. 딱히 유목민이라고 규정지을 수는 없어도 그들은 산을 중심으로 계절 따라 생활을 유지해 오고 있다.

2) 고산족 문화권

고산족 문화권의 대표적 신앙의례로서 '참'을 들 수 있다. '참'은 불교의례라 하나, 무속에 뿌리를 두고 있는 시원의례로 규정지을 수 있다. '참'의 경우는 고산지대의 기원의례의 예로 들 수 있겠다. 사천 미터 이상의 고산에 주거하면서 문화를 발전시켜 온 티베트의 특유한 문화는 오늘날까지도 그 정신과 삶의 형태에서 물질문명에 찌든 세계 구원의 모형으로 서양인들의 주목을 받고 있는 문화권이다.

이 지역의 사람들이 신에게 기원하는 의례를 보면 참으로 인상적이다.

나막신에 가까운 높은 나무신과 눈부시게 아름다운 화려한 복식, 그 위에 인간 두상의 두세 배가 넘는 짐승의 머리(그것도 뿔이 있는 사슴이나 순록의 머리), 해골을 상징하는 마스크, 신령을 상징하는 것으로 화려한 왕관으로 상징되는 머리장식 등, 이것을 쓰고 어떻게 움직일까 할 정도로 무거운 복식은 모두 몇 겹의 수를 놓아 화려할 뿐 아니라 정교하고 품위가 넘친다. 더구나 옷은 외겹이 아니고 몇 겹의 안감이 겹쳐 있다. 바느질도 매우 정교하다. 이는 신을 향한 그들의 정성이 잘 나타나 있는 결과다.

보는 사람을 압도하여 신비감을 자아내며, 때로는 경악하게 만든다. 그들의 춤은 결코 빠를 수 없다. 산소가 부족하여 숨쉬기가 어려운 고지에서 그 무겁고 화려한 의상을 입은 채 가면을 쓰고 춤을 춘다는 일은 가히 상상하기 어렵다.

그러므로 그러한 의례를 보게 되면, 보는 것만으로도 복을 받았다고 느끼며 감사하며 행복해하는 것이 고산 지대의 무복의 특징이다.

희랍 비극에 등장하는 과장된 무대 복식을 연상할 수 있다.

3) 농경 문화권

고산족과 유목민의 경우와 달리 농경문화 속에 뿌리내린 무속의 경우는 매우 다르다.

그들은 풍요와 안녕을 기원하며 안정된 삶을 뿌리내리고 살 수 있는 평야의 평온함과 유복함 속에서 무당의 임무를 수행할 수 있었다. 따라서 그들의 무복은 당시 문화권의 평상복에 뿌리를 두고 있으나 신성을 강조하고 확인할 수 있는 화려하고 다양한 복식으로 발전시킨다. 그리하여 그들은 한 벌의 옷으로 족하지 않고 여러 가지 옷으로 변신을 시도하여 여러 신의 모습으로 둔갑한다. 그들의 의례 속에 전개되는 스토리텔링의 내용도 매우 다양하고 그 전개도 빠르므로 그들은 무복(巫服)과 무구(巫具), 무무(巫舞)와 무악(巫樂)까지도 다양하게 발전시키며 평이한 일상을 한 편의 드라마로 바꾼다. 굿에 참여한 모든 군중과 유머 섞인 재담을 주고받고, 때로는 섬뜩한 공수로 사람들에게 공포와 두려움을 주며 카타르시스를 경험하게 한다. 매우 여유 있는 진행 속에 클라이맥스에 다다르는 그들의 무의식(巫儀式)은 매우 정교한 연극의 구성을 제시한다.

무복의 과장성과 확장성은 한 번의 경악과 놀라움으로 끝나지 않는다. 매우 정교한 구성 속에 진행되는 긴장과 이완의 변화를 무복을 통한 빠른 변신으로 이어 가며 스토리텔링 속에 진행되는 끊임없는 변신의 수단으로 쓰이는 것이 농경문화권 무복의 특징이라 할 수 있다.

'샤먼 복식의 과장성과 확장성' '신성(神性)의 상징으로서의 샤먼 복식' '스토리텔링의 전개를 위한 무복의 활용', 이러한 무복의 특징들은 샤먼 의례 속에서 공연예술의 핵심인 '긴장과 이완'의 연속을 어떻게 이끌어 가고 있는가를 잘 드러내며, 그 활용과 응용이 무대 위에서 정교하게 진행될 때 매우 훌륭한 공연예술의 원형을 제시하는 역할을 하고 있다.

3. 한국의 무복

1) 한국 무복의 변천사

신과 인간이 교통하는 습속을 무속(巫俗)이라 한다. 신과 인간의 중간 위치에서 인간의 고난을 신에게 의지하여 해결해 주고 신의 의지를 인간에

게 전달하는 자를 무(巫)라 하며, 무들이 주도하는 신앙 습속을 무속이라 정의할 수 있다.[1]

한국의 무속은 역사의 변천 속에서 많은 지지와 억압의 과정을 겪으며 명맥을 이어오고 있다. 이는 한국만의 경우가 아니라고 본다. 산업화를 겪으며, 사회 가치체계의 변화를 겪어 오는 모든 민족에게는 같은 유의 변화 과정을 읽어낼 수 있다. 미지의 존재와 존엄한 존재에게 인간의 무력함과 왜소함을 의탁하는 경험을 하는 가운데 일구어낸 종교의 명맥으로 무의식(巫儀式)을 볼 때 무속에는 분명 신에게 의지하는 인간의 원초적 본능이 살아 있음을 증명하게 된다. 또한 무속은 교주가 없고 교단이 없으며, 포교의 주체가 없는 채 군중 속에서 자연적으로 전파되었으며, 민중의 생활 현상이자 생활종교로서 뿌리내린 채 이어져 내려오고 있다.

한국 무속신앙은 한국 민족 고유의 토속신앙으로서 한민족의 생활 속에 깊이 뿌리내린 채 오늘날까지 많은 영향을 주며, 시원문화(始原文化)로서의 명맥을 유지하면서 또한 한민족 정신문화의 원류로서 기능하고 있다.

무속의 기원은 인류가 바친 자연에 대한 외경(畏敬) 사상에서 비롯되었다. 중국의 고전인 『한서(漢書)』 『후한서(後漢書)』 『진서(晉書)』 등의 「동이전(東夷傳)」에 부여, 마한에서는 매년 천신(天神)과 하늘에 제사하는 제천의식이 거행되었고 이때 귀신도 함께 제사 지냈다는 기록이 있는 것으로 보아, 한국무속의 기원은 그 이전으로 거슬러 올라갈 수 있다.[2]

각 나라의 무속은 그 지역의 자연에 따라 형성된 지역의 관습과 문화에 따라 각 민족의 본질, 내용, 형태, 방법을 다소 달리하고 있는데, 한국무속은 북시베리아에서 들어와[3] 한국 지역의 여러 지역문화 형태 속에 불교적, 도교적, 유교적 요소 등이 습합되면서 변천해 오고 있음을 한국무속의 변천사에서 짚어 볼 수가 있다.

북시베리아에서 들어와 몽골, 만주, 중국, 일본, 더 나아가 서아시아에 이르는 지역에 살고 있는 민족들이 공통적으로 갖고 있는 원시 형태의 주술적 자연신앙과 유사한 점을 가지고 있는 한국의 무속은 삼국시대의 무당들의 기록을 보존하고 있는『삼국사기』에 고구려(「유리왕」편,「보장왕」편 참조), 백제(「의자왕」편), 신라(「신라본기」)의 무당들에 관한 기록이 남아 있다.

그 속에서 우리는 삼국시대의 무당이 왕호(王號)이면서 무당(巫堂)이면서 존장(尊長)이었음을 추정할 수 있다. 무당은 당시 치도(治道)에 참여할 수 있었다. 그 직위로 보아 무복 또한 그 직위에 합당한 품위 있는 복식이었음을 추론할 수 있다.

고려만 해도 17대 인종 때에는 여섯 차례에 걸쳐 기우제를 지냈으며, 불교, 도교 등 다종교가 봉신되던 시기였지만 무당이 기우제를 주관했다는 기록이 있다.[4]

또한 이규보(1168-1241)의 시(詩) 속에 상세히 기록된 무당에 관한 내용은 당시 무당이 기복제를 주관하고 치병하며 악귀를 쫓는 굿을 함으로써 나라 무당의 역할에서 민중의 치병과 복을 비는 일로 그 역할의 범위가 확장되었음을 보여 준다. 조선시대에도 여전히 무속은 이어져 왔으며, 유교 숭상 정책으로 인하여 남성 위주의 종교의식을 정착시킴에 따라 유교제의에 참석할 수 없었던 여성들은 불교와 무속을 그들의 신앙 대상으로 할 수밖에 없었다.[5]

이 시기를 통하여 한국의 무속은 자연스럽게 불교의례와 무속이 습합되는 과정을 겪는다.

조선시대 중기인 중종 때, 유교가 이미 정착되어 사회 기반에 자리잡고 있었음에도 불구하고 각 도, 고을에 이르기까지 관청에 전속된 무당이 있었으며,6 조선시대 후기인 고종 때에도 궁중에서의 무속행위는 계속되었다. 특히 명성황후 때는 진령군, 회령군이라는 두 무녀가 궁중을 드나들며 기복양재를 일삼았다고 한다.7

　현대에 와서도 무속신앙은 일상생활 중에서 음으로 행해지며 큰일을 치르거나 자신의 목표를 달성해야 할 때 무당의 힘을 빌리려는 현상으로 지속되고 있다. 다만 근래에 들어 민족문화의 기원으로서의 회기현상을 등에 업고, 제대로 수업을 받지 못한 수많은 무당이 배출됨으로써 무속세계의 무질서를 초래하고 있다 해도 과언이 아니다. 그리고 사람들이 굿을 하는 경우 공개적으로 하지 않고, 오히려 숨어서 음으로 행하는 모습이 심해지고 있음을 본다. 어찌 보면 무당을 사회의 '필요악의 존재'로 치부하고 무시하면서도, 그들의 힘을 빌려 건강을 회복하고 재산을 지키고 증식하며 명예를 얻고자 비는 마음이 인간의 본능적 신앙 그 자체임이 현대에 와서 더욱 입증되는 게 아닌가 생각한다.

　위에서 살펴본 무속의 변천사는 무복에도 잘 나타나 있다. 오방색을 바탕으로 한 화려함과 당당함은 그 기원이 궁중과 권위의 자리에 참여했던 과거의 위상을 대변하고 있다. 또한 무복의 다양한 모습은 굿거리마다 변복을 하는 과정에서 비롯되며, 질감이나 색상의 변화, 스타일의 변화에서 무복이 당시마다 생활상을 고증하고 입증해 줄 수 있다고 믿기에, 앞으로 무복의 변천사가 한국복식사의 한 페이지를 차지하는 날이 올 것이라고 예감한다.

2) 강신무와 세습무 무복의 특징

〈강신무 무복〉

한국의 무당은 대체로 그 유형을 강신무와 세습무로 나눈다. 지역을 중심으로 그 유형을 나눌 때에는 한강 이북의 무당과 이남의 무당으로 나누는 경우도 있다. 그러나 대부분의 학자가 무(巫)를 전수받는 방식을 중심으로 나누는 데 동의하고 있는 듯하다. 강신무는 본인의 의지와는 상관없이 어느 날 갑자기 신이 내려 신병을 앓다 신을 맞이하는 내림굿을 하고 무당이 된 경우이다. 이러한 강신무에게는 내림굿을 해 준 신어머니가 따로 존재하며, 신어머니의 계보를 이으며 무당의 삶을 살아간다.[8]

무속권을 세부적으로 나눈다면 경기·충청굿은 경기 남부굿과 충청굿으로 구분되고, 호남굿은 전북굿과 전남굿으로 나뉜다. 동해안 경상굿은 강원굿, 경북굿, 경남굿으로 나뉜다.

이러한 무속권은 자연지형을 통해 구분된다. 평안굿과 황해굿은 대동강을 경계로 나누고 황해도굿과 서울굿은 임진강을 경계로, 서울굿과 경기굿은 한강을 경계로 나눈다. 경기굿과 호남굿은 금강을 경계로 나누고, 호남굿과 남해안굿은 섬진강을 경계로 나눈다. 강원도, 경상도의 굿(예컨대 동해안 별신굿)은 백두대간을 경계로 한다. 무속권이 자연지형으로 나누어진다는 것은 지극히 당연한 일이다. 교통과 통신의 발달이 미미했던 과거에는 강이나 산맥이 문화의 흐름을 가로막던 장애물이었기 때문이다. 이런 점에서 무속권은 곧 지리권이다. 지리적 환경을 넘어서지 못하고 지리적 제한 속에 동일 무속권으로 형성된다.[9]

산천을 통해 그 문화의 양상이 구분되는 것은 기이하지 않으나 대체로 한강 이북 지방의 무당이 강신무가 많고, 그 이남의 무당들이 세습무가 많은 것으로 추정되는 사실은 좀 더 연구해 볼 일이며, 다시 한번 살펴볼 연구의 대상이라고 본다.

강신무의 무복은 가짓수도 많고 다양하며, 굿 중의 무복의 활용이 굿음악과 더불어 굿의 흐름을 이어 간다고 보아도 틀림없다.

색감 또한 다양하고 화려하며, 맞이하는 신마다 무당은 다른 옷으로 갈아입거나 덧입음으로 해서 무당이 맞이한 신의 성격뿐 아니라 굿거리의 성격을 대변하며, 굿을 보는 참관객과 소통하는 기능을 한다.

거리마다의 굿의 역할과 기능은 신과의 관계 설정에서만 이루어지는 게 아니고, 무악, 무구, 무가와 더불어 무복이 시각적 효과를 결정, 확대함으로써 무가와 무악을 통한 청각에 의존한 스토리텔링의 소통을 완결한다 하겠다.

이렇게 강신무의 경우 무복은 첫째, 그 거리마다의 내용을 가장 시각적으로 표현하기도 하고 전달하기도 하며, 둘째, 굿을 보는 즐거움과 굿의 내용의 변화를 전달하는 동시에, 셋째, 특히 오방기(五方旗)와 같은 무구를 통하여 굿을 보는 관객과의 소통과 접합(Interaction)을 유발하는 매개체로서의 큰 역할을 하고, 넷째, 더 나아가 당시의 유행과 옷감의 질을 반영하며, 또한 시대상을 반영하기도 한다.

〈세습무 무복〉

무(巫)는 천지인의 모든 일을 가무로써 다스리는 술사(術士)라는 뜻을 지닌다. 이는 '무(巫)' 자가 천지인의 모든 일을 다스리고, 오랜 옛날에는 절대적인 지위를 지녔던 것임을 말해 준다.[10]

세습무는 이러한 무의 지위를 혈통을 통해 계승하고 있으며, 인위적으로 성무(成巫)한 무(巫)로서 제도적 조직력이 있는 무를 말한다. 강신무는 영력(靈力)에 의해 무당이 되는데 이것을 후천적이라 한다면, 세습무는 선천적이라 할 수 있다.[11]

세습무의 무복은 강신무의 무복과는 대비되게 아주 소박하고 단순한 평상복의 범주를 벗어나지 않는다. 세습무의 복장이 평상복의 범주를 벗어나지 못할 만큼 평이한 반면(기껏해야 불사거리에서 붉은 띠를 두르는 것이 변신의 최대 표현이다), 세습무는 일생을 부모, 조부모에게서 배운 무악, 재담, 무무 등을 수단으로 하여 굿의 수려함과 아름다움을 통해 감응하도록 하는 특징을 지니고 있다. 이들은 무복에 의존하여 굿거리(스토리텔링)를 진행한다기보다는 오히려 그들의 무악과 구음, 무무와 재담, 공수 등으로 기량을 펴는 것이 특징이다.

그 좋은 예로 십이 대를 이어 무당으로 태어난 박병천 선생이 북춤, 구음 등을 통해 재비로서뿐 아니라 예인으로 발돋움할 수 있었던 것을 들 수 있다.

사람들은 어렵고 답답할 때 무당이나 역술인을 찾으면서도 한편으로는 그것을 비밀로 하고 싶어 한다. 또한 오랜 세월 동안 문화의 변천 속에서 멸시와 냉대를 받으며 사회의 그늘에서 살아온 무당들은 그들의 직업을 절대로 물려주고 싶어 하지 않았다. 그리하여 첫째, 그들은 죽었을 때 그들의 무복과 무구를 태우거나 땅에 묻어 버렸다. 그러므로 보관되어 내려온 무복을 보기가 매우 힘들다. 둘째, 전통무복의 경우 그 출처가 매우 한정적이다. 풍속화에서 보는 무녀신무도(巫女神巫圖)[12]는 그리 많지 않으며, 문헌 소재 무복도 다양한 편이 아니다. 그 중에서도 『무당내력』은 서울대학교 규장각에 소장되어 있는 무당의 굿거리를 그린 거의 유일한 책이다(이 책의 부록 참조). 이 책자는 조선시대 말기에 난곡(蘭谷)이라는 호를 가진 사람이 서울굿의 각 거리(巨里) 주신을 상징하는 무당을 그림으로 그려 설명한 두 권의 책자이며, 굿거리에 대하여 간략히 기술되어 있어 무속 연구에 중요한 책이다. 그러나 이 책은 구하기가 손쉽지 않다. 셋째, 박물관 소장 무복이 연구자에게 접근이 가능하여 많이 도움이 되나 매우 한정된 수에 그쳐 다양한 무복 연구에는 어려움이 크다. 넷째, 무복을 연구하는 데 더 어려운 점은 요즘 들어 무당들이 너무 많이 배출되어 그들이 신어머니에게서 제대로 전수 교육을 받지 못한 채 제각기 마음대로 무복을 요란하고 화려하게 지어 입는 추세에 있다. 전통의 고증이나 전수의 의미를 깨닫지 못한 채 제각기 화려함과 요란함만을 좇는 경우가 허다한 것이다.

다음의 도표는 굿의 종류와 내용에 따라 복식의 착용이 다름을 구분하여 소개한 것이다. 굿거리 내용에 따라 착용하는 무복의 색이나 형상이 달라지는데, 이는 지방에 따라 또 조금씩 차이가 드러난다.

구분	굿의 종류
강신굿	내림굿, 신굿, 하적굿
축신굿	꽃맞이굿, 단풍맞이굿, 진적굿, 만구대택굿
기자굿	삼신받이, 삼신맞이, 시왕맞이, 삼재왕풀이, 불도맞이, 칠성굿
치병 기원굿	병굿, 환자굿, 푸닥거리, 영장지기, 산거리, 중천굿, 명주굿, 별산굿, 맹인거리, 손풀이, 푸다시, 사재맥이
혼인 축원굿	여탐굿, 근원굿

가옥신축, 이사굿	성주맞이굿, 성주풀이
행운, 풍농굿	재수굿, 영화굿, 축원굿, 성주굿, 도시굿, 농부굿, 큰굿, 액막이, 일월맞이안택굿, 산신풀이, 집고사
해상안전, 풍어굿	연신 용왕맞이, 풍어굿, 용신굿, 연신굿, 서낭굿
동리굿	당굿, 도당굿, 서낭굿, 부당당굿, 별신굿
망인 천도굿	자리걷이, 집가신, 시왕굿, 댓머리, 진오기, 오구굿
익사자 천도굿	물굿, 수망굿, 혼굿, 혼건짐굿(넋건짐굿)

4. 서울 새남굿의 무복

1) 유래와 어원

중요무형문화재 제104호 서울 새남굿은 서울 지역의 전통적인 망자천도 (亡者薦度)굿이다. 진오기, 진오귀라고도 불리는 서울 망자천도굿이 상류 층이나 부유층을 위하여 치러질 때는 '새남굿'이라 한다.

새남굿은 '새남굿' '얼새남' '평진오기'로 분류된다. '평진오기굿'은 하 층민이나 평민을 위한 망자천도굿이고, '얼새남'은 중류층 사람들을 위한 굿이며, '새남굿'은 상류층의 망자천도굿이다.

어원을 살펴볼 때, 이능화(李能和, 1869-1943)는 그의 저서 『조선무속고』 제16장 무행신사명목(巫行神事名目)에서 굿에 대하여 다음과 같이 적고 있다.

"…무당이 신사(神事)를 행하는 것을 통칭하여 굿(KUT)이라 한다. 대개

속어에는 험하고 궂은 일을 굿(kut)이라 한다. 예를 들면 비오는 날은 '궂은 날'이라 하며, 상사(喪事)가 났을 때 '궂은 일'이라 한다."[13]

이는 굿을 영어의 좋다는 뜻의 말 'good'과 결부하여 그 어원을 규명하는 자세와는 반대의 입장이다. 조흥윤이 지적하고 있듯이 새남의 어원에 대해서는 앞으로 더 연구를 해야 규명이 가능하리라 본다.

김선풍에 의하면, 고시조(古時調)와 세시풍요(歲時風謠) 등을 예로 들어 주목할 만한 어원풀이를 제시한다.

'지노귀 새남'의 준말로 새남이란 말을 쓰는데, 망자천도제의로서 죽은 지 사십구 일 만에 한다. 흔히 칠칠제와 같이 하기도 하고 진오귀굿과 혼행하기도 한다. 매장한 뒤 바로 하는 '진 진오귀'와 탈상 무렵이나 매장한 지 오랜 후에 하는 '마른 진오귀'로 나뉜다. 그렇다면 새남이란 말은 어디서 유래할까.

새남(賽南)이란, 『세시풍요(歲時風謠)』의 한 주에 표시되어 있는 대로 새신을 일컫는 말로 새남이라 했다. 남(南)이 방위의 개념이 아닌 탄생(재생)의 뜻, 즉 생명을 '낳는다'의 명사형이 아닌가 잠정 추정해 본다. 그리고 한국의 망자굿에는 죽은 자[死者]가 새로 다시 낳는다(탄생한다)는 재생놀이가 많은 것에서 그 연유를 찾을 수 있다.[14]

새남굿은 어원을 규명하기가 아직은 쉽지 않음을 볼 수 있다. 그럼에도 불구하고 필자가 경험한 굿으로는 새남굿이야말로 세련되고 연극적이며, 해학과 유머가 넘칠 뿐 아니라, 연희자와 참관자와의 소통을 최상으로 이루어내는 굿이라 감히 단언한다.

2) 형성 과정

조상을 모시고 조상신을 숭배하는 민족으로 한국에는 망자천도굿이 형성 발달했다. 그리하여 각 지방마다 다른 이름으로 망자천도굿이 성행하고 있다.

서울, 경기도에서는 '진오기', 충청도에서는 '오구굿', 함경도에서는 '망무기굿', 평안도에서는 '수왕굿', 황해도에서는 '진오기', 강원도에서는 '오구자리', 호남지방에서는 '씻김굿', 제주도에서는 '시왕맞이' 등의 이름으로 오늘날도 망자천도굿은 이루어지고 있다.

서울과 중부지방의 진오기에는 '시왕가망' '시왕말명' '사재(死者)삼성' '시왕군웅' 등의 거리에서 망자 및 저승과 관련된 불교신앙의 내용이 강력하다. 고려시대에 널리 유포되어 있던 불교가 무의 세계와 공존하면서 서로 영향을 주고받으며 망자천도 의례에 불교의례가 많이 수용, 습합된 결과로 보인다. 특히 고려의 수도 개경이나 조선의 수도 서울이 중부에 위치하고 있으면서 정치의 중심부로서 문화가 운집되어 발전한 현상은 여러 굿에서도 반영된다.

고려시대가 유·불 공존의 시기라고 한다면, 조선시대는 남성 중심의 유교 군림의 영향으로 여성들이 불교와 무교에 심취한 무·불 습합의 시대로 보아 마땅하다. 진오기굿에는 이러한 영향이 크게 나타나 망자천도와 관련 있는 불교의례가 적극적으로 수용되면서 발전, 변형한 모습으로 정착한다. 특히 서울 상류 및 부유층의 굿으로 자리잡은 새남굿은 궁중의 화려한 복식, 우아한 춤, 화사한 의례용구와 삼현육각을 동반한 무악으로 궁중의 망자천도굿을 거행하게 된다.

조선시대 말기에 나라무당으로 있던 반승업 만신의 딸 김유감(金有感)

이 새남굿의 예능보유자로 지정되어 새남굿의 중요무형문화재 제104호를 이끌어간 것은 결코 우연이 아니다. 이제 그 뒤를 이어 이상순(李相順) 무녀가 근 육백 쪽에 달하는 『서울새남굿신가집―삶의 노래, 죽음의 노래』 (민속원, 2011)를 발간한 것은 우리나라 굿문화 속에서 새남굿의 중심적 역할을 예견할 수 있는 일이라 하겠다. 뿐만 아니라, 앞으로 학식이 높은 무당들이 차츰 배출되어 이 분야에도 굿과 굿에 관한 학문을 병행하는 인재들이 배출되기 바란다.

3) 무복의 구성과 쓰임새

새남굿은 크게 두 부분으로 나뉜다. 홍태한이 정의하고 있듯이, 굿은 그 내용에 따라 산 사람을 위한 굿, 죽은 사람을 위한 굿, 마을을 위한 굿으로 분류할 수 있다. 그러나 서울 새남굿은 크게 두 부분으로 구성되어 있다.

앞부분의 굿은 '안당 사경맞이'(산 사람을 위한 굿)로 17거리로 구성되며, 그 속에는 청신, 오신, 송신 세 부분으로 나뉘고, 주로 산 자들을 위한 굿을 한다. 하지만 그 내용을 보면 죽은 자를 불러 위로하고 함께 놀아 주며 죽은 자의 안녕과 더불어 산 자의 평안을 비는 내용이다.

뒷부분의 굿은 '새남굿'(죽은 사람을 위한 굿)으로, 안당 사경맞이가 끝난 후 망자를 천도하는 굿이다. 이는 14거리로 구성되어 있고, 화려한 무복을 입은 바리공주에 의해 망자가 지장보살을 만나러 가기 위해 문들음을 통과하는, 연극의 하이라이트를 연상할 만큼 재담과 유머가 넘치는 신가(神巫)로, 매우 즐겁고 화려한 장면의 연속이다.

특히 바리공주에 의해 인도되는 망자는 '영실' 거리에서 지장보살 앞에서 억울한 사정과 누명을 호소하는데, 재미있으면서도 보편적인 인간의 마음을 잘 읽어내는 흥미로운 장면이기도 하다.

〈새남굿 무복의 구성〉

새남굿의 무복은 어느 지방의 무복보다 옷의 가짓수가 많고 굿이 진행되며 펼쳐지는 스토리텔링의 내용이 풍부하며 그 거리의 내용도 짜임새가 정교하여 마치 드라마 텍스트를 읽는 것처럼 기승전결이 뚜렷하다. 특히 화려하나 단아하고 품위 있는 무복은 그 색상이나 질감이 여느 굿과는 비교가 안 될 만큼 고급스럽다. 그러나 황해도굿과 비교했을 때 그 가짓수에서는 단순한 편이다. 단순함 속에 절제 있는 품위의 극치를 읽어낼 수 있다.

〈새남굿 무복의 쓰임새〉

ㅡ주당, 물림, 부정, 가만청배, 진적 등에는 홍철육을 문에 걸어 놓는다.

ㅡ불사거리: 다홍치마 흰 가사, 붉은 장삼에 붉은 대, 흰 고깔, 오른손에 부채, 왼손에 방울.

ㅡ도당거리: 다홍치마에 홍철육, 갓.

ㅡ초가망거리: 남치마에 섭수두루마기.(=대신 망명의 복장=무당초상)

ㅡ본향거리: 두 번의 공수 후, 두루마기 벗고 노랑 몽두리 착용(대신할머니를 뜻함), 오른손에 부채, 왼손에 방울.

ㅡ조상거리: 조상옷.

ㅡ상산거리: 남색치마, 소매 끝이 흰 남철육, 섭수전복, 붉은색 대띠(주머니 세 개가 달림)에 큰 머리가 특징이며, 오른손에 월도, 왼손에 창검.(최영 장군을 의미함)

ㅡ별상거리: 쾌자 전복에 두루마기, 안울림 벙거지.

새남굿의 바리공주. 시연자 이상순(중요무형문화재 제104호 서울새남굿 예능보유자).
사진 임병모, 2012.

새남굿의 바리공주. 시연자 이상순(중요무형문화재 제104호 서울새남굿 예능보유자).
사진 임병모, 2012.

—대감거리: 홍철육, 안울림 벙거지.(군웅대감, 벼슬대감, 몸주대감, 뒷대
　감을 뜻함)

—제석거리: 홍철육.

—창부거리: 당의, 부채.

—뒷전거리: 함복, 부채.

—새남굿의 사재삼성거리: 남치마, 두루마기.

—말미(바리공주): 다홍치마에 당의, 그 위에 몽두리, 손에는 방울.

—상식: 홍철육에 허리배.

—뒷영실: 홍철육만.

　위에서 살펴본 바와 같이 옷의 가짓수가 많은 것은 아니다. 하지만 굿을
진행하는 동안 무복을 적절히 배합하여 부분 부분 갈아입음으로써 새로운
맛을 내고 장면의 변화를 유도하는 훌륭한 기능을 한다.

4) 새남굿 무복의 특징

새남굿의 특징은 첫째, 굿거리가 가장 많고 정교한 짜임새에 대단히 화려
한 것에 비하면 옷의 가짓수는 적은 편이라는 점이다. 그러나 옷들의 적절
한 배합과 무구, 무무, 무악이 어울려 오히려 단아하면서도 진부함을 주지
않는다. 더구나 옷은 우아한 무무, 화려한 무악이 깃들여져 거리가 끝날 때
마다 한 편의 연극을 보고 있는 느낌이다.

　둘째, 망자와 관련된 무(巫)·불(佛)·유(儒)의 관념이 적절히 혼합 편성
되는 내용을 무복에서 잘 읽어낼 수 있다. 한국의 무조(巫祖)인 바리공주
의 신가에 잘 드러나고 있는 저승 관념은, 무의 전통적 저승 관념이 잘 드

러나 있는 반면, 시왕이나 지장신앙에서는 오히려 불교에서의 저승관이 잘 나타나 있다. 반면 상식에서는 유교적 제사 관념이 잘 드러나고 있다. 이렇게 한국인의 복합적인 저승관을 잘 나타내는 특징과 걸맞게 복식에서는 불사거리에서의 무복을 제외하고는 오히려 몽두리, 홍철육, 남두루마기 등 유교문화 시기에 강조되었던 평상복에 궁중의 관복을 연상케 하는 멋이 흐르는 우아함이 특징이라 하겠다.

셋째, 조선왕조 이래 문화의 중심이었던 서울새남굿은 궁중문화의 요소가 녹아 있어 굿청의 장식과 제물, 상차림, 무악, 무무가 화사하고 화려하다. 특히 삼현육각을 사용하는 무악은 규모가 크고 장중하여, 굿 중에서도 제일 규모가 크다. 특히 새남굿 무악은 궁중음악의 영향을 받았으며, 그에 걸맞은 무복의 착용도 삼현육각의 무악과 더불어 매우 화려하고 스케일이 크다.

무조(巫祖)로 일컬어지는 바리공주의 복장이 그렇게 아름답게 과장되고 강조되었음에도 불구하고 우아함의 극치를 발하는 것은 궁중문화의 절제된 정신의 발현이라 생각된다.

이러한 새남굿을 보면서, 나는 새남굿이 아마도 중국의 사백 가지가 넘는 북경 오페라(경극) 중에서도 북경, 그것도 자금성 안에서 공연되던 ‘경극’과 견줄 만한, 한국을 대표하는 굿이 아닐까 생각한다.

5. 공연예술의 관점에서 본 무복의 활용과 적용

1) 굿의 거리 구성과 무복의 활용

서양문학을 전공하고 독일연극을 주된 관심사로 학문과 교육을 병행해 온

나는 늘 한국에는 제대로 된 드라마가 왜 없을까 생각하며 그 아쉬움을 지적해 왔다. 중국만 해도 여러 형태의 경극 속에 탄탄한 희곡을 구성한 힘이 보이고, 짜임새있는 극 구성으로 인하여 서양연극이 몰아닥쳐도 그 근간이 흔들림 없이 희곡문화가 튼튼히 이어져 가고 있기에, 그 모습을 부러워하였다.

그런데 나는 이제야 깨닫게 되었다. 한국에서는 민중과 함께하며 삶과 죽음을 노래한 무가나 신가가 드라마의 원형을 지니고 있음에도 불구하고 천시되고 음성화됨으로써 양지에서 그 힘을 제대로 발휘하지 못한 채 있다. 무가의 텍스트는 알아들을 수 없는 옛날의 어휘와 문구로 가득 차 있어 대중과 소통이 어렵다. '그저 그러려니' 하며 듣는, 흘러간 문화로만 취급을 받는다. 오늘날에도 여전하다. 그러니 어찌 시대와 더불어 발전할 수 있었겠나 생각한다. 무가는 무무, 무악, 무복과 더불어 종합예술로서의 원형을 보유하고 있음에도 불구하고 여전히 '대중의 햇볕'을 보기가 요원하다.

무가의 뜻을 알고 굿을 하는 무당이 몇이나 될까 의문이다. 대전의 안택굿 무형문화재 보유자 신석봉은 자신의 무가를 현대에 맞게 그 내용과 어휘를 적용하여 현실과 마주하고 손님(관객)과 소통하며, 그렇게 함으로써 굿의 내용이 전달되며 굿의 효과가 확대되는 경험을 이어 가고 있다.

무복의 활용도 세상과 소통하는 면에서 본다면 가히 딱하다고 할 만하다. 예전의 무복을 이유도 모르는 채 오로지 화려하고 거창하게 만들어, 그래서 품위라고는 염두에 두지 않은 채 변형되어 가고 있다. 갑자기 불어 온 물질의 풍요와 과학의 발달로 다양화 다변화되어 가는 사회 속에서, 특히 세계가 지구촌화되어 가는 사회에서 '원형성', '오리지널리티'가 보석과도 같이 빛날 수 있는 시기에 도달하였건만, 그 원형성의 근원을 찾는 데도 문화산업화의 관점에서만 이루어지고 있다. 더 늦기 전에 무복과 무가, 무악과 무구 등에 서려 있는 옛 조상들의 철학과 삶의 태도, 생사관의 뿌리가 어떻게 이어져 왔는지, 어디에서 단절, 정지되었는지, 현재의 우리 삶에 어떻게 빛날 수 있게 받아들여야 할지 함께 고민할 때다.

특히 실증주의 사고방식을 바탕에 두고 발전해 온 서양 문화 덕분에 문화의 각 분야가 분업화의 물결 속에서 무용, 음악, 미술, 연극 등 각기의 독자성을 최고로 발휘해 왔다. 그러나 실증주의, 실용주의의 철학적 바탕을 완전히 이해하지 못하였을 뿐만 아니라, 농경사회에서 제대로 된 산업화 사회로 진입하지도 못한 채 불어닥친 산업 문화의 물결은 아시아를 비롯한 개발도상국에 썰물 같은 전통문화의 공백과 무가치를 경험하게 하였다. 그러나 이제 세계는 하나의 통합체로 되어 가는 과정에 있다. 어쩌면 19세기, 20세기보다 더 무서운 바람으로 문화의 독자성을 잃으며 통합 문화의 형태로 휩쓸려 들어갈 것이 예감된다.

이러한 때 고증을 통한 무복의 변형, 적용, 무복의 선과 색, 그 다양한 적용을 과감하게 시도한다면, 한국의 공연예술은 무대 위에서 더욱 큰 힘을 발휘하리라 믿는다. 특히 무복과 어울리는 무구의 활용 또한 무대예술에 큰 기여를 하리라 믿는다.

하지만, 우리나라는 아직 그 귀한 가치를 깨닫지 못하고 그 연구에 인색하다. 적용과 활용을 하려면 완전히 그 대상을 알고 과감하게 변형시킬 수 있는 천재들이 나타나야 하며, 여러 분야에서 그들을 기다리고 있다.

2) 상징성을 통한 무대효과

무복에도 오방색은 상징의 기본이 된다. 오방색을 기초로 하여 행, 불행,

희로애락의 세계를 상징으로 표현하고, 나름대로 정해 놓은 설정으로 이 승과 저승을, 동서남북 중앙을 넘나든다. 무당의 무복과 무구는 너무도 편리하게 굿의 세계에서 설정한 규칙대로 무복을 갈아입는 행위를 통해 접신한 신들의 계보와 위상을 표현하며, 옷을 통한 상징성으로, 그리고 무가를 통해 스토리 전개가 완결된다. 흰색은 조상을 뜻하고, 초록색은 액운을 상징하며, 붉은색은 행운을, 남색은 권위를 상징한다. 흑색은 죽음을 상징하는 가운데 점점 다른 식으로 대치되어 가고 있다.

그리하여 무복의 활용을 보면, 첫째 무복을 통한 변신의 효과, 둘째 무복의 덧입기를 통한 시공간의 이탈과 회복(연극성으로 절정), 셋째 무복을 통한 현신(顯神)의 체험, 넷째 무복을 통한 스토리텔링의 구체화와 다변화 가능성, 다섯째 무복과 무구(오방기의 경우)를 통한 관객과의 소통, 여섯째 무복을 통한 사차원 세계와의 유통 등을 들 수 있겠다.

이러한 것들은 모두 상징성을 통한 공연예술 무대에 예술적 착상과 아이디어를 주는 요소들이다. 특히 새남굿의 과장마다 이루어지는 이야기의 전개와 더불어 사용되는 음악, 무구, 특히 무복의 활용이 무대의 총체성을 대변하고 있다. 하지만 무복의 다양성과 그 활용이 돋보이는 장면들은 새남굿에서보다는 황해도 만구대탁굿에서 더욱 여실히 나타나고 있다. 다음 연구에서는 황해도굿의 무복을 연구함으로써 공연학적 관점에서의 무복의 활용이 더욱 완결되리라 본다.

굿, 그 절묘한 이중주

'소통 · 참여 · 창의'의 문화적 원형을 찾아서

조성진(趙誠振)

1. 들어가는 말

1) '소통 · 참여 · 창의'라는 당황스러운 과제

오늘 한국 사회의 인상을 요약하면 한마디로 '소통 · 참여 · 창의가 없는 사회'다. 각자의 에너지가 고립을 면치 못하는, 속이 터지고, 우울하고, 울화가 치미는 '용용 죽겠지'[1]다. 개인의 능력과 욕망이 하루가 다르게 성장하는, 어쩌면 에너지 과잉의 사회지만, 이러한 에너지의 소통을 통해서 시너지를 만들어내기보다는 아직도 경쟁을 통해 줄을 서게 하고 밤을 새워 일하게 만드는 쥐어짜는 사회요, 자발성 제로의 천박한 사회다. 다시 말하면 오늘의 한국 사회가 처한 이와 같은 경화(硬化)의 국면을 해소하고 새로운 지평으로 한 걸음이라도 내딛기 위해서는 지금은 낯설어진 '소통 · 참여 · 창의'와 같은 가치의 회복을 당면 과제로 삼아야 한다.

필자가 '회복'이라 말하는 까닭은 그와 같은 가치는 21세기 들어 전혀 새롭게 등장한 과제가 아니며 한국의 문화적 전통 안에 미처 주목하지 못했던 풍부한 유산이 존재하기 때문이다. 다만 일정한 기간 동안 한국 사회가 이와 같은 가치를 스스로 유보했거나 그 유보했다는 사실도 기억해낼 수 없을 정도의 시간이 흐르는 가운데 상실한 것으로 보아야 할 것이다. 문제는 이 상실이 문명의 대전환이라고도 일컬어지는 이 새로운 시대의 도전에 대응할 사회적 체질을 형성하는 데 치명적인 결함이 되고 있다는 사실이다. 따라서 이 글에서는 한국의 기층문화의 중요한 자산으로서의 굿을 '소통 · 참여 · 창의'의 가치에서 새롭게 들여다보고 그 구조와 의미를 재해석해 보고자 한다.[2]

노무현 정부가 내걸었던 '참여'라는 가치는, 한편 이상적이고 관념적인 것이었지만, 소통의 사회를 지향하는 매우 적절한 개념이었다. 참여는 군주제의 특성이며 대의민주주의가 아직까지 극복하지 못한 '소통의 일방성'을 해소하는 길이기 때문이다. 문제는 참여라는 행위가 모두에게 너무 낯선 것이어서 그러한 이념적 방향제시만으로는 물꼬를 틀 수 없었다는 데 있다.

이제 '소통' 또는 '참여'라는 이 낯선 삶의 기억을 되살려 인문학적인 내용을 확보하고, 실천적인 체계를 만들어야 한다. 그러자면 다시금 원형으로 돌아가 그 길을 묻고 일정한 매뉴얼을 얻어내려는 시도를 해야 할 것이다. 이 소통이라는 가치에 동의하는 사람들조차 이 개념을 찾아낸 것에 대해 기뻐하기 전에 너무나 당황하고 있다. 이 완고해 보이는 세상에 어떻게 말을 걸어야 할지, 번번이 되돌아오는 면박과 썰렁함이 주는 상처를 삭이고 또다시 용기를 낼 수 있을지….

우리를 당황하게 만든 또 하나의 과제는 '창의적인 삶'을 살아야 한다는 것이다. 이제 일반화되었을 뿐 아니라 대단히 문화적인 욕구인 것처럼 보이는 '창의성'은 사실은 경쟁력과 동의어처럼 쓰이는 산업적이며 경영적인 차원에서 출발한 용어다. 그러나 이 창의성이라는 개념은 한국 사회에서는 하나의 욕구에 불과하다. 남들과 다르며 동시에 이제까지의 것과는 다른 것을 창출해내는 능력은 예술가에게나 요구되었던 낯설고 학습되기 어려운 신비의 영역처럼 보인다. 광고와 같은 미디어 분야를 제외하고는[3] 학교 교훈이나 기업의 캐치프레이즈 또는 교육 시장의 마케팅 용어 이상의 의미를 부여하기 어렵다. 왜 이러한 납득하기 어려운 현상이 일어나는가.

가장 큰 이유는 창의에 대한 수요가 없기 때문이다. 사회 전체가 성공이 보장된 답을 원하기 때문에 공급 과정 자체가 무의미해지는 것이다.[4] 당위를 전면에 내세우고 실제로는 수용하지 않는 이와 같은 이중성은 한국 사회의 모든 영역에 걸친 숙제다.

그렇다 하더라도 현재의 최소한의 수요에 대하여 창의성을 조달하는 과정 역시 많은 장애를 안고 있는 것이 사실이다. 그 이유 가운데 하나는 창의성이라는 말이 영어의 'creativity'의 번역어라는 사실에 있다. 수입된 개념의 해독에는 열심이었지만 한국 사회의 전통 속에서 그 맥락을 찾으려는 노력은 보이지 않는 것이다. 칙센트미하이(Mihaly Csikszentmihalyi)에 따르면 창의는 몰입(flow)의 결과다. 몰입의 전통은 어떠한 문화적 전통에도 존재한다. 그러한 관점에서도 굿은 가장 오래된 전통이자 원형이다. 소통과 참여가 바로 이 창의성의 밭이다. 이 글은 굿의 구조 안에 이 세 가지 요소가 서로 기대어 있으며, 굿의 구조는 바로 이 세 요소가 발생하도록 의도된 틀이며, 오랜 시간 갈고 닦인 길이라는 점을 밝히려고 노력할 것이다. 다만 제한된 지면과 역량의 부족으로 치밀한 논증에 이르지 못하고 굿을 바라보는 또 다른 관점 하나를 제시하는 데 머무는 것에 대하여 이해를 구한다.

2) 생존의 세계에서 풍요의 세계로

먼저 난 이 논의를 위하여 '사막과 가나안'이라는 메타포를 사용하려고 한다.5 소통과 참여의 삶이 어그러진 과정을 짚어 보려면 그러한 관점에 서서 최소한 우리의 토론이 공유할 수 있는 가까운 역사를 다시 읽어내야 하는데, 근현대라는 시대구분으로는 내 의도하는 바를 충분히 전달하기 어렵기 때문이다. 다시 말하면 난 소통과 참여의 문제를 생존과 풍요 또는 '생산이 부족한 시대'와 '생산이 넘치는 시대' 사이의 문제라고 보지만 이에 적절한 시대구분을 알지 못하기 때문이다.

산업혁명은 끝없는 생존의 위협으로부터 벗어나고자 했던 출애굽이요, 풍요의 땅 가나안을 향한 여정이었다고 긍정적으로 해석될 수 있겠지만, 일정한 생산력을 갖기 전까지는 끝없는 전쟁터인 사막의 여정이었으며 지도자의 영도 하에 생존을 배급받는 사회였다. 소통보다는 통제가 덕이요, 참여에 앞서 집합이나 동원이라는 말을 먼저 배웠다. 대량생산은 표준화를 필요로 했고 오늘날 창의성이라 치켜세우는 개인의 독특한 감성과 통찰은 유해하다거나 비정상으로 규정되기 일쑤였다.

우리의 근대는 식민지라는 현실을 받아들이는 시점에서 시작한다. 그러나 해방이라는 자유의 획득이 곧 풍요를 약속하는 것은 아니었다. 한국 사회 역시 일용할 양식에 허덕이는 사막의 길을 걸었다. 곧이어 찾아온 전쟁도 이 '사막'이라는 환유의 연장이요 다른 이름이다. 경제개발 오개년계획은 마이카 시대와 같은 분홍빛 미래를 약속했고, 우리는 지금 거기 가나안에 와 있다. 아직도 온몸이 사막의 모래로 서걱거리는 상처투성이 나그네의 몰골로.

생산이 넘치는 시대 역시 곧 풍요를 누리는 시대를 의미하지는 않는다. 산업화 이후 넘치는 생산은 제국주의자들로 하여금 식민지를 개척하게 만들었고, 오토메이션 시스템과 디지털 혁명 이후 소문대로 창의적인 삶을 확보하기는커녕 일자리 전쟁에 내몰리고 있다. 단지 그 생산이 넘치는 시대는 풍요의 신화를 만들고 유포했을 뿐이다. 그리고 그 풍요의 신화는 '가나안'에서 태어난 우리 젊은이들의 삶을 지배하기 시작했다.[6]

생산이 부족한 시대에는 공급이 부족한 까닭에 독점이 가능하고 소비자보다는 생산자가 일방적으로 무엇을 생산할 것인가에서부터 제품의 내용까지를 결정했으며 대부분의 산업은 제조업일 수밖에 없었다. 그러나 생산이 넘치는 시대로 진입하면서 독점이 아닌 경쟁으로, 고객 감동이라는 표어가 말해 주듯이 소비자 주권의 시대로, 다품종 소량생산의 시대로 이동하며 상품의 디자인과 고객의 취향이 중시되고, 제조업 내부의 경쟁은 이익의 극대화를 위해 서비스업과 문화산업으로 그 영역을 확장한다. 무엇보다도 생산의 증대는 수입의 증대, 즉 국민소득의 증대로 연결되며 먹고사는 것 이상의 욕망이 폭발하게 된다. 물론 이러한 욕망의 폭발은 아이엠에프(IMF)로 인해 큰 상처를 입고 일단 주춤하는 듯 보였지만 이미 경험한 풍요는 하나의 신화가 되어 그 풍요의 문화를 경험하며 태어난 세대의 욕망을 규정하게 된다.

결론적으로 유례 없는 풍요를 경험하고 있는 한국 사회는 긍정적인 측면에서는 먹고사는 것 이상의 삶에 대한 욕망, 즉 삶의 질과 문화적인 풍부함, 그리고 다양성에 대한 사회적 지평을 만들어 가기 시작했다고 말할 수 있다. 한편으로는, 물질에 대한 욕망이 가치 추구에 앞서며, 미래에 대한 불안으로 오늘의 풍요를 누리기보다는 이전보다 여유도 부족하고 이해를 넘어선 인간 관계도 힘들어져 이혼과 자살, 중독과 같은 사회적 문제와 비용이 급증한다.

우리가 진정 참여와 소통의 길에 들어서고자 한다면 근대가 걸어온 이 사막의 거친 여정과 가나안 정착의 과정을 냉정한 눈으로 읽어야 한다. 그 여정은 바로 '지금의 나'를 지배하는 것이기에 스스로에게 칼을 겨누듯, 고해성사에 임하듯 그 과정에서 얻은 트라우마와 소통방식의 퇴락을 짚어내야 한다.

사막과 가나안 이 두 문화는 오늘날 뒤엉켜 있다. 두 문화는 불연속적이며 서로를 철저하게 배반하기도 한다. 이를 모더니즘과 포스트모더니즘으로 해독하려는 시도가 있었다. 이는 우리가 현재 다른 곳에 와 있음을 설명할 수는 있어도 이 국면을 긍정할 수 있는 삶의 원형을 만나게 해 주거나 그 진화의 의미를 읽어 실존적인 결단에 이르게 하지는 못한다.[7] 이성과 비이성, 중심과 탈중심 같은 형식언어를 가지고 이 불연속적이고 낯선 미지의 시간과 공간을 탐사하려 한다면, 그것은 직접적인 체험이 없는 부모의 염려와 훈계를 머리에 새기고 떠나는 여행과도 같다. 나는 형식언어가 아닌 일상언어(자연언어)를 탐사의 도구로 삼자고 제안한다. 그것은 몸에 붙어 있는 언어이며 수없는 삶의 경험이 아로새겨진 살아 있는 언어이기 때문이다.[8]

창의와 참여를 불러오는 집단적 소통의 문제가 이 논의의 중심이라면, 그 문화적 원형을 찾아야 한다. 우리가 문화라 부를 수 있는 최소한의 체계를 지닌 소통의 시원은 '굿'이다. 그리고 굿은 소통과 관련된 일상언어를 배태하거나 가득 담고 있는 보물창고다.

2. 소통과 참여의 원형으로서의 굿

1) 굿은 풀이와 놀이의 이중주다

예술작품의 생산자인 작가 또는 공연자와 이를 향유하는 감상자 모두의 수
가 현저하게 늘고 있지만 정작 그 소통은 불화 또는 통속의 늪으로 빠져들
어 가고 있다. 이에 대한 수많은 이론과 비평이 생산되었음에도 불구하고
현장에 대한 영향력은 거의 없는 듯 보인다.

나는 마임연기자로서 그 시원이 되는 굿을 연구하는 중에 바로 이 문제
에 대한 중요한 실마리를 찾았다. 그리고 곧 그것이 비단 예술에 국한된 것
이 아닌 우리 사회 전반에 걸친 문화의 난맥을 이해하고 치유하는 데 결정
적인 단서가 될 수 있다는 생각을 갖게 되었다.

민속학자 김택규에 의하면, 굿은 '풀이'와 '놀이'라고 부르는 두 가지 행
위의 결합이다.9

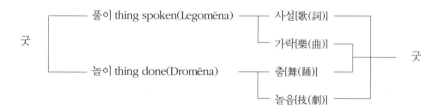

굿의 과정에서 풀이를 '말한 것'으로, 놀이를 '행한 것'으로 나누고 굿에

내재하는 예술적 요소들이 분화하는 과정을 설명한 것인데, 하위징아(J. Huizinga)의 레고메나(Legomēna)와 드로메나(Dromēna) 이론을 적용한 것이다.[10]

굿에서 풀이와 놀이 두 가지 요소를 찾아내어 구조화한 것은 탁견이라 할 수 있을 것이다. 그러나 풀이를 '말한 것'으로, 놀이는 '행한 것'으로 나누는 것은 굿이 지니는 정신과 신체에 대한 인식 또는 태도를 이원론적으로 해석하게 만들 가능성이 있다. 굿에 내재하는 예술적 요소들이 분화하는 과정을 설명하기 위한 것이라면 큰 문제가 되지 않겠지만, 굿을 소통의 형식 또는 과정으로 이해할 때에는 풀이와 놀이는 '말한 것'과 '행한 것' 이상의 의미를 지니고 있을 뿐 아니라 서로 밀접하게 결합되어 하나를 이룰 때 비로소 굿이 성립되기 때문이다. 김택규가 파악한 풀이와 놀이는 다음 면의 그림 '별신(別神)의 굿판'[11]에서 보다 분명하게 제시된다.

김택규는 자신이 관찰한 바를 다음과 같이 묘사한다.

"각 거리를 관찰하면 주무(主巫)가 백미(白米)와 건어(乾魚)로 상징되는 신위(神位)가 있는 쪽을 향하여 절하고, 창(唱)·무(舞)할 때와 재비와 굿중 쪽으로 향하여 가무(歌舞)할 때는 전체의 굿판 분위기가 완연히 달라진다. 전자에는 주무의 풀이의 소리와 춤과 도사(禱詞)의 소리, 그리고 재비의 주악 이외는 일체의 잡음이 배제되는 것 같다.

그러나 주무가 관중과 재비의 쪽으로 향하여 가무(歌舞)할 때면, 굿판의 양상은 아주 딴판이다. 야유가 굿중에서 터져 나오기도 하고, 웃음과 음담패설까지 어지럽게 오고가는 속극(俗劇)으로 화(化)한다. 주무와 재비의 농담의 응수, 주무와 재비, 재비와 굿중이 어지럽게 음란하기까지 한

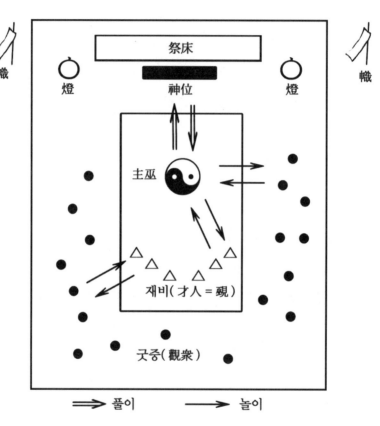

별신(別神)의 굿판

언동(言動)을 주고받기도 한다. 주무의 춤에 관중에서 추임새가 가해지고, 함께 일어서서 춤추는 사람까지 나오기도 한다. 무(舞)·용(踊)·가(歌)·창(唱)·극(劇) 등의 제 요소가 혼연히 융합된 것 같은 상황이 계속된다. 문자 그대로 '수족상응(手足相應)' '답지저앙(踏地低昻)'의 상황이 '주야무휴(晝夜無休)'로 가(歌)·무(舞)·음(飮)·식(食)과 함께 계속되는 '놀이'의 장면이 되는 것이다. 분위기가 고조되면 하나의 거리가 끝나고, 주무는 신전(神前)으로 방향을 바꾸고 공손히 절하고 풀이를 시작한다. 굿은 이와 같이 '풀이'와 '놀이'의 이중구조로 되어 있는 것이다."

물론 김택규는 이 그림을 설명하면서 풀이와 놀이를 일원적인 행위로 파악하기보다는 풀이는 신위가 있는 쪽을 향해서 하는 행위이며, 놀이는 재비나 굿중을 향해 하는 행위라는 식의 이원화된 행위로 파악하고 있다. 그러나 풀이와 놀이를 행위의 방향이나 관계를 기초로 파악하되, 그 행위가 담게 되는 내용을 통해서 이해하면 보다 연속적이며 본질적인 차원을 발견하게 된다.

먼저 풀이는 제단을 향하여 엄숙하게 진행된다. 신에게 문제에 대한 해답(solution)을 구하기도 하고, 이 세상 또는 무당의 시원을 설명(explanation)하기도 한다. 오늘의 문제를 해결하기 위해서 출발점으로 다시 돌아가 보는 것이다(原型回歸). 일상적으로 경험할 수 없는 신적인 세계를 열어 보이는 성별(聖別)된 과정이다. 다시 말하면, 풀이는 숨은 세계를 드러내는 과정이다. 우리가 안고 있는 문제가 있다면 그것은 바로 그 숨은 세계에 있는 것이다. 그래서 굿은 마음이 답답하고 일이 꼬일 때 한다. 무엇보다도 굿은 문제를 해결하는 과정이기 때문이다. 그러나 현대사회는 굿의 이런 문제 해결적인 측면의 대부분을 다른 것들로 대치할 수 있었다. 그래서 굿은 낡고 유치한 것(원시과학)이 되었다.[12] 사실상 오늘의 문제는 곧잘 우리가 간과하는 굿의 또 다른 측면인 '놀이'에 있다.

놀이는 굿의 오락적이고 연희적인 측면이다. 이는 무당과 굿중, 무당과 재비 사이에서 이루어지는 수평적이고 세속적인 행위다. 다시 말하면, 놀이는 보이는 세계에서의 관계 방식이요, 몸이 주관하는 세계의 길이다. 그러니 굿은 살맛이 안 날 때 하는 것이고, 놀이는 문제 해결보다는 지금 여기에 대한 누림의 차원이다.

2) 소통을 위한 두 가지 능력: 신끼와 끼

풀이와 놀이는 모두 굿을 주관하는 무당의 일정한 능력을 요구한다. 흔히 무당은 "신끼가 있어야 한다"는 말을 한다. 이 경우 '신끼'는 무당의 능력과 관련된 표현이라고 추정되는바, 이 말이 어떤 의미를 담고 있으며 풀이 또는 놀이와는 어떠한 관련을 맺고 있는지 알아볼 필요가 있다.

신끼는 일반적으로 신내림과 관련되어 '영적인 능력'이나 예지력 같은 의미로 매우 모호하게 쓰이고 있으며, 학술적인 용어로 연구하거나 정착되지는 못한 것 같다.[13] 이 글에서는 '숨은 세계에 대한 예민함' 정도로 사용하겠다. 이와 짝말을 이루는 '끼'는 대체로 예능과 관련된 재주가 있거나 성적인 욕구가 밖으로 드러나는 경우를 가리키는데, 여기서는 '몸으로 표현하는 데 친숙함' 정도의 의미로 쓸 것이다.

이렇게 의미 규정을 하게 되면 신끼나 끼는 무교와 관련된 의미를 넘어서 '몸과 마음'을 운용하는 사람의 능력을 포괄하며 동시에 변별하는 개념이 된다. 따라서 이 글의 주제인 '소통'이 '몸을 매개로 마음을 주고받는 일'이라 한다면 소통의 내용인 마음을 얻는 일은 신끼와 관련된 것이며, 그 매개가 되는 몸을 쓰는 일은 끼와 관련이 있다고 말할 수 있다. 다시 말해 소통이란 신끼와 끼가 협동하여 이루어지는 과정인 것이다. 결론적으로 굿을 소통의 과정이라는 측면에서 볼 때, 굿은 마음을 얻는 풀이와 몸으로 만나는 놀이가 얼마나 적절하게 결합하는가에 의해서 그 성과가 판가름된다고 할 수 있을 것이다.

이렇게 되면 신끼와 끼의 개념을 활용해 풀이와 놀이를 상호 연속적인 개념으로 재규정 할 수 있게 된다. 풀이는 '신끼에 의해 숨은 세계로부터 얻은 그 무엇을 끼를 통해 다른 사람들과 공유하는 과정'이며, 놀이는 '끼를 발휘해 표현 행위에 일정한 자유를 얻음으로써 다른 사람들을 몰입에 이르게 하고 신끼가 발동되도록 하는 과정'이다.

결론적으로 소통은 마음이 먼저 존재하고 교감이 따라오는 과정이므로 풀이의 과정으로 보아야 한다. 풀이가 소통의 내용을 얻고 실현의 의지를 갖는 것이라면 드로메논(dromēnon)으로서의 놀이는 참여를 불러일으켜 소통의 일방성을 극복하는 것이다.[14]

3. 참여의 길 찾기―
풀이 중심의 문화에서 놀이 중심의 문화로

1) 다중이 참여하는 소통 문화

이제 일방향 소통을 주도하던 대중매체의 시대는 가고 쌍방향 소통이 가능한 미디어가 시장을 주도하며 새로운 공동체를 형성하고, 결국 권력의 향배를 가늠하는 중심이 되고 있다.

　중세가 신의 권위가 삶을 규정했던 시대라면, 근대는 이성이 그 자리를 대신하였다. 이성을 대변했던 과학이 불확실성에 직면하면서 현대는 탈중심의 시대로 접어든다. 기성의 권위가 해체되는 탈중심의 시대는 개인에게 스스로 세계를 이해하고 재구성해야 하는 부담을 지우게 된다. 이렇게 되자 현대를 살아가는 개인은 오히려 자신이 수행해야 할 주체적 판단을 대중매체에 의존하거나 정보화의 흐름에 맡겨 버리는 현상을 초래한다. 인터넷은 개인을 엄청난 정보에 노출되게 만들었으며, 과도한 정보의 양은 개인이 자신의 행동을 결정하는 과정을 돕기보다는 오히려 단순히 정보를 수집하고 전달하는 수동적인 존재로 만들었을 뿐 아니라 정보를 수집하고 가공하는 능력을 확보한 조직, 즉 정보의 독점이 다시 개인의 삶을 규정하는 정보의 파시즘이 등장하는 계기를 만든다.

　소셜 네트워크 서비스(Social Network Service, SNS)는 이러한 정보화의 문제를 해소하는 결정적인 계기를 제공했을 뿐 아니라 개인 간의 소통이 곧 자신이 속한 사회에 대한 참여를 낳는다는 새로운 깨달음을 현실화시켜 주었다. 대중매체가 아닌 에스엔에스(SNS)를 통한 개인 간의 소통은 생산과 관련된 기능적인 의미를 넘어 고립과 단절을 극복하려는 욕구를 반영하지만 결과적으로 표현의 확장과 사회적 참여의 길을 열어 주었으며, 나아가서는 탈중심적인 인식의 모델로서 '다중지능'이라는 개념을 낳기도 했다.

　여기에서 에스엔에스를 통한 참여가 다중지능 또는 사회적 여론으로 기능할 정도의 소통량을 갖게 되는 것은 사용자의 의지의 산물이라기보다는 결과라고 보아야 한다. 그것은 위에서 말했듯이 고립과 단절을 극복하려는 욕구를 반영한다. 다시 말하면 놀이에 가깝다. 보다 많은 사람들에게 주목받기 또는 기지를 발휘하여 웃기기, 사회적으로 이슈화된 문제에 대하여 답 알아맞히기 등 경쟁과 소통의 즐거움이 있다.

목표와 계획을 세우고, 효율성을 위하여 많은 변수들을 통제 또는 제거하는 것이 생산이 부족한 '사막'의 방식이다. 개인의 자발성이나 즐거움보다는 전체의 문제를 해결하는 것이 중요하며, 개인에게는 이를 받아들이는 것이 미덕이 된다. 이것이 굿에서는 문제 해결(solution)을 중심으로 하는 풀이의 과정이다. 그러나 '가나안'에서는 개인의 자발성과 즐거움이 숨겨진 문제를 드러내며 그 해결책을 찾아낸다. 에스엔에스 풍토에서도 이슈화를 주도하거나 감추어진 진실을 파헤치는 영웅들이 존재하지만, 그들도 이제 친절함과 기지로 무장하고 팔로우어(follower)들의 참여를 조장한다. 촛불시위에서도 목도한 바 있지만, 에스엔에스 공간은 마치 놀이터와도 같다. 우리는 지금 '풀이 중심의 문화'에서 '놀이 중심의 문화'로 가는 중이다.

공동체 또는 이웃의 심각한 문제를 주제로 삼는 굿에 참여하면서도 굿중은 놀이의 즐거움에 빠져드는 것을 미덕으로 삼는다. "굿이나 보고 떡이나 먹는다"는 말이 있다. 본래의 뜻은 '방관'이나 자기 이익만 챙기는 심보를 탓하는 것이겠지만, 굿에는 반드시 떡이 있어야 하고 떡은 바로 굿중을 모으는 방편을 대표하는 것으로, 곧 엔터테인먼트를 의미한다고 해석할 수 있을 것이다. 'entertainment'의 어근이 되는 'entertain'은 '접대하다' '남을 즐겁게 해 주다' '(생각·희망·감정 등을) 품다'와 같은 뜻을 지니고 있다. 김열규의 해석을 음미하자면 '내가 즐겁기 위해서 남을 잘 응대

할 줄 아는 것'이다.[15] 이렇듯 굿은 나의 행복을 위해 타인의 행복을 배려하는 장치 위에서 이루어진다. 그것이 '놀이'이며 참여를 불러일으키는 방식이다.

그러니 한국 사회가 참여를 기반으로 하는 사회를 이루고자 한다면 굿이 축적해 온 '잘 노는 법'을 검토하는 데서 시작할 필요가 있다. 그리고 에스엔에스를 비롯한 오늘의 새로운 소통의 문화를 이해하고 발전시키기 위해서도 굿을 다시 돌아보아야 한다.

다만 한국 사회는 '풀이 중심의 문화'에서 '놀이 중심의 문화'로 가는 초입에 있다. 거기에는 관성과 충돌이 존재하며, 놀이 문화의 유치함과 천박함을 거쳐 성숙에 이르는 과정이 우리를 기다리고 있다. 따라서 놀이의 인문학이 요구되며 성숙한 놀이에 필요한 덕목을 찾아내고 새로운 사회를 디자인하는 기초로 삼아야 할 것이다.

그러면 놀이가 잘 접목된 굿의 몇 대목을 짚어 보자.

2) 작두타기도 점복(占卜)도 놀이다

〈작두타기: 놀이가 풀이를 동반하는 예〉
'굿' 하면 떠오르는 대표적인 장면 가운데 작두타기가 있다. 작두를 타는 행위는 스릴이 넘치는 곡예(circus)고 오락적인 프로그램이지만, 바로 그 작두 위에서 무당은 공수를 하고 쌀을 뿌리는 등의 축복의 행위를 한다. 풀이와 놀이의 절묘한 합체다.

모든 굿중이 굿하는 내내 그 과정에 집중하기는 어렵다. 작은 굿은 몇 시간 내에 끝나지만 큰굿은 여러 날이 걸리기 때문이다. 무당은 모처럼 얻은 신의 말씀을 직접적인 이해관계가 있는 몇몇하고만 나누고 싶지 않을 것이다.[16] 굿중이 이해하기 어려운 낯선 이야기가 툭 터져 나올 수도 있다. 어쩌겠는가. 굿중의 마음을 모아야지. 그들의 귀를 열어야 한다. 또한 굿중의 입장에서는 시퍼런 작두날 위에서 맨발로 춤을 추는 광경을 아니 보고 어쩌겠는가. 소통은 마음을 주고받는 것이지만 그것은 귀를 열고 눈길을 모으는 참여의 과정 없이는 불가능한 것이다.

사실 작두타기라는 곡예는 그 날카로운 칼날 위에서의 공수나 축복의 행위를 동반하지 않는다면 하나의 차력 쇼에 불과하다. 시장판에서의 약장수와 함께 선보이는 차력 쇼는 그 위험성과 아슬아슬함이 그 뒤에 판매되는 약과 의미 있는 관계를 갖지 못한다. 그러나 굿에서의 이 비장미 넘치는 곡예는 신으로부터 축복의 약속을 받아내기 위하여 위험을 감수하는 사제의 용기와 희생, 굿중을 축복하는 신의 결연한 의지 등을 감동적으로 드러내는 이미지 장치로서 그 의미가 증폭된다. 따라서 작두타기를 보기 위해 몰려드는 굿중은 자신이 단순히 오락을 취하는 것만이 아니라, 신이 제주 또는 굿중을 축복하도록 압박하는 주술적인 힘의 한 요소로 참여한다는 자의식 혹은 명분을 갖게 만들어 줌으로써 강력한 참여의 장(field)을 형성하게 되는 것이다.

작두타기에 대하여 김열규는 로제 카이와(Roger Caillois)가 분류한 놀이의 네 가지 양식 가운데 일링크스(illinx)의 하나라고 본다.[17] 어지럼증이나 황홀경에 빠지는 것을 주된 목적으로 삼는 놀이다. 한동안 바람이 불던 '비 보이' 열풍 역시 일링크스로 볼 수 있지만, 작두타기에서와 같이 축복의 메시지를 전하는 차원의 '풀이'를 동반하는 형식을 만들어내는 데까지는 성공하지 못한 것 같다. 비교적 성공적인 예는 '태양의 서커스(Cirque du Soleil'[18]와 같은 피지컬 시어터(physical theatre)에서 발견된다. 곡예, 저글링, 팬터마임, 음악, 무대미술을 하나로 묶고 감동을 만들어내는 데는 이 극단 특유의 스토리텔링이 존재한다는 데 있다. 온갖 예능을 펼쳐 보이는 버라이어티쇼에서 출발한 서커스는 어느덧 어떤 숨겨진 세계를 보여 주기 위해 그 온갖 예능이 동원된 것 같은 모습을 보여 준다. 놀이에서 출발했지만 어느덧 풀이가 되고 종국엔 그 구분이 무의미해지는 끼와 신끼의 협동을 우리는 무엇이라 불러야 하는가. 필자는 이러한 지점을 '절묘(絶妙)'라 부르는데, 이는 미적 범주의 문제다.[19] 이 문제는 마지막 장에서 다루기로 하자.

〈점복: 풀이가 놀이를 동반하는 예〉

황해도굿 가운데는 이런 점복(占卜)의 과정이 있다. 여러 개의 작대기 끝에 색색의 천을 달아 만든 한 다발의 깃발을 거꾸로 모아들고는 굿중이 제각각 두 개씩의 깃발을 고르도록 한다. 무당은 그 깃발의 색을 보고 운세를 이야기해 준다. 두 개의 깃발을 고르는 '놀이'는 무당이 중심이 되는 '풀이'에 굿중의 참여가 가능하게 해 준다.

두 개의 깃발을 고르는 것은 특별한 재능을 요구하는 것이 아니기에 누구나 참여할 수 있는 행위가 되고, 깃발을 고르는 자는 다름 아닌 '나 자신'이었기에 무당은 전적인 책임을 면한다. 마치 민주주의의 선거와도 양상이 같지 않은가.

놀이는 사실이 아닌 허구에 기초하는 이른바 '뻥(Fantasy, Storytelling)'이기 때문에 그 풀이의 과정은 부담스럽기보다는 흥미로운 것이 된다. 마치 우리가 텔레비전 드라마의 마음 졸이는 장면을 보면서도 쉽다고 이야기하는 것과 같다. 우리는 그 한 자락의 풀이를 가슴에 소중하게 안고 돌아가는 이가 있음을 알아야 한다. 그것은 개인의 결단에 속한 문제다. 우리는 종종 그 결단을 일반화하려는 유혹에 빠지지만.

이렇듯 놀이는 하위징아의 말처럼 일정한 규칙을 갖는다.[20] 그리고 모든 풀이에는 놀이가 동반되어야 한다. 아니면 그것은 독선이거나 협박이 되고, 내용이 아무리 좋아도 결국은 '사람을 가르치려 드는' 계몽이거나 선동이 된다. '풀이' 하는 자가 그런 편협에 빠지는 것은 놀이의 덕이 없기 때문이다.

로제 카이와(Roger Caillois)에 의하면, 놀이에는 파이디아(paidia)와 루두스(ludus)라는 두 축(axis)이 있다고 한다.[21] 이러한 설명은 바로 위의 점복 행위에서 보여 준 허구성(fantasy) · 규칙성(rule)과 상통하는 것이다.

4. 소통과 참여는 창의의 밭이다

1) 굿은 '창안'과 '공유'의 과정이다

풀이가 문제 해결의 능력이요 추진력이라면, 놀이는 누림이요 화합의 힘이다. 이렇게 풀이와 놀이의 이중구조는 굿이라는 무교의 종교적 의례를 넘어 인간의 삶에 내재된 원형적인 구조이자 원리다. 더불어 살아가야 하는 사회적 동물로서의 인간에게는 소통의 원리이며, 늘 새로운 도전에 직면해야 하는 진화하는 존재로서의 인간에게는 창의의 원리다.

창의성(creativity)이란 자신만의 문제 해결방식을 창안하는 것에 그치는 것만이 아니라 그것을 타인과 공유하는 것을 포함한다. 이 '창안'과 '공유'는 무언가 다른 능력이나 프로세스를 요구한다는 느낌을 갖게 한다. 이에 대해서 영국의 창의성 연구가인 리튼(H. Lytton)이 창의성을 '객관적 창의성'과 '주관적 창의성'으로 구분하고 있음에 주목할 필요가 있다.

"객관적 창의성(objective creativity)은 한 개인의 창의적 사고 결과가 다른 사람들이 수긍하는 특정한 준거에 부합되는 창의성이다. 객관적 창의성의 일차적 준거는 사고 결과의 적절성이다. 창의적 산출물은 문제 상황에서 요구되는 것과 산출자가 의도하는 것 간에 의미 있는 관계여야 한다. 창안자에게는 내적인 희열을 줄 뿐 아니라, 사고 상황에 적절한 것이어야 한다. 두번째의 준거는 참신성이다. 창의적 사고의 산출물이 적절한 준거에 비추어 독특한 것으로 판정받아야 한다. 이와는 달리 주관적 창의성(subjective creativity)은 객관적 창의성과는 다른 준거에 의해 판단된다. 어떤 사람이 자기만의 독특한 방식으로 사물들과 관련을 맺을 때, 그리고 특정한 자극을 기초로 사고를 할 때 주관적 창의성은 발휘될 수 있다. 이는 곧 자신의 산출물이 다른 사람에게 어떤 영향을 줄 것인지를 고려하지 않고 자기만의 창의적인 노력을 하는 경우를 말한다."22

여기서 객관적 창의성은 신끼에 의해 얻어진 사고 결과를 다른 사람들이 수긍하는 소통의 과정을 거쳐야 하는데, 결국 이것은 오늘날 프리젠테이션이나 데몬스트레이션 같은 표현 행위를 포함하는 것으로서 끼의 영역의 도움을 받음으로 해서 완료된다.

오늘날 이것은 공적인 영역에서는 축제와 같은 형태로 자리매김한다.

2) '용하다'와 '장하다'

'용하다'라는 말은 '잘 맞힌다' 또는 '신통하다'와 같은 의미로 쓰인다. 실제로는 기대한 것 이상의 경험을 할 때 그 대상에 대한 평가의 의미를 담고 있다. 자신이 얕잡아 보던 사람이 기대하지 않은 일을 해냈을 때 쓰이는 말이다. 춤이나 추고 악이나 하는 재비 정도, 또는 몇 가지 점술 도구로 사람의 비위나 맞추는 사람 정도로 생각했는데, 아무나 알 수 있는 것이 아닌 미래의 일이나 미지의 사실들을 알고 있다니! 다른 말로 하면 "끼를 부리는 정도가 아니라 신끼까지 있구나!" 하는 일정한 성취에 대한 평가라고도 할 수 있다.[23] 이와 비슷한 의미로 쓰이는 말 가운데는 '장하다'라는 말이 있다. 그러나 '용하다'라는 말과는 달리 '장하다'라는 말에는 "그래 네가 해냈구나"와 같은 상대적으로 일정하게 기대감이 포함된 적극적인 의미가 담긴다. 그러니 이 말은 일정하게 사회적 지위나 조건을 갖춘 사람의 행위에 대해 평가하는 말이다. 자신에게 주어진 '신끼'를 발휘해서 뜻이나 신념, 깨달음 또는 신의 계시와 같은 '풀이'를 얻었다 하더라도 이를 세상에 펴는 일은 또 다른 능력을 요구한다. 그것이 말주변, 친화력, 용모나 매력 등이라면, 이는 끼를 기반으로 하는 '놀이'의 영역에 속한다. 그러니 '용하다'나 '장하다'와 같은 평가는 신끼나 끼와 같은 타고난 능력의 한계를 넘어서려는 노력과 성취에 대한 것이며, 이른바 창의성과 관련된 말임을 알 수 있다.

이와 같이 우리말에 '장하다'라는 말은 뜻을 품은 이가 그 뜻에 부합하는 재능을 얻어 세상에 펼치는 것을 말한다. 그러니 'Creative'의 번역어인 '창의적이다'의 우리말은 '장하다'라 할 수 있을 것이다. 여기서 뜻을 품는 일은 신끼의 일이요 재능을 얻는 것은 끼의 문제다. 또 '용하다'라는 말은 앞서 풀이했듯이 '재주가 있는 사람이 그 재주를 갈고닦아 원리를 깨우치고 일정한 경지에 오른 것'을 두고 하는 말이다. 재주를 피우는 것은 끼의 영역이지만 원리를 깨우치고 경지를 얻는 것은 신끼의 영역이다.

뜻을 얻는 능력은 우리말로 신끼라 하고, 재능을 갖는 것을 끼라 한다면, 우리 주변에서 두 가지 능력 중에 어느 한쪽이 두드러지는 사람들을 볼 수 있다. 신끼가 두드러져서 풀이의 삶을 사는 사람은 명철하고 똑똑하여 목적의식이 분명하고 추진력이 있다.[24] 한편 끼가 두드러져 놀이의 삶을 사는 사람은 흥과 재주가 많아 삶을 즐길 줄 알고 친화력이 있다.

교육부는 제7차 교육과정 개정의 기본 방향을 '21세기 세계화·정보화 시대를 주도할 자율적이고 창의적인 한국인 육성'으로 설정했다.[25] 그러나 먼저 소통과 참여의 밭을 얻지 못하고는 그 방향으로 나아갈 수가 없다.

5 '정성'에서 '좋다'까지

이제까지 소통의 의지가 담긴 '풀이'와 참여의 길을 여는 '놀이'에 대하여, 그리고 이 둘의 교합이 창의를 얻는 역동성이라는 '굿에 내재된 미래'를 밝히려고 노력했다. 이는 굿을 '현재화'하기 위한 제안이며, 현재를 '굿화(化)'하기 위한 제안이기도 하다. 다시 말해, 굿은 더 이상 무교의 종교의례라는 제한적인 의미로 해석되어서는 안 되며, 소위 무속인이라 부르는 전문가의 고유한 권한 아래 있어서도 안 된다. 굿은 오늘의 일상을 살아가는 생활의 매뉴얼이자, 사회를 읽고 치유하는 인문학이며, 세계를 이해하고 새로운 지평을 여는 철학이어야 한다. 따라서 굿의 구조를 밝히는 일은 재창조를 위함이고, 그것을 가능하게 하는 도면 같은 것이어야 한다고 생각한다. 이 글이 찾아낸 도면은 흐리고 여기저기 주관적인 상상이 가득하지만, 그나마 공연자가 몸으로 그려낸 도면이라는 의미가 부여될 수 있다면 만족하겠다. 지금까지의 이야기를 다시 하나의 그림으로 정리하며 글을 맺는다.

이제는 우리가 좀처럼 의미를 두지 않는 말 가운데 정성(精誠)이라는 말이 있다. 이는 '몸짓에 마음을 담는다'는 뜻으로 풀 수 있다. 이 정성이야말로 굿에서는 가장 중요하게 여겨지는 덕목이다. 굿이 잘 안 된다고 생각될 때 무당은 '정성이 부족하다'고 말한다. 이렇게 굿은 몸과 마음, 보이는 것과 보이지 않는 것, 이 두 지평을 하나로 이어 줌으로 해서 그 분리가 만들어낸 삶의 균열과 막힘을 해소하는 일이다.

정성은 권력을 넘어서 있다. 정성은 누구에게나 가능한 일이기 때문이다. 무당이나 재비에게는 일정한 전문성이 요구되지만 정성은 굿중이 아무런 전문성이 없이도 굿에 참여할 수 있는 길이 된다. 그래서 굿은 정성에 의해서 준비되고 그 문이 열린다.[26]

숨은 세계로부터 마음을 얻는 능력이 '신끼'이고, 드러난 세계를 무대로 몸을 쓰는 능력이 '끼'다. 풀이는 신끼를 통해 마음을 얻고 그것을 다시 굿중(public)과 공유하는 행위이며, 놀이는 끼를 발휘해 몸을 자유롭게 함으로써 신명(神明)에 참여하는 행위인 것이다. 풀이가 보이지 않는 숨은 세계 곧 신과의 소통이라면, 놀이는 드러난 세계에서의 몸과 몸의 맞부딪침이다. 그러나 신과의 소통에도 끼의 영역이 존재하고 몸과 몸이 부딪는 속된 과정에서도 신끼의 영역이 열린다. 그러므로 풀이의 과정은 어느 순간에라도 놀이로의 전환이 가능하며, 그 역도 그렇다. 실제로 이 두 과정을 명확하게 구분하는 것은 불가능하다. 풀이인가 하면 놀이이고 놀이인가 하면 풀이다.

이렇게 풀이와 놀이가 하나 된 시간과 공간 즉 굿판을 경험한 굿중의 입에서 터져 나오는 탄성 또는 추임새는 '좋다'[27]이다. 오늘의 일상언어로 풀면 '의미'도 있고 '재미'도 있다는 말이다.[28] 에듀테인먼트라는 신조어나 힐링캠프와 같은 예능 프로에 이루어지는 정치인 인터뷰 같은 것이 이러한 맥락에서 이해될 수 있을 것이다. 추임새는 수용미학적인 관점에서 매우 중요한 요소다. 문학이나 시각예술에서와는 달리 공연예술에서는 피드백이 즉각적이며 지속적이며 반복적이다. 달리 말하면, 행위에 대한 해석이 즉각적으로 이루어지며 행위자의 다음 단계는 이 즉각적인 해석의 영향을 받아 새로운 지점을 찾아 나아가게 되는데, 이러한 유동성과 역동성, 그리고 즉흥성의 여지는 이미 풀이와 놀이의 구조 안에 내재되어 있는 것으로 보아야 한다.

앞서 필자는 앞에서 '놀이에서 출발했지만 어느덧 풀이가 되고 종국엔 그 구분이 무의미해지는 끼와 신끼의 협동'이 이루어지는 이 지점을 '절묘'라 하고 일원적인 미적 범주로 제시한 바 있다. 조동일은 '있어야 할 것'과 '있는 것'의 '융합'과 '상반' 관계를 살펴 문학의 네 가지 기본적인 미적 범주인 숭고·우아·비장·골계를 이끌어낸다.[29] 여기에서 융합에 해당하는 범주가 '숭고와 우아'인데 이 개념이 변증법적인 합을 말하는 것이라면 절묘는 역설적인 긴장 관계를 이룬다고 볼 수 있다. '있어야 할 것'과 '있는 것'이라는 개념에 대응하는 개념이 굿에서의 풀이와 놀이라 할 때, 이 둘 사이의 관계는 마치 하이젠베르크의 불확정성의 원리가 말하는 입자의 위치와 운동량의 관계와도 같다.[30] 소통을 시도할 때 풀이의 관점에서면 공유의 가능성이 희박해지며 놀이의 관점에 서면 풀이의 내용이 희미해진다. 따라서 이 두 방향이 일치하는 지점을 확정하는 것이 불가능해지며 따라서 이 지점은 융합이 아닌 양 방향이 긴장을 이루는 협동의 지점이며 '유동성'을 지닌다. 절묘함이 지니는 이 '유동성'이 바로 칙센트미하이(Mihaly Csikszentmihalyi)와 맥컬룬(John MacAloon)이 말하는 흐름 또는 몰입(flow)이 발생하는 지점이며,[31] 신내림 또는 신명을 설명할 수 있는 지점이기도 하다. 이에 대한 깊은 논의는 다음으로 미루어야 할 것 같다.

퍼포먼스 연구의 관점에서 본 굿 문화

김형기(金亨起)

1. 들어가는 말

1960년대에 유럽에서 시작된 이른바 '수행적 전환(performative turn)' 이후 공연예술에서 일어난 변화 가운데 두드러지는 점은 연극이나 무용 등의 퍼포먼스를 더 이상 인간 주체성의 표현만으로 파악하지 않는다는 태도이다. 오늘의 무대는 이미 공연 바깥에 존재하는 진리를 전달하거나 재현하고 지시하는 것으로부터 벗어나, 즉 의미와 상징으로부터 벗어나, 예술현상에 관여하는 행위자와 관객 모두의 상호작용, 효과와 영향, 그리고 감각적 체험에 주목하며 새로운 교감과 소통의 미학을 발전시키고 있다. 이는 비단 예술 분야에 국한하지 않고 20세기 후반의 포스트모더니즘의 사상적 맥락 속에서 문화 전반에 걸쳐 나타나는 현상이다. 그리하여 주디스 버틀러는 오스틴과 서얼의 화행론(speech-act theory)에서 도래하는 수행적인 것의 개념을 발전시켜, 인간들은 수행적 행위 속에서 끊임없이 침투하며 상징적이고 문화적인 질서의 일부분으로서 그들의 동일성을 '안팎'

으로 안정되게 구축해 나간다는 사실을 1990년대에 자신의 젠더 이론과 관련하여 설파하였다.[1] 인간은 자신의 생물학적 혹은 물질적 실체에 의해 주조되지 않고, 데리다가 말하는 차연(différance)의 유희를 가리키는, 소위 움직이는 문화의 일부분이라는 이 같은 관점은 무엇보다도 기존의 연극학에 대한 도전으로서 퍼포먼스 연구(performance studies)와 수행적인 것의 미학(aesthetics of the performative)의 출현에 커다란 영향을 미쳤다. 다시 말해, 1980년대 이후 연극학의 연구 대상과 방법을 문화학이라는 넓은 범위로 확장하여 탐구하고자 하는 이러한 경계 초월의 자세에서 학제 간의 그리고 비교문화적 연구를 핵심으로 하는 퍼포먼스 연구가 마침내 전경화되기에 이른 것이다. 문화를 인간의 수행적 행위에 의해 구축되고 생성되는 것으로 이해하는 이 같은 관점의 전환('수행적 전환')은 퍼포먼스에 접근하는 새로운 연구방법을 필연적으로 초래하게 된다.

본 논문은 텍스트에서 공연으로, 의미에서 행동으로 연극학 연구의 중점 (重點) 이동이 일어난 우리 시대의 문화환경 속에서 한국의 굿 문화에 대한 연구를 퍼포먼스 연구의 관점에서 시도하고자 한다. 오늘의 시점에서 특별히 굿 문화에 천착하고자 하는 이유는 굿이 서구의 희곡적 연극(dramatic theatre) 중심의 연구 시각에 가려 굿 고유의 수행적 미학(performative aesthetics)이 제대로 학문적 조명을 받지 못해 왔기 때문이다. 그러나 굿이야말로 앙토냉 아르토(Antonin Artaud)가 일찍이 이성 중심의 희곡적 연극의 대안으로 제시한 '시원(始原)적 연극성'을 그대로 지니고 있는 퍼포먼스라는 점에서, 한국 공연예술뿐 아니라 인류의 연극의 원형(原型)으로서의 굿 퍼포먼스에 대한 연구의 필요성은 대두한다.

지금까지 한국의 굿에 대한 연구는 대부분 민속학이나 인류학, 사회학, 철학, 종교사학적 관점에서 이루어져 왔다. 샤머니즘이 연극학 분야에서 조사되고 연구된 경우도 흔치 않았으며, 제의 연구에서도 제의와 그것의 변화잠재력이 종합감각(aisthesis)과 신체의 관점에서 조명된 경우는 드물다.

연극학적 연구 관점에서도 모방적 연기 성격을 드러내는 굿의 몇몇 장면들만이 상징적 기호들로 조사, 분석되든가, 아니면 무가(巫歌)에 대한 뜻풀이에 집중되어 왔다. 즉 이들의 조사 대상은 공연 자체가 아니라, 무속적무가, 대본 등이었다. 그런가 하면 굿과 연극의 친화성을 연극성을 중심으로 조심스레 조사한 연구조차도 주로 희곡 이론이라든가 재현적 표현 성격에서 출발하는 경우가 많았다.[2]

그동안 한국의 굿에 대해 발표된 국내외 연구 저술 가운데 연극학적 관점에서 가장 포괄적이면서도 상세하게 진행된 연구로는 다니엘 키스터(Daniel A. Kister)가 집필한 저서들[3]과 김정숙의 베를린 자유대학 박사학위논문(2007)[4] 등을 들 수 있다. 전자는 굿 고유의 토착적인 연극 경향을 연구, 조사하면서 연극의 기원을 샤먼 의식(儀式)에서 발견한 커비(E. T. Kirby)의 논제[5]를 보완하는 뛰어난 역저이다. 하지만 최근의 '퍼포먼스 연구'[6]에서 중점적으로 논의되고 있는 관점에는 충분히 이르지 못하고 있다. 후자는 독일의 연극학계에서 1990년대 이후 활발히 진행되고 있는 퍼포먼스 연구의 성과를 굿 연구의 틀로 사용하여 조사, 분석한 논문이란 점에서 주목을 끈다.

본 논문은 연극을 드라마 텍스트의 재현으로 간주해 온 서구의 전통적인 희곡 중심의 연극 이해에 새로운 관점을 가져다 준 에리카 피셔-리히테(Erika Fischer-Lichte)의 퍼포먼스 이론과 수행성(performativity)의 개념에 기초하여 한국의 굿 문화를 새롭게 구명(究明)하고자 한다. 이리하여 본 연구의 목적은 크게는 기존의 굿 문화의 연구 관점을 다변화하고, 작게는 커비와 다니엘 키스터의 논점을 보완함으로써, 궁극적으로 한국연극학이 향후 더욱 체계화하고 발전시켜 나가야 할 새로운 연구의 방법론을 제시하는 데 일조하는 것이다. 다만 굿이 지니고 있는 연극적 스펙트럼이 한 편의 논문에서 다루기에는 너무나 광범위하므로, 본고에서는 논의의 범위를 퍼포먼스로서의 굿이 갖는 수행적 미학의 양상과 연극적 효과, 그리고 그 목적을 살펴보는 데 국한하기로 한다.

2. 퍼포먼스 개념

퍼포먼스(performance)는 일반적으로 퍼포먼스 아트와 동의어로 사용되지만, 넓은 의미에서의 퍼포먼스는 인간이 하는 모든 활동을 의미한다. 빅터 터너(Victor Turner, 1920-1983)와 리처드 셰크너(Richard Schechner, 1934-)의 인류학적 관점에서 보자면, 연극이나 종교적 제의도 한 문화권 내에서 인간의 보편적 행동 양태로 환원될 수 있다. 곧 모든 공연은 예술이기 이전에 행위이며 삶 그 자체일 수 있다. 이는 바로 퍼포먼스의 기본 명제이다.

  퍼포먼스를 인간이 하는 모든 일상 행위의 차원에서 바라볼 때, 퍼포먼스는 크게 일상적 퍼포먼스(스포츠 및 구경거리)와 문화적 퍼포먼스,7 정치적 퍼포먼스(정치적 집회와 시위) 등으로 구분할 수 있다. 여기서 '문화적 퍼포먼스(cultural performance)'는 미국의 문화인류학자 밀턴 싱어(Milton Singer)가 문화도 여러 퍼포먼스의 형태로 생산되고 발표된다는 점, 즉 수행적(遂行的, performative)인 것이 문화를 구성하는 기능이라는 사실에 주목하고, 1950년대에 '문화기구의 특별한 예들, 특히 결혼, 사원축제, 낭송회, 연극, 춤, 뮤지컬 연주회 등'을 기술하기 위하여 사용한 용어이다. 굿과 같은 제의를 비롯해 방금 언급한 다양한 문화적 연출 및 행사가 여기에 속한다.[8] 인간의 일반적 행위의 차원으로 접근하는 이러한 퍼포먼스 개념은 어느 특정한 인간 그룹의 자기 이해를 나타내고 성찰하거나 혹은 문제시하는 문화적 실천 행위인 '문화적 퍼포먼스'와 특별히 밀접하게 연관된다.

그러나 퍼포먼스의 개념은 비단 예술가의 체현(體現, embodiment) 내지 신체행동을 수행하는 과정들을 표기할 뿐만 아니라 이런 신체행동의 수행 과정들에 대한 지각(知覺, perception)도 동시에 포함한다. 그것은 퍼포먼스가 '항상 누군가를 위한, 즉 그것을 퍼포먼스로 인식하고 효력을 부여하는 어떤 관객을 위한' 것이기 때문이다.[9] 이에 따라 퍼포먼스를 단순한 행위와 구분 짓는 것도 퍼포먼스가 일어나는 틀(frame), 즉 이러한 행위를 퍼포먼스로 만드는 의식적(意識的)인 연출과 수용이다.[10] 바로 이러한 특징으로 인하여 퍼포먼스 개념은 '연극성'의 개념과도 직접적으로 연관성을 가지며, 자기지시적(self-referential)이고 또 현실을 구성하는 '수행성'의 개념과도 접점이 생긴다.[11] 그리하여 퍼포먼스의 개념에는 연출과 몸(성), 지각 등과 같은 세 가지 요인들이 공동으로 작용한다는 의미가 담겨 있다.[12]

3. 수행성 개념

퍼포먼스(공연)의 수행성, 수행적인 것의 본질은 한마디로 '자기지시성(Selbstreferentialität)', 즉 무대 위의 행위자나 사물이 자기 자신을 드러내는 것에 있다. 자기지시성이란 인물이나 오브제가 어떤 사실의 전달이나 현실 묘사의 차원을 넘어, 스스로 현실을 구성하고 완성하는 행위를 말한다. 이런 의미에서 수행성은 공연 바깥에 있는 어떤 것의 재현이나 모방으로 이어져 온 서구의 전통적 연극미학을 거부한다. 이러한 수행적 행위가 일어나기 위한 필요조건은 바로 행위자와 관객이 지금, 이곳이라는 공간에 '신체적으로 공동현존(bodily co-presence)' 하는 것이다. 이로써 행위자와 관객은 몸의 행동과 지각을 통해 서로 영향을 미치면서 퍼포먼스를 함께 만들어가는 공동주체(Ko-Subjekte)[13]가 된다.

공연의 수행성은 '지각' 하는 사람(관객)의 주의를, 등장하는 인물과 사물들의 기호적(記號的)인 것이 아니라 '현상성(phenomenality)', 즉 지각대상이 갖는 감각적 자질들에로 집중케 한다.[14] 어떤 몸의 독특한 형체와 그것이 뿜어내는 광채라든가, 어떤 동작이 시행되는 방식, 그리고 동작이 수행되는 에너지, 목소리의 음색과 성량, 소리나 동작의 리듬, 빛의 색깔과 강도, 공간과 그 분위기의 독특함, 시간이 경험되는 특수한 방식 등에 집중하는 것이 그것이다. 이는 행위자의 현존을 경험하는 것이고 제시되는 오브제의 현현(顯現, epiphany)을 경험하는 것이다.

여기서 '수행적인 것' 은 '결코 의미 없는 것' '중요하지 않은 것' 으로서 여겨져서는 안 된다. 만일 그렇다면 수행적인 것은 전혀 지각되지 않을 것이기 때문이다. 무엇인가를 지각한다는 것은 곧 그것을 '어떤 것으로서' 인지한다는 것을 뜻한다. 돌발적으로 드러나는 어떤 현상이 의미 있는 것으로 다가오는 순간이란, 바로 인지하는 그 순간 물질성, 기표, 기의가 함께 맞아 떨어지는 순간이다. 그런 점에서 하나의 공연 안에서 기호적인 것과 수행적인 것은 대립해 있지 않고 항상 긴밀히 연관되어 있다. 전통적 연극의 공연에서도 행위자가 수행하는 '체현'의 과정을 통해서 의미가 처음으로 돌발적으로 산출되는 것이다.[15] 여기서 의미의 돌발성(창발성, emergence)이란 기억이나 연상에 의해 특정의 맥락에서 벗어난 채, 현상적으로는 인과관계를 파악할 수 없는 형태로 끊임없이 생겼다 사라지는 공연의 물질성과 관계된 것이다.

이처럼 '체현'을 통한 수행과 그에 대한 지각으로 이루어지는 공연에서 행위자와 오브제들은 현전(現前, presentness)의 상태로 경험되므로 관객에게 물리적 영향을 행사한다. 이 영향은 생리적, 정서적 변화, 에너지 변화 등의 형태로 나타나는데, 맥박 상승이라든가 확장된 심폐호흡, 땀의 분비, 심장박동, 현기증, 성적 반응, 욕망, 구역질, 슬픔, 기쁨, 행복 등이 그 예들이다.

행위자와 관객 사이에는 이 같은 물질적 지각과 수행적 과정을 통해 소위 '자동 형성적 피드백 고리(autopoietische Feedback-Schleife)'가 만들어진다. 또 이것을 통하여 공연은 반복되지 않고 예측할 수 없으며 돌발적이고 일회적 성격을 띠는 '사건(event)'이 된다.[16]

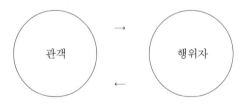

그리하여 행위자와 관객은 제의를 실행할 때와 같은 전이성(전이영역, liminality)을 경험하게 된다. 결과적으로 관객에게 변화(transformation)

와 변신(Verwandlung)[17]이 일어나도록 영향을 미치는 것은 다름 아닌 퍼포먼스의 '수행성'이며, 여기서 전이성을 경험하는 것은 곧 '미적 경험'을 말한다.

4. 굿의 수행적 미학—혹은 퍼포먼스의 변별적 자질들

공연예술과 관련된 학문에서는 지금까지 작품의 개념이 언제나 중심에 서 왔다. 그러나 행위자와 관객의 신체적 현존, 물질성의 수행적 생산, 의미의 돌발성과 사건성을 본질로 삼는 퍼포먼스 예술의 경우에는 '작품' 대신에 '공연'을 분석하는 새로운 미학의 방법론이 요구된다. 그것은 바로 '수행적인 것의 미학'으로서, 독일의 연극학자 에리카 피셔-리히테는 이 미학의 토대가 되는 퍼포먼스 개념을 매체성, 물질성, 기호성, 심미성 등 네 가지 양상으로 구분하여 설명하고 있다.[18] 이 네 가지 양상은 퍼포먼스라는 사건에서 언제나 서로를 규정하면서 긴밀히 결합되어 있다. 이 장에서는 퍼포먼스의 변별적 자질들에 비추어 굿의 수행적 미학을 설명하고자 한다.

1) 매체성(Medialität)
첫째, 매체성의 관점에서 볼 때, 굿을 포함한 퍼포먼스(공연)는 행위자와 관객의 신체적 공동현존을 통해서 이루어진다. 퍼포먼스는 모든 참여자의 만남과 상호작용을 통해 생성된다. 행위자(무당)가 동작이나 노래나 춤을 추는 동안, 관객은 이런 행동을 인지하고 여기에 반응한다. 행위자의 퍼포먼스는 관객에게 영향을 미치고, 관객이 이에 반응하는 행동은 다시 행위자와 다른 관객에게 영향을 미친다. 이러한 의미에서 퍼포먼스란 '자동 형성적 피드백 고리'에 의해 생성되고 조종된다고 말할 수 있다.

그렇기 때문에 공연의 진행에 대해서는 완벽하게 계획할 수도, 미리 예측할 수도 없다.[19] 즉 행위자와 관객이 상호 간에 지각을 통해 스스로 의미를 만들어 가는 '자동 형성적 체계(autopoietisches System)'[20]에서는 고도의 역동성과 우연성이 작용한다.

공연이란 결국 여기에 참여한 모두가 공동으로 만들어내는 것이므로, 개개인이 처리할 수 있는 권한에서 벗어나 있다. 따라서 퍼포먼스는 모든 참가자에게 '공동주체'로서 경험할 수 있는 가능성을 열어 준다. 이런 의미에서 참여자 모두는 퍼포먼스의 진행 과정에서 일어나는 상황이나 '사건'에 대해 함께 책임을 진다. 이는 굿에서도 그대로 확인할 수 있다. 다만 굿의 경우 기본 전제가 있으니, 초월적 힘을 지닌 영매(靈媒)로서의 무당의 현존에 대한 관객의 전폭적 믿음과 신뢰가 그것이다.

2) 물질성(Materialität)

두번째, 퍼포먼스(공연)의 물질적인 측면, 즉 몸성, 공간성, 소리성은 공연이 진행되는 중에 비로소 수행적으로 나타난다. 퍼포먼스는 일시적이며 붙잡을 수 없다. 이러한 의미에서 퍼포먼스는 현재성으로만 존재하며, 공연하는 중에 물질적인 대상을 사용한다. 어떤 퍼포먼스들이 이 물질적 대상과 함께 이루어져서 어떤 공간 속에서 어떠한 반응을 일으키고 언제 사라지게 할 것인가 하는 것은 '연출'에 달려 있다. 따라서 연출의 개념과 공연의 개념은 서로 구분되어야 한다. '연출'이 임의로 반복할 수 있는 의도되고 계획된 물질성의 수행적 산출 과정이라면, '공연'은 행위자와 관객의

상호작용에서 생성되므로 의도되었던 물질성뿐만 아니라 관객의 반응도 포함한다.[21]

〈몸성(Körperlichkeit)〉

제의적 퍼포먼스로서 굿의 수행성은 지각과 관련한 몸의 연출을 통해서 일어난다. 여기서 말하는 연출이란 "여기서 지금 일어나고 있는 그 무엇의 현재성을 눈에 띄게 창조하고 두드러지게 명시하는 것"[22]을 뜻한다. 무당의 육체에 근거한 몸성은 무당의 몸이 같은 공간에 현존하는 참여자(관객)에게 미치는 영향 및 효과에서 출발한다. 이는 무당이 모방과 재현의 원리에 따라 허구적 인물을 만들어내는 것과는 상관이 없다. 참여자(관객)의 관심은 오히려 무당의 현상적 몸(phenomenal body)에 향해 있다. 이러한 무당의 몸 앞에서 관객들은 어떤 상황도 예견할 수 없으며, 알 수 없는 강렬한 에너지와 엑스터시에 사로잡혀 있음을 느끼게 된다. 무당의 몸으로부터 참여자(관객)의 몸으로 일어나는 이러한 에너지의 '전염(infection)'과 영향은 기호학적 표현 이전의 단계에서 발생한다. 이때 관객의 몸 역시 원칙적으로 닫힌 존재가 아니라, 다른 사람들의 몸과 주변을 향하여 열려 있다.[23]

이처럼 행위자와 관객의 신체적 공동현존에서 비롯하는 에너지의 교환을 통해 굿의 참여자들은 특별한 정서를 체험한다. 공연의 수행적 과정에서 발생하는 정서적 체험은 살아 있는 몸의 현전과 그것이 불러일으키는 분위기를 통하여 가능해진 종합적인 지각의 반응이다. 지각의 개념은 몸의 현존을 전제로 시각, 청각, 후각, 촉각, 미각, 공감각 등 종합적 감각의 경험이 지니는 형식을 의미한다.

굿의 참여자(관객)들은 이 물질적 수행의 과정 동안 자신에게 익숙한 일상적 상태로부터 일시적으로 벗어나, 모호하고 불확실한 '사이의 상태'에 놓이게 된다. 즉 이 경계의 상태는 주체의 자기이해와 행동의 정상적인 한계가 이완되는 전환의 시공간으로, 이 전이영역(리미널리티)의 경험을 통해 관객은 변화를 위한 새로운 조망을 얻을 수 있다.

〈공간성(Räumlichkeit)〉

특정한 공연들이 그것을 위해 마련된 특수한 공간이나 장소에서 일어난다고 할지라도, 퍼포먼스의 공간성은 행위자와 참여자 간의 수행적 활동과 지각을 통하여 생산된다. 따라서 공연의 공간성은 언제나 붙잡을 수 없고 일시적이며, 존속하는 것이 아니라 발생하는 것이다.[24] 그리고 공연의 수행적 과정에서 공간을 지배하는 고유의 분위기(atmosphere)가 형성된다.

이때 공간에서 생성되는 분위기는 그러나 단순히 개별적인 무대요소들(음악, 장단, 의상, 무구, 음식, 오브제, 미술 등)의 사용에 의존하는 것이 아니라, 이 요소들을 포함하여 행위자와 참여자가 함께 어우러져 만들어내는 것이다. 그러므로 공간에서 창출되는 분위기는 어떤 특정 장소에 국한된 것이 아니라, 공연의 진행 과정에서 주체와 객체, 행위자와 참여자 간의 끊임없는 물질적 수행과 지각의 과정을 거쳐 생성되는 것이다. 이렇게 특별한 분위기와 에너지로 채워진 공간은 관객(참여자)들을 사로잡고, 이들의 감정을 움직이며, 공간(성)에 대한 특별한 경험을 가능하게 한다.[25]

결국 이같은 연극적 영향과 효과를 종합적으로 발생케 하는 것은 지각과 관련된 모든 연극적 요소들을 결합하여 나타내는 행위자(무당)의 '연출'이라고 할 수 있다. 능숙한 무당은 참가자들의 상상력을 조절하며 그들이 믿고 접촉하고자 하는 신령들의 실재(presence)를 창조적 직관행위로써 시각, 청각, 후각, 촉각적으로 경험하도록 해 주며 행위자와 참가자들을 하나가 되게 한다. 따라서 무당과 함께 굿이라는 '사건'을 만드는 관객의 참여는 수행성에 근거한 공간의 분위기(공간성) 형성에도 필수적 전제가 된다.

〈소리성(Lautlichkeit)〉

공연의 공간성, 다시 말해 공간의 분위기를 창조하는 것은 말과 소리, 음악 등에서 나오는 소리성의 차원에서도 이루어진다. 물론 소리성은 청각적인 측면에 의존한다는 점에서 몸성이라든가 공간성과 차이를 드러낸다. 소리는 특히 몸에 영향을 미칠 수 있는 물질성과 관계된다. 무대 공간에서 빚어지는 다양한 소리성―소리, 억양, 소음 등―은 관객에게, 이를테면 육체적 고통을 불러일으킬 수 있으며, 이로써 공간의 분위기 형성에도 영향을 미칠 수 있다.[26]

예컨대 별신굿에서 잔치판이 무르익어 감에 따라 연이어지는 장구소리, 피리소리, 징소리, 그리고 흥청거리는 노랫가락 등에 의해 디오니소스적 환락의 분위기가 창출된다. 이와 같은 시적 음향은 서낭신맞이 의식에서 이루어지는 시각적인 '공간의 시'[27]를 강화해 준다. 울려 퍼지는 음악에 흥이 고조된 무당은 참가자들 모두가 신대 앞에서 신명나게 춤을 추도록 유도한다.[28] 이때 리듬(Rhythmus)은 비단 소리성뿐만 아니라 몸성과 공간성을 자극하고 서로 관련짓게 하는 동시에 관객에게 직접 전이되어 그의 생리적, 운동적, 정서적 반응을 야기한다. 이런 맥락에서 리듬 역시 전염성을 갖는다.[29]

여기서 무당은 아르토가 말하는 이상적인 연극연출가의 몫[30]을 완수하

면서 "우주의 보이지 않는 힘들을 정하고 들추어내며 통제"하는 '마술가'가 된다.31

3) 기호성(Semiotizität)

퍼포먼스가 갖는 세번째 측면은 바로 기호성이다. 무대 위의 행위자나 오브제들은 일차적으로 행위자와 오브제 그 자체를 가리키는바, 바로 여기서 물질성이 나타나게 된다. 행위자를 비롯한 모든 무대 요소들이 갖는 자기지시성에 근거하여 관객의 지각은 무대의 특별한 몸성, 공간성, 소리성으로 향하게 되며, 물질의 고유성, 물질의 감각성에 집중하게 된다.

그러므로 하나의 퍼포먼스는 다른 곳에 이미 주어져 있는 의미를 옮기거나 전달하는 것이 아니라, 그 진행 과정에서 개별적인 참여자들에 의해서 비로소 '구성'되는 의미들을 만들어낸다. 공연에서 발생하는 의미들은 이런 뜻에서 '돌발(창발)적인 것'이라고 할 수 있다.

여기서 언급해야 할 것이 굿이 사용하는 연극적 언어이다. 모든 굿은 연극의 공간언어로 말하고 있다. 모든 굿은 살아 움직이는 '말과 제스처와 표현의 형이상학'32을 창조하고 "공간의 시"를 지향한다. 한국무속 의례의 구체적이고 객관적인 연극언어는 고유의 상징적 의의를 갖는 공간 이미지와 몸짓의 이미지를 통하여 참가자의 신체기관을 에워싸며 감수성을 고양시키거나 마비시키면서 신앙 공동체에 전화(轉化)의 힘을 행사한다.33

다시 말해, 굿이 사용하는 언어의 원천은 의도라든지 한정된 해석에 선행하는 '주술의 언어'34이다. 굿은 다층적이고 모호하며 심지어 자기모순적인 언어로 말하고, 성숙한 신앙으로 굿 공동체의 복잡한 영적 세계를 정화하고 객관화하며 자각케 하는 힘을 드러낸다. 무당은 이 모든 일에서 솜

씨 좋은 연극예술가로 나타난다.[35]

이때 관객의 지각은 한편으로 무당의 현상적 몸, 공간의 분위기, 사물의 황홀경에 대한 초점과, 또 다른 한편으로 행위자의 기호학적 육체, 공간과 물체의 상징에 대한 초점 사이를 끊임없이 왕복 운동하면서 지속적으로 의미를 직접 만들어내고, 이는 다시금 역동적인 지각 과정에 영향을 미친다.[36] 그 지각 과정에서 인지된 것이 무엇인지, 그리고 어떠한 의미들을 생산할 것인지는 점점 더 예측할 수 없는 것이 된다.

4) 심미성(Ästhetizität)

퍼포먼스의 변별적 자질 가운데 네번째는 공연의 심미성(Ästhetizität)이다. 퍼포먼스의 특징은 '사건성(eventness)'을 통해서 드러난다. 생리적, 정서적으로 발생하는 관객의 반응과 다시금 이 반응이 행위자와 그리고 다른 관객에게 미치는 영향은 공연할 때마다 매번 다르게 형성된다. 이런 의미에서 퍼포먼스는 '사건'으로서 이해된다.[37]

이와 함께 사건으로서의 퍼포먼스는 모든 참여자, 특히 관객들의 위치를 규칙, 규범, 질서들의 '사이'로 옮겨다 놓는다. 이는 관객들을 경계(境界, border) 상황에 위치하게 한다는 것이다. 퍼포먼스가 불러일으키는 특별한 경험방식은 리미널리티(liminality)의 경험이라는 특수한 형태로 이해할 수 있는데, 예술적 공연의 경우에는 이를 '미적 경험(aesthetic experience)'이라고 부른다. 이 '미적 경험' 속에서 관계들이 타결되고 권력 분쟁이 투쟁 끝에 해결되며, 공동체가 형성되고 다시 해체된다.

이를 굿의 예를 통해 설명하면, 별신굿은 공동체가 몸담고 있는 세계를 세속과 현신(顯神, hierophany), 희극과 숭고, 잔혹성과 위안, 신화적 놀라움과 성숙한 종교 신앙 등이 혼재하고 교차하는 곳으로 표현하고, 대립자 간의 화해와 이질적이고 다원적인 것의 의식적 통합을 유연한 즉흥성과 무계획적이고 마법적인 방식으로 이루어냄으로써 공동체 의식을 고양하고자 한다. 피셔-리히테는 이 같은 수행적인 것의 미학에서는 감정의 생산과 경계(liminal) 상태의 초래를 서로 분리시켜 생각할 수 없다는 사실을 강조한다.[38] 이런 의미에서 퍼포먼스는 관객들에게 하나의 미학적인 과정으로, 동시에 사회적이며 정치적인 과정으로 경험된다.

5. 문화적 퍼포먼스로서의 굿―그 목적과 효과

굿은 인간의 길흉화복을 주재한다고 믿는 제 신과, 현신(顯神)의 존재로서의 무인(巫人) 간의 교통을 통해 궁극적으로 이 과정에 참여하는 사람들의 변화와 상생, 해원(解冤)을 추구하는 의례라는 점에서 일차적으로 종교적 목적을 띠는 제의이다.

굿의 발단은 대체로 재가(齋家)집의 우환에서 시작된다. 예컨대 오구 씻김굿은 우환이 망자의 원한에서 기인한다고 보고 이를 해결하기 위해서 마련된다. 즉 사고나 질병으로 인하여 망자가 저승질서에 완전히 통합되지 못하고 이승을 떠돌면서 재가집에 해악을 끼치는 경우가 발생했을 때, 산자들은 이러한 망자를 조상신의 반열에 편입시키고 이를 통해 궁극적으로 집안에 안녕과 복락을 가져오고자 오구 씻김굿을 한다.

여기서 굿은 우선 신들을 대변하는 무인(巫人)에 의한 다양한 상징적 행동으로 나타나며, 따라서 모방을 통한 연극의 차원을 지닌다. 이러한 맥락에서 굿은 사람들이 경험한 사회적 사건들을 제의 구조로 통합시켜 재현하고 교정하는 제의적 사건이자 퍼포먼스로 기능한다. 말하자면 굿은 무엇보다도 종교적, 제의적 기능에 그 핵심이 놓여 있다고 할 수 있다. 그러나 이러한 원초적인 주술적 기능을 발휘함으로써 굿은 동시에 사회의 갈등과 위기를 교정하고 통합하는 등 사회문화적 기능도 수행한다.[39]

이러한 변형 내지 변화에 관한 생각은 터너(Victor W. Turner)의 제의 연구, 특히 변화의 모델로서의 '리미널리티' 개념으로 거슬러 올라간다. 터너는 제의를 아놀드 판 게네프(Arnold van Gennep, 1873-1957)의 '통과의례(rite of passage)'와 관련지어 전체 사회는 물론 각각의 개체들의 변화도 초래하는 특수한 단계로 이해한다. 다시 말하면, 제의는 분리(separation), 전이(轉移, transition), 통합(incorporation, reaggregation)이라는 세 개의 이행 단계로 이루어진 행동의 수행 속에서 구성된다.

제의의 첫번째 단계인 분리란 세속적 시공간과 분리된 신성한 시공간을 가리킨다. 그러나 이는 사원(寺院)으로 건너가는 것(Übergang) 이상의 것으로, "제의적 주체들을 그 이전에 그들이 속해 있던 사회적 층위로부터 분리시키는 것을 표현하는 상징적 행위… 를 포함한다."[40] 판 게네프가 'limen(문지방)'이라고 부른 중간 단계인 '전이'의 단계에서는 제의의 주체들이 "일종의 애매성의 시기와 영역, 즉 어떤 결과로 생긴 사회적인 지위나 문화적인 상태의 속성들을 거의 가지고 있지 않은 일종의 사회적인 중간상태(social limbo)를 통과"한다. 세속적 시공간으로의 '재통합' 혹은 '통합'이라는 세번째 단계는, 제의적 주체들이 전체 사회 속에서 상대적으로 새롭고 안정되고 분명한 위치로 되돌아감을 나타내 주는 상징적인 현상들과 행동들을 포함한다. 이 마지막 단계는 대개 어떤 향상된 지위, 즉

문화적으로 이미 형성되어 있는 삶의 도정에서 좀 더 고양된 단계를 표상한다.[41]

터너는 이같은 판 게네프의 이론을 원용하여 현대의 연극을 산업사회 이전의 제의가 행한 역할을 대행하는 일종의 후계자로 간주하였다. 그는 모든 정치 · 경제 · 사회 체제는 스스로의 사회공동체를 '반영' 하고 '반성' 하는 고유의 문화 혹은 독특한 미학적 형태를 가지고 있다고 보고, 이를 인류학적 용어로 '사회극(social drama)' 이라 칭하였다.[42]

그에 의하면 '삶의 드라마'[43]인 사회극은 사회의 유지를 위해 두 가지 기능을 수행하는데, 어떤 그룹이나 공동체의 소속원을 화해와 정상으로 회귀시키는 기능이 하나이고, 다른 하나는 사회 문제의 고칠 수 없는 분파나 분열을 확인시키는 것이다.[44] 이러한 사회극에는 크게 위기제의(life-crisis ritual)와 고난제의(ritual of affliction) 두 가지 종류가 있다.[45] 터너는 다시 이를 '위반(breach), 위기(crisis), 교정행동(redressive action), 재통합 혹은 분열(reintegration or schism)' 등과 같이 네 단계로 나누어 설명하였다. 이러한 내용을 오구 씻김굿을 예로 하여 설명하면 아래와 같다.[46]

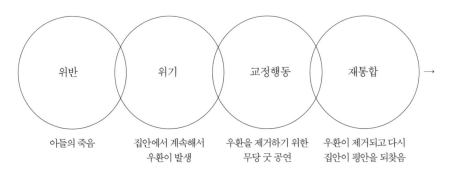

위반	위기	교정행동	재통합
아들의 죽음	집안에서 계속해서 우환이 발생	우환을 제거하기 위한 무당 굿 공연	우환이 제거되고 다시 집안이 평안을 되찾음

빅터 터너의 '사회극' 모델 4단계.

앞의 도표에서 보듯이, 일차적으로 아들의 예기치 못한 죽음이라는 상태에 직면하여 구조적인 질서와 규범이 지배하는 일상적 차원의 삶에 일종의 '위반'이 일어난다. 위반 뒤에는 '위기'가 고조된다. 집안에 가족적 혹은 사회적 차원의 크고 작은 우환이 계속해서 발생하게 된다. 위반이 더 이상 전염병처럼 만연되지 않고 또 위기를 해결하기 위하여 어떤 교정기구(redressive machinery)가 도입된다.

씻김굿은 위반과 위기에 직면한 현실세계의 '문지방'을 넘어 일상의 규칙, 제도, 관습, 법칙 등으로부터 해방되어 모든 것이 가능한 '중간 상태'에서 이루어진다. 즉 굿은 기존의 진리와 규범과 제도를 일시적으로 해체하는 일종의 '카니발'이므로 "반(反)구조"[47]의 성격을 지닌다. 때문에 삶의 문제에 관한 새로운 해결의 가능성을 탐색할 수 있다. 요컨대 리미널리티는 "가능성이나 잠재적인 힘으로 가득 차 있으며, 또 거기에는 '실험'과 '유희'가 넘쳐흐르"는[48] 전이성의 영역, 즉 완전한 이상적 공동체를 가리키는 '코무니타스(communitas)'[49]의 세계이다.

일상적 현실에서 제이의 현실인 '가정법적인 시간·공간'[50]으로 옮겨 가는 리미널리티 체험은 우리 자신을 우리에게 비춰 보인다는 점에서 '반영적(reflexive)'이며, 우리 자신을 들여다봄으로써 우리 자신에 대한 의식을 일으킨다는 점에서 '반성적(reflective)'일 수 있다.[51] 이리하여 퍼포먼스는 인식론적으로 자신과 문화와 타자를 보다 완벽하게 체험하고 이해하는 방식이 될 수 있으며, 그 반성행위의 결과는 의식과 정서의 변화로 나타난다. 우리가 굿을 포함한 다양한 문화적 퍼포먼스를 통하여 정체성이나 사회구조에 대해 새로운 모델이나 패러다임을 구할 수 있는 길도 여기에 있다.

6. 맺는 말 — 연극의 원형 자산으로서의 굿

그렇다면 21세기에 왜 새삼스럽게 굿에 주목하는가. 또 연극학이 퍼포먼스 연구로 바뀌어야 하는 이유는 무엇인가. 서두에서 이미 언급한 바와 같이, 굿은 서구의 희곡 중심의 연극 형식에서 벗어나 있다는 이유만으로 국내에서는 연극학의 연구 대상으로 간주되지 않고 도외시되기 일쑤였다. 그러나 이것은 희곡문학을 '연극(the theatre)'의 기본 전제로 이해해 온 유럽 중심적 사고가 빚어낸 폐해로서, 연극에 관한 서구의 생산미학적, 작품미학적, 기호학적인 담론을 한국의 연극학계가 편중적으로 수용한 데서 기인한다. 그 결과 지금까지 제의나 연극과 같은 퍼포먼스에서의 체험은 주로 작가나 연출가에 의해 의도된 상징적 표현에 대한 해석이나 이해에 그치는 경우가 대부분이었다.

그러나 20세기 후반부터 '탈계몽' '반계몽'과 같은 '계몽의 변증법'의 양상이 더욱 두드러지면서 예술과 학문의 토양을 이루는 문화 환경 자체의 패러다임이 바뀌기 시작하였다. 그리하여 오늘의 문화는 '수행적 전환' 이후로 의미와 정신, 로고스(이성)와 재현에서부터 몸(행위), 수행성, 감성과 현존으로 그 강조점을 옮겨오면서 '수행적인 것'을 통한 "세계의 재마법화(reenchantment, Wiederverzauberung)"[52]가 소위 '새로운 계몽주의'[53]로 대두하고 있다.

이런 정신사적 시대 배경에 비추어 볼 때 한국 연극학이 그 연구 대상으로 삼아야 할 주제와 쟁점도 기존의 희곡 중심의 연구시각이 텍스트 해석과 상징기호의 분석에 몰두하느라 소홀히 해 온 '공연' 자체에 대한 탐구와 분석으로 전환되어야 한다. 이러한 퍼포먼스 연구의 관점을 견지한다면,

공연(퍼포먼스)의 연극적 체험에 대한 분석과 논의는 당연히 생산자와 수용자 간의 신체적 공동현존에 기반한 지각과 물질적 수행 과정에 초점이 맞춰져야 한다. 말하자면 이 같은 수용미학적, 물질미학적, 영향미학적 연구시각을 생산미학적 관점과 함께 동시에 도입할 때 비로소 퍼포먼스로서의 굿에 대한 새롭고도 공정한 학문적 조명을 할 수 있다.

굿[제의]과 연극의 관계를 연구, 조사한 커비는 『원형드라마(Urdrama)』에서 연극의 기원이 샤먼 의식(儀式)에 있다고 주장한다.[54] 그에 의하면 샤먼 의식이란 '신령(神靈)이 매개자, 곧 샤먼을 통해서 말을 하고 그의 행동마저 결정하는 무아경 속의 신들림'을 그 특징으로 하는 의례이다. 그리고 커비는 이 같은 의식이 초자연적 존재를 상징적으로 형상화하기보다는 "즉각적이고 직접적으로 관객에게 현시(顯示)한다"는 점에서 고유의 토착적인 연극적 경향을 띠고 있다고 주장한다.[55]

굿을 희곡 혹은 그것의 상징적 재현에 대한 기호학적 해석 대신에 특별히 수행성과 수행적인 것에 초점을 맞추는 퍼포먼스 연구의 관점에서 조명할 수 있고 또 조명해야 하는 근거도 바로 여기에 있다. 말하자면 굿은 참가자들이 무당의 연출하에 진행되는 물질적 수행과 지각의 과정에 참여함으로써 마침내 변화(치유와 화해)의 체험을 할 수 있는 공연이기 때문이다. 즉, 굿은 언어 텍스트(무가)의 재현이나 그 의미의 전달 대신, 신체적이고 물질적인 체현과 수행에 의해 심리적 동질화 체험을 유도하고 그로써 퍼포먼스에 참여한 사람들을 감각적, 육체적, 정서적으로 전염시키고 영향을 미치는 원시적 연극언어의 생명력이 살아 있는 "마술과 제의"[56]의 미학적 작용방식을 사용한다.

굿에서 구현되는 수행성은 신과의 접속 후 무당이 악사와 함께 펼치는 춤, 음악, 리듬, 장단, 움직임, 표정, 소리, 호흡, 밀도, 긴장감, 에너지 등을 참여자가 지각하고 물질적, 생리적, 정서적으로 반응하는 가운데 일어난다. 퍼포먼스로서의 굿은 신령들이 현세에서 활동하고 있다는 믿음을 바탕으로 하고 있으며, 자연, 가정, 노동과 놀이, 무당의 삶, 그리고 출생, 질병, 불화, 죽음과 같은 가족의 위기들을 신령과 실제로 만나는 신성한 장(場)으로 간주한다.

그 결과 굿의 수행적 과정에 직접 참여한 사람들은 '사회극'에서처럼 '분리, 전이, 통합'의 세 단계를 거치면서 전이성과 변화를 체험한다. 이로 인한 정화(淨化)와 치유의 효과는 일찍이 그리스 비극을 포함하여 모든 퍼포먼스가 지향하는 궁극적 목표이다. 굿은 극적 갈등과 위기 상황의 극복 내지 해결을 통해 보다 증진된 자기 인식과 고양된 삶을 희구하고자 하는 인간의 근원적 욕망과 충동에서 이루어진다. 이런 의미에서 굿은 '삶을 위한 드라마'이고, '삶의 드라마'라고 할 수 있다.

주(註)

샤먼 문화와 현대

1. 알렉시스 카렐, 이희구 옮김, 『인간, 이 미지(未知)의 존재』, 한마음사, 2000.
2. 알렉시스 카렐, 이희구 옮김, 『인간, 이 미지(未知)의 존재』, 한마음사, 2000.
3. 1929년 미국 솔트레이크 출생.
4. 『중앙일보』, 2011년 2월 25일, 존 나이스 비트와 김영희 대기자와의 대담 참조.

한국의 샤머니즘에 관하여

1. 이 글에서는 무속과 샤머니즘이란 용어, 그리고 무당과 샤먼이라는 용어를 같은 의미로 병용한다.
2. 조홍윤, 『한국의 샤머니즘』, 서울: 서울대학교 출판부, 1999, p.1. 이 책의 머리말에는 샤먼과 샤머니즘의 개념, 연구의 시작, 샤먼에 대한 오도 등에 대하여 상세하게 서술되어 있다. 샤머니즘에 대한 보다 상세한 내용은 이필영, 『샤마니즘의 종교사상』, 대전: 한남대 출판부, 1988 참조.
3. 조홍윤, 『한국의 샤머니즘』, 서울: 서울대학교 출판부, 1999, p.2.
4. 김태곤, 『무속과 영의 세계』, 서울: 한울, 1993, pp.11-12.
5. 김태곤, 『한국의 무속』, 서울: 대원사, 1991, pp.9-10.
6. 이필영, 「한민족과 샤머니즘」, 한민족학회 편, 『한민족』 제2집, 서울: 교문사, 1991, p.115.
7. 샤머니즘이 처음 관찰된 곳이 북아시아이기 때문에 샤머니즘의 지방적 의미는 일단 북아시아 여러 민족에서 행해지는 종교현상을 지칭하는 것이다. 이필영, 『샤마니즘의 종교사상』, 대전: 한남대 출판부, 1988, pp.9-10.
8. 이필영, 「한민족과 샤머니즘」, 한민족학회 편, 『한민족』 제2집, 서울: 교문사, 1991, pp.115-116.
9. 김태곤, 『한국무속연구』(서울: 집문당, 1981), 『한국의 무속』(서울: 대원사, 1991), 『무속과 영의 세계』(서울: 한울, 1993) 참조. 이들 저서 이전에 신문과 잡지 등에서도 밝힌 바 있다.

10. 서영대, 「토착종교와 무속신앙」『한국전통문화론』, 서울: 북코리아, 2006, p.269.

11. 국제샤머니즘학회(당시 회장 김태곤) 주최로 제1회 국제샤마니즘 학술대회가 1991년 7월 22일부터 28일까지 서울에서 열렸다. 여기에는 미국, 캐나다, 일본, 덴마크, 소련, 독일 등 세계 이십육 개국에서 백삼십여 명의 학자들이 참가했다. 이후 격년으로 학술 대회가 열렸는데 제2회는 헝가리의 부다페스트, 제3회는 일본에서 개최되었다. 자세한 내용은 김명자, 「남강 김태곤교수의 생애와 민속학연구」『민속문화의 조명과 새 지평』, 서울: 민속원, 2007, p.74 참조.

12. 1998년 9월 22일-23일 한국공연예술원(현 양혜숙 이사장이 당시 원장이었으며 이사장은 고 김천흥 선생이었다) 주최로 개최되었다. 이전인 1997년에는 한·몽 무(巫) 의식 심포지엄과 합동공연을 개최하기도 했다.

13. 조흥윤, 『한국의 샤머니즘』, 서울: 서울대학교 출판부, 1999.

14. 중국 후한 시대 허신(許愼, 58년경-147년경)이 편찬.

15. 중국 남송 때 주희(朱熹)가 여러 제자들과 좌담한 어록을 편집한 책.

16. 김태곤, 『무속과 영(靈)의 세계』, 서울: 한울, 1993, pp.42-43.

17. 김태곤, 『한국무속연구』, 서울: 집문당, 1981, p.15, p.92.

18. 기자는 무당을 지칭하는 용어뿐 아니라 때로는 무당이 굿을 의뢰한 신도에게 부르는 지칭이기도 하다.

19. 한국무속학회 편, 『한국무속의 강신무와 세습무 유형구분의 문제』, 서울: 민속원, 2006.

20. 오늘날 무당굿의 양상과 변화 등에 대해서는 홍태한, 『우리 무당굿의 이해』, 서울: 민속원, 2009를 비롯하여 그의 여러 저서에 상세하고 다양하게 논의되어 있다.

21. 신부리에 대해서는 김명자, 「무당과 신들림」『한국무속학』 제2집, 서울: 한국무속학회, 2002, pp.5-29 참조.

22. 강신무와 세습무의 이러한 성격에 대해서는 김태곤의 『한국무속연구』『무속과 영의 세계』『한국의 무속』을 중심으로 하되 필자가 현지 조사한 내용을 포함하여 서술했다.

23. 이상 굿의 종류는 양종승·홍태한, 「한국 굿의 개관」『한국의 굿』, 민속원, 2002를 중심으로 요약한 것임을 밝힌다.

24. 양종승, 「무당의 신병과 신들림」『한국무속학』 제2집, 서울: 한국무속학회, 2000 참조.

25. 김태곤, 『한국무속연구』, 서울: 집문당, 1981, pp.332-336.

26. 여기서는 이필영, 「한민족과 샤머니즘」, 한민족학회 편, 『한민족』 제2집, 서울: 교문사, 1991, pp.126-129의 내용을 중심으로 서술한다.

27. H. B. 헐버트 지음, 신복룡 옮김, 『대한제국 멸망사』, 서울: 평민사, 1984, pp.388-389. 원서명은 1906년에 출간된 The Passing of Korea이다.

28. 그래서 지난 1960-70년대만 해도 기독교의 샤머니즘화에 대하여 대단히 비판하는 신학자들이 있었다.

샤먼 문화의 원형성과 그 역사

1. 이미 사라져버린 과거완료형은 아니고, 현재와 연결되는 과거형이다.

2. 차하순, 「시대구분의 이론과 실제」『한국사 시대구분론』, 소화, 1995, p.15.

3. 한국무속에 대한 통사적(通史的) 서술로는 다음과 같은 업적이 대표적이다.
   유동식, 『한국무교(韓國巫敎)의 구조와 역사』, 연세대 출판부, 1975.
   조흥윤, 「무교사상사(巫敎思想史)」『한국종교사상사』IV, 연세대 출판부, 1986.

4. 富育光, 『薩滿論』, 遼寧人民出版社, 2000, pp.7-22.

5. Esther Jacobson-Tepfer, *Ancient North Asia Shamanism, Shamanism — An encyclo-pedia of world beliefs, practices and culture*, ABC Clio, 2004, p.532.
   大林太郎, 「シャマニズムの起源」『北方の民族と文化』, 山川出版社, 1991, pp.125-140.

6. 최근에는 이에 대한 비판적 견해들이 제시되고 있기는 하나(Esther Jacobson-Tepfer, op. cit, p.535), 아직 학계의 주류는 아닌 것 같다.

7. 김원용, 「한국선사시대의 신상(神像)에 대하여」『한국고고학연구』, 일지사, 1987, pp.186-199.

8. Uno Holmberg, *The Mythology of All Races IV—Finno-Ugric, Siberian*, Cooper Square Publishers, 1964, p.511, Fig.20 참조.

9. 이건무, 「한국 청동의기(青銅儀器)의 연구」『한국고고학보』28, 한국고고학회, 1992, pp.131-221.

10. 한국의 복골에 대한 종합적 연구로는 다음과 같은 논문이 있다. 은화수, 「한국 출토 복골(卜骨)에 대한 고찰」『호남고고학보』10, 호남고고학회, 1999, pp.5-30.

11. 서영대, 「한국고대의 종교직능자(宗敎職能者)」『한국고대사연구』12, 서경문화사, 1997, p.211.

12. 최남선, 「불함문화론(不咸文化論)」『육당 최남선 전집』2, 현암사, 1973, p.40.

13. 『三國志』卷30, 「魏書」30, '東夷'傳, 夫餘. 왕 살해(regicide)를 수반하는 전형적인 신성왕권(神聖王權, sacred kingship)의 사례이다.

14. 김정배, 「검(劍)·경(鏡)·옥(玉)과 고대의 문화와 사회」『한국고대의 국가기원과 형성』, 고려대 출판부, 1986, pp.209-223.

15. 『三國史記』卷2, 「新羅本紀」2, '伐休尼師今 即位前記'.

16. 『三國遺事』卷1, 「紀異」1, '善德王知幾三事'. 신종원, 「선덕여왕에 얽힌 소문의 진실」『삼국유사 새로 읽기』I, 일지사, 2004, pp.110-146에서는 이 설화가 선덕여왕 당시의 사실을 반영하는 것이 아니라고 했다. 수긍되는 부분이 많지만, 이 설화가 선덕여왕의 일면을 전한다는 것을 완전히 부정할 수만은 없을 것 같다.

17. 신라의 경우, 고구려나 백제와는 달리 국왕이 전투를 직접 지휘한 사례는 확인되지 않

는데, 이것은 신라 왕의 성격을 생각함에 있어 시사하는 바 크다.

18. 이런 경우, 흔히 제정일치란 말을 사용하나, 이 말은 일본 국수주의 신도의 용어이므로 사용하지 않는 것이 좋겠다.

19. 아프리카 왕국들에서는 로열 시스터(royal sister)가, 일본의 천황가에서는 천황의 누이 [이세신궁(伊勢神宮)의 최고 사제자인 재왕(齋王)]가 국가 최고의 사제자 기능을 했다는 사실과 비교된다는 점에서 흥미롭다. Lucy Mair, *African Kingdoms*, Oxford university press, 1977, pp.49-53. 榎村寬之,「齋王制度の硏究」『律令天皇制祭祀の硏究』, 塙書房, 1996, pp.135-274.

20. 신종원,「고대의 일관(日官)과 무(巫)」『신라 초기 불교사 연구』, 민족사, 1992; 최석영,「무(巫)와 일관(日官)의 갈등에 대한 역사적 고찰」『비교민속학』13, 비교민속학회, 1996.

21. 『周書』卷49,「異域」傳,'百濟'.

22. 『三國史記』卷39,「職官志」中.

23. 『三國史記』卷15,「高句麗本紀」3,'次大王 3年 7月'.

24. 한국고대사회연구소 편,「마운령순수비(摩雲嶺巡狩碑)」『역주 한국 고대 금석문』2, 가락국사적개발연구원, 1992. p.88.

25. 이 시기의 무속 전반을 다룬 것으로는 다음과 같은 연구가 있다. 박호원,「고려 무속신앙의 전개와 그 내용」『민속학연구』1, 국립민속박물관, 1991; 서영대,「민속종교」『한국사』21, 국사편찬위원회, 1996; 김태우,「고려시대 무격의 신분과 세습화 과정에 대하여」『예성문화(蘂城文化)』18, 예성문화연구회, 1998; 조흥윤,「조선왕조 초기의 무(巫)」『무(巫)와 민족문화』, 민족문화사, 1993; 민정희,「조선전기의 무속과 정부정책」『학림(學林)』21, 연세대 사학연구회, 2000.

26. 『高麗史』卷1,「世系」.

27. 『高麗史』卷130,「列傳」43,'叛逆 裴仲孫'.

28. 『高麗史』卷16,「世家」16, 仁宗 9年 8月 丙子.

29. 『高麗史』卷16,「世家」16, 仁宗 11年 5月 庚午.

30. 『高麗史節要』卷24, 忠肅王 16年 5月.

31. 서영대,「민속종교」『한국사』16, 국사편찬위원회, 1994, p.364.

32. 박은용,「목랑고(木郞攷)」『한국전통문화연구』, 효성여대, 1986; 강은해,「두두리(목랑) 재고[豆豆里(木郞)再考]」『한국학논집』16, 계명대, 1989.

33. 『新增東國輿地勝覽』卷24,「慶尙道 寧海都護府」,'名宦'.

34. 『慶尙道地理志』「蔚山郡」.

35. 이창식,「삼척지방 오금잠제(烏金簪祭)의 구조와 의미」『강원민속학』7·8, 강원민속학회, 1990.

36. 이태진,「사림파(士林派)의 유향소(留鄉所) 복위운동(復位運動)」『한국 사회사 연구』,
　　지식산업사, 1986, pp.128-129.

37. 『新增東國輿地勝覽』卷21,「慶州府 古蹟」및「佛宇」조.

38. 선조 41년(1608)에 편찬된 『영가지(永嘉誌)』. "길안석성(吉安石城)은 현 동쪽 이 리에
　　있는데 둘레가 칠백 보이다. 지금은 허물어져 있다. 성 위에 성황당이 있어 촌민들이 매
　　년 입춘 때에 재계하고 공양을 드리며 온갖 놀이를 하여 풍년을 기원하는데, 이를 어구
　　향도(御溝香徒)라 한다."

39. 忠烈王 7年(1281) 三月 丙午 中外城隍・名山大川載祀典者 皆加德號(『高麗史』卷29,
　　「忠烈王世家」). 忠宣王 卽位年 忠宣王 卽位年(1298) 辛未 王在金文衍家 百官會梨峴新
　　宮 王下教日: "…一. 祖王 以降歷代祖先 宜加上德號 一城隍幷國內名山大川載在祀典者
　　竝"(『高麗史』卷33,「世家」33).

40. 顯宗十六年 五月 以海陽道定安縣 再進珊瑚樹 陸南海神祀典(『高麗史』卷63,「志」17,
　　'禮' 5, 吉禮小祀, 雜祀). 高宗 二十三年(1246) 九月丁巳 蒙兵圍溫水郡 郡吏玄呂等開門
　　出戰 大敗之 斬首二級 中矢石死者二百餘人 所獲兵仗甚多 王以其郡城隍神有密祐之功
　　加封神號 以呂爲郡戶長(『高麗史』卷23,「世家」23).

41. 元宗十四年 討三別抄于耽羅也 無等山神有陰助之驗 命春秋致祭(『高麗史』卷63,「禮志」
　　5, '吉禮小祀', 雜祀).

42. 忠烈王三年五月壬辰 以耽羅之役 錦城山神有陰助之驗 令所在官 歲致米五石 以奉其祀
　　(『高麗史』卷63,「禮志」5, '吉禮小祀', 雜祀).
　　鄭可臣 羅州人 高宗朝登第 累歷華要 忠烈王三年 除寶文閣待制 羅州人稱錦城 山神降于
　　巫 言珍島耽羅之征 我實有力 賞將士而不我祿何也 必封我定寧公 可臣惑其言 諷王封定
　　寧公 且輟其邑祿米五石 歲歸其祠(『高麗史』,「鄭可臣」傳).

43. 無等山神祠 在縣東十里 新羅爲小祀 高麗致國祭 東征(1281년 元의 日本 侵入)元帥金周
　　鼎 祭各官城隍之神 歷呼神名 以驗神異 州城隍鳴驫鈴者三 周鼎報于朝 封爵焉 本朝春秋
　　令本邑致祭(『新增東國輿地勝覽』,「光山縣」'祠廟'條).

44. 『東國李相國集』卷37,「祭神文-全州祭城隍致告文 無韻」謹以蔬菓清酌之奠 致祭于城隍
　　大王之靈 予吏于茲 蔬茹猶不續 而有獵夫致一鹿于門 予徵其由 則日此州自古每月旦 使
　　吾等貢一鹿若雉兔充祭肉 然後衙吏等受公之俸 備酒饌致祭于城隍 此成例也 予怒而鞭
　　之日 汝何不稟於吾而爲是耶 凡不拒乃州之苞苴饋餉 而致山之麕麖兔熊踏象白之肉 海
　　之鮫鯔鱓鯉晨梟露鵠之羞 崇積於前者 不忍獨享滋味 其獻于大王宜矣 豈以予蔬食之窮
　　約月殺生物圖神之肥 而積罪予躬耶 神若正直 亦不予是望也 因戒衙吏 自今不復奠肉 其
　　蔬菓酒饌之設 則任爾爲也 予之約束如此 未審大王諒之何如也 伏惟寬之 毋以予頑然不
　　遵奠典也.

45. 남풍현,「순창 성황당 현판의 판독과 해석」, 한국종교사연구회 편, 『성황당과 성황제』,

민속원, 1998, p.61.

46. 每年五月五日 聚群巫大祀三日 戶長主之 必先祭大禁戒 行旅不宿 死者不哭 定掌祀者數人 爭傾財以爲受福 不敬則殃咎立至 莫不畏事之 官府莫禁(許穆, 1595-1682, 『眉叟記言』)

47. 이혜구, 「별기은고(別祈恩考)」『한국음악서설(韓國音樂序說)』, 서울대 출판부, 1972 참조.

48. 『高麗史』 卷17, 「世家」 17, 仁宗 24年 2月 丙辰, 庚申. 이것은 태세신(太歲神)이 머무는 방위에서 토목공사를 비롯한 동토(動土)를 했을 때 재앙이 발생한다는 관념이다.

49. 서영대, 「민속종교」『한국사』 21, 국사편찬위원회, 1996, pp.182-186.

50. 『高麗史』 卷128, 「列傳」 41, '叛逆' 2, 李義旼.

51. 『高麗史』 卷130, 「列傳」 42, '叛逆' 3, 金俊.

52. 『高麗史』 卷105, 「列傳」 18 '鄭可臣'.

53. 김탁, 「조선전기의 전통신앙 — 위호(衛護)와 기신제(忌晨祭)를 중심으로」『종교연구』 6, 한국종교학회, 1990, pp.46-55.

54. 『高麗史』 卷105, 「列傳」 18, '安珦'.

55. 『世宗實錄』 卷72, 世宗 18年 5月 丁丑.

56. 손진태, 「조선급중국(朝鮮及中國)의 복화무(腹話巫)」『조선민족문화의 연구』, 을유문화사, 1948, pp.324-329.

57. 『高麗史』 卷105, 「列傳」 18, '安珦'.

58. 『高麗圖經』 卷17 「祠宇」의 "高麗素畏鬼神 拘忌陰陽 病不服藥 雖父子至親不相視 唯知詛呪壓勝而已"란 기사도 당시 무풍의 성행을 짐작하게 한다.

59. 『高麗史』 卷16, 「世家」 16, 仁宗 9年 8月 丙子.

60. 임학성, 「조선시대 무세제도(巫稅制度)와 그 실태」『역사민속학』 3, 역사민속학회, 1993, pp.90-126.

61. 『高麗史』 卷78, 「食貨志」 1, '田制 祿科田'.

62. 이능화는 「조선무속고(朝鮮巫俗考)」(『계명(啓明)』 19, 계명구락부, 1927, p.8)에서, 고려시대에는 지배층 출신의 무격도 있었다고 하면서 충선왕 때 첨의좌정승(僉議左政丞) 판삼사사(判三司事)를 지낸 강융(姜融)의 누이의 경우를 예로 들었다. 그러나 강융은 원래 관노(官奴) 출신이므로, 강융의 누이를 가지고 이러한 주장을 펴기는 어렵다.

63. 조선 후기의 무속에 대해서는 다음과 같은 연구가 있다. 이필영, 「조선 후기의 무당과 굿」『정신문화연구』 53, 한국정신문화연구원, 1993.

64. 이복규, 「묵재일기에 나타난 무속」『묵재일기에 나타난 조선전기의 민속』, 민속원, 1999, pp.61-74.

65. 조선시대 유학자의 귀신론에 대해서는 다음 논문 참조. 조동일, 「15세기 귀신론과 귀신 이야기의 변모」『문학사와 철학사의 관련 양상』, 한샘, 1992; 문상기, 「조선조 사류(士

類)의 귀신관(鬼神觀) 연구」『부산한문학연구』9, 부산한문학회, 1995; 김현, 「조선 유학에서의 귀신 개념」『조선 유학의 자연 철학』, 예문, 1998.

66. 미우라 구니오(三浦國雄) 지음, 이승연 옮김, 「귀신론」『주자와 기, 그리고 몸』, 예문서원, 2003, pp.81-82.

67. 『秋江集』卷5, 「鬼神論」.

68. 『梅月堂集』卷17, 「鬼神」第8.

69. 동제의 변모를 경제적 이유에서 찾는 견해도 있다. 무속적 동제는 경비가 많이 들기 때문에 비용이 적게 드는 유교식 동제로 바뀌었다는 설명이다.

70. 옛날에 이름난 재상이 승지로 있을 때, 새벽에 장차 입궐하려고 의관을 갖추고 나가려다가 너무 일러서 돌아와, 베개에 기대어 설핏 잠이 들어 꿈을 꾸었다. 말을 타고 대궐을 향해 가다가 파자교(把子橋) 앞에 이르러 어머니가 혼자서 걸어가고 있는 것을 보았다. 재상은 깜짝 놀라 즉시 말에서 내려와 반기면서 절을 하고, "어머니께서는 어찌 가마도 타지 않고 혼자 걸어오십니까?" 하니, 어머니가 "나는 세상을 떠난 사람이다. 살아 있을 때와 다르니 걸어서 가는 것이다" 했다. 재상이 "지금 어디로 가시기에 여기를 지나십니까?" 하니, 어머니는 "용산강 옆에 사는 우리 집 종 아무개 집에서 지금 굿을 차린다기에 음식을 먹으러 가는 길이다" 했다. 재상이 말하기를 "저희 집에서 기일(忌日)날 제사, 계절마다 제사와 명절이나 초하루·보름의 차례(茶禮)를 다 지내는데, 어머니께서는 어찌하여 노비 집의 굿에 음식을 드시러 가는 지경이 되셨습니까?" 하니, 어머니가 말하기를 "제사가 있더라도 신도(神道)에서는 중히 여기지 않고, 오로지 무당의 굿만을 중하게 여길 뿐이다. 굿이 아니면 혼령들이 어찌 한 번 배부르게 먹을 수 있겠느냐?" 했다. 그리고 말하기를 "갈 길이 바빠 오래 머물 수 없다"면서 이별을 고하고 훌쩍 떠났는데, 갑자기 보이지 않았다. 재상이 바로 꿈에서 깨어났는데, 꿈속의 일이 황홀하면서도 너무나 생생하였다. 이에 종 한 사람을 불러 명하기를, "너는 용산강에 사는 종 아무개 집에 가서 오늘 저녁에 나를 보러 오라고 해라. 그리고 너는 내가 입궐하기 전에 서둘러 돌아오도록 하라"고 했다. 그리고는 앉아서 기다렸다. 잠시 후 종이 과연 급히 돌아왔는데, 아직 날이 채 밝기 전이었다. 때가 몹시 추워서 종은 먼저 부엌으로 들어가 숨을 헐떡거리고 떨면서 불을 쬐니, 동료 종이 부엌에 있다가 술이나 한잔 얻어먹고 왔느냐고 물었다. 종이 말하기를, "그 집에서 마침 큰굿을 벌이고 있었는데, 무녀가 하는 말이 '우리 집 상전 대부인의 신이 자기 몸에 내렸다고 하데. 내가 왔다는 말을 듣고는 바로 '우리 집에서 심부름 온 종이로구나' 하며 앞으로 불러서 큰 잔에 술을 따라주고 음식도 한 그릇 주면서, '오는 길에 파자교 앞길에서 우리 아들을 만났다'고 하더라" 했다. 재상은 방에 있다가 종들이 하는 말을 듣고는 자기도 모르는 사이에 목을 놓아 통곡하고, 종을 불러 상세히 물었다. 그리고는 마음속으로 어머님이 굿에 가서 흠향한 것을 의심할 바 없이 분명하다고 생각했다. 이에 무녀를 불러 성대하게 굿을 벌여서 어머니

가 잡수시도록 했고, 이어서 계절마다 꼬박꼬박 굿을 했다고 한다.

71. 『中宗實錄』卷31, 中宗 13年 正月 戊午 및 己未.

72. 『萬機要覽』, 「財用」篇, '巫稅'.

73. 김용숙, 「궁중의 산속(産俗) 및 무속」 『조선조 궁중풍속 연구』, 일지사, 1987, pp.268-270.

74. 한국에서 관우신앙이 확산되는 데에는 명성왕후가 작용한 바 크다.

75. 김호, 「효종대 조귀인 저주 사건과 동궐(東闕) 개수(改修)」 『인하사학』 10, 인하사학회, 2003.

76. Boudewijn Walraven, 「張禧嬪 詛呪事件의 新解釋」 『제1회 한국학국제학술회의논문집』, 인하대, 1987.

77. 이능화, 「조선무속고(朝鮮巫俗考)」 『계명(啓明)』 19, 계명구락부, 1927의 제14장 무고(巫蠱)에 이들 사례가 제시되어 있다.

78. 이능화, 『조선종교사』, 영신아카데미. 1983, pp.33-34.

79. 村山智順, 『朝鮮の巫覡』, 朝鮮總督府, 1937, pp.6-7.

80. 림학성, 「조선 후기 경상도 단성현호적(丹城縣戶籍)을 통해 본 무당의 존재 양태」 『대동문화연구』 47, 성균관대, 2004, pp.70-71.

81. 『三國志』卷36, 「蜀書」, '關張馬黃趙傳'.

82. 『全唐文』卷684.

83. 二階堂善弘, 『中國の神さま』, 平凡社, 2002, p.33.

84. 蔡東洲·文廷海, 『關羽崇拜研究』, 巴蜀書社, 2001, pp.52-56.

85. 추봉 시기에 대해서는 이설이 있으나, 최근에는 만력 42년(1614)으로 보는 것이 일반적이다. 蔡東洲·文廷海, 『關羽崇拜研究』, 成都 巴蜀書社, 2001, p.336. 顏清洋, 『關公全傳』, 臺灣 學生書局, 2002, p.387. 우리나라에서는 광무(光武) 6년(1902)에 관왕에 존호를 더하여 관제라 했다. (『고종실록』 권42, 광무 6년 1월 28일)

86. 今泉恂之介, 『關羽傳』, 新潮社, 2000, pp.243-256.

87. 鄭士有, 『關公信仰』, 北京: 學苑出版社, 1994, p.56.

88. 馬書田, 『道教諸神』, 北京: 團結出版社, 1996, pp.307-308.

89. 『三國志』卷36, 「蜀書」, '關張馬黃趙傳'의 裴松之 注.

90. 宮紀子, 「モンゴル朝廷と三國志」 『日本中國學會報』 53, 日本中國學會, 2001, pp.165-194.

91. 『국역 연행록선집』 1, 민족문화추진위원회, 1976에 수록되어 있다.

92. 허균(許筠)이 선조 30년(1602)에 지은 「勅建顯靈關王廟碑」(『惺所覆瓿藁』 卷16, 文部 13) 참조.

93. 『朝天記』 上, 甲戌年 6月 24日; 『국역 연행록선집』 1, 민족문화추진위원회, 1976, p.337.

94. 『宣祖實錄』 卷114, 宣祖 32年 6月 己亥.

95. 『宣祖實錄』 卷117, 宣祖 32年 9月 癸亥.

96. 장장식, 「일본통신사행 관행으로 본 남관왕묘」 『민속소식』 101, 국립민속박물관, 2004, pp.14-15.

97. 김명자, 「안동 관제묘(關帝廟)를 통해 본 지역사회의 동향」 『한국민속학』, 한국민속학회, 2005.

98. 『肅宗實錄』 卷23, 肅宗 17年 2月 癸未.

99. 『해동성적지(海東聖蹟誌)』 예문고(藝文考)에 '大漢朝忠節武安王讚揚銘' '武安王贊' '武安王廟賦' '漢壽侯圖像' '南廟' '東廟' '嶺南安東星州湖南古今島三處關王廟擧享祀之禮永久不廢' 등이 수록되어 있다. 이를 통해 숙종이 열렬한 관우 숭배자였음을 짐작할 수 있겠다.

100. 『英祖實錄』 卷64, 英祖 22年 8月 乙酉.

101. 『英祖實錄』 卷97, 英祖 37年 8月 辛卯.

102. 『正祖實錄』 卷20, 正祖 9年 11月 辛酉. 이들 비문은 『서울금석문대관』 1(서울특별시, 1987)과 『서울금석문대관』 3(서울특별시, 2000)에 원문과 번역문이 수록되어 있다.

103. 관우 제사에 대해서는 정조 12년(1788)에 편찬된 『춘관통고(春官通考)』 권44, 「길례(吉禮)」, '관왕묘(關王廟)'에 자세한 내용이 보인다.

104. 심승구, 「조선후기 무묘의 창건과 향자의 정치적 의미 – 관왕묘를 중심으로」 『조선시대의 정치와 제도』, 집문당, 2003, pp.432-444.

105. 『列聖御製』.

106. 이경선, 「삼국지연의(三國志演義)의 한국 전래와 정착」, 『삼국지연의의 비교문학적 연구』, 일지사, 1976, pp.104-125.

107. 『梅泉野錄』 卷1, 甲午以前. 고종의 왕비인 명성황후 민씨가 총애하던 무녀 진령군(眞靈君)은 서울의 천민 출신으로 성은 이씨이며, 자신을 관왕[關王, 삼국시대 촉한의 장수 관우(關羽)]의 딸이라 한 점으로 미루어 관왕을 몸주신으로 모신 강신무로 짐작된다. 또 관왕의 신이 들리면 쥐고 있던 붓이 저절로 움직여 글씨를 쓰고, 이를 통해 미래를 예언하는 자동필기(automatic writing)의 능력을 가졌다고 한다. 1882년(고종 19년) 명성황후가 임오군란으로 말미암아 경기도 이천 장호원에 피신하고 있을 때 환궁 시기를 예언한 것이 적중했고, 환궁 이후에도 명성왕후가 아플 때 주물러 주면 곧 낫곤 했다. 이에 명성황후는 신처럼 믿어, 진령군이란 군호(君號)를 수여했고, 또 1883년에는 서울 송동(宋洞, 지금의 명륜동)에 관왕을 모시는 북묘(北廟)를 지어 거주하도록 했다. 1884년 갑신정변이 일어났을 때 고종 부부는 북묘로 피신했는데, 이는 물론 관왕의 보호를 기대한 것이지만, 진령군에 대한 신뢰가 어느 정도였는지를 짐작하게 한다. 이렇듯 절대적인 신임을 얻게 되자, 그의 아들 김창렬(金昌烈)도 벼슬을 했으며,

출세를 노리는 사람들이 진령군에게 아부하고 양자가 된다든지 하여 관직을 얻었다. 예컨대 이유인(李裕寅)은 귀신을 부리는 재주가 있다고 속여 진령군의 주선으로 관계로 나가 한성판윤, 법부대신을 역임하기까지 했다. 이로 말미암아 진령군을 탄핵하는 상소들이 잇달았지만, 고종은 오히려 진령군을 두둔하고 상소를 올린 사람들을 처벌했다. 진령군은 권세를 이용하여 강원도 홍천군 서면 붓꼬지 마을에 관성사(關聖祠)를 건립했으며, 충주 백운암(白雲庵)을 창건했다고 전해지기도 한다. 그러나 을미사변으로 명성황후가 피살되자 진령군도 후원자를 잃고, 삼청동 골짜기에 숨어 살다가 쓸쓸하게 죽었다고 하며, 그가 머물던 북묘도 1909년 국유지로 귀속되었다가 친일단체인 신궁경의회(神宮敬義會)로 넘어가고 말았다.

108. 북묘비(北廟碑), 『서울금석문대관』, 서울특별시, 1987, p.197.

109. 『삼성훈경(三聖訓經)』 『과화존신(過化存神)』 『관성제군명성경언해(關聖帝君明聖經諺解)』 『관성제군오륜경(關聖帝君五倫經)』은 태학사에서 간행한 『한국어학자료총서』 2(1986)에 수록되어 있다.

110. 단국현성전의 실체가 중요하다고 여겨지나, 자료의 부족으로 밝혀내지 못했다. 왜냐하면 한국을 단군의 혈손으로 생각한 것은 통설에 의하면 1905년 이후부터인데, 그 이전에 이미 단국이란 표현이 보이기 때문이다.

111. 『五洲衍文長箋散稿』 卷29, 「關壯繆辨證說」.

112. 평양향토사편집위원회, 『평양지』, 국립출판사, 1987, p.309.

113. 강화 관왕묘의 건립 연대에 대해서는 『속수증보강도지(續修增補江都誌)』, pp.69-70쪽 참조.

114. 김의숙, 「홍천군 붓꼬지의 관성사 연구」 『강원지역문화연구』 2, 강원지역문화연구회, 2003, pp.93-106.

115. 개성에도 고려정(高麗町) 병교(兵橋) 북쪽에 관왕묘가 있었고, 매년 춘추로 나라에서 향과 축문을 내려 제사했다고 하나[『개성(開城)』, 예술춘추사, 1970, p.60], 건립 연대는 미상이다. 그러나 이것 역시 고종 연간에 건립되었을 가능성이 크다.

116. 『서울민속대관』 1(민간신앙편), 서울특별시, 1990, p.263.

117. 이훈상, 「조선후기 이서집단(吏胥集團)과 무임집단(武任集團)의 조직 운영과 그 특성」 『한국학논집』 17, 계명대, 1990.

118. 이능화 저, 이종은 역, 『조선도교사(朝鮮道教史)』, 보성문화사, 1977, p.314. 이능화, 「이조시대경성시제(李朝時代京城市制)」 『도엽박사환력기념만선사논총(稻葉博士還曆記念滿鮮史論叢)』, 1938, p.724. "<立廛儀範> 南廟致誠 - 又以財神祀之 每年十月 各廛商人 必行告祀 此謂致誠 今鐘路之普信閣側 有小關廟(=中廟) 奉安神像 以其爲財神 故留鎭市廛中心地者也."

119. Charles Clark, *Religions of Old Korea*, NY: Fleming H Revell Co., p.136.

120. 조선후기 선서에 대해서는 다음 논문 참조. 최혜영,「조선후기 선서(善書)의 윤리사상 연구」, 한국교원대 박사학위논문, 1996.

121. 최종성 외,『국역 역적여환등추안』, 민속원, 2010.

122. 고성훈,「숙종조(肅宗朝) 변란(變亂)의 일단(一端)—수양산(首陽山) 생불(生佛) 출현설을 중심으로」『남도영박사고희기념역사학논총(南都泳博士古稀紀念歷史學論叢)』, 민족문화사, 1993, pp.405-425.

123. 필자는 과거 조선후기의 새로운 양상으로 무격들이 무속의 기원을 단군에서 구하면서, 무속을 민족문화의 전통으로 간주하는 움직임이 있었다는 견해를 가진 바 있다. 이것은『무당내력(巫黨來歷)』이란 자료에 근거한 추론이었다.『무당내력』은 서울 지역 굿의 12거리를 그림을 곁들여 설명하면서, 한국무속은 단군에서 유래했다고 주장한 것이다. 이것은 서울대 도서관에 필사본 두 종이 소장되어 있으니, 고도서본(古圖書本)과 가람문고본이 그것이다. 이 중 고도서본을 이즈미 세이이치(泉靖一)가「무당내력고」(『동양문화』46 · 47 합집, 동경대 1969)란 논문을 통해 소개하면서 저술 시기를 1825년 또는 1885년으로 보았다. 그리고 서울대 규장각에서 두 종의『무당내력』을 합본 영인하면서 서대석이 해설을 붙였는데, 여기서도 저술 시기를 19세기로 보았다. 그래서 과거 역자도『무당내력』을 19세기의 저술로 보았던 것이다. 그러나 최근에는 생각이 바뀌어『무당내력』의 저술 시기를 1945년이 아닌가 생각하고 있다. 그 근거는 『무당내력』에 보이는 단군 인식이다. 즉『무당내력』에서는 한국문화의 기원을 단군에서 구했으며, 단군이 하늘에서 내려온 날을 10월 3일이라 했는데, 이러한 인식은 20세기에 들어와서 비로소 출현한 것이다. 뿐만 아니라『무당내력』에는 천연두라는 표현이 보이는데, 천연두는 근대적 표현이다. 따라서『무당내력』은 근대의 것으로 보아, 언급하지 않는다.『무당내력』과 비슷한 성질의 것으로는 서울대 박물관에 소장된「무당성주기도도(巫黨城主祈禱圖)」가 있다. 이것 역시 굿의 절차를 그림으로 그린 것이다. 그렇지만『무당내력』은 굿거리마다 페이지를 달리한 반면,「무당성주기도도」는 굿거리 전체를 한 폭의 그림으로 표현했다. 그런데 여기서도 "무당이란 단군시대부터 장수, 부귀, 자식 많기를 기원했다(巫黨自檀君時祝壽富多男子而已)"라고 하여, 무속의 기원을 단군시대에서 구하고 있다. 따라서 이것 역시 20세기의 산물이라 보는 것이 옳을 것 같다.

124. 최종성,『조선조 무속 국행의례(國行儀禮) 연구』일지사, 2002, pp.235-242.

강신무와 세습무

1. 이런 점에서 강신무와 세습무의 개념이 어떤 과정을 거쳐서 한국무당의 유형을 설명하

는 중심 개념으로 자리 잡게 되었는가를 밝히는 개념사적 고찰이 필요하다 .

2. 아키바 다카시(秋葉隆) · 아카마쓰 지조(赤松智城) 저, 심우성 역, 『조선무속의 연구』하, 서울: 동문선, 1991, pp.260-261.

3. 아키바 다카시(秋葉隆) · 아카마쓰 지조(赤松智城) 저, 심우성 역, 『조선무속의 연구』하, 서울: 동문선, 1991, p.266.

4. 이두현, 「내림무당의 쇠걸립」 『한국무속과 연희』, 서울: 서울대학교출판부, 1996, pp.6-16; 김금화, 『김금화의 무가집』, 서울: 문음사, 1995, pp.11-26.

5. 생몰 연대를 기준으로 추정해 볼 때 반승업이 굿을 해 준 사람은 명성황후가 아닌 다른 사람으로 추정된다. 대한제국 시절 운현궁에서 새남굿을 해 주었다는 이야기가 와전된 것으로 이해되기도 한다.

6. 평범한 보통 사람에게 신이 내려 강신무가 되는 데 조상이 미치는 역할에 대해서는 이용범, 「한국무속에 있어서 조상의 위치」 『샤머니즘연구』 4집, 한국샤머니즘학회, 2002 참조.

7. 최길성, 「무속신앙」 『한국민속종합조사보고서: 서울편』, 문화공보부 문화재관리국, 1979, p.90.

8. 장주근, 「무속」 『한국민속종합조사보고서: 경기도편』, 서울: 문화공보부 문화재관리국, 1978, p.120.

9. 흔히 무당들이 "대신은 만신(무당)의 조종이요, 신장은 법사의 조종이다"라는 말을 한다. 이는 이른바 신이 내린 강신무나 세습무인 화랭이패 무당의 경우에나 다를 바 없었다. "대신이 없으면 기자(祈子, 즉 무당)가 역할을 할 수 없다. 나는 부리대신으로 김씨, 오씨, 한씨, 이씨 대신을 모시고 있다. 이 대신들은 모두 집안의 친척들이었다. 대신을 모셔야만 굿을 할 수 있다. 공수를 주는 것도 대신이다. 왜냐면 만신의 몸주이니까. 대신이 없으면 다른 신령도 공수를 못 준다. 숨은 대신, 말문이 없는 대신이 들어온 사람은 굿을 못 한다. 대신에서 다 말문을 열어 준다. 신령들이 대신에다 역할을 거는 거다. 대신이 다른 신들에게 영을 내린다. 만신의 몸주니까. 만신의 몸주는 대신이다. 대신의 말이 없으면 굿을 못 한다. 신의 재주를 배우는 것도 대신이 시켜서 가능하다. 그것이 대신의 영이다. 신가물도 대신에서 신가물을 주는 거다. 신이 들어올 때 처음에 대신이 들어와야 기자가 잘 불린다." 이 이야기는 신내림이 있는 강신무가 했을 법한 이야기로 들릴 것이다. 그러나 바로 이 이야기는 경기도 세습무로 알려져 있고, 스스로도 그렇게 생각하는 오수복이 필자에게 들려준 이야기이다.

10. 이승언, 『시흥의 생활문화와 자연유산』, 시흥시, 1995, p.138.

11. 경기도 시흥군 수암면의 세습무가 출신의 화랭이로 장구에 능하다고 한다. 호적명은 이영만(李英晩)이나 국악계에서는 이영수로 통한다고 한다. 이두현 · 장주근 · 정병호 · 이보형, 『경기도 도당굿: 중요무형문화재 지정자료 제186호』, 문화재관리국, 1990

참조.

12. 장주근, 「무속」 『한국민속종합조사보고서: 경기도편』, 서울: 문화공보부 문화재관리국, 1978, p.119에 간단히 이름이 언급되어 있다.

13. 신이 내려서 무당이 될 사람이 무당이 될 것을 거부하면, 신이 사람으로 다리를 놓는다고 하여 그 사람의 가족들을 죽도록 하는 일이 생길 수 있다. 그것을 '인(人)다리'라고 한다. 이는 강신무의 경우에만 보고되는 현상이다.

14. 앞의 오옥희 할머니의 가계도 참조.

15. 단골집에 다니면서 곡식을 거두는 것을 말함.

16. 여기서 소개하고 있는 경기남부 지역의 무속에 대한 자세한 내용은 졸고, 「경기남부의 무속신앙」 『경기민속지 II: 신앙편』, 경기도박물관, 1999 참조.

17. 김용관, 「대전 충청지방 무속의 연희성: 대동 장승제와 충청안택굿을 중심으로」 『대전충남무속연구』, 대전: 대전대 인문과학연구소, 1997, p.90.

18. "高宗朝 登第 累歷華要 忠烈三年 除寶文閣待制 羅州人稱 錦城山神 降于巫言 珍島·耽羅之征 我實有力 賞將士而不我祿 何耶 必封我定寧公 公臣惑其言 諷王 封定寧公 且輟其邑祿米五石 歲歸其祠" 『高麗史』 卷105, 「列傳」 18, '諸臣 鄭可臣'.

19. "沈諹… 忠烈初 爲公州副使 有長城縣女言 錦城大王降我云 爾不爲錦城神堂巫 必殺爾父母 我懼而從之" 『高麗史』 卷106, 「列傳」 19, '諸臣 沈諹'.

20. 차옥숭, 『한국인의 종교경험: 무교』, 서울: 서광사, 1997, p.247.

21. 차옥숭, 『한국인의 종교경험: 무교』, 서울: 서광사, 1997, pp.250-252.

22. 이두현, 「전남 영암의 무속」 『한국무속과 연희』, 서울: 서울대출판부, 1996, pp.112-113.

23. 황루시, 『진도씻김굿』, 서울: 화산문화, 2001, pp.97-98.

24. 아키바 다카시(秋葉隆)·아카마쓰 지조(赤松智城) 저, 심우성 역, 『조선무속의 연구』 하, 서울: 동문선, 1991, pp.249-251.

25. 진도의 경우 이러한 손대잡기가 진도굿에서 자리잡은 시기에 대해서는 논란이 있다. 불과 사오십 년 전부터 행해진 것에 불과하다는 주장도 있으며, 오래전부터 있어 왔다는 주장도 있다. 조경만, 「무의식」 『진도무속 현지조사: 채씨 자매를 중심으로』, 국립민속박물관·전라남도, 1988, pp.40-42.

26. 황루시, 『우리무당 이야기』, 서울: 풀빛, 2000, p.54.

27. 사화선의 집안 내력에 대해서는 다음 자료를 참조. 최정여·서대석, 『동해안무가』, 서울: 형설출판사, 1974, p.70.

28. 차옥숭, 『한국인의 종교경험: 무교』, 서울: 서광사, 1997, pp.155-156.

29. 김미향의 집안 내력에 대해서는 다음 자료를 참조. 최정여·서대석, 『동해안무가』, 서울: 형설출판사, 1974, p.152.

30. 차옥숭, 『한국인의 종교경험: 무교』, 서울: 서광사, 1997, p.152.

31. 최길성, 『한국무속의 연구』, 서울: 아세아문화사, 1978, p.300.

32. 최정여 · 서대석, 『동해안무가』, 서울: 형설출판사, 1974, pp.28-34.

33. 박일영, 『한국 무교의 이해』, 분도출판사, 1999, pp.33-34.

34. 아키바 다카시(秋葉隆) · 아카마쓰 지조(赤松智城) 저, 심우성 역, 『조선무속의 연구』 하, 서울: 동문선, 1991, p.73.

35. 제주도에서 무당을 부르는 명칭.

36. 현용준, 『제주도 무속연구』, 서울: 집문당, 1986, pp.98-102.

37. 몇 가지 예를 들면 다음과 같다. 장주근, 「민간신앙」『한국민속학개설』, 서울: 보성문화사, 1979; 김태곤, 「한국무속의 지역적 특징」『한국무속의 종합적 고찰』, 서울: 고려대 민족문화연구소, 1982; 김인회, 「무속과 외래종교」『한국무속사상연구』, 서울: 집문당, 1987; 김헌선, 「무속신앙」『한국민속학의 이해』, 서울: 문학아카데미, 1994.

38. 실제로 진도의 단골들이 소유하는 단골판은 어느 한 지역에 한정되어 있지 않고 여러 지역에 걸쳐 있다. 박주언 · 정종수, 「단골의 생활과 무계」『진도무속 현지조사: 채씨자매를 중심으로』, 국립민속박물관 · 전라남도, pp.139-151.

39. 박주언 · 정종수, 「단골의 생활과 무계」『진도무속 현지조사: 채씨자매를 중심으로』, 국립민속박물관 · 전라남도, p.296.

40. 박주언 · 정종수, 「단골의 생활과 무계」『진도무속 현지조사: 채씨자매를 중심으로』, 국립민속박물관 · 전라남도, p.40, p.305 참조.

41. 박일영, 「무교의 공동체관에 대한 연구」『종교연구』 23, 2001년 여름, pp.29-31.

42. 이에 대해서는 다음 자료를 참조. 조흥윤, 『한국의 무』, 서울: 정음사, 1985, pp.48-49; 이용범, 「경기남부의 무속신앙」『경기민속지 II: 신앙편』, pp.402-403.

43. 이두현, 「내림무당의 쇠걸립」『한국무속과 연희』, 서울: 서울대 출판부, 1996.

샤먼 문화의 색채관

1. 오늘날 색채 분류에서 먼셀(Munsell)이 창안한 표색계가 국제적으로 널리 통용되고 있다. 한국에서도 한국공업규격에 의해 색채 교육용으로 채택되었는데, 빨강, 노랑, 녹색, 파랑, 보라(red, yellow, green, blue, purple)의 다섯 가지 색을 기본으로 10색상, 20색상을 만들고, 다시 10색상을 십등분하여 100색상을 만들어 숫자와 기호로 색상을 표시하였다.

2. 백낙선, 『마음으로 읽는 색채심리』, 서울: 미진사, 2010, p.22 참조.

3. recit. Hyun-key Kim Hogarth, *Gut, the Korean Shamanistic Ritual*, Seoul: Jimoondang, 2009, p.57.

4. 김용덕, 『한국민속문화대사전』, 서울: 창솔, 2004, p.1359 참조.

5. 김용덕, 『한국민속문화대사전』, 서울: 창솔, 2004, p.1360 참조.

6. 데이비드 폰태너, 최승자 옮김, 『상징의 비밀』, 서울: 문학동네, 1998, p.129 참조.

7. 데이비드 폰태너, 최승자 옮김, 『상징의 비밀』, 서울: 문학동네, 1998, p.66 참조.

8. 한국의 색 이름 가운데 순수한 우리말로 된 색명은 오방색뿐이라고 할 수 있다. 그 외의 색명은 대상물에 색이나 빛을 붙여 부르거나(예: 살구색, 얼굴빛, 풀색 등) 한자명을 쓰고 있다. 이 글에서는 오방색을 원칙적으로 우리말로 표기할 것이며 필요에 따라 한자명 적색(赤色), 청색(靑色), 황색(黃色), 백색(白色), 흑색(黑色)도 함께 사용할 것이다.

9. 오상(五相)은 사람이 지켜야 할 다섯 가지의 떳떳한 도리.

10. 데이비드 폰태너, 최승자 옮김, 『상징의 비밀』, 서울: 문학동네, 1998, p.117.

11. 김기웅, 『한국의 원시·고대미술』, 서울: 정음사, 1974, pp.50-51 참조.

12. 박용숙, 『한국미술의 기원』, 서울: 예경, 1993, p.85 참조.

13. 데이비드 폰태너, 최승자 옮김, 『상징의 비밀』, 서울: 문학동네, 1998, p.80.

14. 박명원, 「한국인의 색채의식 및 색채교육 연구―전통색채를 중심으로」, 성균관대학교 박사학위 청구논문, 2001, p.23 참조.

15. 박명원, 「한국인의 색채의식 및 색채교육 연구―전통색채를 중심으로」, 성균관대학교 박사학위 청구논문, 2001, p.25 참조.

16. 박명원, 「한국인의 색채의식 및 색채교육 연구―전통색채를 중심으로」, 성균관대학교 박사학위 청구논문, 2001, p.27 참조.

17. 조흥윤, 『한국의 샤머니즘』, 서울대학교 출판부, 1999, p.80 참조.

18. 조흥윤, 『한국의 샤머니즘』, 서울대학교 출판부, 1999, p.35 참조.

19. 조흥윤, 『한국의 샤머니즘』, 서울대학교 출판부, 1999, p.188.

20. 데이비드 폰태너, 최승자 옮김, 『상징의 비밀』, 서울: 문학동네, 1998, p.106.

21. http://www.fnnews.com/view?ra=Sent0601m_View&corp=fnnews&arcid=092211758 3&cDateYear=2010&cDateMonth=10&cDateDay=15 참조.

22. http://www.cha.go.kr/korea/news/newsBbzView!view.action?id=155696530&curPage=2&strWhere=&strValue=&schWhere=&schDirect=&sectionId=add_cate_1_sec_1&sdate=&edate=&category=&mc=NS_01_10 참조.

굿 음식의 의미와 실제

1. 천복화 무당은 현재 명성황후 해원굿 보존회장이며, 황해도굿을 한다. 흔히 여자 무당의 경우 무녀라는 용어, 또는 만신이나 보살이라고 하지만, 천복화는 자신을 반드시 무당이

라고 소개한다.

2. 김태곤, 『한국무속연구』, 서울: 집문당, 1981, p.347.

3. 김시덕, 「가가례로 보는 경기지역 제사의 특징」, 실천민속학회 편, 『민속문화의 지역적 특성을 묻는다』, 서울: 집문당, 2000, p.121.

4. 이영춘, 『차례와 제사』, 서울: 대원사, 1998, p.191.

5. 김명자, 「민간신앙과 일생의례의 수수관계」『종교와 일생의례』, 서울: 민속원, 2006, p.339.

6. 신아버지가 어염성수(신)로 강신(降神)했다는 뜻이다. 천복화 신명기 무당은 십칠 세 때 신의 부름을 받아 연세대 뒷산에서 엽전방울, 은장도 등 구업이(구애비)를 캐어 왔다. 이 십육 세 때 김진관 박수무당에게 내림굿을 받아 신아버지로 모시면서 김진관 박수무당과, 역시 황해도굿의 명인 김운순 무당에게 굿을 배웠다. 천복화 무당에게는 명성황후도 강신하여 1993년부터 명성황후 해원굿을 하고 있다.

7. 굿하는 날 군웅거리에서 타살하는 동물의 피로, 대개 소피나 돼지피이다.

8. 원래 번제는 구약시대에 유대인이 짐승을 통째로 구워 하느님에게 바치던 제사를 말한다. 굿의 군웅거리에서도 소나 돼지를 통째로 바치므로 그렇게 표현한 듯하다.

9. 이미 죽은 소나 돼지지만, 살아 있는 동물을 타살하는 행위를 상징적으로 드러낸다.

10. 이에 대해서는 김명자, 「민간신앙과 일생의례의 수수관계」『종교와 일생의례』, 서울: 민속원, 2006, pp.333-339 참조.

11. 오방색이 물들어 있는 동그란 사탕.

12. 무당들은 조상신을 흔히 조상이라고 한다. 그런데 굿거리에서 조상은 대단히 중요한 신령이며 굿을 하는 동안 여러 조상이 들어온다.

13. 동전 세 닢을 놓는 것에 대하여 천복화 무당은 목숨을 유지하는 목뼈 세 개가 말(말하는 것), 숨(숨 쉬는 것), 식도(먹는 것)의 기능을 하기 때문이라고 말한다.

14. 주영하·최진아, 개인굿, 김유감 진적굿, 『무(巫), 굿과 음식 1』, 국립문화재연구소, 2005, pp.60-61.

15. 천복화 무당의 경우, 명성황후 해원굿을 경기도 여주 명성황후 생가, 운현궁 등지에서 했는데 당시 관객을 위한 도시락을 많이 준비했다.

16. 주영하·방인아, 『무(巫), 굿과 음식 1』, 국립문화재연구소, 2005, p.80.

17. 제보한 무녀는 서울 노원구 하계1동 김영숙(1943년생). 서울특별시 편, 『서울민속대관 5 점복신앙편』, 서울, 1993, p.227.

18. 김명자, 「민간신앙과 일생의례의 수수관계」『종교와 일생의례』, 서울: 민속원, 2006, p.346.

19. 홍태한, 「서울굿의 상차림에 대하여」『한국무속학』제6집, 서울: 한국무속학회, 2003, p.32.

샤먼 문화의 시간과 공간 체계

1. 제사의 절차에서 향을 먼저 피우고 술을 따르는 절차를 이와 관련시켜 해석할 수 있다. 우선 향을 피우는 것은 여러 가지 해석이 가능하지만 혼(魂)을 부르는 의식의 일환이다. 그리고 첫 잔을 따라 땅에다 붓는데, 이는 백(魄)을 부르는 것이다. 방 안에서는 땅에 부을 수 없으니 모래를 담은 그릇을 준비해서 붓는데, 이를 모사기라 한다. 물론 이는 땅을 상징하며, '뇌주(酹酒)'라 부른다. 향으로 혼을 불러들이고 뇌주로 백을 불러들이는 상징행위를 통해 백과 혼은 위패에 좌정을 한다.

2. 홍태한, 『한국의 무가』 1, 서울: 민속원, 2004, pp.208-224.

3. 조재모, 「조선왕실의 정침 개념과 변동」 『대한건축학회논문집』 20권 6호, 서울: 대한건축학회, 2004, pp.191-192.

4. 김미영, 「유교제례공간의 속성과 의미」 『종교와 의례공간』, 서울: 민속원, 2007, pp.232-242.

5. 임재해, 『전통상례』, 서울: 대원사, 1990, pp.18-19.

6. 서대석 해제, 『무당내력』(서울대학교 규장각 소장본), 서울: 민속원, 2005, p.43.

7. 김태곤, 『한국민간신앙연구』, 서울: 집문당, 1983, p.307.

8. 이복규, 「〈설공찬전〉과 〈엑소시스트〉의 퇴마 양식 비교 연구」 『민속문화의 조명과 새 지평』, 서울: 민속원, 2007, pp.454-458.

9. 김태곤, 『무속의 영과 세계』, 서울: 한울, 1993, pp.22-24.

10. 강영경, 『강화도 외포리 곶창굿』, 서울: 민속원, 2010, pp.63-64. 상산막둥이는 군웅거리 마지막에 연행되는 굿거리이다. 상산막둥이는 서모에게 핍박을 받으며 자라고 집을 나간 존재이기 때문에 이를 불러 대접하여 배불리 먹이고 막둥이와 서모의 화해를 시도한다. 이 외에도 고창굿에서도 '뒷전'을 행한다. 이는 이름 없는 잡귀를 풀어먹이는 의례인데, 일반적인 굿에서 보이는 뒷전과 같다.

11. 강성복, 『괴목정 농신제와 동화』, 부여: 부여문화원, 2003, pp.83-87.

12. 필자 조사. 조사 일시: 2003년 9월 21일(일) 오전 10시 30분-오후 8시 20분. / 조사 장소: 경기도 의정부시 천불사굿당. / 조사 내용: 고 김길수(金吉洙) 씨를 위한 사갑굿인데, 1983년 사십 세에 고혈압으로 쓰러져 병원 응급실로 후송되었으나 작고하고 말았다. 이 굿은 부인 한갑석(여, 59세, 광진구 구의동 거주) 씨가 젊은 나이에 세상을 뜬 남편의 한을 풀어 주기 위해 마련되었다. / 굿거리 제차: 부정-전안 및 축원-성주축원-제석축원(산왕경, 제왕경, 용왕경, 성왕경, 지신경, 명당경, 안심경)-선거리(신장)-조상축원-염불 및 해원경-조상놀림(조상거리)-내전(뒷전). / 주무: 주요 제차는 무녀 심덕순(여, 72세) 씨가 맡았으며, 그 중 선거리는 오진태(남, 56세)와 임보살(여, 60세)이 주도했다.

13. 김창진, 「관념적 시공의 존재 양상과 원본이론」 『민속문화의 조명과 새 지평』, 서울: 민

속원, 2007, pp.218-220.

14. 정진홍, 『종교학서설』, 서울: 전망사, 1980, p.31.

15. 황선명, 『종교학개론』, 서울: 종로서적, 1982, p.106.

16. 김태곤, 『한국무속연구』, 서울: 집문당, 1981, pp.160-161. 김태곤은 'Type'과 'Pattern'에 대해 버선과 버선본의 관계, 양복과 종이 본(pattern)의 관계를 들어 비유하고, 'Pattern'이 'Type'에 선행하고, 'Type'은 'Pattern'에 의해 결정된다는 논리로써 설명하고 있다.

17. 김태곤, 「한국무속의 원형 연구」 『한국민속학』 12호, 서울: 민속학회, 1980, p.52.

18. "이 꽃들은 무슨 꽃입니까 아방궁의 무르니 이 꽃은 사람을 죽이고 살이는 꽃이라 한즉 꽃사령의게 꽃을 일일이 가로처 달라하고 도환생꽃, 웃음웃는꽃, 싸움하는꽃 악심 하야 멸망하는 꽃 일일이 꺾거노코 금시상으로 나갓다가 다시 오리라하고." 진성기, 『제주도 무가 신풀이 사전』, 서울: 민속원, 1991.

19. 허남춘, 『제주도 본풀이와 주변신화』, 제주: 제주대학교 탐라문화연구소, 2011, pp.69-70.

20. 민속의례를 거행할 때 피부정이 발생하면 의례를 연기하거나 철폐한다. 피부정은 사람이 아이를 낳거나 가축이 새끼를 낳는 것을 말한다. 피를 본다는 것은 부정한 일이기 때문이다.

21. 김창일, 「무속신화에 나타난 꽃밭의 의미 연구」 『한국무속학』 11, 서울: 한국무속학회, 2006.

22. 이경엽, 『씻김굿』, 서울: 민속원, 2009, p.111.

23. 이경엽, 『씻김굿』, 서울: 민속원, 2009, p.97.

24. 무속 관념에 선악과 같은 도덕적 관념이 있는가 하는 점이다. 무가나 무속의례에 이에 대한 언급이 부족하여 현재로서는 도덕적 관념에 따라 선택적 여행이 결정되지 않는다는 점이다. 이것이 무속이 갖고 있는 한계의 하나가 아닌가 한다.

25. 황천강에 대한 관념과 이를 건너가는 내용을 주제로 한 무가를 황천무가(黃泉巫歌)라 한다. 김태곤, 『황천무가연구』, 서울: 창우사, 1966 참조.

26. 황용훈, 『동북아시아의 암각화』, 서울: 민음사, 1987, p.215; 장명수, 「암각화를 통해 본 고인돌 사회의 신앙의식」 『중앙사론』 8호, 서울: 중앙대사학연구회, 1995, p.94; 이하우, 『한국암각화의 제의성』, 서울: 학연문화사, 2011, pp.304-309.

27. 이하우, 『한국암각화의 제의성』, 서울: 학연문화사, 2011, pp.306-307.

28. 이하우, 「샬라볼리노의 배 표현물」 『한국암각화 연구』 제13집, 서울: 한국암각화학회, 2010, pp.39-49. 이하우의 글에 따르면, 샬라볼리노 암각화 외에 앙가라강 하류에서 아무르강 주변에 산재한 암각화에서도 배가 자주 등장한다. 때로는 이들 배가 가면과 함께 등장하여 장송의례와 관련된 배임을 암시해 준다.

29. 장송의례(葬送儀禮)에 등장하는 인물 중에서 타계로 가는 사람 모두가 팔이 묘사되지 않은 것은 아니다. 샬라보리노 암각화의 경우 팔이 없는 사람은 이미 목숨을 잃은 죽은 영혼을 나타낸 것으로 해석한 것일 뿐이다. 자이카, 「북아시아 신석기 시대 민족들의 수계환경과 표현」 『한국암각화 연구』 제11-12집, 서울: 한국암각화학회, 2009, pp.45-48 참조.

30. 이하우, 「샬라볼리노의 배 표현물」 『한국암각화 연구』 제13집, 서울: 한국암각화학회, 2010, pp.45-48.

31. 아리엘 골란, 정석배 옮김, 『선사시대가 남긴 세계의 모든 문양』, 서울: 푸른역사, 2004, pp.207-210.

32. 국립문화재연구소, 『인간과 신령을 잇는 상징 무구-경상도』, 서울: 민속원, 2005, pp.91-92.

33. 국립문화재연구소, 『인간과 신령을 잇는 상징 무구-전라남도 · 전라북도 · 제주도』, 서울: 민속원, 2008, pp.101-104.

34. 미국의 루즈벨트 대통령 영부인 엘레나 루즈벨트가 한 말이라고도 한다. "Yesterday is history, tomorrow is a mystery, but today is a gift."

샤먼 문화와 신화적 상상력

1. 이규태, 『한국인의 샤머니즘』, 서울: (주)신원문화사, 2000, 머리말.

2. 미르치아 엘리아데, 이윤기 옮김, 『샤머니즘』, 서울: 까치, 2007, pp.3-13.

3. 김태곤, 「한국 샤마니즘의 정의」 『한국민속학보』 6, 서울: 한국민속학회, 1925, p.10.

4. 홍태한, 「서울 진오기굿의 공연예술성」 『공연문화연구』 제8집, 서울: 한국공연문화학회, 2004, p.28.

5. 김태곤, 『한국의 신화』, 서울: 시인사, 2010, pp.220-235, pp.303-324.

6. 김진영 · 홍태한, 『서사무가 바리공주 전집 I』, 서울: 민속원, 1997, p.11.

7. 샤먼 이상순은 '서울 새남굿' 중요무형문화재 제104호 예능보유자이다.

8. 이상순, 「서울 진진오기굿 신가」 『서울새남굿 신가집』, 서울: 민속원, 2011, pp.533-591.

9. 이상순, 『서울새남굿 신가집』, 서울: 민속원, 2011, p.533.

10. 이상순, 『서울새남굿 신가집』, 서울: 민속원, 2011, p.562. 염해서 넣을 때 휘장처럼 덮어 놓은 것. 청계, 홍계 등

11. 이상순, 『서울새남굿 신가집』, 서울: 민속원, 2011, p.562. 염해서 관 속에 넣은 것을 푸는 것.

12. 이상순, 『서울새남굿 신가집』, 서울: 민속원, 2011, pp.559-561.

13. 김태곤, 『한국인의 근원 상실증과 정신적 유랑의 이정표』, 서울: 광장, 1985.

14. 조셉 캠벨·빌모이어스 대담, 이윤기 옮김, 『신화의 힘』, 서울: 이끌리오, 2011, p.229 참조.

15. 조셉 캠벨, 이윤기 옮김, 『천의 얼굴을 가진 영웅』, 서울: 민음사, 2012, p.97 비교.

16. 홍태한, 『한국 서사무가 연구』, 서울: 민속원, 2002, p.200.

17. 이부영, 『한국민담의 심층분석』, 경기도: 집문당, 2011, p.240. "바리데기는 이미 여성 원형임을 넘어서서 분열되어 죽은 자아 기능을 분열의 통합을 통하여 새롭게 살려내는 인간 무의식의 근원적 생산 기능인 자기 원형성이라 할 수 있다."

18. 미르치아 엘리아데, 이은봉 옮김, 『신화와 현실』, 서울: 한길사, 2011, p.81. "신화적 사건은 기념하는 것이 아니라 반복하는 것이다."

19. 미르치아 엘리아데, 이은봉 옮김, 『신화와 현실』, 경기도: 한길사, 2011, p.201.

20. 조셉 캠벨·빌 모이어스 대담, 이윤기 옮김, 『신화의 힘』, 서울: 이끌리오, 2012, p.240 참조.

21. 조셉 캠벨·빌 모이어스 대담, 이윤기 옮김, 『신화의 힘』, 서울: 이끌리오, 2012, p.240.

22. 미르치아 엘리아데, 이윤기 옮김, 『샤머니즘』, 서울: 까치, 2007, pp.433-434 참조.

굿과 춤, 그리고 '굿춤'

1. 정병호, 『무무(巫舞)』, 문화재관리국 문화재연구소, 1987, pp.1-326.

2. 중국 하(夏)·상(商) 시대(기원전 20-10세기) 왕은 신권통치를 위해 점을 쳐서 그 결과를 거북등껍질과 소뼈에 상형문자로 기록한 것을 '갑골문'이라 하고, 그 글을 '복사(卜辭)'라 하였다.

3. 삼사천 년 전의 우리 한민족이 중국인과 함께 은허복사(殷虛卜辭)를 사용하면서 상형되었거나 아니면 우리 민족의 풍속을 본떠 무자(巫字)를 만든 것이 아닌가 하나, 실은 은(殷)나라인이 우리와 같은 동이족(東夷族)이라는 사실이 여러 가지로 증명되고 있다.

4. "옛날 갈천씨의 악(樂)은 세 사람이 소꼬리를 잡고 발을 구르며, 부르는 여덟 곡이다. 1「재민: 선조와 사람을 떠받치고 있는 땅을 찬양」, 2「현조: 씨족의 토템인 검은 새를 찬양」, 3「수초목: 초목의 성장 기원」, 4「분오곡: 오곡의 풍농 수확 축원」, 5「경천상: 하늘에 경의를 표함」, 6「달제공: 인간을 도와주는 천제(天帝)의 공덕을 기리고」, 7「의지덕: 사계절과 대지의 은혜에 감사하고[덕(德)은 사계절의 왕기(旺氣)]」, 8「총금수지극: 새와 짐승이 번성하여 인류의 음식과 옷을 풍요롭게」이다."(昔葛天氏之樂 三人操牛尾 投足以歌八闋 一曰載民 二曰玄鳥 三曰遂草木 四曰奮五穀 五曰敬天常 六曰達帝功 七曰依池德 八曰總禽獸之極) 「중하기·고악편」『여씨춘추(呂氏春秋)』. 양음류(楊蔭瀏) 저, 이창숙

옮김,『중국고대음악사』, 서울: 솔출판사, 1999, p.25. 왕국분(王克芬) 저, 고승길 역,『중국무용사』, 서울: 교보문고, 1991, pp.11-12.

5. 주나라의 궁중제사무 중에서 '六代樂舞, 小舞(帗舞, 羽舞, 皇舞, 旄舞, 干舞, 人舞), 散樂, 四夷樂,'『周禮』. 양음류(楊蔭瀏) 저, 이창숙 옮김,『중국고대음악사』, 서울: 솔출판사, 1999, pp.69-70. 왕국분(王克芬) 저, 고승길 역,『중국무용사』, 서울: 교보문고, 1991, p.28.

6. 양음류(楊蔭瀏) 저, 이창숙 옮김,『중국고대음악사』, 서울: 솔출판사, 1999, p.44.

7. "先王之書 湯之官刑有之曰 基恒舞干宮 是謂巫風"『墨子』「非樂」篇.

8. 유동식,『한국무교의 역사와 구조』, 서울: 연세대학교 출판부, 1989, p.64.

9. 殷虛書契 前編 五. 一. 二, 同 後編 上. 十. 四.

10. 정병호,『한국의 민속춤』, 서울: 삼성출판사, 1991, pp.34-45.
정병호,『한국의 전통춤』, 서울: 집문당, 1999, pp.265-275.
이병옥,『한국무용민속학』, 용인: 도서출판 노리, 2009, pp.35-41.
이병옥,「경기지역춤의 문화권적 특징연구」『우리춤연구』제10집, 서울: 한양우리춤연구소, 2009, p.13.

11. 정범태,『한국백년 1』, 서울: 눈빛출판사, 2006, pp.12-13.

12. 이병옥,『한국무용민속학』, 용인: 도서출판 노리, 2009, p.36.

13. 정병호,「한국춤의 미적특성」『예술과 비평』, 서울: 서울신문사, 1985, p.268.

14. 김영란,「한국 강신무와 세습무의 무용인류학적 비교연구」, 단국대학교 박사학위논문, 2006, p.207. 이 연구를 통해 밝혀진 전국 열 개 지역의 무구춤은 모두 이백삼십팔 종으로 조사되었고, 그 중 팔십팔 종이 1987년 정병호에 의해『무무(巫舞)』에 조사된 무구춤 백오십 종 외에 추가 조사된 것이며, 무구춤의 유형별 종목은 사십이 종으로 분류하였다.

15. 김태곤,『한국무속연구』, 서울: 집문당, 1981, p.417.

16. 김열규·이상일·황루시,『굿과 놀이』, 서울: 일조각, 1989, p.161.

17. 김정녀,「굿춤의 구조고」『한국무용연구』3집, 서울: 한국무용연구회, 1984, pp.34-37.

18. 이병옥,「한국무속에 나타난 북방계와 남방계 춤 특징의 인류학적 고찰」『대한무용학회』제30집, 서울: 대한무용학회, pp.64-68.

19. 원래 세습무의 무복은 다양하지 않고 흰저고리에 치마 정도로 간단했으나 한층 연희화하면서 다양해졌다고 한다.

20. 정병호,『한국의 전통춤』, 서울: 집문당, 1999, p.125.

21. 정병호,『한국춤』, 서울: 열화당, 1985, p.68.

22. 정병호,『한국춤』, 서울: 열화당, 1985, p.331.

23. 김열규,『한국민속과 문화연구』, 서울: 일조각, 1971, p.38.

무당굿의 음악과 춤, 그 무속학적 의미

1. 이 부분에 대해서는 홍태한, 「굿음악의 가치와 현대적 계승방안」『국립국악원논문집』 23, 서울: 국립국악원, 2011에서 다룬 바 있다.
2. 이보형, 「함경도굿의 음악」『함경도 망묵굿』, 서울: 열화당, 1985, pp.104-105.
3. 홍태한, 『서사무가 당금애기 연구』, 서울: 민속원, 2001에서 이 양상을 다루었다.
4. 김헌선, 『황해도 무당굿놀이 연구』, 서울: 보고사, 2007에 전모가 실려 있다.
5. 송파산대놀이의 음악을 담당했던 이충선을 현재 서울 지역 굿판에서 활동하는 악사들은 스승으로 추앙하고 있다.
6. 김헌선, 「경기 판소리의 정착과 형성집단」『경기판소리』, 수원: 경기국악당, 2005.
7. 그동안 글쓴이가 관찰한 재수굿, 진오기굿, 내림굿, 진적굿, 마을굿 등은 일천여 회를 넘는다. 이러한 관찰 결과 굿거리의 짜임이 정형적임을 알 수 있다.
8. 홍태한, 「서울굿 장단의 무속적 의미」『서울굿의 다층성과 다양성』, 서울: 민속원, 2012 참고.
9. 이 부분에 대해 최헌은 장단이 5박에서 8박으로 변화하지만 길이는 같다고 말한다. 최헌, 「서울 재수굿과 진오귀굿」『한국음악』 29, 서울: 국립국악원, 1996, p.31 참조.
10. 홍태한, 『한국의 무가 1』, 서울: 민속원, 2004, p.179.
11. 신현주를 비롯하여 서울굿판에 삼십여 년 이상 종사한 여러 무당들의 증언이다.
12. 홍태한, 「서울굿 가망청배거리에서 가망의 의미 연구」『한국민속학』 41, 서울: 한국민속학회, 2005.
13. 굿이 시작되면서 무당이 신을 청하기 위해 앞뒤로 움직이는 춤을 이렇게 부른다.
14. 홍태한, 「군웅의 의미와 지역별 망자천도굿의 비교」『비교민속학』 32, 서울: 비교민속학회, 2006.
15. '뜬대왕거리'와 '사재삼성거리'를 구분하지 말아야 한다는 주장이 있지만, 이러한 의미로 보게 되면 두 거리는 구별되어야 마땅하다.
16. 홍태한, 「진오기굿 뜬대왕과 사재삼성거리의 의미」『서울굿의 양상과 의미』, 서울: 민속원, 2007 참조.
17. 홍태한, 「서울굿의 상차림」『서울굿의 양상과 의미』, 서울: 민속원, 2007, pp.78-79 참조.
18. 도령돌기를 비롯하여 진오기굿 개별 굿거리의 의미는 다음 책에서 다룬 바 있다. 홍태한, 『서울진오기굿』, 서울: 민속원, 2007 참고.

샤먼의 복식과 공연예술

1. 서대석,「무속과 민중사상」, 성균관대 대동문화연구원, 1984, p.402; 김은정,『한국의 무복』, 민속원, 2004에서 인용.
2. 임동권,『한국의 민속』(교양국사총서 11), 세종대왕기념사업회, 1975, p.138.
3. 최길성,「한국민간신앙의 계통과 유형」『석주선 교수 화갑기념 민속학 논총』, p.173.
4. 김은정,『한국의 무복』, 민속원, 2004, p.23.
5. 이두현 외 2인『한국민속학개설』, 학연사, 1983, p.162.
6. 윤광봉 · 이강열 공저『굿과 무당』, 경서원, 1987, p.26.
7. 이능화 저, 이재곤 역,『조선무속고』, 동문선, 1991, p.71.
8. 홍태한,「한국 샤만문화의 악가무 이해」, 2010, p.2.(사단법인 한국공연예술원 주최 '샤마니카학회–한국의 원형드라마를 찾아서' 심포지움 발표문, 2011. 12)
9. 홍태한,「한국 샤만문화의 악가무 이해」, 2010, p.2.(사단법인 한국공연예술원 주최 '샤마니카학회-한국의 원형드라마를 찾아서' 심포지움 발표문, 2011. 12)
10. 박시인,『알타이어족의 무속』, 일조각, 1982, pp.200-201.
11. 김태곤,『한국무신도』, 열화당, 1989, pp.19-46.
12.『한국의 미』19, 중앙일보사, p.143.
13. 이능화 저, 이재곤 역,『조선무속고』, 동문선, 1991.
14.『서울새남굿』, 국립문화재 연구소, 1998.

굿, 그 절묘한 이중주

1. '용용'이라는 말은 '용솟음친다'나 '용을 쓴다'라는 말에서와 같은 쓰임새로, 여기서 '용'은 중력의 반대 방향으로 움직이려는 기운이다. 기운은 심신 일원적 개념으로 감정과 물리적인 힘의 솟구침은 있으나 밖으로 표출(output)될 수 없는 상태를 '용용 죽겠지'라고 하는 것으로 보인다.
2. 하아비 콕스, 김천배 옮김,『바보제』, 서울: 현대사상사, 1973, p.31 참조. 하아비 콕스가 서구 산업인이 지난 수 세기 동안 제축과 환상을 가지는 능력을 상실한 데 대하여 몇 가지 이유를 들며 치명적인 사건이라고 말했는데 그 가운데 하나가 "편벽하고 비적응적인 인간이 됨으로써 종으로서의 인간 생존 자체가 위험에 부딪히게 되며"이다. 필자는 이 견해에 전적으로 공감하며, 이 글을 쓰는 관점 역시 필자가 대학 시절에 읽은 이 책으로부터 비롯되었다고 생각한다.
3. 크리에이티브(creative)라는 말은 광고 제작이라는 의미로도 사용된다. 다른 영역에서

는 지리멸렬한 이 창의성이라는 말이 유독 광고와 같은 미디어 영역에서 실질적인 중요성을 갖는 이유는, 수많은 광고 가운데서 주목성을 확보해야 한다는 문제와 짧은 시간이나 제한된 지면을 통해 일정한 정보를 전달해야 하는 함축성, 그리고 마지막으로 상품의 특성과 소비자의 일반적 욕망을 연결하는 비논리적 코드를 찾아야 하는 통섭적인 능력을 요구한다는 점 등이다. 세탁기나 냉장고를 사더라도 그것이 생활필수품 이상의 의미를 지니기를 바라는 욕망의 시대에 광고는 파편화된 일상과 삶의 전체성을 이어주고 정당화하는 최소한의 창의적인 영역일지도 모른다.

4. 「사회적 자살, 개인이 우울하면 국가가 위태롭다」, 『오마이뉴스』, 2012. 7. 5. http://www.ohmynews.com/NWS_Web/View/at_pg.aspx?CNTN_CD=A0001752423

5. 성서의 구약에 등장하는 출애굽 사건에서 비롯된 히브리 민족의 사막의 여정은 생존이라는 문제에 매달려야 했던 생산이 부족한 사회였다면, 가나안 정복 이후 농경사회는 가나안이 '젖과 꿀이 흐르는 땅'이라고 묘사된 것처럼 생존 이상의 것을 욕망할 수 있는 풍요의 사회였다. 이 사막에서 가나안으로 이동하는 과정을 비교문화론적 또는 경제인류학적 관점에서 해석해 보면 오늘의 한국 사회가 겪고 있는 삶의 변화와의 충분한 유비(類比)를 발견할 수 있다.

6. 소위 386세대가 바로 이 생산이 넘치는 시대로 들어서는 기점에 서 있는 세대일 것이다. 연 10퍼센트가 넘는 고도성장기를 살면서 '한강의 기적'이라 부르는 가나안 입성의 수혜를 처음으로 누렸던 세대이며 아이엠에프(IMF)를 겪기 이전에 일정한 경제적, 사회적 안정을 확보한 세대다. 그러나 그다음 세대는 아버지를 통해 누렸던 풍요와 아이엠에프와 함께 불어 닥친 불황과 경쟁을 동시에 겪으며 풍요로운 삶에 대한 욕망과 미래에 대한 불안이라는 이중적인 성향을 지니게 된다.

7. 제러미 리프킨, 이원기 옮김, 『유러피언 드림』, 서울: 민음사, 2005, pp.14-15 참조.

8. 1999년 『스포츠서울』에 연재를 시작한 직장인 소재 만화 「용하다 용해」를 아는가. 이 만화의 제목으로 쓰인 '용하다'라는 말은 원래는 '재주나 끼가 있는 사람이 일정한 경지에 오른 것'을 두고 하는 긍정적인 뜻으로 쓰였다. 그러나 여기서는 '재주도 없고 능력도 없어 보이는 주인공 무대리 같은 놈이 오늘 같은 능력 위주의 사회에서도 잘 살아남는 게 신기하다'는, 부정적인 뉘앙스의 말이 된다. 이것 역시 사막의 여정이 남긴 상처다. 난이 '용하다'와 같은 일상 언어를 통해 변화의 실체를 만나고 싶은 것이다.

9. 김택규, 『한국농경세시의 연구-농경의례의 문화인류학적 고찰』(민족문화연구총서 11), 경북: 영남대학교 민족문화연구소, 1991, pp.457-463 참조.

10. 김선풍, 「한국축제의 본질」, 『관동민속학』 제3집, 서울: 국학자료원, 1998. 이 논문에서 저자는 축제의 구조를 설명하기 위하여 김택규가 제시한 굿의 구조를 원용하면서 다음과 같은 설명을 덧붙인다. "이는 호이징하의 레고메나(Legomena)와 드로메나(Dromena) 이론을 적용한 것이지만, 이곳에서 신풀이를 할 때 가락과 사설(辭說)로 우리의

한을 풀어 나갔던 것이다. 신풀이는 신의 위대성에 대한 풀이요, 그의 난데본[本鄕]에 대한 풀이로 대개 굿판에서는 굿노래 가사와 그 가락의 흐름으로 풀어 나간다. 간혹 악신(惡神)에 대해서는 저주(詛呪)의 사설과 굉음(轟音)으로 맺힌 고리 또는 매듭을 풀어 나가기도 한다. 한편, 놀이의 경우는 굿판에서 춤과 연기로 또는 가면극으로 나타난다. 가면으로 신의 형상을 만들어 신의 재림을 뜻하기도 하며, 춤의 역동성으로 신을 찬양하기도 한다. 이러한 놀이의 세계는 양(陽)의 세계이다. 신과 사자(死者)를 형성화(形成化)시켜 풀어 나가는 음(陰)의 세계와, 현실 속에서 살아가는 인간 자신의 희원(希願)을 표현한 양(陽)의 세계가 어우러진 한바탕의 판이 굿놀이판이다. 그러니 굿판 속의 인간의 놀이는 풀이판이 아닌 바람판에 속하며, 이들 풀이판과 바람판이 어울려 굿판의 분위기는 신바람판으로 무르익어 간다. 풍(風)을 '발암'이라 함은 발양(發陽)의 변음(變音)이니 양기(陽氣)를 발동하는 것은 바람[風]이다. 그야말로 굿판은 신인공연(神人共宴)의 장(場)이라 할 수 있는데, 음(陰)과 양(陽)의 조화를 여기서 찾을 수 있다."

11. 김택규, 『한국농경세시의 연구-농경의례의 문화인류학적 고찰』(민족문화연구총서 11), 경북: 영남대학교 민족문화연구소, 1991, p.461에서 인용. 이 그림은 동해안 평해(平海) 마을에서 행해진 풍어제(豊漁祭)의 별신굿판에서 관찰한 무격(巫覡)과 관중의 수작을 도해해 본 것이다.

12. 굿에서 귀신이라 함은 보이지 않는(非可視) 것 혹은 적어도 지금까지는 알 수 없는(未知) 것 가운데 우리에게 영향을 미치는 것들에 이름을 붙이고 형상화한 것이다. 오늘날 보이는 것과 알 수 있는 것의 영역이 상대적으로 넓어졌다 하더라도 아직도 남아 있는 영역의 크기를 가늠할 수 없는 것이 사실이다. 과학 또는 실증주의적 태도는 나머지 부분에 대해서는 방관적이며 무책임하기까지 하다. 이 점에서 굿이 지니는 보이지 않는 것에 대한 이름을 붙임으로 해서 인식의 대상으로 삼으며 일정한 관계 맺기를 시도하는 것은 근대가 상실한 소통의 중요한 차원이다.

13. 김영주, 『신기론으로 본 한국미술사』, 서울: 나남신서, 1992, pp.20-30 참조. 저자가 말하는 신기(神氣)는 조선시대의 혜강 최한기의 예술론 '문언신기'나, 당나라의 장언원의 화론 등에 언급된 용어로서 예술론에 국한된 개념이며 중국의 예술논쟁에서 차용한 개념이다. 따라서 무당의 능력의 한 측면을 말하는 개념으로서의 신끼는 보다 광의의 개념이며 한자어에서 우리말로 정착한 말로 보아야 할 것이다. 또한 끼라는 말 역시 사람이 지닌 능력의 특성을 지칭하는 말의 하나로 일반화되어 쓰이고 있음을 볼 때 신기(神氣)와 구분하여 '신끼'로 표기하는 것이 자연스럽다고 하겠다.

14. 요한 하위징아, 이종인 옮김, 『호모루덴스』, 서울: 연암서가, 2010, pp.54-55 참조.

15. 김열규, 『엔터테인먼트』, 서울: 아이디얼북스, 2008, p.39 참조.

16. 비단 굿만이 아니라 모든 소통의 행위는 집중을 요구한다.

17. 김열규, 『엔터테인먼트』, 서울: 아이디얼북스, 2008, p.145 참조.

18. '태양의 서커스'는 캐나다와 퀘벡의 상징이 됐다. 이들은 1984년 퀘벡 주의 몬트리올에서 열 명의 단원으로 시작했다. 1980년대 서커스는 캐나다에서도 사양산업이었다. 우리로 따지면 유랑극단이나 다름없었다. 마치 우리나라의 '동춘서커스'를 연상시킨다. '태양의 서커스'는 이제 세계 최대의 서커스 공연기업이다. 올해 매출만 십억 달러(약 일조천억 원)을 예상한다. 불과 이십칠 년 만이다.

19. K. R. 케스트린(1819-1894)이 양적 미에 한정·통일성·크기·균형을, 질적 미에 규정성·일치·의미·조화를 들고 있는데, 이 가운데 '절묘'란 균형, 일치 혹은 조화에 가까운 개념일 것이다. 그러나 이 절묘의 개념은 끝없이 풀이와 놀이의 양방향을 오가는 유동적이며 일원적인 개념이다.

20. 요한 하위징아, 이종민 옮김, 『호모 루덴스—놀이하는 인간』, 서울: 연암서가, 2010, pp.48-49 참조.

21. 원래 파이디아란 그리스어로 'chid'를 뜻하는데, '분할할 수 없는 원리' '전환(轉換, 오락)의 공유지(共有地)' '난폭한 공유지' '자유스런 즉흥극' '근심 없는 환락(흥겨움)'이란 의미로 '억제받지 않는 자유스런 환상(uncontrolled fantasy)'이란 말이다. 이같은 무정부적이고 변덕스런 어린이의 성향은 라틴어인 '싸움(game)과 놀이(paly)'라는 뜻을 가진 루두스란 말과 대립된다. 인간은 퍼즐(puzzle)이나 미로(迷路) 놀이(maze), 십자 말풀이(crossword), 서양장기(chess)에서처럼 변덕스런 장애물을 설정하고 그를 극복하기를 좋아한다. 그런데 이 루두스, 곧 규칙들은 일상생활에서의 장애물을 대처하는 훈련도 되고, 또한 놀이하는 사람이 복잡한 규칙에 의해서 규범화되고, 닫힌 놀이의 세계 속에서 전적으로 마음을 쏠리게 하는 수단이 되기도 한다. 즉, 파이디아에 이들 루두스가 서로 연결되고 반복됨으로써 놀이는 추진되고 형식 구조가 발생한다고 믿었다.

22. 임선하, 『창의성에의 초대』, 서울: 교보문고, 1996, pp.38-39에서 인용.

23. 능력이 출중한 무당을 용하다고 하는 것은 무당의 능력을 '끼'를 중심으로 평가하는 것이다. 이 호의적으로 보이는 평가 뒤에는 무당을 몸이나 쓰고 사는 천출이라는 사회적 관념이 깔려 있다.

24. 이러한 성향이 두드러질 경우 정신분석학에서는 편집증 또는 조증으로 규정한다. 자신이 설정한 목적 외에는 무관심하며 그 목적을 이루는 데 필요한 사물이나 관계만을 가치 있는 것으로 여기는 편집증적인 삶은 생존 혹은 생산이라는 가치 이외의 것에 대해 평가절하하거나 적으로 돌리던 시대가 요구했던 성취의 모델이었다. 조증은 자신이 상상한 이상적인 세계에 대한 주관적인 믿음에 갇혀 있게 되는 경향이며 이는 이데올로기를 통해 자신을 둘러싸고 있는 세계를 재구성함으로써 실제의 삶이나 이웃으로부터 고립되는 지식인이나 선동가들에게 종종 발견되는 현상이다.

25. 교육부의 취지 설명을 보면 다음과 같다.

정부 수립 후 일곱번째 개정인 이번 교육과정 개정은 세계화 · 정보화 · 다양화를 지향하는 교육체제의 변화와 급속한 사회 변동, 과학 · 기술과 학문의 급격한 발전, 경제 · 산업 · 취업구조의 변혁, 교육 수요자의 요구와 필요의 변화 등 교육을 둘러싸고 있는 내외적인 체제 및 환경, 수요의 대폭적인 변화에 부응하기 위함이다.

이러한 변화는 그 질과 속도, 범위가 지금까지 학교교육에서 다뤄 온 교육내용 전반에 걸친 근본적이고 종합적인 검토와 개혁을 요구하고 있다. 이와 같은 시대적 · 교육적 요청에 부응해 교육부에서는 96년 3월부터 초 · 중등학교의 교육과정 개정 계획을 수립, 추진해 왔다. 교육과정 체제 및 구조개선 기초 연구, 교원 · 학생 · 학부모의 요구 조사, 교육과정 국제비교연구 등을 통해 교육과정 개정의 기본 방향을 '21세기의 세계화 정보화시대를 주도할 자율적이고 창의적인 한국인 육성'으로 설정했다.

26. 사실 모든 의례에는 정성을 모으도록 만드는 기술이 존재한다. 무당이 제상이나 의상 등을 준비하는 과정이나 유교의례에서 제관이 음식을 진설하는 규칙 등이 그것이다.

27. 김영주, 『신기론으로 본 한국미술사』, 서울: 나남신서, 1992, pp.15-17 참조. 김영주는 '좋다'가 곧 '아름답다'의 의미를 갖는다고 설명한다. 필자는 이에 기본적으로 동의하나 좀 더 광의의 의미로 절묘함에 대한 피드백으로서 의미를 지니는 것으로 해석하고자 한다. 한 가지 생각할 거리를 던져 보자면 영어로는 'good'이라는 단어가 여기에 해당하는데, 바로 굿과 그 발음과 의미가 상통한다. 영어의 'good'은 그 어원이 'god'에 있다. 아마도 하나님이 천지를 창조하고 "보시기에 좋았더라"라는 말씀을 하셨다는 성서의 기록과 관련이 있지 않을까 생각해 본다. 우리말 굿의 유래를 터키어의 'gut'로 설명하는 견해가 있는데 그 'gut'의 의미는 '행복'이다.

28. 의미와 재미라는 개념을 가지고 비슷한 논의를 전개한 글을 보려면 다음의 글을 참고하라. 강준만, 「의미와 재미 사이의 갈등」『인물과 사상 19』, 서울: 개마고원, 2001, p.342 참조.

29. 조동일, 「한국문학의 양상과 미적 범주」『한국문학 이해의 길잡이』, 서울: 집문당, 1996.

30. 양자역학에서는 한 현상을 설명하는 데 어느 범위 내에서는 입자의 측면에서 보고, 다른 범위 내에서는 파동의 측면에서 본다. 여러 물리적 양을 측정한 결과가 반드시 확정된 값을 가지는 것이 아니며, 서로 다른 여러 값이 각각 정해진 확률을 가지고 얻어진다는 것이다. 따라서 미시적 세계에서 입자의 위치와 운동량은 동시에 확실하게 결정되지 않고, 위치의 불확정성과 운동량의 불확정성에는 불확정성원리가 성립한다.(출처: 네이버 백과사전)

31. 빅터 터너, 이기우 · 김익두 옮김, 『제의에서 연극으로』, 서울: 현대미학사, 1996, p.93 참조.

퍼포먼스 연구의 관점에서 본 굿 문화

1. Judith Butler, *Gender Trouble: Feminism and the Subversion of Identity (1990); Bodies that Matter: On the Discursive Limits of 'Sex' (1993); Excitable Speech: A Politics of the Performative* (1997) 등 참조.

2. 이를테면 이상일 교수는 「굿의 헤픈 웃음과 한풀이 ― 〈오구-죽음의 형식〉과 〈점아 점아 콩점아〉」란 글에서 '굿은 연극이 아니다'라는 테제를 밝히고 있다. 이상일, 『굿, 그 황홀한 연극. 민족예술의 지평을 넘어서』, 서울: 강천, 1991, p.16 참조.

3. 다니엘 A. 키스터, 『무속극과 부조리극. 원형극에 관한 비교연구』, 서울: 서강대학교 출판부, 1986; 다니엘 A. 키스터, 『삶의 드라마. 굿의 종교적 상상력 연구』, 서울: 서강대학교 출판부, 1997.

4. Jeong Suk Kim, *Pathos und Ekstase. Performativität und Körperinszenierung im schamanistischen Ritual kut und seine Transformation im koreanischen Gegenwartstheater*, Diss., Berlin: 2007.

5. E. T. Kirby, *Urdrama*, New York: New York University Press, 1975. E. T. 커비는 연극을 샤머니즘, 즉 일종의 영적인 여행과 상징적 싸움, 치료 행위 등에서 시작한 것으로 본다. 이에 대하여는 Richard Schechner, *Performance Theory*, Rev. & Expanded Ed., New York / London: Routledge, 1994, p.145 참조.

6. 퍼포먼스 연구는 연극학이 특히 영어권의 대학에서 독립된 분과 학문으로 발전해 온 과정을 크게 삼 단계로 구분할 때, 마지막이자 최근 단계에 속하는 것이다. 퍼포먼스 연구는 1980년대에 미국 뉴욕에 기반을 둔 학자이자 연출가인 리처드 세크너에 의해서 토대가 마련되었다. 즉 그는 1960년대 중반부터 텍스트에 기초한 연극을 초극하는 퍼포먼스 개념을 옹호하고, 놀이와 게임, 스포츠, 연극과 제의 간의 상호 연결을 포용해 왔으며, 수많은 저술에서 이와 같은 컨셉트를 발표하고 또 이러한 컨셉트가 가지는 위상을 인문학의 분야로서보다 사회과학으로서 강조하였다. 이는 그 당시까지 연극학을 지배해 온 미학적, 역사적 패러다임으로부터의 이탈을 함의하는 것이었다. 결국 이러한 관점에 따르면 희곡적 연극은 있을 수 있는 퍼포먼스의 한 현시에 지나지 않는다. Christopher B. Balme, *The Cambridge Introduction to Theatre Studies*, Cambridge University Press, 2010, p.11 이하 참조.

7. Erika Fischer-Lichte, Friedemann Kreuder, Isabel Pflug (Hrsg.), *Theater seit den 60er Jahren. Grenzgänge der Neo-Avantgarde*, Tübingen u. Basel, 1998, p.12 참조.

8. Erika Fischer-Lichte, "Performativität/performativ", Metzler Lexikon Theatertheorie, hrsg. v. Erika Fischer-Lichte, Doris Kolesch, Matthias Warstat, Stuttgart / Weimar: Metzler, 2005, pp.234-242 중 p.240.

9. Marvin Carlson, *Performance: a critical introduction*, London and New York: Routledge, 1998, p.6.

10. 리처드 셰크너는 "퍼포먼스는 단순히 '일상의 삶'으로부터 분리되어, 뚜렷하게 되고 틀에 맞게 짜여지거나 혹은 강조된 행동, 말하자면 이중으로 재연된 행동"이라고 설명한다. Richard Schechner, *Performance Studies. An Introduction*, 2nd Ed., Routledge, 2006, p.35.

11. Sandra Umathum, "Performance," Metzler Lexikon Theatertheorie, hrsg. v. Erika Fischer-Lichte, Doris Kolesch, Matthias Warstat, Stuttgart / Weimar: Metzler, 2005, pp.231-234 참조.

12. 국문학이나 연극학계에서 퍼포먼스를 가리키는 우리말 용어로 '연희(演戲)'와 '연행(演行)', 그리고 수행성을 나타내는 용어로 '연행성(演行性)'을 사용하는 경우가 종종 눈에 띈다. 연희는 전승된 전통공연이 갖는 신체적 공동현존, 현재성, 유희성, 그리고 연극적 차원을 가리키는 말이며, 연행은 공연이 행위자에 의해 실행된다는 외형적 측면만이 강조된 말이다. 이 두 용어 역시 퍼포먼스가 가지는 수행성과 수행적인 것의 특성을 어느 정도 내포하고 있기는 하다. 그러나 퍼포먼스의 본질을 이루는 행위자와 관객의 지각행위와 그것의 물질적, 생리적, 정서적 영향을 세밀히 분석하고 기술하기에는 상대적으로 미흡하다고 생각되어 본인은 '퍼포먼스' 혹은 '공연', '수행성'이란 용어를 사용한다.

13. Erika Fischer-Lichte, *Ästhetik des Performativen*, Frankfurt a. M.: Suhrkamp, 2004, p.47.

14. 제롬 스톨니쯔, 오병남 옮김, 『미학과 비평철학』, 서울: 이론과 실천, 1999, pp.33-72 중 p.46 참조.

15. Erika Fischer-Lichte, "Einleitung. Theatralität als kulturelles Modell," Erika Fischer-Lichte, Christian Horn, Sandra Umathum u. Matthias Warstat (Hrsg.), *Theatralität als kulturelles Modell in den Kulturwissenschaften*, Tübingen / Basel, 2004, pp.7-26 참조.

16. Erika Fischer-Lichte, *Ästhetik des Performativen*, Frankfurt a. M.: Suhrkamp, 2004, pp.31-41.

17. Fischer-Lichte, 1998, pp.45-47.

18. Erika Fischer-Lichte, *Ästhetik des Performativen*, Frankfurt a. M.: Suhrkamp, 2004, pp.42-57 참조. 에리카 피셔-리히테, 「우리는 어떻게 행동하는가. 행동개념에 대한 성찰들」, 루츠 무스너, 하이데마리 울 편, 문화학연구회 옮김, 『우리는 어떻게 행동하는가. 문화학과 퍼포먼스』, 서울: 유로, 2009, pp.19-34 참조.

19. Erika Fischer-Lichte, *Ästhetik des Performativen*, Frankfurt a. M.: Suhrkamp, 2004,

p.58 이하.

20. Erika Fischer-Lichte, *Ästhetik des Performativen*, Frankfurt a. M.: Suhrkamp, 2004, p.61.

21. Erika Fischer-Lichte, *Ästhetik des Performativen*, Frankfurt a. M.: Suhrkamp, 2004, pp.325-328.

22. Martin Seel, "Inszenieren als Erscheinenlassen. Thesen über die Reichweite eines Begriffs," *Ästhetik der Inszenierung*, hrsg. v. Josef Früchtl u. Jörg Zimmermann, Frankfurt a. M.: Suhrkamp, 2001, pp.48-62 중 p.53.

23. 에리카 피셔-리히테, 심재민 역, 「몸의 한계제거 – 영향미학과 몸이론의 관계에 대하여」『연극평론』 36호, 한국연극평론가협회, 2005년 봄, pp.182-197 참조. Erika Fischer-Lichte, "Entgrenzungen des Körpers. über das Verhältnis von Wirkungsästhetik und Körpertheorie," Erika Fischer-Lichte, Anne Fleig (Hrsg.), *Körper-Inszenierungen. Präsenz und kultureller Wandel*, Tübingen: Attempto, 2000, pp.19-34.

24. Erika Fischer-Lichte, *Ästhetik des Performativen*, Frankfurt a. M.: Suhrkamp, 2004, pp.188-200 참조.

25. Erika Fischer-Lichte, "Theater als Modell für eine Ästhetik des Performativen," Jens Kertscher, Dieter Mersch (Hrsg.), *Performativität und Praxis*, München: Wilhlem Fink, 2003, pp.97-111 중 p.100 이하 참조.

26. Erika Fischer-Lichte, "Theater als Modell für eine Ästhetik des Performativen," Jens Kertscher, Dieter Mersch (Hrsg.), *Performativität und Praxis*, München: Wilhlem Fink, 2003, p.102 이하.

27. 앙토냉 아르토, 박형섭 옮김, 『잔혹연극론』, 서울: 현대미학사, 2000, p.59. "공간의 시는 무대에서 사용될 수 있는 모든 표현 수단들의 양상을 지닌다. 가령 음악이나 춤, 조형, 판토마임, 무언의 몸짓, 제스처, 억양, 건축, 조명, 무대장치 등을 포함한다. (이 표현 수단들이 예술의 고정된 형태를 긴박하고 역동적인 형태로 대체시키기 위하여 무대가 제공하는 모든 물리적이고 직접적인 가능성을 이용할 수 있는 경우, 그 수단들은 시적으로 변한다. …)"

28. 다니엘 A. 키스터, 『삶의 드라마. 굿의 종교적 상상력 연구』, 서울: 서강대학교 출판부, 1997, p.163 참조; Piers Vitebsky, *Schamanismus. Reisen der Seele, Magische Kräfte, Ekstase und Heilung*, Köln: Taschen, 2001, p.80 참조.

29. Erika Fischer-Lichte, "Theater als Modell für eine Ästhetik des Performativen," Jens Kertscher, Dieter Mersch (Hrsg.), *Performativität und Praxis*, München: Wilhlem Fink, 2003, p.102 이하; Piers Vitebsky, *Schamanismus. Reisen der Seele, Magische Kräfte, Ekstase und Heilung*, Köln: Taschen, 2001, pp.80-81 참조.

30. 아르토는 자신이 생각하는 이상적 연출에 관하여 「언어에 관한 네번째 편지」(1933)에 서 다음과 같이 밝히고 있다. "순수한 연출이란 물질적 수단들이 빽빽이 들어찬 공연은 차치하더라도 다양한 행동, 얼굴표정놀이, 그리고 변화무쌍한 자세를 가지고 하는 놀이들을 수단으로 하여 또 음악을 구체적으로 응용함으로써 단어가 내포하는 모든 것을 포함하고, 게다가 이 단어마저 자유자재로 사용한다." Antonin Artaud, *Das Theater und sein Double. Das Theatre de Seraphin*, Frankfurt a. M.: Fischer, 1987, p.130.

31. 다니엘 A. 키스터,『삶의 드라마. 굿의 종교적 상상력 연구』, 서울: 서강대학교 출판부, 1997, p.165에서 재인용.

32. 앙토넹 아르토, 박형섭 옮김,『잔혹연극론』, 서울: 현대미학사, 2000, p.132.

33. 다니엘 A. 키스터,『삶의 드라마. 굿의 종교적 상상력 연구』, 서울: 서강대학교 출판부, 1997, p.169.

34. 앙토넹 아르토, 박형섭 옮김,『잔혹연극론』, 서울: 현대미학사, 2000, p.134.

35. 다니엘 A. 키스터,『삶의 드라마. 굿의 종교적 상상력 연구』, 서울: 서강대학교 출판부, 1997, p.169.

36. Erika Fischer-Lichte, "Theater als Modell für eine Ästhetik des Performativen," Jens Kertscher, Dieter Mersch (Hrsg.), *Performativität und Praxis*, München: Wilhlem Fink, 2003, p.107.

37. 이런 맥락에서 피셔-리히테는 공연에 대한 관객의 해석학적 이해는 더 이상 불가능하 다고 단언한다. 또 공연이 끝난 후에 이루어지는 관객의 이해 시도는 수행적인 것의 미 학의 과정에 속하지 않으며, 미적 경험은 공연이 끝남과 함께 종결된다고 주장한다. Erika Fischer-Lichte, *Ästhetik des Performativen*, Frankfurt a. M.: Suhrkamp, 2004, p.270.

38. Erika Fischer-Lichte, *Ästhetik des Performativen*, Frankfurt a. M.: Suhrkamp, 2004, p.310.

39. 이영금,『해원과 상생의 퍼포먼스. 호남지역 무(巫)문화』, 서울: 민속원, 2011, p.241 참 조.

40. 빅터 터너, 이기우 · 김익두 옮김,『제의에서 연극으로』, 서울: 현대미학사, 1996, p.40.

41. 빅터 터너, 이기우 · 김익두 옮김,『제의에서 연극으로』, 서울: 현대미학사, 1996, p.40 이하, p.209.

42. 빅터 터너, 이기우 · 김익두 옮김,『제의에서 연극으로』, 서울: 현대미학사, 1996, pp.101-146, 특히 p.129 이하 참조.

43. 빅터 터너, 이기우 · 김익두 옮김,『제의에서 연극으로』, 서울: 현대미학사, 1996, p.113 에서 재인용.

44. 빅터 터너, 이기우 · 김익두 옮김,『제의에서 연극으로』, 서울: 현대미학사, 1996,

pp.113-146 참조.

45. 빅터 터너, 이기우 · 김익두 옮김, 『제의에서 연극으로』, 서울: 현대미학사, 1996, pp.115-129, p.208 이하 참조. 이미원, 『연극과 인류학』, 서울: 연극과인간, 2005, p.38 이하 참조. 우선 '위기제의'로는 성인식이라든가 장례식 등을 들 수 있다. 이런 사회극은 인생의 크나큰 변화의 계기를 맞을 때 주위와의 극적인 변화를 본인과 타인에게 모두 주지시켜 극단적인 상황이나 분열을 예방하는 효과가 있다. 반면에 '고난제의'는 인생의 불행을 맞아 행하는 제의로서, 해원과 치유 효과를 의도하는 기복(祈福) 제의가 여기에 해당한다.

46. 이영금, 『해원과 상생의 퍼포먼스. 호남지역 무(巫)문화』, 서울: 민속원, 2011, p.242.

47. 빅터 터너, 이기우 · 김익두 옮김, 『제의에서 연극으로』, 서울: 현대미학사, 1996, p.46, p.210.

48. 빅터 터너, 이기우 · 김익두 옮김, 『제의에서 연극으로』, 서울: 현대미학사, 1996, p.208.

49. '코무니타스'의 개념에 대한 설명은 빅터 터너, 이기우 · 김익두 옮김, 『제의에서 연극으로』, 서울: 현대미학사, 1996, pp.75-99, p.213 참조.

50. 빅터 터너, 이기우 · 김익두 옮김, 『제의에서 연극으로』, 서울: 현대미학사, 1996, p.210.

51. 빅터 터너, 이기우 · 김익두 옮김, 『제의에서 연극으로』, 서울: 현대미학사, 1996, p.124, p.126, p.234 이하 참조. 퍼포먼스가 우리로 하여금 삶 자체에 대해 설명 또는 해석하게 하고, 삶의 문제를 제기하여 사색과 비판의 시간을 가질 수 있게 하는 것은 '전이적 반성성(liminal reflexivity)'에 의한 것이다.

52. Erika Fischer-Lichte, *Ästhetik des Performativen*, Frankfurt a. M.: Suhrkamp, 2004, p.316.

53. Erika Fischer-Lichte, *Ästhetik des Performativen*, Frankfurt a. M.: Suhrkamp, 2004, p.362.

54. 주 5 참조.

55. 다니엘 A. 키스터, 『삶의 드라마. 굿의 종교적 상상력 연구』, 서울: 서강대학교 출판부, 1997, p.107에서 재인용.

56. 앙토냉 아르토, 박형섭 옮김, 『잔혹연극론』, 서울: 현대미학사, 2000, p.134.

참고문헌

한국의 샤머니즘에 관하여

김명자, 「무당과 신부리」 『한국무속학』 제2집, 한국무속학회, 2002.
_____, 「남강 김태곤교수의 생애와 민속학연구」 『민속문화의 조명과 새 지평』, 서울: 민속
    원, 2007).
김태곤, 『한국무속연구』, 서울: 집문당, 1981.
_____, 『한국의 무속』, 서울: 대원사, 1991.
_____, 『무속과 영의 세계』, 서울: 한울, 1993.
양종승 · 홍태한 등, 『한국의 굿』, 서울: 민속원, 2002.
이용범, 「근대의 한국무속」 『한국무속학』 11집, 서울: 한국무속학회, 2006.
이필영, 「한민족과 샤머니즘」, 한민족학회 편, 『한민족』 제2집, 교문사, 1991.
_____, 『샤머니즘의 종교사상』, 대전: 한남대학교 출판부, 1998.
조흥윤, 『한국의 巫』, 서울: 정음사, 1985.
_____, 『한국의 샤머니즘』, 서울: 서울대학교 출판부, 1999.
한국공연예술원, 『샤만유산의 발견』, 유네스코한국위원회.(한국공연예술원 주최 국제학술
    대회 자료집)
한국무속학회 편, 『한국무속의 강신무와 세습무 유형구분의 문제』, 서울: 민속원, 2006.
홍태한, 『우리 무당굿의 이해』, 서울: 민속원, 2009.
_____, 「한국무속과 무형문화재」 『한국무속학』 제9집, 서울: 한국무속학회, 2005.

샤먼 문화의 원형성과 그 역사

강은해, 「두두리(목랑)재고[豆豆里(木郞)再考]」 『한국학논집』 16, 계명대, 1989.
『경국대전(經國大典)』, 한국법제처연구원, 1993.
『고려사(高麗史)』, 동아대 석당학술원, 2002.
고성훈, 「숙종조 변란(變亂)의 일단—수양산(首陽山) 생불(生佛) 출현설을 중심으로」 『남
    도영 박사 고희 기념 역사학논총』, 민족문화사, 1993.

국사편찬위원회, 『조선왕조실록(朝鮮王朝實錄)』. http://sillok.history.go.kr

김동욱 · 최상은 공역, 『천예록(天倪錄)』, 명문당, 2003.

김부식, 이병도 역, 『삼국사기(三國史記)』, 을유문화사, 1996.

김용숙, 「궁중의 산속(産俗) 및 무속」 『조선조 궁중풍속 연구』, 일지사, 1987.

김원용, 「한국선사시대의 신상(神像)에 대하여」 『한국고고학연구』, 일지사, 1987.

김정배, 「검(劍) · 경(鏡) · 옥(玉)과 고대의 문화와 사회」 『한국고대의 국가기원과 형성』, 고려대 출판부, 1986.

김탁, 「조선전기의 전통신앙 — 위호(衛護)와 기신제(忌晨祭)를 중심으로」 『종교연구』 6, 한국종교학회, 1990.

김태우, 「고려시대 무격의 신분과 세습화 과정에 대하여」 『예성문화(蘂城文化)』 18, 예성문화연구회, 1998.

_____, 「서울 한강유역 부군당 의례 연구」, 경희대 박사학위논문, 2008.

김현, 「조선 유학에서의 귀신 개념」 『조선 유학의 자연 철학』, 예문, 1998.

김호, 「효종대 조귀인 저주 사건과 동궐(東闕) 개수(改修)」 『인하사학(仁荷史學)』 10, 인하사학회, 2003.

남풍현, 「순창 성황당 현판의 판독과 해석」, 한국종교사연구회 편, 『성황당과 성황제』, 민속원, 1998.

문상기, 「조선조 사류(士類)의 귀신관(鬼神觀) 연구」 『부산한문학연구』 9, 부산한문학회, 1995.

민정희, 「조선전기의 무속과 정부정책」 『학림(學林)』 21, 연세대 사학연구회, 2000.

민족문화추진위원회, 『만기요람(萬機要覽)』, 1982.

_____, 『신증동국여지승람(新增東國輿地勝覽)』, 1969.

박경하, 「삼척적오금잠제연구(三陟的烏金簪祭研究)」 『아세아민속연구』 2, 민족출판사, 1999.

박은용, 「목랑고(木郎攷)」 『한국전통문화연구』, 효성여대, 1986.

박호원, 「고려 무속신앙의 전개와 그 내용」 『민속학연구』 1, 국립민속박물관, 1991.

서영대, 「민속종교」 『한국사』 16, 국사편찬위원회, 1994.

_____, 「민속종교」 『한국사』 21, 국사편찬위원회, 1996.

_____, 「한국고대의 종교직능자(宗教職能者)」 『한국고대사연구』 12, 서경문화사, 1997.

손진태, 「조선급중국(朝鮮及中國)의 복화무(腹話巫)」 『조선민족문화의 연구』, 을유문화사, 1948.

신종원, 「고대의 일관(日官)과 무(巫)」 『신라초기불교사연구』, 민족사, 1992.

_____, 「선덕여왕에 얽힌 소문의 진실」 『삼국유사 새로 읽기』 I, 일지사, 2004.

오문선, 『서울 부군당제 연구』, 한국학중앙연구원 박사학위논문, 2009.

유동식,『한국무교(韓國巫教)의 구조와 역사』, 연세대 출판부, 1975.

은화수,「한국 출토 복골(卜骨)에 대한 고찰」『호남고고학보』 10, 호남고고학회, 1999.

이건무,「한국 청동의기(青銅儀器)의 연구」『한국고고학보』 28, 한국고고학회, 1992.

이능화,「조선무속고(朝鮮巫俗考)」『계명(啓明)』 19, 계명구락부, 1927.

_____,『조선종교사(朝鮮宗教史)』, 영신아카데미. 1983.

이복규,「묵재일기(默齋日記)에 나타난 무속」『묵재일기에 나타난 조선전기의 민속』, 민속
　　원, 1999.

이창식,「삼척지방 오금잠제(烏金簪祭)의 구조와 의미」『강원민속학』 7 · 8, 강원민속학회,
　　1990.

이태진,「사림파(士林派)의 유향소(留鄉所) 복립운동(復立運動)」『한국사회사연구』, 지식
　　산업사, 1986.

이필영,「조선 후기의 무당과 굿」『정신문화연구』 53, 한국정신문화연구원, 1993.

이혜구,「별기은고(別祈恩考)」『한국음악서설(韓國音樂序說)』, 서울대 출판부, 1972.

일연, 이재호 역,『삼국유사(三國遺事)』, 솔, 2002.

임학성,「조선 후기 경상도 단성현호적(丹城縣戶籍)을 통해 본 무당의 존재 양태」『대동문
　　화연구(大東文化研究)』 47, 성균관대, 2004.

_____,「조선시대 무세제도(巫稅制度)와 그 실태」『역사민속학』 3, 역사민속학회, 1993.

조동일,「15세기 귀신론과 귀신이야기의 변모」『문학사와 철학사의 관련 양상』, 한샘, 1992.

조흥윤,「무교사상사(巫教思想史)」『한국종교사상사』 IV, 연세대 출판부, 1986.

_____,「조선왕조 초기의 무(巫)」『무(巫)와 민족문화』, 민족문화사, 1993.

차하순,「시대구분의 이론과 실제」『한국사 시대구분론』, 소화, 1995.

최남선,「불함문화론(不咸文化論)」『육당 최남선 전집』 2, 현암사, 1973.

최석영,「무(巫)와 일관(日官)의 갈등에 대한 역사적 고찰」『비교민속학』 13, 비교민속학회,
　　1996.

최종성,『조선조 무속 국행의례(國行儀禮) 연구』, 일지사, 2002.

한국고대사회연구소 편,『역주 한국고대금석문』 2, 가락국사적개발연구원, 1992.

榎村寬之,「齋王制度の研究」『律令天皇制祭祀の研究』, 塙書房, 1996.

大林太郎,「シャマニズムの起源」『北方の民族と文化』, 山川出版社, 1991.

富育光,『薩滿論』, 遼寧人民出版社, 2000.

三浦國雄, 이승연 옮김,「귀신론」『주자와 기, 그리고 몸』, 예문서원, 2003.

村山智順,『朝鮮の巫覡』, 朝鮮總督府, 1937.

Holmberg, Uno., *The Mythology of All Races IV-Finno-Ugric, Siberian*, Cooper Square
　　Publishers, 1964.

Jacobson-Tepfer, Esther., *Ancient North Asia Shamanism, Shamanism--An encyclopedia* of world beliefs, practices and culture, ABC Clio, 2004.

Mair, Lucy., *African Kingdoms*, Oxford university press, 1977.

Walraven, Boudewijn., 「張禧嬪 詛呪事件의 新解釋」『제1회 한국학국제학술회의논문집』, 인하대, 1987.

샤먼 문화의 색채관

김용덕, 『한국민속문화대사전』, 서울: 창솔, 2004.

김태곤, 『한국무속연구』, 서울: 집문당, 1995.

데이비드 폰태너, 최승자 옮김, 『상징의 비밀』, 서울: 문학동네, 1998.

레비-스트로스, 안정남 옮김, 『야생의 사고』, 서울: 한길사, 2011.

박명원, 「한국인의 색채의식 및 색채교육 연구—전통색채를 중심으로」, 서울: 성균관대학교 박사학위 청구논문, 2001.

백낙선, 『마음으로 읽는 색채심리』, 서울: 미진사, 2010.

사사키 코우칸(佐左木廣幹), 김영민 옮김, 『샤머니즘의 이해』, 서울: 박이정, 2003.

이재만, 『한국의 전통 색. 한국 문화와 색의 비밀』, 서울: 일진사, 2011.

이종상, 「한국인의 색채의식」, 서울대학교 미술대학 조형연구소, 2001, pp.37-50.

정시화, 「한국인의 색채의식」, 한국정신문화연구원, 1981, pp.135-147.

정재서 역주, 『산해경』, 서울: 민음사, 2011.

조흥윤, 『한국의 샤머니즘』, 서울대학교출판부, 1999.

Hyun-key Kim Hogarth, Gut, the Korean Shamanistic Ritual, Seoul: Jimoondang, 2009.

http://www.cha.go.kr/korea/news/newsBbzView!view.action?id=155696530&curPage=2&strWhere=&strValue=&schWhere=&schDirect=&sectionId=add_cate_1_sec_1&sdate=&edate=&category=&mc=NS_01_10 http://www.fnnews.com/view?ra=Sent0601m_View&corp=fnnews&arcid=0922117583&cDateYear=2010&cDateMonth=10&cDateDay=15

굿 음식의 의미와 실제

국립문화재연구소 편, 『무(巫)·굿과 음식 1-개인굿』, 대전: 국립문화재연구소, 2005.

_____, 『무(巫)·굿과 음식 2-마을굿』, 대전: 국립문화재연구소, 2005.

_____, 『무(巫)·굿과 음식 3-마을굿』, 대전: 국립문화재연구소, 2005.

_____,『삼척 임원리 굿과 음식』, 대전: 국립문화재연구소, 2007.

_____,『영덕 구계리 굿과 음식』, 대전: 국립문화재연구소, 2007.

_____,『무(巫) · 굿과 음식』, 대전: 국립문화재연구소, 2008.

김명자,「민간신앙과 일생의례의 수수관계」『종교와 일생의례』, 서울: 민속원, 2006.

김상보,『상차림 문화』, 서울: 기파랑, 2010.

김시덕,「가가례로 보는 경기지역 제사의 특징」, 실천민속학회 편,『민속문화의 지역적 특성을 묻는다』, 서울: 집문당, 2000.

김태곤,『한국무속연구』, 서울: 집문당, 1981.

서울특별시 편,『서울민속대관 5-점복신앙편』, 서울: 서울특별시, 1993.

이영춘,『차례와 제사』, 서울: 대원사, 1998, p.191.

전통굿 노들제연구단 엮음,『전통굿 노들제연구』, 서울: 민속원, 2010.

홍태한,「서울굿의 상차림에 대하여」『한국무속학』제6집, 서울: 한국무속학회, 2003.

굿과 춤, 그리고 '굿춤'

김열규,『한국민속과 문화연구』, 서울: 일조각, 1971.

김열규 · 이상일 · 황루시,『굿과 놀이』, 서울: 일조각, 1989.

김영란,「한국 강신무와 세습무의 무용인류학적 비교연구」, 단국대학교 박사학위논문, 2006.

김정녀,「굿춤의 구조고」『한국무용연구』3집, 서울: 한국무용연구회, 1984.

김태곤,『한국무속연구』, 서울: 집문당, 1981.

양음류(楊蔭瀏) 저, 이창숙 옮김,『중국고대음악사』, 서울: 솔출판사, 1999.

왕국분(王克芬) 저, 고승길 역,『중국무용사』, 서울: 교보문고, 1991.

유동식,『한국무교의 역사와 구조』, 서울: 연세대학교 출판부, 1989.

이병옥,「경기지역춤의 문화권적 특징연구」『우리춤연구』제10집, 서울: 한양우리춤연구소, 2009.

_____,「한국무속에 나타난 북방계와 남방계 춤 특징의 인류학적 고찰」『대한무용학회』제30집, 서울: 대한무용학회.

_____,『한국무용민속학』, 용인: 도서출판 노리, 2009.

정범태,『한국백년 1』, 서울: 눈빛출판사. 2006.

정병호,「한국춤의 미적특성」『예술과 비평』, 서울: 서울신문사, 1985.

_____,『무무(巫舞)』, 문화재관리국 문화재연구소, 1987.

_____,『한국의 민속춤』, 서울: 삼성출판사, 1991.

_____, 『한국의 전통춤』, 서울: 집문당, 1999.

_____, 『한국춤』, 서울: 열화당, 1985.

『墨子』「非樂」篇.

『呂氏春秋』.

『周禮』.

무당굿의 음악과 춤, 그 무속학적 의미

김헌선, 「경기 판소리의 정착과 형성집단」『경기판소리』, 수원: 경기국악당, 2005.

_____, 『황해도 무당굿놀이 연구』, 서울: 보고사, 2007.

이보형, 「함경도굿의 음악」『함경도 망묵굿』, 서울: 열화당, 1985.

최헌, 「서울 재수굿과 진오귀굿」『한국음악』 29, 서울: 국립국악원, 1996.

홍태한, 「군웅의 의미와 지역별 망자천도굿의 비교」『비교민속학』 32, 서울: 비교민속학회, 2006.

_____, 「굿음악의 가치와 현대적 계승방안」『국립국악원논문집』 23, 서울: 국립국악원, 2011.

_____, 「서울굿 가망청배거리에서 가망의 의미 연구」『한국민속학』 41, 서울: 한국민속학회, 2005.

_____, 『서울굿의 다층성과 다양성』, 서울: 민속원, 2012.

_____, 『서울굿의 양상과 의미』, 서울: 민속원, 2007.

_____, 『서사무가 당금애기 연구』, 서울: 민속원, 2001.

_____, 『한국의 무가 1』, 서울: 민속원, 2004.

_____, 『서울진오기굿』, 서울: 민속원, 2007.

굿, 그 절묘한 이중주

강준만, 「의미와 재미 사이의 갈등」『인물과 사상 19』, 서울: 개마고원, 2001.

김선풍, 『한국축제의 본질』(관동민속학 제3집), 서울: 국학자료원, 1998.

김열규, 『엔터테인먼트』, 서울: 아이디얼북스, 2008.

김영주, 『신기론으로 본 한국미술사』, 서울: 나남신서, 1992, pp.20-30.

김택규, 『한국농경세시의 연구-농경의례의 문화인류학적 고찰』(민족문화연구총서 11), 경북: 영남대학교 민족문화연구소, 1991.

리프킨, 이원기 옮김, 『유러피언 드림』, 서울: 민음사, 2005.

임선하, 『창의성에의 초대』, 서울: 교보문고, 1996.

조동일, 「한국문학의 양상과 미적 범주」 『한국문학 이해의 길잡이』, 서울: 집문당, 1996.

콕스, 김천배 옮김, 『바보제』, 서울: 현대사상사, 1973.

터너 · 빅터, 이기우 · 김익두 옮김, 『제의에서 연극으로』, 서울: 현대미학사, 1996.

하위징아, 이종인 옮김, 『호모루덴스』, 서울: 연암서가, 2010.

퍼포먼스 연구의 관점에서 본 굿 문화

스톨니쯔, 오병남 옮김, 『미학과 비평철학』, 서울: 이론과 실천, 1999.

아르토, 박형섭 옮김, 『잔혹연극론』, 서울: 현대미학사, 2000.

이미원, 『연극과 인류학』, 서울: 연극과인간, 2005.

이상일, 『굿, 그 황홀한 연극. 민족예술의 지평을 넘어서』, 서울: 강천, 1991.

이영금, 『해원과 상생의 퍼포먼스. 호남지역 무(巫)문화』, 서울: 민속원, 2011.

키스터, 『무속극과 부조리극. 원형극에 관한 비교연구』, 서울: 서강대학교 출판부, 1986.

키스터, 『삶의 드라마. 굿의 종교적 상상력 연구』, 서울: 서강대학교 출판부, 1997.

터너, 이기우 · 김익두 옮김, 『제의에서 연극으로』, 서울: 현대미학사, 1996.

피셔-리히테, 「우리는 어떻게 행동하는가. 행동개념에 대한 성찰들」, 루츠 무스너 · 하이데마리 울 편, 문화학연구회 옮김, 『우리는 어떻게 행동하는가. 문화학과 퍼포먼스』, 서울: 유로, 2009, pp.19-34.

피셔-리히테, 심재민 역, 「몸의 한계제거 — 영향미학과 몸이론의 관계에 대하여」 『연극평론』 36호, 한국연극평론가협회, 2005년 봄, pp.182-197.

Artaud, Antonin., *Das Theater und sein Double. Das Theatre de Seraphin*. Frankfurt a. M.: Fischer, 1987.

Balme, Christopher B., *The Cambridge Introduction to Theatre Studies*. Cambridge University Press, 2010.

Carlson, Marvin., *Performance: a critical introduction*. London and New York: Routledge, 1998.

Fischer-Lichte, Erika., "Entgrenzungen des Körpers. über das Verhältnis von Wirkungsästhetik und Körpertheorie," Erika Fischer-Lichte, Anne Fleig (Hrsg.), *Körper-Inszenierungen. Präsenz und kultureller Wandel*. Tübingen: Attempto, 2000, pp.19-34.

——————————, "Theater als Modell für eine Ästhetik des Performativen,"

Jens Kertscher, Dieter Mersch (Hrsg.), *Performativität und Praxis*. München: Wilhlem Fink, 2003, pp.97-111.

_____, *Ästhetik des Performativen*. Frankfurt a. M.: Suhrkamp, 2004.

_____, "Einleitung. Theatralität als kulturelles Modell," Erika Fischer-Lichte, Christian Horn, Sandra Umathum u. Matthias Warstat (Hrsg.), *Theatralität als kulturelles Modell in den Kulturwissenschaften*. Tübingen.Basel, 2004, pp.7-26.

_____, "Performativität/performativ," Metzler Lexikon Theatertheorie, hrsg. v. Erika Fischer-Lichte, Doris Kolesch, Matthias Warstat, Stuttgart.Weimar: Metzler, 2005, pp.234-242.

Fischer-Lichte, Erika., Kreuder, Friedemann., Pflug, Isabel (Hrsg.), *Theater seit den 60er Jahren. Grenzgänge der Neo-Avantgarde*. Tübingen u. Basel 1998.

Kim, Jeong Suk., *Pathos und Ekstase. Performativität und Körperinszenierung im schamanistischen Ritual kut und seine Transformation im koreanischen Gegenwartstheater, Diss*. Berlin: 2007.

Schechner, Richard., *Performance Theory*. Rev. & Expanded Ed. New York.London: Routledge, 1994.

_____, *Performance Studies. An Introduction*. 2nd Ed. Routledge, 2006.

Seel, Martin., "Inszenieren als Erscheinenlassen. Thesen über die Reichweite eines Begriffs," *Ästhetik der Inszenierung*. hrsg. v. Josef Früchtl u. Jörg Zimmermann, Frankfurt a. M.: Suhrkamp, 2001.

Umathum, Sandra., "Performance," Metzler Lexikon Theatertheorie, hrsg. v. Erika Fischer-Lichte, Doris Kolesch, Matthias Warstat, Stuttgart.Weimar: Metzler, 2005, pp.231-234.

Vitebsky, Piers., *Schamanismus. Reisen der Seele, Magische Kräfte, Ekstase und Heilung*. Köln: Taschen, 2001.

부록

『무당내력(巫黨來歷)』 영인

『무당내력』은 조선조 말, 1800년대 난곡(蘭谷)이라는 호를 가진 사람이 서울굿의 각 거리를 그림으로 그려 설명한 책이다. 서울대학교 규장각에 소장되어 있는 이 책은 작은 책과 큰 책의 두 종이 있는데, 작은 책은 가로 17센티미터, 세로 21센티미터, 14면으로, 큰 책은 가로 19.5센티미터, 세로 28센티미터, 14면으로 되어 있다. 두 책 모두 첫 면에는 『무당내력』에 관한 글이 씌어 있고, 나머지 13면에는 굿거리 그림이 수록되어 있다.

규장각에서는 이 두 책을 합본 영인하여 펴냄으로써 일반인들도 접할 수 있는 기회를 제공한 바 있다.(민속원 발행, 2005) 이 책의 해제를 집필한 서대석 교수(현 서울대 명예교수로, 영인본에 해제를 수록하기 전, 1997년『구비문학연구』제4집에 논문으로 발표한 바 있다)에 의하면, 책의 저술시기는 하한선으로써 1885년으로 추정되지만 이보다 육십 년 전인 1825년도 배제할 수는 없다고 했다. 19세기 초기 또는 말기로 추정하는 것인데, 어찌되었든 백 년이 훨씬 넘은 시기로 이 책에 수록돼 있는 굿거리는 오늘날의 굿거리와 거의 같아 우리 무당굿의 강한 전승력을 파악할 수 있는 산 자료가 된다.

소개된 내용은 작은 책의 경우 서문을 쓰고 악공(요즘은 악사라고 지칭), 감응청배, 제석거리, 별성거리, 대거리, 호구거리, 조상거리, 만신말명, 축귀, 창부거리, 성조거리, 구릉거리, 뒷전(원본 책에는 뒷전으로 표기)의 순서로 굿거리 그림이 수록되어 있다. 큰 책은 서문에 이어 부정거리, 제석거리, 대거리, 호구거리, 별성거리, 감응거리, 조상거리, 만신말명, 구릉거리, 성조거리, 창부거리, 축귀, 뒷전으로 비록 배열순서는 다르지만 굿거리는 거의 비슷하다. 서대석 교수는, 굿거리 순차가 다른 것은 각 거리가 독립적으로 그려지고 이를 모아 묶는 과정에서 나타난 차이로 보고 있다. 따라서 두 책 중 하나는 전사본(轉寫本)일 가능성이 있는데 작은 책이 원본일 가능성이 크다고 했다.

작은 책의 첫 면에 수록되어 있는 악공 그림에만 해설이 없을 뿐, 각 굿거리마다 거리의 명칭과 해설이 한자로 씌어 있다. 그림은 수준이 높아 보이지는 않지만 색채감을 살린 무복과 무구, 춤사위, 그리고 굿상의 그림은 오늘날의 굿거리를 그대로 연상시킨다.

작자(作者)는 무속신앙을 찬양하기보다는 비판적인 관점에서 기술했지만, 전근대사회에서는 무속의례와 관련된 그림이 지극히 드문 상황에서 이 책은 대단한 가치가 있다고 본다. 간혹 풍속화 속에 무당의 모습이 등장하지만 이는 부분적이며, 『무당내력』과 같이 집중적으로 굿거리를 표현한 문헌은 사실상 전무하다. 기록자료 역시 개항기 이전까지는 대단히 드물다. 그 이전에는 유학자의 문집에 부분적으로 나타나는데, 이를 통해서는 그 실상을 구체적으로 파악할 수 없다.

기록자료로는 고려시대 이규보(李奎報, 1168-1241)가 쓴 장편 한시 「노무편(老巫篇)」을 꼽을 수 있다. 이 장편시는 무속의례를 음사(陰祀, 고려시대나 조선시대는 모두 음사라 했으며 무속이라는 용어는 근대 국가 이후 등장한다)라 하여 부정적으로 표현하고 있지만, 당시 굿의 양상을 파악할 수 있는 자료로서 높이 평가된다. 더욱이 이 장편시에서 표현된 굿거리는 오늘날의 것과 거의 유사하여, 여기서도 무속의례가 꾸준히 전승되는 역사성을 지닌 문화유산임을 알 수 있다.

『무당내력』은 굿거리를 그림으로 표현하여 무속의례를 보다 사실적으로 보여준다. 이 책 『한극의 원형을 찾아서』에 『무당내력』을 영인하여 게재하는 까닭은, 이러한 가치를 평가하면서 아울러 전통성과 역사성을 지닌 우리 굿거리의 모습을 널리 소개하고자 하는 의미도 있다. 불교를 이념화했던 고려, 유교를 이념화했던 조선이 무속의례를 음사라고 표현하며 폄하했지만 꾸준히 전승되고 있음이 실증되는데, 이는 무속신앙이 일정 부분 우리 전통문화의 근간을 이루기 때문일 것이다.

끝으로 이 책에 수록한 무당굿 그림은 원본일 가능성이 큰 '작은 책'(古1430-18)에 수록되어 있던 것임을 밝혀 둔다.

김명자(金明子)

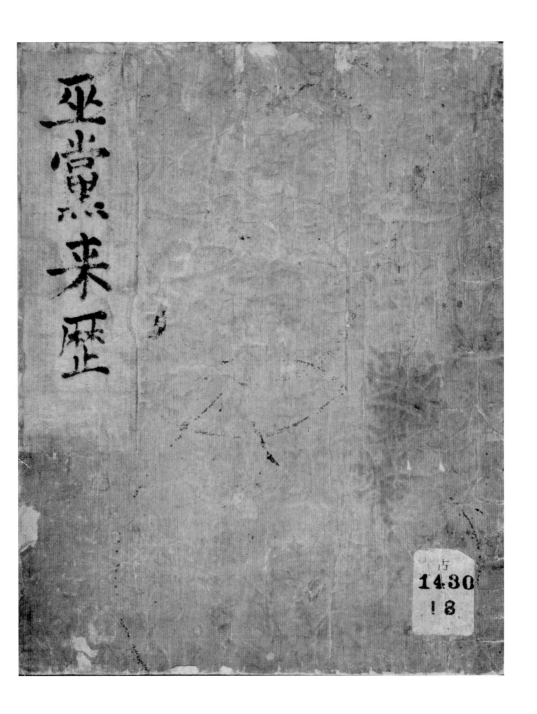

巫堂來歷

巫黨來歷

上元甲子唐堯時 十月三日神人降于太白山白頭山亦云檀

木下是為檀君乃設神教而教之長子扶婁賢而多

福故人民尊信後日擇地等壇土兇盛禾穀編草擁之

稱曰扶妻檀地 每歲十月新穀既登以甑餅酒果致誠祈禱

祈禱時必用老成女子世稱巫人其後數又僧加謂之巫黨

通來百獻端置出漢唐以巫嶽頗繁近日佛家謂之新羅中

業咸陽寺地有法兩和尚生八女分遣八路為巫云無據訛

言莫此為甚

時乙酉仲春 蘭谷破寂耳

418

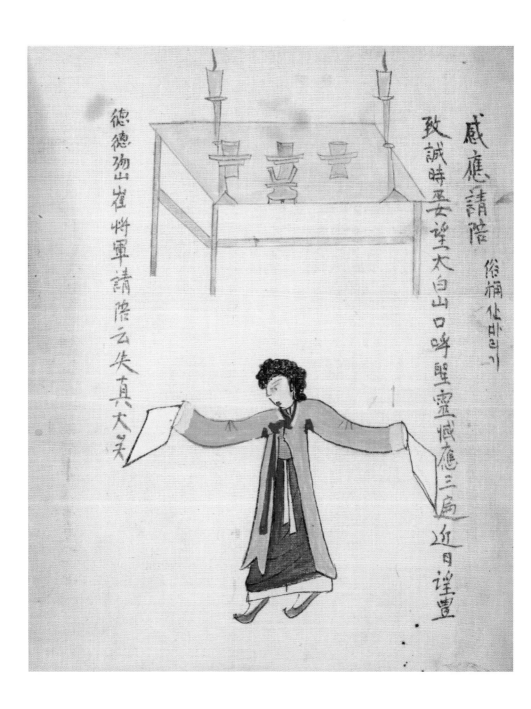

感應請陰 俗稱 산바리기

致誠時要望太白山口呼聖靈感應三扇近日謹畫

德德勿山崔將軍請陰云失真大笑

420

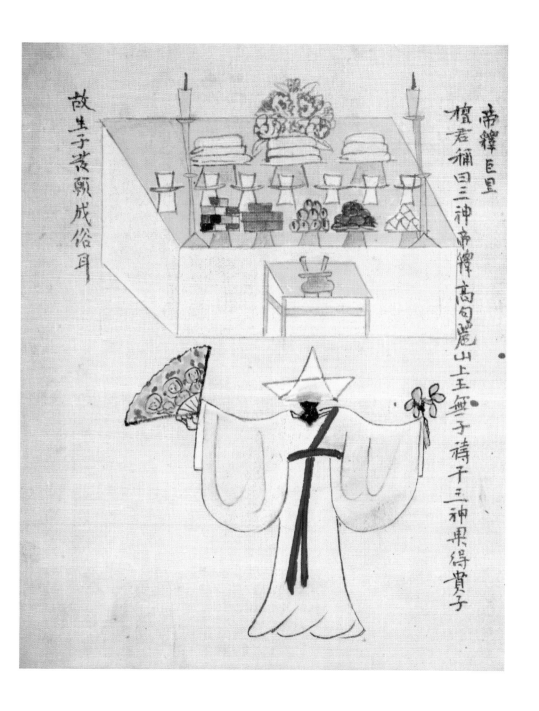

帝釋巨里

檀君補曰三神帝釋高句麗山上王無子禱子三神果得貴子

故生子茇願成俗目

別星巨里

檀君侍臣高矢禮教民稼穡故人民不忘其恩

檀君請陪時謂之別星

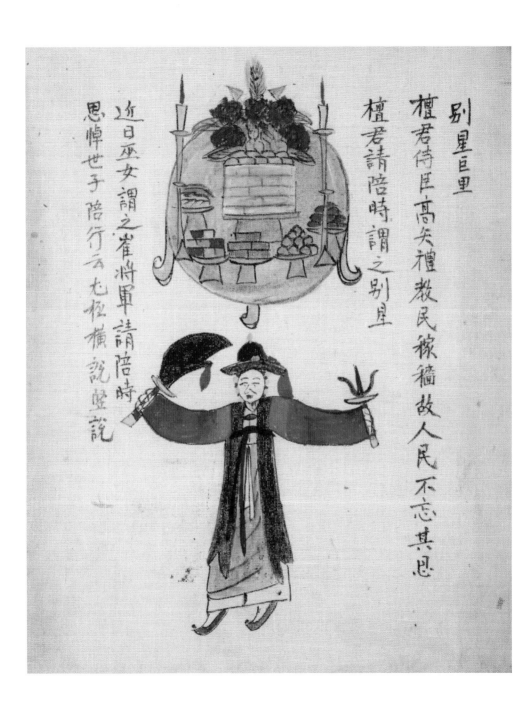

近日巫女謂之崔將軍請陪時
思悼世子陪行云无稽橫說竪說

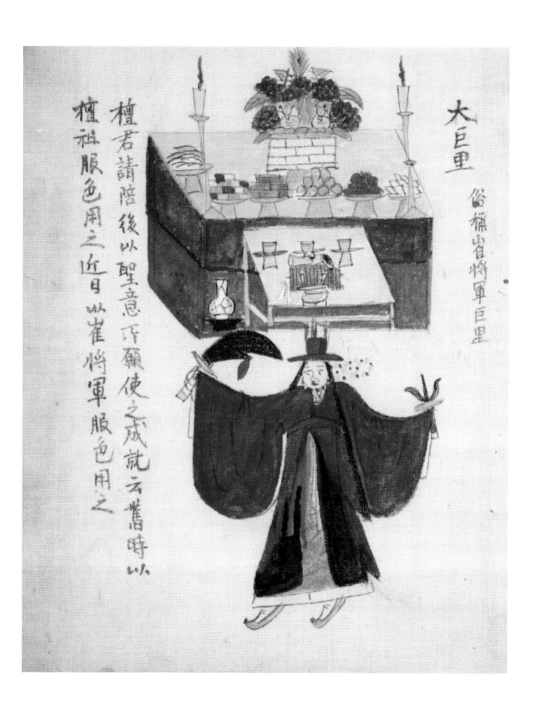

大巨里

俗稱山將軍巨里

檀君請陪後以聖意巧願使之成就云舊時以

檀祖服色用之近日以崔將軍服色用之

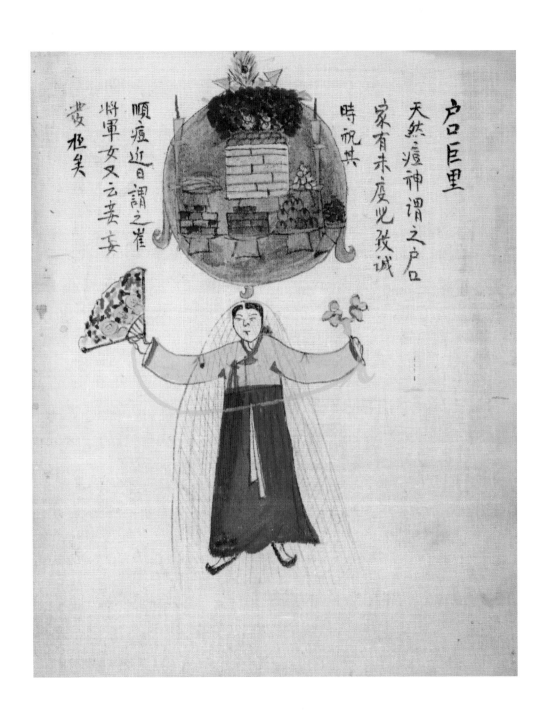

户巨里

天然痘神谓之户口
家有未疫兒致誠
時祝其

順痘近目謂之崔
將軍女又云妻妾
裳枢美

祖上巨里

致誠時祖上次第
入来後日吉函福福
豫報云不過巫女
討索끗 可笑 ㅓ

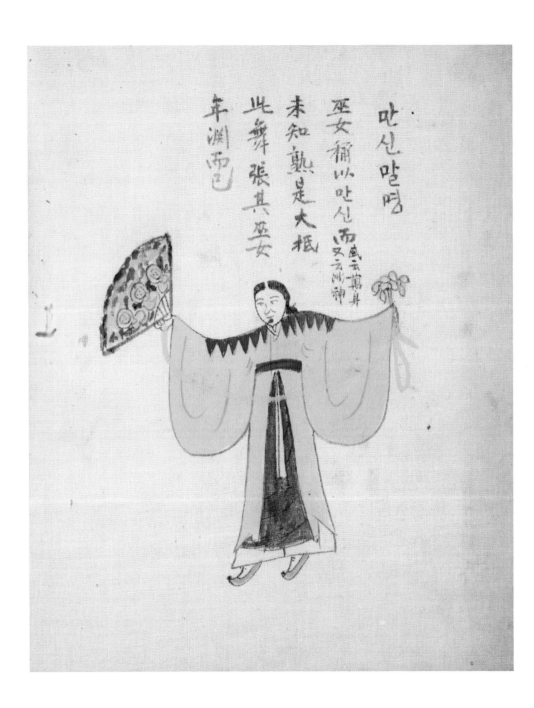

만신 말명

巫女稱以만신而盖云萬其
未知熟是大抵又云제神
此舞張其巫女
年渊兩邑

以五色旗指揮
五方神將一切私鬼
雜神諸班敬格
除却云而近日
病致誠多行
未知何時代
何自出

唱婦巨里

巫女擇其年少美妙者

一場遊戲不過

賽錢而已六十

以來次三盛行

耳

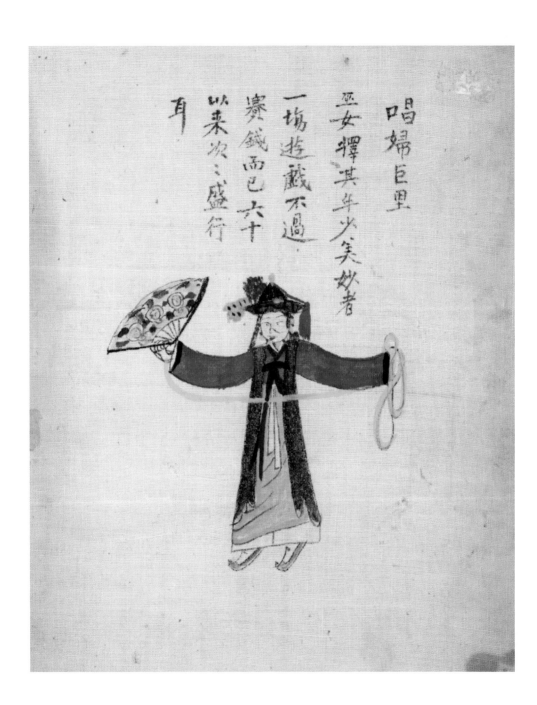

成造巨里

檀君時每歲十月
使巫女祝成造家之
意人民不忘其本
致誠時依例擧
行耳（俗稱성주푸리）

구룡

明時以水路往來故
每當使臣出發時
使臣城隍(慕華峴外)
以巫女祝其無
故回還美因為
成俗致誠時
依例擧行

自紙累金錢以助贐于連路浮冤云

뒷젼

致誠畢無名雜鬼

一體犒饋使之安定
年代無考傳來
之俗而已

필자 약력

양혜숙(梁惠淑)은 1936년 서울 출생으로, 서울대 독어독문학과를 졸업하고 독일 튀빙엔 대학 철학부에서 독문학, 미술사, 철학을 전공하고 석사학위를, 이화여대 대학원에서 박사학위를 받았다. 1967년부터 삼십 년 가까이 이화여대 독문과 교수로 재직했으며, 1978년부터 연극평론가로 활동했다. 1991년 한국공연예술학회를, 1996년 사단법인 한국공연예술원을 창립하여 한국공연예술원 초대원장을 거쳐 2008년부터 이사장을 맡아 오면서, 1997년부터 최근까지 샤마니카 페스티발, 샤마니카 심포지움, 샤마니카 프로젝트 등 연구와 실천을 통해 '한극(韓劇)의 정립과 우리문화 뿌리찾기'에 매진하고 있다. 저서로『표현주의 희곡에 나타난 현대성』(1978),『연극의 이해』(공저, 1988),『Korean Performing Arts: Dance, Drama, Music, Theater』(편집인, 1997)이 있으며, 역서로『관객모독』(1975),『구제된 혀』(1982) 등 열일곱 권이 있다. 예술감독 또는 연출자로서 참여한 공연 작품으로 〈업·까르마(외디푸스)〉(2002), 〈코카서스 백묵원, 브레히트〉(2003), 〈짓거리 사이에서 놀다〉(2010), 〈우주목(宇宙木) I—바리〉(2012), 〈우주목(宇宙木) II—피우다〉(2013) 등 다수가 있다.

김명자(金明子)는 1945년 서울 출생으로, 이화여대를 졸업하고 성균관대와 경희대에서 석사학위를, 경희대에서 박사학위를 받았다. 안동대 민속학과 교수, 안동대 인문대학장 및 박물관장, 민속학연구소장, 실천민속학회 회장, 한국민속학회 부회장, 한일종교연구포럼 운영위원 등을 역임하고, 현재 안동대 명예교수로 있으며, 문화재청·경상북도·인천광역시 문화재위원, 한국공연예술원 원장으로 활동하고 있다. 저서로『한국세시풍속』I·II(2005·2007),『연아 연아 올라라』(1995),『되는 집안은 장맛도 달다-전통의 멋과 슬기』(1994) 등이 있고, 공저로『한국의 지역축제』(1996),『전통노들제굿연구』(2010),『민속문화의 조명과 새 지평』(2007),『한국의 가정신앙』상·하(2005),『한국민속학개론』(1998),『한국의 점복』(1995) 등이 있다.

서영대(徐永大)는 1952년 대구 출생으로, 서울대 종교학과와 동양사학과를 졸업하고 동 대학원 국사학과에서 석사 및 박사학위를 받았다. 인하대 박물관장 및 문과대학장, 한국무속학회 회장, 동아시아고대학회 회장, 중국 베이징대 초빙교수 등을 역임하고, 현재 인하대 사학과 교수로 재직 중이며, 문화재청 문화재전문위원, 인천광역시사 편찬위원으로 활동하고 있다. 공저로『한국전통문화론』(2006),『인간과 신령을 잇는 무구』(2005),『신화와 문화, 한국편』(2002), 『해방 후 50년 한국종교연구사』(1997), 『성황당과 성황제』(1998) 등이 있고, 역서로 『조선무속고』(역주, 2008), 『원시신화론』(1996), 『통과의례』(1986) 등이 있다.

이용범(李龍範)은 서울대 종교학과에서 박사학위를 받았으며, 현재 안동대 민속학과 교수로 재직 중이다. 공저로 『죽음의례 죽음 한국사회』(2012), 『무속, 신과 인간을 잇다』(2011), 『(큰무당을 위한) 넋굿』(2011) 등이 있다.

윤시향(尹詩鄕)은 함경북도 무산 출생으로, 이화여대 독어독문학과를 졸업하고 동 대학원에서 박사학위를 받았으며, 이후 독일 쾰른대학과 베를린자유대학에서 수학했다. 원광대 유럽문화학부 교수 및 공연영상학전공 교수, 한국브레히트학회 회장, 한국독어독문학회 부회장, 한국여성연극인협회 공동대표, 한국연극학회 편집위원, 한국 I.T.I. 감사, 서울신문 자문위원, (사)한국공연예술원 원장 등을 역임하고, 현재 원광대 명예교수로 있으며, 2인극 페스티벌 자문위원을 맡고 있다. 공저로 『브레히트의 연극세계』 『하이너 뮐러의 연극세계』 『15인의 거장들』 『유럽영화예술』 외 다수가 있고, 역서로 『당나귀 그림자에 대한 재판』 『어두운 밤 나는 적막한 집을 나섰다』 『시체들의 뗏목』 『햄릿머신』 『그때 이미 여우는 사냥꾼이었다』 『메데이아』 외 다수가 있다.

장장식(張長植)은 1958년 전남 출생으로, 서울교육대를 졸업하고 경희대 대학원에서 석사 및 박사학위를 받았다. 경희대 민속학연구소 연구원, 몽골국립대학교 객원교수, 고려대·경희대·연세대·단국대 대학원 강사 등을 역임하고, 현재 국립민속박물관 학예연구관으로 재직 중이다. 저서로 『한국의 풍수설화 연구』(1995), 『소가 웃을 일이다』(1997), 『몽골에 가면 초원의 향기가 난다』(2006), 『몽골 유목민의 삶과 민속』(2005)이 있고, 공저로 『한국민속학 개론』(1998), 『한국전통문화론』(2006) 등이 있다.

곽기완(郭基婉)은 1948년 서울 출생으로, 이화여대 독어독문학과를 졸업하고 이화여대 대학원 독어독문학과에서 독일 드라마 전공으로 석사 및 박사학위를 받았다. 한신대 독어독문학과와 독일어문화학부 교수를 지내고 현재 한신대 명예교수로 있다. 대표 논문으로 「Georg Büchner의 "Das Komische" 연구」(1991)가 있다.

이병옥(李炳玉)은 전북 전주 출생으로, 서울교대와 서경대를 졸업하고 고려대와 중앙대에서 석사학위를, 경기대에서 이학박사학위를 받았다. 한국무용사학회 초대회장, 한국동양예술학회 회장, 한국공연문화학회 회장, 경기도·서울특별시 문화재위원, 용인대 무용학과 교수를 역임하고, 현재 용인대 무용학과 종신명예교수로 있으며, 한국춤비평가협회 공동의장, 이북오도청 문화재 위원을 맡고 있다. 저서로 『송파산대놀이 연구』(1982), 『춤따라 세월따라-이병옥무용평론집』(2006), 『한국무용통사-고대편』(2013) 등 삼십여 권이 있고, 백여 편의 논문을 발표했다.

홍태한(洪泰漢)은 1962년 충북 단양 출생으로, 경희대 대학원 국어국문학과에서 문학박사학위를 받았다. 고려대, 경희대 등에서 강의했으며, 중앙대 대우교수로 한국무속학, 민속음악 등을 가르쳤다. 저서로 『경기음악 2』(공저, 2013), 『서울의 마을굿』(2011) 등 팔십여 권이 있다.

조성진(趙誠振)은 1957년 서울 출생으로, 연세대 신학과를 졸업하고 영남대 대학원 문화인류학과 석사과정을 수료했다. 한국마임협의회 회장, 축제문화연구소 소장, 거리문화시민연대 이사장, 지역문화네트워크 상임대표 등을 역임하고, 현재 마임씨어터 빈탕노리 대표, 한국공연예술원 부원장으로 있다. 대표 작품으로 〈나무의 꿈〉(1997), 〈접화군생〉(1999), 〈조성진의 호접몽〉(2002), 〈달리고 날고 꽃이 피고〉(2006), 〈남으로〉(2008), 〈원앙부인의 꽃밭〉(2013) 등이 있으며, 그 밖에 대구거리마임축제 기획·연출(2001-2003), 삼덕동인형마임축제 추진위원장(2006-2013), 대학로소극장축제 Outdoor 총연출(2010), 샤마니카 페스티벌 「피우다」 예술감독(2013) 등의 활동을 했다.

김형기(金亨起)는 1956년 충북 청주 출생으로, 연세대 독문학과 및 동 대학원 독문학과를 졸업하고, 독일 아헨대에서 연극이론으로 박사(Dr. phil.)학위를 취득하였다. 뮌헨대 연극학과 연구교수(독일 훔볼트재단 Research Fellow), 한국브레히트학회 부회장, 한국연극학회 편집위원장, 한국공연예술원 이사, 한국연극평론가협회 회장 등을 역임하고, 현재 순천향대 연극무용학과 교수, 한국연극학회 이사로 활동하고 있다. 저서로 『〈놋쇠매입〉과 〈연극을 위한 작은 지침서〉에 나타난 브레히트의 연극이론에 관한 비교연구』(1992, 독문)가 있고, 공저로 『탈식민주의와 연극』(2003), 『가면과 욕망』(2005), 『동시대 연극비평의 방법론과 실제』(2009), 『한국현대연극 100년: 공연사 II(1945-2008)』(2009), 『An Overview of Korean Performing Arts: Theatre in Korea』(2010), 『'90년대 이후 한국 연극의 미학적 경향』(2011), 『포스트드라마 연극의 미학』(2011), 『수행성과 매체성』(2012) 등이 있으며, 역서로 『보토 슈트라우스: 〈시간과 방〉』(1999), 『Die Suche nach den verlorenen Worten』(이청준 작, 『잃어버린 말을 찾아서』)(2003, 독역), 『브레히트 선집 3권(희곡): 〈코카서스의 백묵원〉』(2011) 등이 있다. 그 밖에 다수의 논문과 연극 및 무용비평을 발표했다.

韓國의 原形을 찾아서

사라진 풍경

모으로 본 우리 공연예술의 뿌리

한국공연예술의 등등

초판 1쇄 발행일 2013년 12월 31일
발행인 李起雄 발행처 悦話堂
경기도 파주시 광인사길 25(문발동 520-10) 파주출판도시
전화 031-955-7000 팩스 031-955-7010
www.youlhwadang.co.kr yhdp@youlhwadang.co.kr
등록번호 제10-74호 등록일자 1971년 7월 2일
편집 조윤형 백태남 박미, 인쇄 제책 (주)상지사피앤비

값은 뒤표지에 있습니다.

ISBN 978-89-301-0455-5 93680

Published by Youlhwadang Publishers
Searching for the Roots of Korean Performing Arts
© 2013 by Yang, Hyesook
Printed in Korea